Demokratie oder Kapitalismus?
Europa in der Krise

Blätter für deutsche
und internationale Politik (Hg.)

Demokratie oder Kapitalismus?

Europa in der Krise

Edition Blätter 2013
Blätter Verlagsgesellschaft mbH, Berlin

Blätter für deutsche und internationale Politik

www.blaetter.de

© Blätter Verlagsgesellschaft mbH
Berlin 2013
Alle Rechte vorbehalten.
ISBN 978-3-9804925-7-7
Titelmotiv: Copyright European Union, 2013
Druck und Buchbindearbeit: LOCHER Print- & Medienproduktion, Lohmar

9   Editorial

11   Die Beiträge in Kürze

I. KAPITALISMUS OHNE DEMOKRATIE

19   **Was nun, Europa?**
Kapitalismus ohne Demokratie oder
Demokratie ohne Kapitalismus
Wolfgang Streeck

31   **Der politische Euro**
Eine Gemeinschaftswährung ohne Gemeinschaft
hat keine Zukunft
Elmar Altvater

41   **Europa in der Falle**
Claus Offe

55   **Die gnadenlose Euro-Logik**
Hubert Zimmermann

63   **Auf den Ruinen der Alten Welt**
Von der Demokratie zur Marktgesellschaft
Wolfgang Streeck

75   **Demokratie oder Kapitalismus?**
Vom Elend der nationalstaatlichen Fragmentierung
in einer kapitalistisch integrierten Weltgesellschaft
Jürgen Habermas

87   **Vom DM-Nationalismus zum Euro-Patriotismus?**
Eine Replik auf Jürgen Habermas
Wolfgang Streeck

105 **Euroabwicklung: Der finale Schritt
in den Wirtschaftskrieg**
Stephan Schulmeister

II. DIE DIKTATUR DER AUSTERITÄT

117 Wir sparen uns zu Tode
Paul Krugman

127 Das infernalische Dreieck
Wie Staatsschuldenkrise, Bankenkrise und Rezession den Euroraum gefährden
Peter Bofinger

139 Euroland bald abgebrannt?
Die Währungsunion am Scheideweg
Rudolf Hickel

149 Das Regime der Prekarisierung
Europas Politik mit Schuld und Schulden
Isabell Lorey

161 Die Krise in der Krise
Austeritätspolitik und die Wiederholung der Geschichte
Karl Georg Zinn

169 Austerität:
Der Einsturz eines Glaubensgebäudes
Paul Krugman

III. DIE NEUE DEUTSCHE FRAGE

183 Welches Deutschland braucht Europa?
Ulrike Guérot

193 Europa und die neue Deutsche Frage
Ein Gespräch mit Jürgen Habermas, Joschka Fischer, Henrik Enderlein und Christian Calliess

212 Der Konstruktionsfehler der Währungsunion
Jürgen Habermas

215 **Kooperieren oder scheitern**
Die Existenzkrise der Europäischen Union
Ulrich Beck

IV. MEHR DEMOKRATIE WAGEN

229 **Wie demokratisch ist die EU?**
Die Krise der Europäischen Union im Licht
einer Konstitutionalisierung des Völkerrechts
Jürgen Habermas

241 **Kollektiver Bonapartismus?**
Demokratie in der europäischen Krise
Hauke Brunkhorst

251 **Stabilitätsgewinn durch Demokratieverzicht?**
Europas Weg in den Autoritarismus
Hans-Jürgen Urban

263 **Lebendige Demokratie: Die Zukunft der EU**
Claudio Franzius und Ulrich K. Preuß

277 **Das Europa von heute
und die Wirklichkeit von morgen**
Zur Verteidigung der Utopie
Oskar Negt

287 **Autorinnen und Autoren**

Wolfgang **Abendroth**
Elmar **Altvater**
Samir **Amin**
Katajun **Amirpur**
Günther **Anders**
Franziska **Augstein**
Uri **Avnery**
Susanne **Baer**
Patrick **Bahners**
Egon **Bahr**
Etienne **Balibar**

Norbert **Frei**
Thomas L. **Friedman**
Erich **Fromm**
Georg **Fülberth**
James K. **Galbraith**
Heinz **Galinski**
Johan **Galtung**
Timothy **Garton Ash**
Bettina **Gaus**
Günter **Gaus**
Heiner **Geißler**

Navid **Kermani**
Ian **Kershaw**
Parag **Khanna**
Michael T. **Klare**
Dieter **Klein**
Naomi **Klein**
Alexander **Kluge**
Jürgen **Kocka**
Eugen **Kogon**
Otto **Köhler**
Michael R. **Krätke**
Walter **Kreck**
Ekkehart **Krippendorff**
Adam **Krzeminski**
Erich **Kuby**
Jürgen **Kuczynski**
Charles A. **Kupchan**
Ingrid **Kurz-Scherf**

Jan M. **Piskorski**
Samantha **Power**
Heribert **Prantl**
Ulrich K. **Preuß**
Karin **Priester**
Avi **Primor**
Tariq **Ramadan**
Uta **Ranke-Heinemann**
Jan Philipp **Reemtsma**
Jens G. **Reich**
Helmut **Ridder**
Rainer **Rilling**
Romani **Rose**
Rossana **Rossandra**
Werner **Rügemer**
Irene **Runge**
Bertrand **Russell**
Yoshikazu **Sakamoto**

In den „Blättern" schrieben bisher

Wolf Graf **Baudissin**
Fritz **Bauer**
Yehuda **Bauer**
Ulrich **Beck**
Seyla **Benhabib**
Homi K. **Bhabha**
Norman **Birnbaum**
Ernst **Bloch**
Norberto **Bobbio**
E.-W. **Böckenförde**
Thilo **Bode**
Bärbel **Bohley**
Heinrich **Böll**
Pierre **Bourdieu**
Ulrich **Brand**
Karl D. **Bredthauer**
Micha **Brumlik**
Noam **Chomsky**
Daniela **Dahn**
Ralf **Dahrendorf**
György **Dalos**
Mike **Davis**
Alex **Demirovic**
Frank **Deppe**
Dan **Diner**
Walter **Dirks**
Rudi **Dutschke**
Daniel **Ellsberg**
Wolfgang **Engler**
Hans-M. **Enzensberger**
Erhard **Eppler**
Gøsta **Esping-Andersen**
Iring **Fetscher**
Heiner **Flassbeck**
Ernst **Fraenkel**
Nancy **Fraser**

Susan **George**
Sven **Giegold**
Peter **Glotz**
Daniel J. **Goldhagen**
Helmut **Gollwitzer**
André **Gorz**
Walter **Grab**
Propst Heinrich **Grüber**
Jürgen **Habermas**
Sebastian **Haffner**
Stuart **Hall**
H. **Hamm-Brücher**
Heinrich **Hannover**
Sabine **Hark**
David **Harvey**
Amira **Hass**
Christoph **Hein**
Friedhelm **Hengsbach**
Detlef **Hensche**
Hartmut von **Hentig**
Ulrich **Herbert**
Seymour M. **Hersh**
Hermann **Hesse**
Rudolf **Hickel**
Eric **Hobsbawm**
Axel **Honneth**
Jörg **Huffschmid**
Walter **Jens**
Hans **Joas**
Tony **Judt**
Lamya **Kaddor**
Robert **Kagan**
Petra **Kelly**
Robert M. W. **Kempner**
George F. **Kennan**
Paul **Kennedy**

Oskar **Lafontaine**
Claus **Leggewie**
Sabine **Leutheusser-S.**
Gideon **Levy**
Hans **Leyendecker**
Jutta **Limbach**
Birgit **Mahnkopf**
Peter **Marcuse**
Mohssen **Massarrat**
Ingeborg **Maus**
Bill **McKibben**
Ulrike **Meinhof**
Manfred **Messerschmidt**
Bascha **Mika**
Robert **Misik**
Hans **Mommsen**
Wolfgang J. **Mommsen**
Albrecht **Müller**
Herfried **Münkler**
Adolf **Muschg**
Gunnar **Myrdal**
Wolf-Dieter **Narr**
Klaus **Naumann**
Antonio **Negri**
Oskar **Negt**
Kurt **Nelhiebel**
Oswald v. **Nell-Breuning**
Rupert **Neudeck**
Martin **Niemöller**
Bahman **Nirumand**
Dieter **Oberndörfer**
Claus **Offe**
Reinhard **Opitz**
Valentino **Parlato**
Volker **Perthes**
William **Pfaff**

Saskia **Sassen**
Fritz W. **Scharpf**
Hermann **Scheer**
Robert **Scholl**
Karen **Schönwälder**
Sabine von **Schorlemer**
Friedrich **Schorlemmer**
Harald **Schumann**
Gesine **Schwan**
Dieter **Senghaas**
Richard **Sennett**
Alfred **Sohn-Rethel**
Dorothee **Sölle**
Kurt **Sontheimer**
Wole **Soyinka**
Nicolas **Stern**
Joseph **Stiglitz**
Gerhard **Stuby**
Emmanuel **Todd**
Alain **Touraine**
Hans-Jürgen **Urban**
Gore **Vidal**
Immanuel **Wallerstein**
Franz **Walter**
Hans-Ulrich **Wehler**
Ernst U. von **Weizsäcker**
Harald **Welzer**
Charlotte **Wiedemann**
Rosemarie **Will**
Naomi **Wolf**
Jean **Ziegler**
Moshe **Zimmermann**
Moshe **Zuckermann**
Michael **Zürn**

...und viele andere.

Demokratie oder Kapitalismus? – Europa in der Krise

EDITORIAL

Zweifellos handelt es sich bei der Frage nach der Zukunft Europas um eine Schicksalsfrage. Die Europäische Union steckt in der wohl tiefsten Krise ihrer Geschichte. Längst ist die angebliche „Euro-Krise" weit mehr als eine Krise der Währung, nämlich eine Krise des herrschenden Gesellschaftsmodells und damit der Demokratie. Seit Jahren erleben wir eine zunehmende Frontstellung zwischen Nord und Süd. Während speziell in Deutschland alte Ressentiments gegen faule Südländer wieder auferstehen, grassieren im Süden längst vergangen geglaubte Deutschlandbilder – mit Hitlerbart und unter der Überschrift des „Vierten Reichs". Erstmals seit 1989 ist Deutschland damit nicht mehr „nur noch von Freunden umzingelt".

Zentrale Ursache für diese gefährliche Renationalisierung ist eine einseitig ökonomische, finanzmarktgetriebene Europäisierung, die die Demokratie im Euroraum immer weiter untergräbt. Seit Beginn der Griechenlandkrise – und der Merkelschen Verweigerung jeglicher Rettungsmaßnahmen – agiert die Politik als Erfüllungsgehilfin der Finanzmärkte. Wir erleben eine permanente Verschiebung der Macht zur Exekutive, unter Umgehung der europäischen und nationalen Parlamente. Dafür steht nicht zuletzt das Postulat Angela Merkels, wonach die Demokratie heute stets „marktkonform" zu sein habe.

Hinter der Sorge um die Zukunft Europas steckt somit auch die Frage nach der Vereinbarkeit von Demokratie und Kapitalismus. Speziell auf diese entscheidende Frage hat die Politik, haben aber auch die europäischen Öffentlichkeiten bis heute keine adäquate Antwort gefunden. Bis heute hat die landläufige Diskussion über Ursachen und Konsequenzen der Krise noch immer nicht die erforderliche gesellschaftliche Breite, geschweige denn intellektuelle Tiefe erreicht.

„Wo bleiben die Intellektuellen?", zitierte Thomas Assheuer, Feuilleton-Redakteur der „Zeit", jüngst den ehemaligen Innenminister Gerhart Baum. „Die Großthemen, so klang es, lägen auf der Straße, doch die Intellektuellen dämmerten vor sich hin. Das stimmt nicht ganz. Auch heute gibt es noch wichtige Kontroversen. Aber sie werden nicht mehr unbedingt auf den Haupt- und Staatsbühnen ausgetragen, sondern in kleinen, ehrgeizigen ‚Programmtheatern'. Ein Beispiel dafür ist der von den ‚Blättern für deutsche und internationale Politik' angestoßene Streit zwischen dem Philosophen Jürgen Habermas und dem Soziologen Wolfgang Streeck über die Europäische Union. Schon beim ersten Schlagabtausch entstanden Schlüsseltexte, die fast alles auf den Tisch beförderten, was über die Jahre sauber versiegelt in separaten akademischen Schubladen eingelagert war." Soweit Thomas Assheuer in der „Zeit".

Die „Blätter" haben von Beginn an Ursprünge und Konsequenzen der Krise thematisiert. Dabei kam uns entgegen, dass zahlreiche „Blätter"-Autoren, insbesondere die „Blätter"-Herausgeber Peter Bofinger, Jürgen Habermas, Rudolf Hickel und Hans-Jürgen Urban, zu den engagiertesten und bekanntesten Verteidigern des europäischen Projekts in der deutschen Debatte gehören. Gleichzeitig kamen und kommen in den „Blättern" auch dezidierte Kritiker des Euro zu Wort, wie etwa Wolfgang Streeck, Chef des Kölner Max-Planck-Instituts für Gesellschaftsforschung. Auf diese Weise ist in den letzten Jahren eine große Anzahl von einschlägigen Kommentaren und Analysen entstanden. Wir präsentieren hier daraus eine Auswahl, sprich: die „Schlüsseltexte" der „Blätter"-Debatte.

Das Buch gliedert sich thematisch in vier Abschnitte. Am Anfang steht die Auseinandersetzung mit der Großfrage: Kapitalismus und/oder Demokratie? Im Kern geht es dabei um die vor allem von Wolfgang Streeck vertretene Forderung nach Auflösung der Euro-Gemeinschaft und einer Rückkehr zu nationalen Währungen. Dagegen verteidigen Elmar Altvater, Jürgen Habermas, Claus Offe, Stephan Schulmeister und Hubert Zimmermann den Euroraum als unvollendetes, aber unabdingbares Integrationsprojekt. Zugleich warnen sie vor den unkalkulierbaren Folgen seiner Auflösung, die bis zum Wirtschaftskrieg reichen würden.

Das zweite Kapitel „Die Diktatur der Austerität" widmet sich speziell den verheerenden Folgen der deutschen Spar- und Austeritätspolitik. Diese werden von außen betrachtet, in zwei Beiträgen des US-amerikanischen Wirtschaftsnobelpreisträgers Paul Krugman, aber auch von innen – mit Artikeln von Peter Bofinger, Rudolf Hickel, Isabell Lorey und Karl Georg Zinn. Die Beiträge setzen sich neben den aktuellen Folgen auch mit den historischen Erfahrungen der Austerität auseinander, speziell mit jenen der Brüning-Ära zu Beginn der 30er Jahre.

Das dritte Kapitel beschäftigt sich mit der „neuen Deutschen Frage". Eine der Errungenschaften der alten Bonner Republik bestand darin, dass die Bundesrepublik keine egoistische Führungsrolle in Europa reklamierte. Diese strategische Zurückhaltung, die stets auf die Interessen insbesondere der kleineren Staaten Rücksicht nahm, gehört in der Ära Merkel offensichtlich der Vergangenheit an. Dagegen argumentieren und debattieren Ulrike Guérot, Jürgen Habermas, Joschka Fischer, Henrik Enderlein und Christian Calliess. Abschließend verdeutlicht Ulrich Beck das europäische Non-plus-ultra: Kooperieren oder scheitern.

Im vierten und letzten Kapitel geht es um die demokratische Frage im engeren Sinne. Wo liegt die neue „bonapartistische Bedrohung", die Hauke Brunkhorst diagnostiziert? Und wie ist der von Hans-Jürgen Urban analysierte „Weg in den Autoritarismus" noch abzuwenden? Kurzum: Wie müsste eine wirklich „lebendige Demokratie" in Europa aussehen? Dazu positionieren sich Jürgen Habermas, Claudio Franzius und Ulrich K. Preuß. Abschließend zeichnet Oskar Negt das Europa von morgen: das europäische Projekt als Verteidigung der Utopie.

DIE BEITRÄGE IN KÜRZE

I. KAPITALISMUS OHNE DEMOKRATIE

Wolfgang Streeck: Was nun, Europa? Kapitalismus ohne Demokratie oder Demokratie ohne Kapitalismus

Fünf Jahre nach Ausbruch der globalen Finanz- und Wirtschaftskrise kennt die EU noch immer nur ein Gegenmittel: den Kauf von Zeit. Zu diesem Zweck schöpft die Europäische Zentralbank täglich neues, virtuelles Geld. Für den Soziologen Wolfgang Streeck, Direktor am Max-Planck-Institut für Gesellschaftsforschung in Köln, ist dies nur der finale Ausdruck der tiefen Legitimationskrise des Gegenwartskapitalismus. Streeck sieht Europa vor der Wahl – zwischen Kapitalismus oder Demokratie. Ohne eine grundlegende Wende werde jeder Aufschub der Krise nur von kurzer Dauer sein.

Elmar Altvater: Der politische Euro. Eine Gemeinschaftswährung ohne Gemeinschaft hat keine Zukunft

Die ökonomisch umstrittene und zudem politisch dilettantische „Rettung" Griechenlands und speziell Zyperns gab all jenen Aufwind, die für die Rückkehr zu nationalen Währungen plädieren. Elmar Altvater, Professor em. für Politische Ökonomie an der Freien Universität Berlin, nennt sechs entscheidende ökonomische Gründe dagegen. Sein Fazit: Der entfesselte Finanzkapitalismus ist, wenn überhaupt, nur durch eine sozial und politisch geeinte Europäische Union zu bändigen.

Claus Offe: Europa in der Falle

Die Schuldenkrise hat Europa weiter fest im Griff und die Bemühungen der Politik zeigen nur sehr begrenzte Wirkung. Der Politikwissenschaftler Claus Offe analysiert den Geburtsfehler der Währungsunion: die anhaltende Diskrepanz zwischen ökonomisch Notwendigem und politisch Machbarem sowie die unzureichenden Kontroll- und Regulierungsmechanismen. Um einen Zerfall der Eurozone doch noch zu verhindern, bräuchte es mehr Solidarität und Demokratie auf europäischer wie nationaler Ebene.

Hubert Zimmermann: Die gnadenlose Euro-Logik

In den letzten Jahren ist die Krise der Eurostaaten unter dem anhaltenden Druck der Finanzmärkte immer stärker eskaliert. Und auch die wiederholten Brüsseler Rettungsbeschlüsse dürften die Märkte schwerlich beruhigen. Denn das eigentliche Problem ist nach Ansicht von Hubert Zimmermann, Politikprofessor an der Universität Marburg, bereits in der Architektur der Europäischen Union angelegt. Diese schlägt leistungsstarke und leistungsschwache Staaten über einen Leisten – mit fatalen Konsequenzen.

Wolfgang Streeck: Auf den Ruinen der Alten Welt. Von der Demokratie zur Marktgesellschaft

Auf den ersten Blick mögen Kapitalismus und Demokratie einander gegenseitig bedingen. Tatsächlich aber stehen die beiden Verteilungsprinzipien Marktgerechtigkeit und soziale Gerechtigkeit in erbitterter Konkurrenz. Wolfgang Streeck analysiert, inwieweit die Einführung des Euro und die gegenwärtige Krisenpolitik die Hegemonie der Marktgerechtigkeit zementiert haben. Gegen die herrschende Lehre plädiert er für das Instrument der Währungsabwertung und für ein europäisches Bretton Woods.

Jürgen Habermas: Demokratie oder Kapitalismus? Vom Elend der nationalstaatlichen Fragmentierung in einer kapitalistisch integrierten Weltgesellschaft

Immer stärker werden die Stimmen jener, die wie die AfD für eine Rückkehr zu nationalen Währungen und für fiskalische Souveränität der einzelnen EU-Staaten plädieren – als angeblich einzigen Ausweg aus der Eurokrise. Der Philosoph und „Blätter"-Mitherausgeber Jürgen Habermas hält einen solchen Schritt für hochgefährlich, da er den globalen Akteur Europa auf den Status einflussloser Nationalstaaten zurückstufen würde. Nur ein demokratisch legitimiertes überstaatliches Gemeinwesen könne den anarchisch-autoritären Tendenzen der kapitalistischen Weltgesellschaft wirksam begegnen.

Wolfgang Streeck: Vom DM-Nationalismus zum Euro-Patriotismus? Eine Replik auf Jürgen Habermas

Die Verteidigung des Nationalstaats hat Wolfgang Streeck auch in den „Blättern" harte Kritik eingebracht, etwa von Jürgen Habermas den Vorwurf der „nostalgischen Gefühle" für die Nation. In seiner Antwort kritisiert Streeck die Politik der Währungsunion als neoliberales Konvergenzprogramm: Der pure Geldpatriotismus der Euro-Verteidiger werde so zur europäischen Ersatzverfassung ohne demokratisches Fundament.

Stephan Schulmeister: Euroabwicklung: Der finale Schritt in den Wirtschaftskrieg

Kaum scheint sich die Lage in der Europäischen Union etwas beruhigt zu haben, stehen bereits die nächsten Kreditanfragen aus Griechenland im Raum. Doch während etwa Wolfgang Streeck die gesamte Währungsunion in Frage stellt, hält der österreichische Ökonom Stephan Schulmeister die Euroabwicklung für einen katastrophalen Fehler. Sie würde Europa in einen Währungskrieg stürzen und damit eine globale Depression auslösen.

II. DIE DIKTATUR DER AUSTERITÄT

Paul Krugman: Wir sparen uns zu Tode

Noch immer kämpfen die Vereinigten Staaten und Europa mit den Folgen der weltweiten Finanzkrise, scheinen Politiker und Ökonomen keine Strategie zu ihrer Überwindung zu besitzen. Paul Krugman, Wirtschaftsnobelpreisträger und Professor an der Princeton University, plädiert für die Anwendung längst bekannter wirtschaftlicher Prinzipien. Im Geiste Keynes fordert er mehr staatliche Investitionen und ein Ende der Sparpolitik.

Peter Bofinger: Das infernalische Dreieck. Wie Staatsschuldenkrise, Bankenkrise und Rezession den Euroraum gefährden

Am 6. September 2013 teilte EZB-Chef Mario Draghi mit, ab jetzt unbegrenzt Staatsanleihen von Eurokrisenländern aufkaufen zu wollen. Besonders in Deutschland brachte ihm das massive Kritik ein. Der Wirtschaftsweise und „Blätter"-Mitherausgeber Peter Bofinger verteidigt dagegen den EZB-Chef. Nur die EZB, so Bofingers These, ist derzeit in der Lage, das Überleben des Euro zu sichern – und der tödlichen Triade aus Staatsverschuldung, Bankenpleite und Rezession ein Ende zu bereiten.

Rudolf Hickel: Euroland bald abgebrannt? Die Währungsunion am Scheideweg

Immer weiter driftet die Europäische Währungsunion in die größte Systemkrise ihrer Geschichte. Der Ökonom und „Blätter"-Mitherausgeber Rudolf Hickel analysiert die Hintergründe der Krise und rechnet mit Merkels Austeritätspolitik ab. Die einzige Exit-Strategie besteht für ihn in einer politischen Union – und in der ökonomischen Sanierung der Krisenländer.

Isabell Lorey: Das Regime der Prekarisierung: Europas Politik mit Schuld und Schulden

Speziell in Südeuropa erleben die Menschen derzeit eine Prekarisierung bisher nicht gekannten Ausmaßes. Doch auch in Europas Norden gehört prekäres Leben längst zur Normalität. Die Politikwissenschaftlerin Isabell Lorey erkennt darin eine neue Form des Regierens. Diese legitimiert sich nicht mehr über das Versprechen von Sicherheit, sondern funktioniert über die Herstellung von Unsicherheit – und über Verschuldung. Durch ihr Verhalten machen sich die Menschen in diesem Regime selbst regierbar, doch sie entwickeln auch neue Formen sozialen Protests – und der Demokratie.

Karl Georg Zinn: Die Krise in der Krise. Austeritätspolitik und die Wiederholung der Geschichte

Geschichte wiederholt sich nicht, heißt es. Dennoch erinnert die europäische Lage zu Beginn des 21. Jahrhunderts immer mehr an die große Wirtschaftskrise der späten 1920er und frühen 1930er Jahre. Karl Georg Zinn, Professor em. für Volkswirtschaftslehre an der RWTH Aachen, konstatiert ein erneutes Versagen der staatlichen Eliten und warnt vor den verheerenden Folgen eines Spardiktats für die ökonomische Situation in Europa – aber auch und gerade für die Demokratie.

Paul Krugman: Austerität: Der Einsturz eines Glaubensgebäudes

Jahrelang hatten Studien wie die der Harvard-Ökonomen Carmen Reinhard und Kenneth Rogoff die Politik des Sparens angeblich wasserdicht abgesichert. Doch über Nacht stürzten die neoliberalen „Lehrgebäude" in sich zusammen. Trotzdem, so der Vorwurf Paul Krugmans, halten die politischen Verantwortlichen, an ihrer Spitze Angela Merkel, krampfhaft am Austeritätskurs fest: Schulden gehören abgebaut. Doch hinter dieser Lehre verberge sich in Wahrheit keine Wissenschaft, sondern eine verheerende Moralisierung der Ökonomie.

III. DIE NEUE DEUTSCHE FRAGE

Ulrike Guérot: Welches Deutschland braucht Europa?

Deutschland war jahrzehntelang ein Stützpfeiler der europäischen Integration, nun scheint es sich dieser zunehmend zu entziehen. Die Publizistin Ulrike Guérot von der Open Society Initiative for Europe (OSIFE) untersucht, warum die deutsche Europapolitik heute zugleich strategielos und immer stärker isoliert ist. Der Kern ihrer Kritik: dass die Politik der Bundesregierung immer mehr von national bornierten Diskursen überlagert wird.

Europa und die neue Deutsche Frage. Ein Gespräch mit Jürgen Habermas, Joschka Fischer, Henrik Enderlein und Christian Calliess

Seit Beginn der Euro-Krise erleben wir eine zunehmende Erosion der EU bei gleichzeitiger Renationalisierung der einzelnen Staaten – und speziell Deutschlands unter Führung Angela Merkels. Aus diesem Grund kam es in Berlin zu einer großen Debatte über Europa und die neue Deutsche Frage. Ex-Außenminister Joschka Fischer sieht Deutschlands oberstes Interesse darin, den europäischen Integrationsprozess zu Ende zu bringen, und votiert für die Vereinigten Staaten von Europa. Der Ökonom Henrik Enderlein befürchtet das Scheitern der Währungsunion und optiert für die Flucht nach vorn: eine gemeinsame europäische Wirtschafts- und Sozialpolitik. Europarechtler Christian Calliess deutet das Lissabon-Urteil des Bundesverfassungsgerichts als Reaktion auf die individuelle wie institutionelle Überforderung der Nationalstaaten. Und Jürgen Habermas schließlich plädiert, um das Scheitern Europas zu verhindern, für eine neue argumentative Offensive und die Öffnung der nationalen Öffentlichkeit für die Probleme der anderen Mitgliedstaaten.

Jürgen Habermas: Der Konstruktionsfehler der Währungsunion

Bei der Einführung des Euro im Jahre 1999 hofften viele auf eine Fortsetzung des politischen Einigungsprozesses. Doch diese Erwartungen wurden dramatisch enttäuscht. Umso mehr kommt es für Jürgen Habermas auf die Korrektur des ökonomischen Konstruktionsfehlers der Währungsunion an, für den die Finanzmarktspekulation allen die Augen geöffnet habe.

Ulrich Beck: Kooperieren oder scheitern. Die Existenzkrise der Europäischen Union

Die Euro-Krise hat einen tiefen Riss in der Europäischen Union offengelegt. Im Ernstfall, so zeigt sich, entscheiden nicht die europäischen Institutionen, sondern die deutsche Bundeskanzlerin über das gemeinsame europäische Schicksal. Ulrich Beck, Professor für Soziologie an der Universität München, konfrontiert die Europäische Union mit ihren nationalen Lebenslügen – und plädiert für die entschiedene Stärkung des europäischen Parlaments.

IV. MEHR DEMOKRATIE WAGEN

Jürgen Habermas: Wie demokratisch ist die EU? Die Krise der Europäischen Union im Licht der Konstitutionalisierung des Völkerrechts

In der aktuellen Debatte über die Banken-, Schulden- und Währungskrise erscheint die Europäische Union allzu oft lediglich als Wirtschaftsgemeinschaft. Dieser ökonomistischen Blickverengung – auch und gerade auf Seiten der Bundesregierung – widerspricht entschieden Jürgen Habermas. Er betont, dass die EU schon immer ein primär politisches Projekt gewesen ist, und fordert die Bundesregierung auf, sich endlich wieder für eine Fortsetzung und Vertiefung der europäischen Einigung einzusetzen.

Hauke Brunkhorst: Kollektiver Bonapartismus? Demokratie in der europäischen Krise

Mehr als zwei Drittel aller deutschen Gesetze beruhen heute auf europäischen Entscheidungen. Dabei ist die demokratische Verfassung der EU nach wie vor mangelhaft. Hauke Brunkhorst, Soziologieprofessor an der Universität Flensburg, sieht die Bevölkerungen Europas daher in der Pflicht, sich ihrer technokratisch-gouvernementalen Regierenden zu entledigen. Nur so kann aus der Wirtschafts- auch eine demokratische Union werden.

Hans-Jürgen Urban: Stabilitätsgewinn durch Demokratieverzicht? Europas Weg in den Autoritarismus

Die drastischen Reaktionen der Nationalstaaten auf die Finanz- und Schuldenkrise haben in der EU ein Stabilitätsregime begründet, das einer harten Grammatik des Autoritären folgt. Hans-Jürgen Urban, Vorstandsmitglied der IG Metall und Mitherausgeber der „Blätter", kritisiert den politischen Umgang mit der wirtschaftlichen Krise als zutiefst undemokratisch. Will Europa der Negativspirale durch Legitimationsverlust entgegenwirken, muss diese Entwicklung dringend korrigiert werden.

Claudio Franzius und Ulrich K. Preuß: Lebendige Demokratie: Die Zukunft der EU

Einst war die Freude groß über die Verleihung des Friedensnobelpreises an die Europäische Union. Dabei ist der aktuelle Umgang mit der preisgekrönten Idee der europäischen Einigung nur schwerlich preisverdächtig. Die europäische Krise – sie ist auch eine Krise der demokratischen Legitimation. Ihre Lösung, so die beiden Rechtswissenschaftler Claudio Franzius und Ulrich K. Preuß, kann nur darin liegen, die Gestaltung des Einigungsprozesses normativ neu zu denken und damit die Grundlagen der EU zu demokratisieren.

Oskar Negt: Das Europa von heute und die Wirklichkeit von morgen. Zur Verteidigung der Utopie

Die harte Realität der Finanz- und Wirtschaftskrise hat Europa fest im Griff und verdrängt zugleich jeglichen utopischen Gedanken. Oskar Negt, Professor em. für Soziologie, zeigt, dass es zur Lösung der Krise mehr als nur des Sinns für das Wirkliche bedarf. Stattdessen müssen wir uns auch jener kreativen Kräfte bedienen, die über die bestehenden Verhältnisse hinausweisen.

Blätter für deutsche und internationale Politik

Große Köpfe für große Fragen

Jürgen **Habermas** · Saskia **Sassen**

Peter **Bofinger** · Seyla **Benhabib**

Jens **Reich** · Katajun **Amirpur**

Norman **Birnbaum** · Micha **Brumlik**

Rudolf **Hickel** · Claus **Leggewie**

Hans-Jürgen **Urban**

Dies sind nur 11 von 22 Herausgebern der »Blätter«.
Lernen Sie auch die anderen kennen –
und viele weitere kluge Köpfe.
Die »Blätter« – Monat für Monat 128 Seiten mit Biss.

Bestellen Sie ein Probeabo: Zwei Monate für nur 10 Euro
www.blaetter.de | abo@blaetter.de | 030/3088-3644

Was nun, Europa?
Kapitalismus ohne Demokratie oder
Demokratie ohne Kapitalismus

Von **Wolfgang Streeck**

Die gegenwärtige Finanz-, Fiskal- und Wirtschaftskrise ist der vorläufige Endpunkt der langen neoliberalen Transformation des Nachkriegskapitalismus.[1] Inflation, Staatsverschuldung und Privatverschuldung waren zeitweilige Notbehelfe, mit denen demokratische Politik den Anschein eines Wachstumskapitalismus mit gleichen materiellen Fortschritten für alle oder gar allmählicher Umverteilung von Markt- und Lebenschancen von oben nach unten aufrechterhielt. Alle drei hatten sich nacheinander erschöpft und mussten durch andere Notbehelfe abgelöst werden, als die Nutznießer und Verwalter des Kapitals nach jeweils einem guten Jahrzehnt extensiver Anwendung anfingen, sie zu teuer zu finden.

Was aber nun? Kann das Kaufen von Zeit mit Hilfe der Magie des modernen Geldes – die periodische kontrafaktische Streckung der alten Versprechen eines sozial befriedeten Kapitalismus, die schon lange keine reale Grundlage mehr haben – in und nach der großen Krise des beginnenden 21. Jahrhunderts weitergehen?

Genau das wird heute, über fünf Jahre nach Beginn der Finanzkrise im Jahr 2008, in einem weltweiten Feldversuch getestet. Das einzige Geld, das dazu noch zur Verfügung steht, ist das ganz und gar virtuelle der Zentralbanken; und die wichtigste Autorität, die dem endgültig in seine hayekianische Phase eintretenden, vormals demokratischen Kapitalismus für seine *governance* verblieben ist, ist die der Zentralbankpräsidenten. Die privaten Geldfabriken liegen still, seit ihre potentiellen Kreditnehmer überschuldet sind und sie nicht mehr wissen, auf welche ihrer Außenstände sie noch zählen können; und die Regierungen werden durch ihre Parlamente und die Reste ihrer demokratischen Verfassungen blockiert: in den USA durch einen polarisierten Kongress, der die Staatsverschuldung als Vorwand zur Staatsabschaffung nutzt, und in Europa durch den wachsenden Widerstand der Wähler gegen die Zumutung, die Rechnung für ein neoliberales Wachstumsregime zu begleichen, von dem sie in ihrer großen Mehrzahl nichts gehabt haben.

---

1 Die Darstellung dieser Transformation ist der Inhalt des Buches von Wolfgang Streeck, „Gekaufte Zeit. Die vertagte Krise des demokratischen Kapitalismus", das 2013 im Suhrkamp Verlag erschienen ist.

So wandert die Macht, zumindest für die nähere Zukunft, zu den Draghis und Bernankes und ihren Technokratien, die es in der Hand haben, durch zunehmend raffiniertere Injektionen selbstgemachten Geldes die Banken und ihre Gewinnabhängigen aufzupäppeln und den Staaten zu ermöglichen, sich zu refinanzieren, Schulden hin oder her. Immer neue Tricks werden erfunden, um dem 2008 gescheiterten Pumpkapitalismus einen zweiten Frühling zu spendieren, wie kurz er dann auch sein mag. In Europa sucht ein zum Zentralbankpräsidenten erhobener ehemaliger Direktor von Goldman Sachs seit seinem Amtsantritt nach Wegen, Käufer und Verkäufer von Staatsanleihen simultan zu befähigen, ihren schwunghaften Handel miteinander fortzusetzen. Als avancierteste Innovation, verkündet unter dem Zungenschnalzen der Kenner, galt im Herbst 2012 ein Plan, mit frischem Zentralbankgeld unbegrenzt zum Festpreis Staatsanleihen von Schuldenstaaten zu kaufen, allerdings nur von Banken, die diese vorher, und sei es eine halbe Stunde vorher, bei den Staaten erworben haben müssen. Indem so das Verbot der direkten Staatsfinanzierung durch die Zentralbank eingehalten, wenn auch nicht respektiert wird, wird es den „Märkten" ermöglicht, Schuldscheine in unbegrenzter Menge für, sagen wir, 96 Prozent vom Nennwert bei einem der beteiligten Staaten zu kaufen, um sie stehenden Fußes für garantierte 96,5 Prozent an die EZB weiterzureichen.

Die Legitimationskrise des Gegenwartskapitalismus

Ob dies die Legitimationskrise des Gegenwartskapitalismus für ein weiteres Jahrzehnt oder länger zu suspendieren vermag, kann man allerdings bezweifeln. Viel spricht dafür, dass die Zeit, die sich auf diese Weise kaufen lässt, nur eine kurze sein kann. Mit dem uneingeschränkten Einsatz von Zentralbankgeld als letztem Mittel zur Vertrauensbildung angesichts der aufgehäuften Schuldenberge geht der Staat das Risiko ein, dass auch dieses Mittel versagen und die staatliche Selbstfinanzierung als Insichgeschäft – als Münchhausenscher Versuch, sich selbst an den Haaren aus dem Sumpf zu ziehen – durchschaut und die Zentralbank zu einer gigantischen *bad bank* mit angeschlossener elektronischer Notenpresse werden könnte.

Das Einrücken der EZB in die Rolle eines *government of last resort* mag Regierungen wie der von Angela Merkel gelegen kommen, die von der Widersprüchlichkeit und Widerständigkeit ihrer nationalen Demokratie an „verantwortlichem" Handeln im Sinne der Finanzmärkte gehindert werden; das Regierungsgeschäft an die Zentralbank abzutreten, erspart ihnen manche legitimationspolitische Drecksarbeit. Aber das Vertrauen und die fachliche Reputation, die Zentralbanken normalerweise genießen, und damit ihre politische Nutzbarkeit müssen leiden, wenn ihre Politik zu prinzipienlos improvisiertem Krisenmanagement, rechtsverdreherischer Gesetzesumgehung[2] und klientelistischer Belohnung notleidender Banken für den Ankauf

---

2 Vgl. die rabulistisch gewundene Begründung der EZB, warum der unbegrenzte Aufkauf von Staatsanleihen auf dem Sekundärmarkt keine – der Bank verbotene – Staatsfinanzierung ist, sondern

von Staatspapieren gegen Gewinngarantie degeneriert. Entsprechend groß scheint die Furcht auf Seiten der EZB, durch zu offenkundiges Umschalten von Geldpolitik auf Staatsfinanzierung ihre unpolitische Aura zu verlieren. Würde die Zentralbank als Regierung erkannt, könnte sie in die Lage kommen, ihre Entscheidungen politisch statt lediglich technisch rechtfertigen und für sie Konsens mobilisieren zu müssen. Dies würde sie in einer Demokratie als außerhalb des demokratischen Prozesses stehende Institution überfordern, auch weil selbst ihre finanziellen Mittel nicht ausreichen würden, einer neoliberalen Wirtschaftsordnung den Anschein von sozialer Gerechtigkeit zu erkaufen.

Vorbild Italien?

Andererseits gibt es tatsächlich Beispiele dafür, dass Zentralbanken in Zeiten politischer Krisen de facto zu Regierungen werden können. Zu diesen gehört interessanterweise Italien in den 1990er Jahren, wo die Gouverneure der Banca d'Italia Guido Carli und Carlo Azeglio Ciampi zeitweilig Ministerpräsident, Finanzminister und Staatspräsident waren, nachdem 1993 das Parteiensystem des Landes unter der Last seiner Korruptionsaffären während der „anni di fango", der „Jahre des Schlamms", zusammengebrochen war. Von einer starken Zentralbank regiert zu werden, hat in Italien Tradition – eine, die Mario Draghi, nach seiner Zeit bei Goldman Sachs von 2006 bis zu seiner Ernennung zum Präsidenten der EZB ebenfalls Gouverneur der Banca d'Italia, heute auf europäischer Ebene fortsetzt.[3] In den 1990er Jahren war die weitgehende Übertragung der Regierungsgewalt in Italien von der diskreditierten Parteipolitik an die ihr gegenüber unabhängige Zentralbank bemerkenswerterweise auch deshalb politisch möglich, weil damals ein parteiübergreifendes nationales Interesse an der Erfüllung der konsolidierungspolitischen Eintrittsbedingungen in die Europäische Währungsunion bestand.

Wie in den Vereinigten Staaten, so könnte eine Krisentherapie mittels synthetischen Geldes auch in Europa kurzfristig erfolgreich sein: Die Boni der Banker und die Dividenden ihrer Aktionäre würden wiederhergestellt und die Risikoprämien, die „die Märkte" für den Kauf von Staatspapieren verlangen, wären nach Übernahme des Risikos durch die Zentralbank wieder erschwinglich. Ob dies allerdings auch langfristig helfen und neues Wachstum bewirken kann, insbesondere solches, das eine abermalige Verlängerung der demokratisch-kapitalistischen Friedensformel zu tragen vermag, indem es hilft, die Unterschiede zwischen Reich und Arm und in Europa zwischen Nord und Süd wieder zu verringern oder doch zu verdecken und Markt

---

    Geldpolitik. Vertrauensbildung durch Rechtsbeugung ist kaum eine längerfristig aussichtsreiche Strategie.
3 Auch der ehemalige EU-Kommissar Mario Monti passte als zeitweiliger italienischer Ministerpräsident in das Schema von „Expertenregierungen", die an die Stelle von Parteiregierungen treten. Ohnehin werden in Italien die meisten Gesetze wegen der chronischen Beschlussunfähigkeit des Parlaments zunächst als Dekrete der Regierung und des Staatspräsidenten verabschiedet.

und soziale Gerechtigkeit irgendwie in Einklang zu bringen, ist alles andere als gewiss. Es fällt jedenfalls auf, wie sehr der Präsident der Europäischen Zentralbank immer wieder darauf besteht, dass die EZB bei aller Hilfe, die sie in Krisenzeiten über ihren rechtlichen Auftrag hinaus zu leisten bereit ist, den Regierungen „Strukturreformen" nicht ersparen könne. Etwas anderes hat neoliberale Politik in der Tat nicht zu bieten, wenn ein neues Wachstumsregime gesucht wird, das verhindern soll, dass eine neuerliche, diesmal vor allem von der Zentralbank zu betreibende Aufblähung des Geld- und Schuldenvolumens ein weiteres Mal zu Überhitzungen in Vermögensmärkten mit anschließendem Kollaps oder zu einer Neuauflage der weltweiten Inflation der 1970er Jahre führt.

Das neoliberale Immergleiche

Wenn das Krisenmanagement nicht zum Vorspiel der nächsten Krise werden und nach der Krise nicht vor der Krise sein soll, bedarf es eines Wachstumsschubs, der, wie die politischen Dinge liegen, nur unter neoliberalen Vorzeichen stattfinden könnte, und zwar als Ergebnis von „Reformen" in der Fluchtlinie des Staatsumbaus der letzten Jahrzehnte. Das ist der Grund, weshalb die regierende Zentralbank ihre Wohltaten mit strengen politischen Auflagen verbindet. Ob sie diese durchsetzen kann, steht freilich auf einem anderen Blatt – auch Staaten und gerade sie können versucht sein, darauf zu spekulieren, dass sie „systemrelevant" sein könnten.[4] Auch kann niemand garantieren, dass Angebotspolitik tatsächlich „funktionieren" würde – siehe die seit vielen Jahren andauernde Stagnation in den Vereinigten Staaten, dem Land, wo die in Europa sich abzeichnende Kombination von lockerem Zentralbankgeld mit neoliberaler „Flexibilisierung" seit Jahrzehnten nur noch ein Scheinwachstum eingefahren hat, das dazu prädestiniert war, in periodischen Krisen zu implodieren. Und selbst wenn es doch noch irgendwie zu neuem Wachstum käme: anders als im keynesianischen Wohlfahrtsstaat der Vergangenheit würde eine steigende Flut längst nicht mehr alle Boote heben.[5] Nach der von den „Märkten" veranlassten Selbstausschaltung umverteilender Politik, wie betrügerisch deren Methoden am Ende auch immer gewesen sein mögen, sowie der erzwungenen Selbstbeschränkung der Staaten auf den Schutz von Marktfreiheit und Eigentum, insbesondere des Eigentums an Staatspapieren, wäre Wachstum endgültig nicht mehr in der Lage, den einer kapitalistischen Marktgesellschaft innewohnenden Ver-

---

4   Wie erwähnt, wurde Berlusconi von der europäischen Schattenregierung durch Mario Monti ersetzt, weil seine Regierung eine Reihe von Bedingungen nicht erfüllt hatte, die ihm Mario Draghi und sein Vorgänger als Präsident der Europäischen Zentralbank, Jean-Claude Trichet, in einem nicht veröffentlichten Brief (!) als Gegenleistung für Kredithilfen gestellt hatten. Allerdings war auch Monti in seinem ersten Regierungsjahr entweder nicht in der Lage oder nicht willens, das von ihm Erwartete durchzusetzen.
5   „A rising tide lifts all boats" ist eine aus den Küstenstaaten des amerikanischen Nordwestens stammende Wendung, die seit John F. Kennedy zu den stehenden Redensarten in der amerikanischen Wirtschaftspolitik gehört. Sie besagt und verspricht, dass eine Verbesserung der allgemeinen wirtschaftlichen Lage durch Wachstum am Ende allen gleichermaßen zugutekommt, Arm wie Reich.

teilungskonflikt zu befrieden; vielmehr wüchse ständig die Gefahr, dass die Dauerverlierer im Matthäus-Regime der kumulativen Bevorteilung irgendwann merken könnten, welches Spiel mit ihnen gespielt wird.

Ein anderes Wachstum ist nötig

Unabhängig davon müsste neues Wachstum, wenn es denn käme und seine alte Befriedungsfunktion wieder übernehmen sollte, quantitativ wie qualitativ ein anderes sein als in den letzten zwei bis drei Jahrzehnten.

Seit der zweiten Hälfte der 1980er Jahre ist die mittlere Wachstumsrate der Industrieländer im gleitenden Fünfjahresdurchschnitt stetig gefallen. Lag der Höhepunkt des Zyklus 1988 noch oberhalb von vier Prozent, so erreichte er 2000 nur mehr 3,4 Prozent und kam 2007, dem Jahr vor der Krise, nicht über 2,7 Prozent hinaus. In den drei Jahren 2009 bis 2011 verblieb das durchschnittliche Wachstum bei einem Prozent. Neues, demokratisch-kapitalistische Stabilität sicherndes Wachstum würde eine fundamentale Umkehr dieses Trends erfordern, von der schlechthin nicht zu sehen ist, wie sie zustande kommen sollte.

Seit den 1990er Jahren bedurfte es zur Erzeugung selbst des zurückgehenden Wachstums der Vorkrisenzeit immer höherer Verschuldungsraten. So lag die Gesamtverschuldung in den Vereinigten Staaten – private Haushalte, private und öffentliche Unternehmen, Finanzwirtschaft und Staat – 1980 noch bei weniger als dem Fünffachen des Bruttoinlandsprodukts; danach verdoppelte sie sich kontinuierlich bis 2008 auf das Neuneinhalbfache. Die Entwicklung in Deutschland verlief erstaunlich parallel, zum Teil sicherlich getrieben von der Wiedervereinigung. Dies legt die Vermutung nahe, dass auch diesmal wieder mehr Schulden als beim letzten Mal injiziert werden müssen, wenn die ersehnte Wirkung eintreten soll. Es erscheint fraglich, ob es den Zentralbanken der Vereinigten Staaten und der Europäischen Währungsunion ohne Mithilfe der schon lange überschuldeten öffentlichen und privaten Haushalte überhaupt gelingen kann, neue Schuldenberge von einer Größenordnung aufzutürmen, wie sie wahrscheinlich erforderlich wäre, um dem Kapitalismus des späten 20. Jahrhunderts ein wie immer befristetes Weiterleben auf höherem Niveau zu sichern. Aber selbst wenn dies gelänge, wäre das Resultat wahrscheinlich nicht mehr als ein Umzug aus dem Regen wirtschaftlicher Stagnation in die Traufe ständig kürzer werdender Boom-and-Bust-Zyklen, mit der Gefahr immer häufigerer und dramatischerer politischer Vertrauensverluste und entsprechender wirtschaftlicher Abstürze.

Alternative Inflation?

Die andere Möglichkeit wäre eine Rückkehr der Inflation – als Unfall oder als Strategie zum Schuldenabbau, zuerst langsam im Schritt, dann möglicherweise auch trabend, und am Ende vielleicht sogar galoppierend und außer Kontrolle geratend wie der Besen des Zauberlehrlings.

Auf den ersten Blick könnte dies als Beginn eines neuen Durchlaufs durch den Krisenzyklus nach dem Ende der Nachkriegszeit erscheinen. Aber in der sozialen Welt steigt man nicht zweimal in denselben Fluss. Anders als in den 1970er Jahren würde Inflation heute nicht vom Arbeitsmarkt getrieben, sondern von den Zentralbanken und ihren Bemühungen um eine Rettung der Gläubiger durch Rettung der Schuldner. Deshalb könnte sie nicht wie damals einfach abgewürgt werden. Und treffen würde sie nicht mehr in erster Linie die Besitzer von Geldvermögen – die in einer Welt ohne Kapitalverkehrskontrollen viel leichter von Währung zu Währung springen könnten –, sondern die viel zahlreicher gewordenen Rentner und Bezieher von Sozialhilfe. Ebenfalls betroffen wären die Arbeitnehmer, die anders als in den 1970er Jahren weithin keine gewerkschaftlichen Vertretungen mehr haben, die dafür sorgen könnten, dass ihre Löhne mit der Inflation Schritt hielten. Als massendemokratisches Pazifizierungsinstrument würde Inflation sich deshalb heute wohl noch rascher verbrauchen als damals. Das Risiko, dass sie im Gegenteil Unzufriedenheit und politische Instabilität zur Folge hätte, wäre immens.

Kapitalismus oder Demokratie

Wenn folglich der Kapitalismus des Konsolidierungsstaates auch die Illusion sozial gerecht geteilten Wachstums nicht mehr zu erzeugen vermag, kommt der Moment, an dem sich die Wege von Kapitalismus und Demokratie trennen müssen. Der heute wahrscheinlichste Ausgang wäre dann die Vollendung des hayekianischen Gesellschaftsmodells der Diktatur einer vor demokratischer Korrektur geschützten kapitalistischen Marktwirtschaft. Ihre Legitimität hinge davon ab, dass diejenigen, die einmal ihr Staatsvolk gebildet haben, gelernt hätten, Marktgerechtigkeit und soziale Gerechtigkeit für dasselbe zu halten und sich als Teil eines vereinigten Marktvolkes zu begreifen. Ihre Stabilität würde darüber hinaus wirksame Instrumente erfordern, mit denen die anderen, die das nicht akzeptieren wollen, ideologisch marginalisiert, politisch desorganisiert und physisch in Schach gehalten werden können. Denen, die sich der Marktgerechtigkeit nicht unterwerfen wollten, bliebe bei wirtschaftlich neutralisierten Institutionen der politischen Willensbildung lediglich, was in den späten 1960er Jahren als außerparlamentarischer Protest bezeichnet wurde: emotional, irrational, fragmentiert, unverantwortlich – eben das, was zu erwarten ist, wenn die demokratischen Wege der Artikulation von Interessen und der Klärung von Präferenzen versperrt sind, weil aus ihnen immer nur dasselbe herauskommen kann oder weil das, was herauskommt, für „die Märkte" keinen Unterschied mehr macht.

Die Alternative zu einem Kapitalismus ohne Demokratie wäre eine Demokratie ohne Kapitalismus, zumindest ohne den Kapitalismus, den wir kennen. Sie wäre die andere, mit der Hayekschen konkurrierende Utopie. Aber im Unterschied zu dieser läge sie nicht im historischen Trend, sondern würde im Gegenteil dessen Umkehr erfordern. Deshalb und wegen des enormen Organisations- und Verwirklichungsvorsprungs der neoliberalen Lösung sowie der Angst vor der Ungewissheit, die unvermeidlich mit jeder Wende verbunden ist, erscheint sie heute als vollkommen unrealistisch.[6] Auch diese Umkehr würde von der Erfahrung ausgehen, dass der demokratische Kapitalismus seine Versprechen nicht gehalten hat – aber sie würde die Schuld nicht der Demokratie geben, sondern dem Kapitalismus. Ihr ginge es nicht um sozialen Frieden durch wirtschaftliches Wachstum und schon gar nicht um sozialen Frieden trotz wachsender Ungleichheit, sondern um die Verbesserung der Lage der von neoliberalem Wachstum Ausgeschlossenen, wenn nötig auf Kosten von sozialem Frieden und Wachstum.

Wenn Demokratie heißt, dass soziale Gerechtigkeit nicht in Marktgerechtigkeit aufgehen darf, dann müsste es demokratiepolitisch zuallererst darum gehen, die von vier Jahrzehnten neoliberalen Fortschritts angerichteten institutionellen Verheerungen rückgängig zu machen und die Reste jener politischen Institutionen so gut wie möglich zu verteidigen und instand zu setzen, mit deren Hilfe es vielleicht gelingen könnte, Marktgerechtigkeit durch soziale Gerechtigkeit zu modifizieren oder gar zu ersetzen. Nur in diesem materialen Zusammenhang wäre heute überhaupt sinnvoll von Demokratie zu sprechen, weil man nur so der Gefahr entginge, mit der „Demokratisierung" von Institutionen abgespeist zu werden, die nichts zu entscheiden haben. Demokratisierung heute müsste heißen, Institutionen aufzubauen, mit denen Märkte wieder unter soziale Kontrolle gebracht werden können: Märkte für Arbeit, die Platz lassen für soziales Leben, Märkte für Güter, die die Natur nicht zerstören, Märkte für Kredit, die nicht zur massenhaften Produktion uneinlösbarer Versprechen verführen. Bevor so etwas im Ernst auf die Tagesordnung kommen könnte, bedürfte es zum Mindesten jahrelanger politischer Mobilisierung und dauerhafter Störungen der gegenwärtig sich herausbildenden sozialen Ordnung.

Demokratie im Euroland?

Wären die Konflikte, die heute ganz offensichtlich dabei sind, das Euroland zu zerreißen, also durch dessen Demokratisierung pazifizierbar? Könnte Demokratie den zentrifugalen Kräften Einhalt gebieten, die dadurch entstanden sind, dass unterschiedliche Gesellschaften in das Korsett eines gemeinsamen Marktes und einer einheitlichen Währung gezwungen und dadurch ihrer Handlungsfähigkeit beraubt wurden? Könnte Demokratisierung die nationalen Konfliktlinien innerhalb des Eurolandes durch zu ihnen querliegende soziale und ökonomische Konfliktlinien neutralisieren?

Viele von denen, die sich die Lösung der gegenwärtigen Probleme des europäischen Wirtschafts- und Staatensystems von seiner Demokratisierung

---

6 Allerdings galt dies für die Hayeksche Utopie sehr lange auch, während der ganzen langen keynesianischen Ära.

erhoffen, scheinen sich diese als Kraftakt vorzustellen, der auf einen Schlag die partikularistischen Hindernisse dauerhaft beiseite räumen würde, die bisher eine nationenübergreifende Lohnpolitik, eine europäische Sozialpolitik, ein einheitliches Arbeitsrecht und Mitbestimmungsregime oder eine gemeinsame regionale Entwicklungspolitik verhindert haben.[7]

Spekulationen über Mögliches können jedoch leicht im Bodenlosen enden, vor allem wenn sie sich mit Hoffnungen oder selbstauferlegten Verpflichtungen zu konstruktivem Optimismus verbinden. Aber vielleicht kann man sich erstens darauf einigen, dass ein Demokratieprojekt für Europa, das seinen Namen verdienen würde, sich scharf von Projekten für eine „politische Union" absetzen müsste, wie sie von autoritären neoliberalen Strategen wie Wolfgang Schäuble verfolgt werden, denen es darum geht, einer hayekianischen Zentrale das neoliberale „Durchregieren" zu erleichtern. Ob die Präsidenten der Kommission und des Rates „vom Volk" gewählt werden oder nicht, hat, solange sie im Vergleich zum Präsidenten der EZB und zum Europäischen Gerichtshof nichts zu sagen haben – vom Präsidenten von Goldman Sachs ganz zu schweigen –, mit Demokratie nichts zu tun. Auf nichts passt der Begriff der „Fassadendemokratie"[8] besser als auf ein politisches System, dessen legale oder faktische Verfassung es darauf verpflichtet, sich aus dem Selbstlauf der „Märkte" herauszuhalten. Ein Demokratieprojekt, das die Bestellung eines „europäischen Finanzministers" ermöglichen soll, der wiederum die Bedienung der „Märkte" zu garantieren und dadurch deren „Vertrauen" wiederherzustellen hätte – ein Demokratieprojekt also, das davon absieht, die Demokratiefrage mit der Neoliberalismus oder gar der Kapitalismusfrage zu verknüpfen –, bedarf des Schweißes der Demokraten nicht. Es läuft, als neoliberales Herzensanliegen, von allein.

Konkrete plurale Demokratie statt eines utopischen institutionellen Homogenisierungsprojekts

Zweitens sollte ein Demokratieprojekt für Europa weniger utopisch sein, als es das seit 2008 auf der Kippe stehende Marktprojekt war. Das heißt, es müsste vermeiden, dessen Fehler, Wirtschaft und Gesellschaft, Wirtschaftsweise und Lebensweise als voneinander unabhängig zu behandeln, spiegelbildlich zu wiederholen. In Wahrheit sind beide auf das Engste ineinander verwoben. Ebenso wenig wie sich eine einheitliche Wirtschaftsweise unterschiedlichen Lebensweisen ohne Anwendung von Gewalt aufzwingen lässt, lassen sich unterschiedliche Wirtschafts- und Lebensweisen widerstandslos in eine gemeinsame soziale und politische Ordnung pressen.[9]

---

7 Peter Bofinger, Jürgen Habermas und Julian Nida-Rümelin, Einspruch gegen die Fassadendemokratie, in: „Frankfurter Allgemeine Zeitung" (FAZ), 3.8.2012.
8 Ebd.
9 Vgl. die immer wieder gescheiterten Versuche, den Gewerkschaften anderer europäischer Länder die deutsche Form der industriellen Demokratie – die Mitbestimmung auf Betriebs- und Unternehmensebene – als europäisches Modell einer starken Vertretung der Arbeitnehmer am Arbeitsplatz zu verkaufen.

Demokratie in Europa kann kein institutionelles Homogenisierungsprojekt sein; anders als der Neoliberalismus dürfte und könnte sie sich der schwierigen Aufgabe nicht entziehen, die historisch gewachsenen nationalen Unterschiede zwischen den europäischen Staatsvölkern, aber auch innerhalb derselben, in ihre Ordnung einzubauen.[10] In Belgien, einem aus nur zwei Gesellschaften zusammengesetzten, lange etablierten Nationalstaat, der dennoch an einer solchen Kontamination von Identitäts- und Verteilungskonflikten auseinanderzubrechen droht, wie sie von der euroländischen Version der Finanz- und Fiskalkrise aktualisiert werden, hat es kürzlich anderthalb Jahre gedauert, bis eine nationale Regierung gebildet werden konnte. Ein europäischer Verfassungsgeber müsste mit derselben Art von Konflikten zurechtkommen, um ein Vielfaches multipliziert und kompliziert, und zwar mit allen auf einmal, nicht innerhalb einer bereits vorhandenen demokratischen Verfassung, sondern als Vorleistung für deren Zustandekommen.

Im real existierenden Europa wäre eine unitarisch-jakobinische Verfassung für einen demokratischen europäischen Staat unvorstellbar. Ohne föderale Unterteilung und umfangreiche partikularistische Autonomie- und Reservatrechte, ohne vor Dauermajorisierung schützende Gruppenrechte für die vielen verschiedenen, auf räumliche Nähe gegründeten Wirtschafts- und Identitätsgemeinschaften, aus denen Europa besteht – nicht nur in Belgien, sondern auch in Spanien und Italien sowie im Verhältnis zwischen Finnland und Griechenland oder zwischen Dänemark und Deutschland –, könnte keine europäische Demokratie entstehen.[11] Wer für sie eine Verfassung schreiben wollte, müsste nicht nur Wege finden, die unterschiedlichen europäischen Interessen von Ländern wie, zum Beispiel, Bulgarien und den Niederlanden einzuarbeiten, sondern sich auch noch mit den ungelösten Problemen unvollendeter Nationalstaaten wie Spanien oder Italien befassen. Auch deren innere Identitäts- und Interessenvielfalt würde in jeder denkbaren europäischen Konstituante vertreten sein wollen und sein müssen.[12] Sie in einer für alle akzeptablen Verfassung zusammenzuführen, wäre eine politische Herkulesaufgabe, die anzugehen einen konstruktivistischen Optimismus erforderte, der dem der Markttechnokraten des Neoliberalismus in nichts nachstehen dürfte.[13]

---

10 Einen guten Überblick über die Probleme, die der europäischen Integration und der Demokratisierung eines geeinten Europa durch die Heterogenität der beteiligten Gesellschaften entstehen, geben Martin Höpner und Armin Schäfer, Integration among Unequals. How the Heterogeneity of European Varieties of Capitalism Shapes the Social and Democratic Potential of the EU, Köln 2012; sowie Martin Höpner, Armin Schäfer und Hubert Zimmermann, Erweiterung, Vertiefung und Demokratie. Trilemma der europäischen Integration, in: FAZ, 27.4.2012.
11 Beispielsweise müsste eine postnationale europäische Verfassung, um für die kleinen oder wirtschaftlich schwachen Länder akzeptabel zu sein, derart viele Sicherungsvorkehrungen gegen eine deutsche Vorherrschaft enthalten, dass sie für die Deutschen ebendeshalb nur schwer zu akzeptieren wäre.
12 Kaum wäre ein europäischer Konvent zusammengetreten, wäre die Frage zu klären, ob die katalanischen Delegierten hinter der spanischen oder der katalanischen Fahne sitzen müssen oder dürfen. Danach würde dann von den Basken, Korsen, Flamen, Südtirolern, Sizilianern und vielleicht sogar den Bayern zu reden sein.
13 Nicht, dass es solchen Optimismus nicht gäbe. Peter Bofinger, Jürgen Habermas und Julian Nida-Rümelin halten es für möglich, im Zuge der Lösung der gegenwärtigen Krise, also in absehbarer Zeit, auf dem Wege einer Vertragsänderung, das heißt mit Zustimmung aller 28 EU-Mitglieder, zur „Gründung eines politisch geeinten, kerneuropäischen Währungsgebietes" zu gelangen. Dazu

Drittens würde die Redemokratisierung Europas Zeit brauchen, ebenso wie das neoliberale Marktprojekt Jahrzehnte gebraucht hat, um seiner Realisierung näher zu kommen, bis es jetzt in seiner bisher größten Krise steckt, aus der es durch eine neue Flucht nach vorn zu entkommen hofft. Als voluntaristische Kopfgeburt könnten die Institutionen einer supranationalen europäischen Demokratie nicht zur Welt kommen. Historische Vorbilder gibt es nicht, und gearbeitet werden müsste mit dem Material, das die Geschichte hervorgebracht hat. Ein neuerlicher Konvent, der die Verfassung eines demokratischen Europa zu schreiben hätte, könnte nur aus den bekannten Gesichtern heute lebender politischer Figuren bestehen. Ihm würden Vertreter aller EU-Staaten angehören, nicht nur der Mitglieder der Währungsunion. Und er müsste arbeiten, während um ihn herum die aktuellen Konflikte um Haushaltskonsolidierung, Entschuldung, Überwachung und „Reformen" die Stimmung aufheizen, das gegenseitige Misstrauen vergrößern und die Beratungsergebnisse präjudizieren würden. Es würden daher Jahre vergehen, bis eine Verfassung vorliegen würde, die Europa einigen und – vielleicht – das Euroland durch eine neuerliche Zähmung des Marktkapitalismus demokratisieren würde. Zur Abwehr einer neoliberalen Lösung der gegenwärtigen Dreifachkrise – der Banken, der Realwirtschaft, der Staatsfinanzen – käme sie viel zu spät.

Die Notwendigkeit der Heterogenität

Gesellschaftliche Heterogenität in Europa wird auf absehbare Zeit auch Heterogenität zwischen unterschiedlichen lokalen, regionalen und nationalen Lebens- und Wirtschaftsweisen sein. Eine demokratische Verfassung für ein geeintes Europa kann es nur bei Anerkennung der Differenzen zwischen diesen geben, die in Autonomierechten anerkannt werden müssten. Deren Verweigerung kann nur Separatismus zur Folge haben, der entweder ausgekauft oder gewaltsam unterdrückt werden müsste. Je heterogener ein Staatsvolk, desto blutiger die Geschichte der gelungenen oder gescheiterten Versuche, es zu vereinheitlichen: siehe Frankreich, Spanien unter Franco oder auch und nicht zuletzt die Vereinigten Staaten. Zentral für jede heterogene Staatsgesellschaft ist ihre Finanzverfassung, die regelt, welche Teilgesellschaft als Gemeinschaft unter welchen Umständen Anspruch auf die kollektive Solidarität anderer Teilgesellschaften haben soll. Dabei gilt auch innerhalb von Nationalstaaten: je mehr Autonomie, desto weniger

---

führen sie aus: „Das erfordert klare verfassungspolitische Vorstellungen von einer supranationalen Demokratie, die ein gemeinsames Regieren erlauben, ohne die Gestalt eines Bundesstaates anzunehmen. Der europäische Bundesstaat ist das falsche Modell und überfordert die Solidaritätsbereitschaft der historisch eigenständigen europäischen Völker. Die heute fällige Vertiefung der Institutionen könnte sich von der Idee leiten lassen, dass ein demokratisches Kerneuropa die Gesamtheit der Bürger aus den EWU-Mitgliedstaaten repräsentieren soll, aber jeden Einzelnen in seiner doppelten Eigenschaft als direkt beteiligter Bürger der reformierten Union einerseits, als indirekt beteiligtes Mitglied eines der beteiligten europäischen Völker andererseits." (Peter Bofinger, Jürgen Habermas und Julian Nida-Rümelin, a.a.O.) Es ist nicht klar, warum diese „verfassungspolitische Vorstellung" klar sein soll. Welche Themen sollen in welchem der beiden Identitätsrahmen behandelt und entschieden werden?

Anspruch auf und Verpflichtung zu zwischengesellschaftlicher Solidarität. Konflikte darüber, was das konkret bedeutet, gibt es immer wieder, sogar in einer so homogenen Nationalgesellschaft wie in Deutschland, wo der Streit über den Länderfinanzausgleich bekanntlich nicht enden will. Im Euroland, wo derartige Konflikte wegen dessen extremer Heterogenität schon nach wenigen Jahren allgegenwärtig sind, gehen sie schlechthin zu tief, um durch Mehrheitsbeschlüsse geregelt zu werden – insbesondere dann, wenn die institutionelle Gleichmacherei des neoliberalen Utopismus bei versperrter Sezessionsoption Forderungen nach sozialer Korrektur der Gerechtigkeit des Marktes durch Ausgleichszahlungen zwischen den Teilgesellschaften provoziert. Es gibt keinen Grund, zu erwarten, dass der regionale und nationale Partikularismus sowie die durch ihn bedingten Interessen- und Identitätskonflikte verschwinden würden, wenn die für eine gemeinsame Währung zu heterogene Gesellschaft des Eurolandes plötzlich eine einheitliche demokratische Verfassung erhielte.[14]

Schon Hayeks Denkfehler in seinem Entwurf einer sich selbst zum Liberalismus zwingenden internationalen Föderation war, dass er glaubte, alle beteiligten Nationalgesellschaften würden und wollten in den von der Zentralregierung um des lieben Friedens willen einzurichtenden freien und allgemeinen Markt und sein Wettbewerbsregime passen und könnten deshalb dazu gebracht werden, ihre kollektiven Partikularinteressen und -identitäten in ihm aufgehen zu lassen. Dass sie versuchen würden, aufbauend auf ihre kulturellen Besonderheiten und unter Nutzung der ihnen verbliebenen politischen Institutionen ihre Lebens- und Wirtschaftsweisen zu verteidigen, damit konnte er nicht rechnen – vielleicht, weil er diese für nicht mehr hielt als für beliebige Tätowierungen auf der Außenhaut eines universellen homo oeconomicus; oder weil die demokratische Möglichkeit kollektiven Handelns gegen die Gerechtigkeit des Marktes in seiner Welt schlechthin nicht vorgesehen war.

Zeit gewinnen – das Gebot der Stunde

Die Forderung nach einem Rückbau der Währungsunion als eines gesellschaftlich rücksichtslosen technokratischen Modernisierungsprojekts, das die Staatsvölker, die das real existierende europäische Volk bilden, politisch enteignet und wirtschaftlich spaltet, erscheint insofern als die demokratisch plausible Antwort auf die Legitimationskrise einer neoliberalen Konsolidierungs- und Rationalisierungspolitik, die sich selbst für alternativlos hält. Sie unterscheidet sich fundamental von nationalistischen Forderungen nach einem Ausschluss von Schuldnerländern aus dem Euroland; ihr Ziel ist nicht die Bestrafung, sondern die Befreiung und Rehabilitierung von Ländern, die

---

14 Man kann sich nur schwer vorstellen, dass die deutschen Steuerzahler die italienischen Staats- oder die spanischen Bankschulden bereitwilliger begleichen würden, wenn sie dazu durch Mehrheitsbeschluss eines europäischen Parlaments verpflichtet würden statt, sagen wir, durch die Machinationen der europäischen Zentralbank. Im Gegenteil wäre es ein Problem, dass eine Umverteilung über den parlamentarischen Weg weniger leicht zu verbergen wäre.

heute Gefahr laufen, endgültig in die babylonische Gefangenschaft eines politisch freigelassenen Marktsystems zu geraten, in dem ihnen die Rolle von Dauerverlierern und -bittstellern zugedacht ist. Nicht um die Verteidigung von Ungleichheit geht es deshalb, sondern im Gegenteil um die Möglichkeit eines politischen Ausgleichs als des einzigen Wegs zur Einigung der europäischen Völker, die heute von denen bedroht wird, die sie als Markteinigung mit dem Euro als Disziplinierungsinstrument betreiben.

Der Vorschlag eines europäischen Bretton Woods[15] kann dabei auf der Ebene des öffentlichen politischen Diskurses den zu erhoffenden Widerstand „der Straße" gegen das markttechnokratische Durchregieren der Eurofanatiker und die endgültige Institutionalisierung des Konsolidierungsstaates ergänzen. Wie dieser kann er aber letztlich nur dazu dienen, Zeit für den Aufbau neuer politischer Handlungsfähigkeit im Kampf gegen den Fortgang des neoliberalen Entdemokratisierungsprojekts zu gewinnen.

Dabei wäre die Prämisse, dass es bei der Verteidigung einer demokratischen Entwicklungsperspektive des gegenwärtigen Kapitalismus, bei aller Fragwürdigkeit der nationalstaatlichen Organisation der modernen Gesellschaften, nicht darum gehen kann, auf den Rockschößen kapitalistischer Marktexpansion den Nationalstaat zu überwinden. Vielmehr muss es darum gehen, die verbliebenen Reste des Nationalstaats so weit provisorisch instand zu setzen, dass sie zur Entschleunigung der rasch voranschreitenden kapitalistischen Landnahme genutzt werden können. Eine Strategie, die auf eine postnationale Demokratie im funktionalistischen Gefolge kapitalistischen Fortschritts hofft, spielt unter den gegenwärtigen Umständen nur den Sozialingenieuren eines selbstregulierenden globalen Marktkapitalismus in die Hände; was dieser anzurichten vermag, davon hat die Krise von 2008 einen Vorgeschmack geboten.

Im Westeuropa von heute ist nicht mehr der Nationalismus die größte Gefahr, schon gar nicht der deutsche, sondern der hayekianische Marktliberalismus. Die Vollendung der Währungsunion würde das Ende der nationalen Demokratie in Europa besiegeln – und damit der einzigen Institution, die noch für die Verteidigung gegen den Konsolidierungsstaat genutzt werden könnte. Wenn die historisch gewachsenen Unterschiede zwischen den europäischen Völkern zu groß sind, um in absehbarer Zeit in eine gemeinsame Demokratie integriert zu werden, dann lassen sich die Institutionen, die diese Unterschiede repräsentieren, möglicherweise, als zweitbeste Lösung, als Bremsklötze auf dem abschüssigen Weg in den demokratiefreien Einheitsmarktstaat nutzen. Und solange die erstbeste Lösung keine ist, wird die zweitbeste zur erstbesten.

---

15 Vgl. Wolfgang Streeck, Auf den Ruinen der Alten Welt. Von der Demokratie zur Marktgesellschaft in diesem Band (S. 63-74, hier: S. 72ff).

Der politische Euro

Eine Gemeinschaftswährung ohne Gemeinschaft hat keine Zukunft

Von **Elmar Altvater**

Die Eurokrise hält unvermindert an und überrollt inzwischen ein Land nach dem anderen. Die Gemeinschaftswährung wird von den frei schaltenden Akteuren auf den Finanzmärkten als Vehikel der wilden Spekulation genutzt; zurück bleiben Spekulationsruinen, die die schönsten Landschaften verschandeln, und eine in Armut und Elend abgedrängte Bevölkerung. Nicht allgemeiner Wohlstand, sondern soziale Exklusion ist das Ergebnis der unsichtbaren Hand auf freien Märkten und der fühlbaren Funktionsmechanismen der europäischen Währungsunion.

Ähnliche Erfahrungen wie derzeit in Europa mussten die Menschen in der Schuldenkrise der „Dritten Welt" in den 1980er Jahren machen, die asiatischen und lateinamerikanischen Schwellenländer ein Jahrzehnt später oder die Hypothekenschuldner der USA in der Subprime-Krise nach 2007. In jeder der erwähnten Krisen hatten sich private Finanzinstitute radikal verspekuliert und wurden mit viel Geld gerettet, wenn sie als „systemrelevant" definiert wurden. Diese Manöver haben die öffentlichen Schulden nach oben getrieben. Gemessen am Sozialprodukt betragen sie im Euroraum durchschnittlich bereits 90 Prozent, obwohl bei 60 Prozent die Maastricht-Latte liegt; in Italien sind es etwa 135 und in Griechenland 175 Prozent.

Die neoliberale Rosskur der Schuldenbremse, europaweit mit dem Fiskalpakt verordnet, verunmöglicht es, die Bankenrettung durch neue Schulden zu finanzieren. Höhere Einkommens- oder Körperschaftssteuern verhindert der Steuerwettbewerb, der auf unregulierten Finanzmärkten Anreize bietet, das Kapital dort zu versteuern, wo die Sätze besonders niedrig sind. Denn: Die Attraktivität von Finanzplätzen ist umso größer, je niedriger die Steuerlast. Also wird eine rigorose Kürzung derjenigen Staatsausgaben erzwungen, die nicht durch den Schuldendienst gebunden sind. Die Konservativen, die überall in Europa das Sagen haben, folgen ihren selbst verordneten Regeln und demontieren auf „brutalstmögliche" Weise den Sozialstaat. Die soziale Substanz der Demokratie wird eliminiert und übrig bleibt eine leere Hülle, „Kapitalismus ohne Demokratie", wie Wolfgang Streeck zu Recht diagnostiziert.[1]

---

1 Vgl. den Text von Wolfgang Streeck, Was nun, Europa? Kapitalismus ohne Demokratie oder Demokratie ohne Kapitalismus in diesem Band (S. 19-30).

Menschliche Sicherheit, seit Anfang der 1990er Jahre ein explizites Ziel der UNO, weicht zunehmender Unsicherheit – nicht zuletzt weil dem sozialen Kahlschlag öffentliche Güter zum Opfer fallen, die für menschliche Sicherheit unverzichtbar sind.[2] Viele Menschen verlieren im Furor des Brutalo-Sparens ihren Job und damit die sichere Einkommensquelle als wichtigsten Eckpfeiler menschlicher Sicherheit. Wenn dann noch wie in den mediterranen Staaten die Gesundheitsdienstleistungen eingeschränkt oder sogar eingestellt und Einrichtungen des Bildungssystems geschlossen werden, dann zerbricht das in den vergangenen Jahrzehnten sozial gestaltete Dreieck von Menschenrechten, menschlicher Sicherheit und menschlicher Entwicklung.

Kurzum: Zu Beginn des 21. Jahrhunderts kehrt das Elend nach Europa zurück, das in den keynesianisch geprägten „sozialdemokratischen Jahrzehnten" nach 1945 erfolgreich verdrängt worden war. Hier erschließt sich die bittere Wahrheit des Wortes von Tony Judt, gesprochen kurz vor seinem Tod 2010, wonach die Linke vom „extremen 20. Jahrhundert" auch etwas zu verteidigen hat – jene sozialen Errungenschaften nämlich, die Europa augenblicklich verspielt.

Der autoritäre Durchgriff der Troika

Auch wenn sich alle europäischen Länder unter den Zumutungen der Krise winden, ist deren Betroffenheit, trotz gemeinsamer Währung im Euroraum, doch höchst ungleichmäßig verteilt. Besonders deutlich lässt sich dies an den „Target2-Salden" des Europäischen Währungssystems ablesen.[3] Danach hatten deutsche Banken Ende 2013 Forderungen von etwa 600 Mrd. Euro, südeuropäische Länder demnach entsprechend hohe Verpflichtungen. Das ist eine Ungleichheit, die schon einen qualitativen Unterschied ausmacht.

Wer das kleine Einmaleins beherrscht, kann sich ausrechnen, dass die Reduktion dieser öffentlichen Schulden nur gelingen kann, wenn sich erstens statt des öffentlichen Sektors private Unternehmen verschulden, um Investitionen zu finanzieren, und wenn zweitens mit den öffentlichen Schulden auf der einen Seite der Vermögensbilanz auf der anderen Seite die entsprechenden privaten Vermögen durch eine Vermögensabgabe und -steuer reduziert werden. Beide Maßnahmen fehlen im herrschenden Austerity-Programm, und deshalb kann es nur scheitern.

Zwar herrscht in den Euro-Mitgliedsländern das Prinzip der Nationalstaatlichkeit, und daraus leitet sich die formale Gleichheit aller Staaten ab. Aber es ist unübersehbar, dass diese von unterschiedlichem Gewicht sind,

---

2 Zum Konzept der menschlichen Sicherheit vgl. grundlegend: Commission on Human Security, Human Security Now, New York 2003; Birgit Mahnkopf, Zum Konzept der human security und zur Bedeutung globaler öffentlicher Güter für einen gerechten Frieden, in: Birgit Mahnkopf (Hg.), Globale öffentliche Güter – für menschliche Sicherheit und Frieden, Berlin 2003, S. 11-34; Elmar Altvater und Birgit Mahnkopf, Globalisierung der Unsicherheit, Arbeit im Schatten, schmutziges Geld und informelle Politik, Münster 2002.

3 Diese Salden entstehen aus Forderungen und Verpflichtungen der Finanzinstitute an die Europäische Zentralbank, die als eine Art Clearingstelle die Konten der grenzüberschreitenden Transaktionen der Banken der beteiligten Länder führt.

wenn es um Einfluss im Währungsraum geht. Zypern bringt 0,2 Prozent des EU-Sozialprodukts auf die Waage, Malta 0,1 Prozent, Slowenien 0,4 Prozent – Deutschland aber 27,5 Prozent, Frankreich 21,2 Prozent und Italien 16,8 Prozent. Die Optionen der Länder der Eurozone sind trotz formaler Gleichheit folglich unterschiedlich. Das wäre auch der Fall, wenn die Eurozone gar nicht existierte, wenn also der Euroraum aufgelöst würde, nationale Währungen zurückkehrten und mit ihnen ein wirtschaftspolitisches Instrument für die Nationalstaaten, das seit Maastricht nicht mehr verfügbar ist: der Wechselkurs und daher die Möglichkeit einer Auf- und Abwertung der Währung.

Zurück zur nationalen Währung?

Dennoch werden derzeit nostalgische Erinnerungen wach: Hat nicht die Politik der Unterbewertung der DM die deutsche Exportstärke ermöglicht und ihren Beitrag zum „Wirtschaftswunder" geleistet? Hat Japan nicht ebenfalls diese Strategie so erfolgreich verfolgt, dass die USA das Land im Plaza-Abkommen von 1985 zur Aufwertung des Yen zwingen mussten, um nicht tiefer ins Defizit der Leistungsbilanz konkurriert zu werden? Haben nicht Schwellenländer wie Brasilien die Unterbewertung der Währung eingesetzt, um der Entwicklung Schubkraft zu verleihen? Auch China nutzt schließlich den Wechselkurs als wirtschaftspolitisches Instrument und lässt sich da nicht hineinreden, wie die Auseinandersetzungen mit den USA, aber auch mit der EU um die angemessenen Währungsrelationen zeigen.[4]

Zurück also in die Zeit vor Maastricht?

Nein, die Uhr der Geschichte kann man nicht einfach zurückstellen. Was bei der Beschlussfassung über den Maastricht-Vertrag zu Beginn der 1990er Jahre versäumt wurde, die Schaffung einer wirklichen, politischen Union, war schon zehn Jahre später, als das Euro-Bargeld in Umlauf gesetzt wurde, nicht mehr nachzubessern.[5] Geld ist das „wahre Gemeinwesen", formulierte Marx, und eine europäische Währungsunion ist folglich immer auch die Konstituierung eines europäischen Gemeinwesens. Zu Recht verlangte daher Jean-Pierre Chevènement schon 1997: „Wer von Politik nicht reden will, soll vom Euro schweigen."[6] Und umgekehrt gilt: Wer vom Euro redet, kann die Politik nicht aus dem Spiel lassen. Der Traum des ehemaligen Bundesbankpräsidenten Tietmeyer von einem „unpolitischen Euro" war schon vor gut 20 Jahren Nonsens. Bemerkenswert ist allerdings, dass die deutsche Bundesbank zur Zeit des Maastricht-Vertrags weiter war. Sie konnte sich zu Beginn der 1990er Jahre die Währungsunion ohne politische Integration nicht gut vorstellen.[7]

---

4 Zur Strategie der Unterbewertung der Währung, um Entwicklung anzukurbeln vgl. Hansjörg Herr und Michael Heine, Monetäre und reale Akkumulation, in: „PROKLA", 3/1996.
5 Zu den Versäumnissen bei der Bildung der Währungsunion habe ich mich mehrfach geäußert, z. B. in: Elmar Altvater, Die DM ist tot! Es lebe der EURO? Die 50jährige Geschichte der DM und die Perspektiven des Euro, in: PROKLA, 3/1998, S. 395-432; ders., Der große Krach oder die Jahrhundertkrise von Wirtschaft und Finanzen, von Politik und Natur, Münster 2010.
6 In: „Frankfurter Allgemeine Zeitung" (FAZ), 17.1.1997.
7 Deutsche Bundesbank, Monatsberichte Oktober 1990, S. 41 ff.

An dieser Stelle macht es Sinn, sich auch an Margaret Thatchers Feststellung zu erinnern: „There is no such thing as society. There are individual men and women, and there are families." Die eiserne Lady hat auf schreckliche Weise recht: Denn eine europäische Gesellschaft gibt es nicht (nach Thatcher gibt es sie sogar nirgendwo). Das ist jedoch kein Zufall. Denn Architektur und Bauausführung der Währungsunion hat man von Anfang an den neoliberalen Monetaristen überlassen. Die kümmerten sich einen Dreck um „such thing as society" und haben Europa, den Verkehrsregeln ökonomischer Gesetze gehorchend, vor die Wand gefahren. Um Konsens und Kooperation haben sich die monetaristischen Hardliner niemals geschert, sie haben in der Tat den Tietmeyer-Versuch unternommen, einen unpolitischen Euro zu erfinden. Das ist je nach Betrachtungsweise grandios oder kläglich gescheitert.

Der große Ökonom Joseph A. Schumpeter hat völlig recht: „Nichts sagt so deutlich, aus welchem Holz ein Volk geschnitzt ist, als das, was es währungspolitisch tut."[8] Die Völker Europas haben zugelassen, dass im Euroraum die Finanzmärkte unzureichend reguliert werden, die Einlagensicherung wie das Haftungsrecht unvollkommen ist und dass das Rating immer noch Sache profitorientierter Unternehmen und keine öffentliche Angelegenheit ist. Schattenbanken dürfen unkontrolliert mit abenteuerlichen Finanzprodukten in Turbo-Geschwindigkeit spekulieren – und keine Aufsicht kann sie wirksam daran hindern, wie die Enthüllungen des ICIJ im Frühjahr 2013 schlagend bewiesen haben.[9] Die freien Finanzzonen gibt es immer noch und der Kapitalverkehr erfreut sich aller Freiheiten – zum Profit der Jongleure auf Finanzmärkten und zum Schaden der Gesellschaften. In Europa ist also ein seltsamer Zwitter entstanden: eine Währungsunion mit allen Freiheiten des Kapitalverkehrs, doch ohne die zum Funktionieren erforderliche gesellschaftliche Legitimierung und die politische Regulierung.

Wie aber nun weiter? Wenn das gegenwärtige Durchwursteln und Zeitschinden keine Perspektive bieten, gibt es nur die Alternative einer Auflösung der Währungsunion und der Rückkehr zu nationalen Währungen einerseits und der Vertiefung der Integration durch mehr politische Regulierung andererseits. Hic Rhodus, hic salta.

Die trügerischen Hoffnungen auf eine Währungsabwertung

Währungen sind Geld und Geld ist ein soziales Konstrukt. Die Währungsunion ist daher keine Sachzwangsjacke, auch wenn sie von der Troika gegenüber den Schuldnerstaaten zur brutalen Disziplinierung eingesetzt wird. Man kann sich dieser Zwangsjacke auch entledigen, wie es schon oft in der Geschichte mit nationalen oder mit Gemeinschaftswährungen geschehen ist. Auch Deutschland hat seine Erfahrungen mit mehreren Währungen

---

8 Zit. nach „Wirtschaftswoche", 10.6.1988.
9 Vgl. „Süddeutsche Zeitung" (SZ), 4.3.2013, oder die Seite des ICIJ (The International Consortium of Investigative Journalists, www.icij.org/offshore); vgl. auch Nicola Liebert, Rainald Ötsch und Axel Troost, Der graue Markt der Schattenbanken, in: „Blätter", 6/2012, S. 83-90.

allein im Lauf des 20. Jahrhunderts. Aus diesen Erfahrungen ist die Lehre zu ziehen: Mit der Währung muss auch das politische Gemeinwesen umgestaltet werden. Denn unpolitisches Geld gibt es nur im von Pierre Bourdieu verspotteten „l'europe Tietmeyer".

Die Auflösung des Euroraums oder die Veränderung dadurch, dass das eine oder andere Land, Griechenland oder Zypern zum Beispiel, austritt und zu einer nationalen Währung zurückkehrt, ist ohne Zweifel ein politisches Projekt. Befürwortet wird es von rechten Demagogen ebenso wie von manchen Strömungen in der europäischen Linken. Ein solcher Schritt wäre das Ende des wichtigsten politischen Projekts der Nachkriegsepoche auf dem europäischen Kontinent, ein Treppenwitz der Geschichte.

Und dieser Witz wäre so gar nicht zum Lachen, auch wenn er von einigen derjenigen erzählt wird, die noch bis vor kurzem auf die sozialdemokratische Variante der neoliberalen Karte gesetzt haben. Beispielsweise von Wolfgang Streeck: Ende der 1990er Jahre Verfechter der sozialdemokratischen Neuen Mitte der Clinton, Blair und Schröder, dann Mitgestalter der rot-grünen Agenda 2010, sieht er nun in der Verteidigung der nationalen Demokratie und der nationalen Währung gegen den „europäischen Konsolidierungsstaat" und gegen die „Vollendung der Währungsunion" die „erstbeste Lösung" der europäischen Probleme.[10] Das ist eine politische Kapitulation, auch vor den Folgen des eigenen Tuns. Denn Agenda 2010 und Hartz IV haben die deutsche Wettbewerbsfähigkeit nicht nur mit hoher Produktivität, sondern auch mit politisch erzwungenem Lohnverzicht gesteigert. Die Leistungsbilanzdefizite der mediterranen Staaten und deren nachfolgende Verschuldung sind das Ergebnis, das nun durch Währungsabwertung und nationale Demokratie korrigiert werden soll. Wenn Wolfgang Streeck wenigstens konsequent genug wäre und nicht nur Anpassungen der Schuldnerländer verlangen würde, sondern auch solche in den Gläubigerstaaten!

Auch Thilo Bode plädiert für mehr nationale Währungsautonomie, das heißt für eine Auflösung des Euroraums. Denn das „Kernproblem der Währungsunion ist [...] die zu niedrige Produktivität der Privatwirtschaft in den Krisenstaaten. Deshalb verschulden sich diese immer weiter bei ihren Nachbarn. [...] Wären die Wechselkurse der Krisenstaaten veränderbar, könnten diese sich mit einer Abwertung der drohenden Verschuldung entziehen."[11] Das gerade könnten sie jedoch nicht, wie auch Thilo Bode schreibt. Die Schulden müssten vielmehr gestrichen werden, wie schon immer in der Geschichte, wenn Schulden untragbar geworden sind. Die Beispiele reichen von der Schuldenstreichung in Solons Athen im Jahr 594 v. u. Z. über das biblische Jubeljahr der Schuldenvergebung bis zum Londoner Schuldenabkommen, durch das Deutschland 1953 aus der Schuldenklemme befreit wurde. Darauf verweist heute, gut 60 Jahre nach dem Abkommen, Alexis Tsipras,[12] der Vorsitzende der „Koalition der radikalen Linken" (Syriza) in Griechen-

10 Wolfgang Streeck, Was nun, Europa? In diesem Band, S. 70.
11 Thilo Bode, Europa und die mutlose Linke, in: „Blätter", 4/2013, S. 39-42, hier: S. 40, nachzulesen auf www.blaetter.de.
12 Alexis Tsipras, Unsere Lösung für Europa – ein Vorschlag, in: „Le Monde diplomatique" (dt. Ausgabe), 2/2013, S. 16.

land, um anzudeuten, in welcher Richtung nach einer Lösung der europäischen Finanzkrise gesucht werden sollte.

In der Geschichte kann die Uhr nicht zurückgestellt werden. Der Fehler einer Währungsunion ohne die ökonomische Basis eines „optimalen Währungsraums"[13] und ohne gemeinsame Wirtschafts-, Finanz- und Steuerpolitik hätte zu Beginn der 1990er Jahre nicht gemacht werden dürfen. Heute ist er nicht mehr zu korrigieren. Wer zu spät kommt, den bestraft das Leben.

Die Sinnlosigkeit einer Rückkehr zu nationalen Währungen

Die Rückkehr zu nationalen Währungen würde aus vielen Gründen nichts bringen, im Gegenteil: Der Fehler von 1992 würde durch neue Fehler getoppt, wenn die europäische Währungsunion zugunsten nationaler Währungen aufgelöst würde. Ein Grexit ist ebenso Bullshit wie ein Spexit oder Italexit. Quod est demonstrandum:

Erstens muss das eher triviale Argument ernst genommen werden, dass die Transaktionskosten mit der Zahl der Währungen in den Handelsbeziehungen steigen. Märkte sind Orte des geldvermittelten Austausches, und bei deren Integration erleichtert ein Geld, also eine Währung, die Ausübung der ökonomischen und sozialen Standardisierungsfunktion. Viele nationale Gelder, deren Kurse auf einem hochspekulativen Markt bestimmt werden, erschweren folglich die Transaktion, und Termingeschäfte zur Vermeidung von Kursverlusten sind teuer und angesichts der Volatilität der Finanzmärkte nicht risikolos.

Zweitens hat in den vergangenen Jahrzehnten der wilden Deregulierung ein Quantensprung im Bereich der Finanzgeschäfte stattgefunden. Nur ein fast zu vernachlässigender Rest der täglichen Umsätze auf Devisenmärkten von mehr als 5000 Mrd. US-Dollar verdankt sich Geschäften der „realen" Wirtschaft, also Handelsgeschäften und Direktinvestitionen. Fast 98 Prozent der Devisenmarkttransaktionen dienen offensichtlich der kurzfristigen Spekulation auf globalen Finanzmärkten. Diese übt denn auch den entscheidenden Einfluss auf die Bildung des Wechselkurses, auf eine Auf- oder Abwertung der Währungen aus. Angesichts dieser Verhältnisse ist die Annahme von Thilo Bode oder Wolfgang Streeck regelrecht „heroisch", dass Wechselkursbewegungen die realwirtschaftlichen Ungleichgewichte in Europa ins Lot bringen könnten.

Der ausgleichende Wechselkurs hängt heute weniger als je zuvor in der Geschichte von durch reale Geschäfte „induzierten", sondern von „autonomen Kapitalbewegungen" ab, wie Heinrich von Stackelberg unterschied.[14] Autonom sind die Kapitalbewegungen gegenüber Handel und Investitionen, nicht gegenüber den an der Rendite interessierten Entscheidungen der

---

[13] Robert A. Mundell, A theory of optimum currency areas, in: „American Economic Review", 1961, S. 657-665.
[14] Vgl. Heinrich von Stackelberg, Grundlagen der theoretischen Volkswirtschaftslehre, Bern 1951; vgl. auch Hans Möller, Heinrich von Stackelberg und sein Beitrag für die Wirtschaftswissenschaft, in: „Zeitschrift für die gesamte Staatswissenschaft", 105. Band, Tübingen 1949, S. 395-428.

Finanzmarktakteure. Ob die so ausfallen, wie im Modell vorgerechnet, darf eher bezweifelt werden.

Das war einer der Gründe, weshalb James Tobin seinen Vorschlag eingebracht hatte, die Währungsräume zu „segmentieren", also Kapitalbewegungen zwischen ihnen zu verteuern und so die Währungsspekulation uninteressant zu machen.[15] Dies ist auf jeden Fall ein Hinweis darauf, dass die Rückkehr zu nationalen Währungen bestenfalls eine halbe Sache wäre. Es müssten auch Maßnahmen der Kontrolle der Finanzspekulation vereinbart werden. Denn wenn finanzielle Instabilitäten und monetäre Spekulation ohne Bezug zu realen Prozessen (zu den sogenannten *fundamentals*) in die Bildung der Wechselkurse intervenieren, hilft nur die politische Regulation.

Drittens müssen die Wirkungen der autonomen Kapitalbewegungen auf die „Wettbewerbsfähigkeit" von „Standorten" in Betracht gezogen werden. Mit der Möglichkeit der Währungsabwertung steigen nur in der Modellwelt die Exportchancen. Die Kurzfristigkeit von Währungsbewegungen, der Mangel an Erwartungssicherheit, die erratischen Schwankungen der Kurse und Zinsen sind keine guten Voraussetzungen für die Ausbildung von ökonomisch-politisch-gesellschaftlichen Netzwerken stabiler nicht-marktmäßiger Beziehungen zwischen Marktakteuren. Hier zeigt sich inzwischen auch das Gewicht der Geschichte. Denn die Netzwerke sind nach Jahrzehnten der europäischen Integration, so unzureichend sie in vieler Hinsicht sein mag, bereits europäisch gespannt. Die Rückkehr zu nationalen Währungsräumen würde mit dieser Realität massiv konfligieren.

Viertens verhindert man mit der Beendigung des Euroraums nicht die verstärkte Regionalisierung oder „Triadisierung" der Weltwirtschaft, die sich auch schon in der Vergangenheit – also vor der Bildung der Eurozone – als D-Mark-, Dollar- oder Yen-Raum gezeigt hatte. In der Zukunft dürfte es, nach dem unterstellten Verschwinden des Euro, den Dollarraum, einen DM-Club und eine BRICS-Währungsunion mit dem Renminbi als Hegemonialwährung geben. Die Vorstellung, dass kleine Währungen in der Geopolitik der Währungskonkurrenz mithalten und ihre ökonomischen Probleme lösen könnten, ist naiv. Dass die Stabilität und Stärke einer Währung auch keineswegs allein oder auch nur hauptsächlich von den realökonomischen Verhältnissen bestimmt sind, lässt sich an der Entwicklung des US-Dollar studieren. Trotz Währungsturbulenzen und eines strukturellen Defizits in der Leistungsbilanz, trotz nachhinkender Produktivitätsentwicklung und eines Bergs von Auslandsschulden ist der US-Dollar eine stabile Anlagewährung und verteidigt die Stellung als Ölwährung. Offensichtlich interpretieren Anleger Währungsstabilität nicht nur ökonomisch, sondern auch politisch und entsprechend der militärischen Potenz des Landes mit der Anlagewährung.[16]

Fünftens ist eine Währungsabwertung nicht nur den Exporten förderlich, sie verteuert auch die Importe. Darauf machen griechische und zyprische Ökonomen aufmerksam, wenn sie die Vorschläge eines Austritts aus dem

---

15 Vgl. James Tobin, A Tax on International Currency Transactions, in: UNDP, Human Development Report, Oxford und New York 1994, S. 70.
16 Vgl. dazu ausführlicher das 6. Kapitel in Elmar Altvater, Der große Krach, a.a.O.

Euroraum, etwa von Paul Krugman, zurückweisen.[17] Bei hundertprozentiger Abhängigkeit von Ölimporten verteuert eine Abwertung den wichtigsten Input für die Industrie, die Energieversorgung, dramatisch. Ob dies durch verbesserte Exportchancen kompensiert werden kann, hängt primär von den Export- und Importelastizitäten in den beteiligten Ländern ab.

Die Vertiefung der Integration als einzige taugliche Alternative

Sechstens schließlich ist zu bedenken, dass nationale Währungsräume nicht immer homogener sein müssen als eine supranationale, europäische Währungsunion. Mahnendes Beispiel ist die Geschichte des italienischen Mezzogiorno, die als Resultat der Wirkungsweise eines „einheitlichen Mechanismus" erklärt werden kann. Die Modernisierung des Nordens und die Unterentwicklung des Südens sind Kehrseiten des gleichen „mechanismo unico". Eher ironisch hatte in den 1980er Jahren der italienische Zentralbankchef Ciampi für eine Währungsgrenze etwas südlich von Rom plädiert, um die Entwicklungschancen des Mezzogiorno durch eine Politik der Abwertung verbessern zu können. Dieses Argument ist auch in der Diskussion um die Auflösung der Entwicklungsblockaden Ostdeutschlands eingebracht worden, und da zeigte sich denn auch sofort die Absurdität, mit Wechselkursveränderungen Wirtschaftspolitik betreiben zu wollen.

Ostdeutschland die DM wieder wegzunehmen, aus wirtschafts- und entwicklungspolitischen Beweggründen, also zum „eigenen Besten", nachdem Millionen für ihre Einführung auf die Straße gegangen sind, wäre sicherlich keine gute Idee gewesen. Das ist der beste Beleg dafür, dass eine Währung immer ein Politikum und kein Setzbaukasten ist, mit dem man Wunschschlösser basteln kann. Also lautet die entscheidende Frage, welches heute der richtige Raum der Politik ist, der auch für den Währungsraum maßgeblich ist.

Derzeit betragen die weltweiten Devisenreserven über 11 000 Mrd. US-Dollar, davon sind nur etwa 55 Prozent zuzuordnen.[18] Von den angehäuften Reserven werden rund zwei Drittel in US-Dollar gehalten, nicht wenige davon von China, und etwas mehr als ein Viertel in Euro. Der Rest entfällt auf alle übrigen rund 180 Währungen.[19] Das wird sich in Zukunft mit Sicherheit ändern. Denn die BRICS-Länder, insbesondere China, Indien und Brasilien, werden auch währungspolitisch ihre Muskeln spielen lassen. Wir haben es also mit einer Verstärkung der Tendenz in Richtung eines Triaden-Währungssystems zu tun. Angesichts dieser Entwicklung ist der Vorschlag einer Rückkehr zu nationalen Währungen eher kleinmütig, auch wenn er von Thilo Bode als Kritik an der „mutlosen Linken" formuliert wird. An der Mutlosigkeit ist durchaus etwas dran, aber aus völlig anderen Gründen, als Thilo Bode sie vorträgt.

17 Vgl. Christian Schlötzer, Keine Experimente mit der Zukunft, in: SZ, 2.4.2013.
18 Diese extrem hohe Intransparenz ist unter anderem die Folge der grassierenden lichtscheuen Finanzkriminalität, für die in Fußnote 9 ein Beispiel zitiert worden ist.
19 Genauere Daten finden sich in der COFER-Datenbank des IWF, www.imf.org/external/np/sta/cofer/eng/index.htm.

In Zeiten von Internet und globalem Containerverkehr, angesichts der Energie- und Kimakrise, auch eingedenk der Gewissheit von Naturwissenschaftlern, dass die Menschheit inzwischen ins „Anthropozän" eingetreten ist, also dabei ist, selbst Erdgeschichte zu machen – vor diesem Hintergrund ist heute selbst der europäische Horizont in vieler Hinsicht zu eng. Die Bändigung des entfesselten Kapitalismus, die Regulierung von Finanzmärkten, sozial gesicherte Arbeitsplätze und die Wende zu erneuerbaren Energien sind Millenniumsaufgaben; in jedem Fall lassen sich diese besser in einem vereinigten Europa bewältigen, als in einem durch den Spaltpilz der Finanzkrise und die Nullsummenspiele der Abwertungsraserei getrennten und vermutlich zerrütteten Europa. Anders ausgedrückt: Die Renationalisierung der Währungen wäre angesichts der gewaltigen Probleme in anderen Politikbereichen kontraproduktiv.

Es geht also gar nicht anders, als der voreilig geschaffenen Gemeinschaftswährung das Gemeinwesen mit Fiskal- und Sozialpolitik sozusagen nachzuliefern. Dafür kommt es darauf an, Ideen und Vorschläge der 1960er Jahre dem Vergessen zu entreißen, insbesondere Robert Mundells Konzept des „optimalen Währungsraums" oder Helmut Schmidts „Krönungstheorie", nach der eine gemeinsame Währung nur der krönende Abschluss eines sehr weit gehenden wirtschaftlichen, sozialen und politischen Integrationsprozesses sein kann. Das gilt heute noch weit mehr als damals: Heute kann Europa nicht ohne eine politische Regulation der entbetteten Finanzmärkte bestehen, sonst gehen die europäischen Gesellschaften in den Strudeln der Finanzmarktkrisen unter. Daher muss das alte Projekt der negativen Integration Europas, durch bloße Liberalisierung der Märkte und Deregulierung der Politik, beerdigt und das der positiven Integration gestärkt werden – wenn denn ein derart politischer Euro tatsächlich Gemeinschaftswährung bleiben oder genauer: endlich werden soll.

Demokratie oder Kapitalismus? – Europa in der Krise

Europa in der Falle

Von **Claus Offe**

Europa befindet sich in seiner wohl schwersten Krise seit 1945. Eine wachsende Zahl historisch versierter Zeitgenossen sieht sich bereits an die Lage vor 1933 erinnert. Lässt diese Krise sich nicht überwinden, so werden sowohl das politische Projekt der europäischen Integration als auch die europäische und die Weltwirtschaft schweren Schaden nehmen, ganz abgesehen vom Ausmaß der sozialen Zerstörungen, die die Krise schon in den Ländern der europäischen Peripherie angerichtet hat.

Die Krise ist so ernst, weil sie einen unlösbar erscheinenden Widerspruch aufwirft. Einfach gesagt: Was dringend getan werden müsste, ist extrem unpopulär und deshalb auf demokratischem Wege nicht durchzusetzen. Aber auch auf postdemokratisch-technokratische Weise ist ein Ausweg kaum zu finden. Alle Kenner sind sich „im Prinzip" einig, was nottut – nämlich eine langfristige Schuldenvergemeinschaftung oder andere Formen grenzüberschreitender Lasten-Umverteilung großen Stils; aber das lässt sich dem wählenden Publikum der reichen Länder kaum vermitteln.

Analoges gilt für die Länder der Peripherie: eine rasche und nachhaltige Steigerung ihrer Wettbewerbsfähigkeit und eine Senkung der Lohnstückkosten müsste erreicht werden, um dann irgendwann annähernd ausgewogene Handelsbilanzen und einigermaßen tragbare Haushaltsdefizite zu ermöglichen – auch dies gilt sachkundigen Eliten als „erforderlich", ist aber offenbar nicht machbar, ohne die demokratische Souveränität dieser Länder schwer zu beschädigen, weil deren Bevölkerung das genaue Gegenteil „fordert". Das Missverhältnis zwischen ökonomisch Erforderlichem und politisch Machbarem zeigt sich also auf beiden Seiten der Nord-Süd-Linie, die Europa heute spaltet. Wenn die Eurozone zerfällt, weil jene Quadratur des Kreises misslingt, wird wohl auch die EU zugrunde gehen. Mit dieser Warnung hat die deutsche Bundeskanzlerin vollkommen recht.

Die neue Spaltung Europas trennt den armen Süden vom reichen Norden. Die Populisten im Norden lehnen steuerfinanzierte Transfers und Schuldenschnitte ab (zumal im Lande des Hauptzahlers nationale Wahlen bevorstehen), während die Populisten im Süden sich heftig gegen die Austeritätsdiktate wehren, die Löhne, Renten und den öffentlichen Dienst treffen. Beide Sorten von Populisten profitieren von der Krise, die ihnen politischen Zulauf beschert und die Volksparteien der Mitte mit ihrem ohnehin schrumpfen-

---

* Dieser Essay beruht auf der Mitschrift eines Interviews für die polnische Zeitschrift „Krytyka Politycna". Trotz der Überarbeitung sind einige Merkmale der mündlichen Rede erhalten geblieben.

den Wähleranteil zur Nachahmung nötigt. In Griechenland ist die neonazistische „Goldene Morgenröte" mittlerweile zur drittstärksten Partei des Landes avanciert.[1] In dem Augenblick, in dem sie zusammen mit anderen Europa-Neinsagern eine Regierungskoalition zustande brächte, wäre es mit dem Euro vorbei – wegen der absehbaren Reaktionen der Europäischen Zentralbank (EZB), des Internationalen Währungsfonds (IWF) sowie der Finanzmärkte und des damit losgetretenen Dominoeffekts.

Die Auflösung der Eurozone mit ihrer unausweichlichen Konsequenz des EU-Zerfalls liefe auf einen Tsunami politischer und wirtschaftlicher Regression hinaus. Damit soll nicht bestritten sein, dass der Euro von Anfang an eine Fehlkonstruktion war. Wenn man Griechenland und Deutschland, um die beiden Extremfälle zu nennen, in eine Währungsunion steckt, setzt man den ärmeren, weniger produktiven Partner – den, der die höheren Lohnstückkosten hat und daher in seinem Außenhandel weniger wettbewerbsfähig ist – gewaltigen wirtschaftlichen Zwängen aus. Man nimmt ihm schlicht die Möglichkeit, sich mit eigenen Mitteln, nämlich denen einer nationalen Währungspolitik (sprich: Abwertung) *extern* anzupassen.

Griechenlands Aufnahme in die Eurozone erweist sich somit im Nachhinein als einer der fatalen Fehler, die, einmal gemacht, die Option ausschließen, sie durch Rückkehr zum Status quo ante zu korrigieren. Selbst wenn heute alle Beteiligten darüber einig wären, dass die Einführung des Euro in eine völlig falsch konstruierte Währungszone ein gewaltiger Fehler war (wegen der von vornherein bestehenden und sich weiter vertiefenden Inhomogenität dieser Zone, der fehlenden Abwärts-Flexibilität von Preisen und Löhnen, der Behinderung der Arbeitskräftemobilität durch Sprachbarrieren und weil es keine unionsweite Wirtschafts-, Steuer- und Sozialpolitik gibt) – der Versuch einer *Rück*abwicklung hätte schon wegen der Ankündigungseffekte seinerseits katastrophale Folgen. Es ist einfach unrealistisch, den Geist zurück in die Flasche zwingen zu wollen.

Unkalkulierbare Dominoeffekte

Mit ihrem Beitritt gehen die Neumitglieder der EU die rechtliche Verpflichtung ein, ihre Volkswirtschaften so zu reformieren, dass sie sich nach den fünf Kriterien des Maastricht-Vertrages zu Mitgliedern der Eurozone qualifizieren. Wollte man diese Bedingung aussetzen oder den Austritt von Euro-Mitgliedern betreiben, würde für diese Länder eine Lawine negativer Konsequenzen losgetreten: Die Renationalisierung der Geldpolitik würde es den Peripherieländern zwar gestatten, ihre Währungen unbeschränkt abzuwerten, doch hätten sie es danach um so schwerer, ihre Euro-Schulden zu bedienen. Desgleichen würden Finanzinvestoren die Zinsschraube für Mitgliedstaaten, die den Euro noch nicht aufgegeben haben, anziehen und auf diese Weise einen unkalkulierbaren Dominoeffekt auslösen. Dieser würde

---

1 Vgl. Michael Oswald, Rechtsruck in Hellas, in: „Blätter", 10/2012, S. 26-29.

schließlich auch die Wirtschaft der Netto-Exporteure in Mitleidenschaft ziehen. Außerdem wären Länder, die den Euro aufgeben, zugleich gezwungen, die Befolgung des regulativen europäischen Rechts aufzugeben, weil sie sich die Einhaltung von dessen Regeln einfach nicht mehr leisten könnten.

Sobald Staaten einmal in dieser Eurofalle sitzen, beginnen sie – und ihre Bürgerinnen und Bürger – die teuflische Konsequenz zu spüren: Wenn sie nicht länger frei sind, die eigene Währung abzuwerten, sind sie zu dem Versuch gezwungen, ihre Defizite auf dem Wege „interner" Anpassung zu bekämpfen – ein Euphemismus für tiefe Einschnitte bei den staatlichen Dienst- und Infrastrukturleistungen wie bei Löhnen, Renten und Sozialtransfers. Vermeiden ließe sich das nur, wenn es gelänge, hohe Einkommen und größere Vermögen stärker für fiskalische Zwecke heranzuziehen; da es jedoch in Europa weder Steuerharmonisierung noch Kapitalverkehrskontrollen gibt, sind die Fluchtwege für Finanzkapital breit ausgebaut. Daher halten die meisten politischen Kräfte, darunter alle Sozialdemokraten, diese Option für wenig aussichtsreich. So bleibt es dabei: Statt die eigene Währung abzuwerten, muss man jetzt die Beschäftigten und den Staatssektor im eigenen Lande abwerten.

Das erleben wir derzeit im Süden Europas, vor allem in Griechenland. Alles, was der Staat finanziert, organisiert und reguliert, muss jetzt „liberalisiert" werden. Das geschieht durch „Reformen" – einem Begriff, der unter der Hand überall semantisch umgekrempelt wurde. Wir waren gewohnt, uns unter Reformen etwas „Progressives" vorzustellen, Schritte in Richtung Verteilungsgerechtigkeit und bessere Lebenschancen. Das war einmal. Heute erklären die herrschenden Eliten der EU und ihrer Mitgliedstaaten Reformen dieser neuen, liberalisierenden Sorte für eine zwar bittere, aber unverzichtbare Medizin. Es ist kein Wunder, dass so etwas enorme soziale Unruhen auslöst, deren Wucht es bisweilen selbst den Nutznießern völlig absurder Privilegien erlaubt, diese zu verteidigen. Die Gewerkschaften kämpfen, aber mit dem Rücken zur Wand. Fast jeden Sonntag kommt es zu linkspopulistischen Massenaktionen in griechischen, portugiesischen und spanischen Städten, im November 2012 kam es sogar zum ersten grenzüberschreitenden südeuropäischen Massenstreik. Die Größenordnung des europäischen Ungleichgewichts ist leicht zu illustrieren: Um eine ausgeglichene Außenhandelsbilanz zu erreichen, müsste Griechenland in Europreisen satte 40 Prozent billiger werden. Umgekehrt müssten Deutschlands Exporte sich um 20 Prozent verteuern, wollte man den Exportüberschuss des Landes auf Null reduzieren. Beides dürfte kaum zu erreichen sein, da weder griechische Arbeiter und Rentner noch deutsche Arbeitgeber oder Finanzminister gewillt sein dürften, größere Schritte in diese Richtung zu tun oder zuzulassen.

Schlimmer noch: Selbst wenn irgendein autoritärer Technokrat unter dem Diktat der EU, der EZB und des IWF Griechenlands Staatsausgaben, Löhne und Renten in einer derartigen Größenordnung zusammenstreichen würde, würde dadurch das allein maßgebliche Verhältnis zwischen öffentlicher Schuldenlast und BIP nicht verbessert, sondern im Gegenteil massiv *verschlechtert*. Finanzinvestoren wissen, dass es die positive Wachstumsaussicht (ein *credible business plan*) eines Landes ist, der darüber entscheidet, ob ausreichend künftige Steuereinnahmen zu erwarten sind, die es gestatten werden, gegebene Kredite zu bedienen. Daher werden sie auf *fehlende* Wachstumsaussichten entsprechend reagieren: entweder durch Kreditverweigerung oder mit einer weiteren Steigerung der Kreditkosten über das tragbare Maß hinaus. Gerade die als Preis für Kreditgarantien den Schuldnerländern aufgenötigte Spar- und Austeritätspolitik ist aber (was kaum jemand nach den Veröffentlichungen der IWF-Daten noch bestreitet) für fehlende Wachstumsaussichten mitverantwortlich.

Versperrte Auswege

Die Frage lautet also: Wie kann man – ohne die Möglichkeit einer Währungsabwertung – so gewaltige Handelsungleichgewichte innerhalb des Eurosystems überwinden? Dazu gibt es diverse Vorschläge: eine Clearing-Union, Fiskalunion oder Schuldenvergemeinschaftung, Schuldenerlass, Zahlungsaufschub. Am praktikabelsten erscheinen Vielen die sogenannten Eurobonds – gleichsam eine „Bonitätsspende", die allerdings durch Vertragsänderung erst noch „gerichtsfest" gemacht werden müsste. Dasselbe gilt wohl für den unbegrenzten Ankauf von Staatsschulden durch die EZB, die dadurch marktberuhigend demonstrieren will, dass sie die angehäuften Papiere im Ernst für werthaltig hält und eben dadurch ihren Wert steigert. Hektische, geradezu verzweifelte Elitendebatten drehen sich derzeit darum, irgendeinen Mix aus diesen Maßnahmen zu finden. Die öffentliche Meinung reagiert darauf, besonders in den Nordländern, mit wachsendem Argwohn, dass hier eine „rote Linie" nach der anderen überschritten wird.

In so zentralen Ländern wie Deutschland will die Öffentlichkeit – bestärkt durch das desaströse Versagen der politischen Parteien vor ihrer Aufklärungsaufgabe – bislang einfach nicht wahrhaben, was hinter verschlossenen Türen als unstrittige Tatsache gilt: Dass es sich bei den geplanten Notmaßnahmen nicht so sehr um „Transfers" oder Akte von „Altruismus" handelt als vielmehr um *Solidarität* im genauen Sinn des Wortes. Solidarität orientiert sich daran, was „gut *für uns alle*" ist, und fragt nicht nur „Was ist gut *für dich, den Empfänger*". Derzeit dominiert jedoch ein Missverständnis, das solidarisches Handeln (im dargelegten Sinn) mit Wohltätigkeit, selbstlosen (von den Empfängern schwerlich verdienten) „Geschenken" verwechselt. Dieses Missverständnis programmiert die Frage, „Warum sollen ‚wir' eigentlich für ‚die da' bezahlen, ihnen etwas schenken?", „Warum sollte man nicht endlich an Griechenland ‚ein Exempel statuieren', statt immer noch mehr Geld in dieses oder jenes ‚Fass ohne Boden' zu schütten?" Diese Perspektive machen sich rechtspopulistische Parteien (aber auch starke Strömungen innerhalb der politischen Mitte, die mit jenen Parteien im Wettbewerb stehen) für Wahlkampfzwecke zunutze, was wiederum die nationalen und europäischen Eliten daran hindert, die demokratisch fundierte Strategie eines *„wohlverstandenen* Eigeninteresses" zu verfolgen, also eine Strategie der Solidarität.

Wovon eine (zurzeit schrumpfende) Minderheit von europäischen Integrationsenthusiasten jahrelang geträumt hat, nämlich von einer Vertiefung der Integration mit einem europäischen Bundesstaat als Zielzustand („*finalité*"), das ist nun plötzlich unter dem Druck der Krise zu einer eilbedürftigen Notmaßnahme geworden, die auf die Einrichtung starker fiskal- und wirtschaftspolitischer Kompetenzen auf EU-Ebene hinausläuft. Doch da es an der Unterstützung von politischen Parteien und damit der Wähler (sowohl in den prosperierenden wie in den krisenbetroffenen EU-Staaten) für eine solche Notrettung mangelt, wird sie voraussichtlich scheitern. Es sieht nicht danach aus, dass sich der europäische Finanzkapitalismus mit demokratischen Mitteln unter Kontrolle bringen ließe.

Selbst wenn die Rettungsaktion dauerhaft gelingen (und nicht nur immer wieder ein wenig Zeit kaufen) sollte, trifft sie aus demokratischer Sicht der sogar im Erfolgsfall berechtigte Vorwurf, es handele sich um eine technokratisch erzwungene, unzulänglich bedachte, juristisch anfechtbare, verteilungspolitisch brutale und zudem verspätete Notoperation. Man wolle letztlich nur Zeit gewinnen – in der zweifelhaften Hoffnung, die Finanzmärkte so beruhigen und dann dauerhaft unter Kontrolle bringen zu können. Sowohl aus der Linken wie von Mitte-Rechts melden sich in letzter Zeit Stimmen zu Wort, die eine Stärkung der demokratischen Legitimation von aus „Brüssel" kommenden Rettungsaktionen durch Referenden vorschlagen. Die Linke setzt dabei, eher zögerlich, auf positive Ergebnisse; die Rechte dagegen auf einen negativen Ausgang, weil bei ihr „nationale" Interessen und Ressentiments sowie der Wunsch dominieren, an den Verlierern des Eurospiels ein „Exempel zu statuieren".

Die Bildung des europapolitischen Volkswillens

Doch bevor die Präferenzen der Wähler *gezählt* werden können, müssen sie erst einmal *gebildet* werden, und zwar im Lichte von normativen Prinzipien sozialer Gerechtigkeit wie ebenso eines aufgeklärten Sachverständnisses über die Situation, in der wir uns befinden, und die gangbaren Auswege und ihre Konsequenzen. Da es jedoch ein europaweites Parteiensystem, das diese Aufklärungsarbeit leisten könnte, erst rudimentär gibt und wegen der Rolle, die nationale Scheuklappen deshalb bei der Bildung von Wählerpräferenzen nach wie vor spielen, fällt es nicht leicht, in eine direkt-demokratische „Notfall-Legitimation" viel Vertrauen zu setzen; also darauf, dass Volksabstimmungen in den Mitgliedstaaten geeignet wären, den benötigten massiven Solidar-Interventionen auf europäischer Ebene demokratischen Rückhalt zu verschaffen.

Wenn man Griechenland – von Spanien, Portugal oder Italien gar nicht zu reden – durch Schuldenvergemeinschaftung und Eurobonds vor dem Staatsbankrott retten will, könnte sich dies in der Tat als ein extrem teurer Transfer erweisen, der mit Inflation oder weiter steigender öffentlicher Verschuldung im Norden bezahlt werden müsste. Steuerfinanzierte „Geschenke" an notleidende Eurozonen-Teilnehmer sind nicht populär. Ein einziges Argument könnte die Wählerschaft in den Nordländern davon überzeugen, dass es sich bei solchen „Geschenken" dennoch um eine vernünftige Sache handelt, nämlich das Argument, dass eine *unterlassene* Rettungsaktion und das *Versäumnis*, die dafür fälligen Opfer aufzubringen, für „uns" noch höhere Kosten verursachen würde. Angesichts der ungewissen Reaktionen sämtlicher strategischer Akteure in diesem Spiel lässt sich dieses Argument jedoch nicht in einer Weise quantitativ unterfüttern, die auch die Träger entgegenstehender Interessen und Meinungen überzeugt.

Niemand kann sicher sein, was passieren wird, wenn *nichts* passiert, das heißt wenn die Vergemeinschaftung der Staatsschulden oder andere Varianten einer vom „Norden" subventionierten Stabilisierung der Peripherie *nicht* zustande kommen. Die jüngsten Prognosen der Bertelsmann Stiftung lassen für diesen Fall eine Katastrophe erwarten: einen Dominoeffekt, der den ganzen europäischen Mittelmeerraum einschließlich Frankreich und womöglich auch Belgien erfassen und sich weltweit, besonders aber in ganz Europa, wirtschaftlich höchst destruktiv auswirken würde. Auch Deutschland, auch Finnland und die Niederlande, die bislang der Rolle des Nettozahlers wählerwirksam auszuweichen suchen, wären schwer betroffen; ihr ganzer schöner Exportüberschuss schmölze wie Schnee in der Frühlingssonne.

Aus Umfragen wissen wir, dass es in keinem der Länder, die unter besonders hohen Staatsdefiziten leiden, Mehrheiten für einen Austritt aus der Eurozone gibt – ganz im Gegenteil. Das ist ökonomisch aus drei Gründen völlig rational: Erstens würden sie durch einen Austritt ihren *nuisance value* verlieren, also ihre Fähigkeit, den anderen Teilnehmern des Spiels so auf die Nerven zu gehen und sie mit Ansteckungsszenarien zu verängstigen, dass die EU aktiv werden und ihre Banken, Staatshaushalte und Volkswirtschaften nach Kräften retten *muss*. Zweitens müssten sie auch im Austrittsfalle noch ihre auf Euro lautenden Kredite bedienen, nun aber auf der Basis einer stark abgewerteten neuen Landeswährung. Drittens würde aber auch kaum ein verantwortlich denkender, nicht nur mit populistischer Akquisition von Wählerstimmen befasster Politiker im restlichen Europa die Defizit-Länder zum Austritt drängen wollen, weil das zur besagten unkalkulierbaren Kettenreaktion führen könnte. Ohne Griechenland hätte die Eurozone nicht ein Problem weniger, sondern womöglich ein Problem *mehr*. Schon aus Gründen der Vorsicht empfiehlt es sich, Griechenland aus der Klemme zu helfen und damit die Beutemacher aus der Finanzindustrie für eine Weile zu besänftigen. Daran ändert die Tatsache nichts, dass letztere die Akte supranationaler „Solidarität" auf Schärfste begrüßen werden, weil sie ihr zumindest einen Teil des Risikos ihrer Finanzinvestitionen abnehmen.

Um das Vertrauen in die Fähigkeit der Schuldnerländer, ihre Kredite zu bedienen und letztlich zurückzuzahlen, auf Dauer wiederherzustellen, bedarf es allerdings *mehr* als temporärer Transfers. Was Griechenland dazu braucht, ist nicht allein die (in jedem Fall sowohl zeitlich wie finanziell begrenzte) Bereitschaft anderer Länder, als stellvertretende Schuldner einzuspringen und Griechenlands Schulden zu bezahlen, sondern letztlich die

Wiederherstellung einer Steuerbasis der griechischen Volkswirtschaft. Nur so könnte das Land irgendwann dahin kommen, dass es seine finanziellen Verpflichtungen aus dem, was es selbst produziert (unterstützt durch Dauertransfers aus EU-Mitteln, wie sie jedes strukturschwache Bundesland in einem normalen Bundesstaat als „Finanzausgleich" beanspruchen kann) auch selbst bedienen kann.

Die EU müsste ihr Vorgehen grundlegend ändern, wenn sie die Banken wirksam daran hindern will, einen Staatsbankrott Griechenlands und anderer Mittelmeerländer zu antizipieren (und so eine sich selbst erfüllende Prophezeiung tatsächlich auszulösen). Dabei spielen die Rating-Agenturen die Doppelrolle von Feuermelder und Brandbeschleuniger. Statt auf kontraproduktive Austeritätsprogramme und „Reformen" zu setzen, die zu zerstörerischen und unproduktiven sozialen Konflikten führen, müsste die EU sich aktiv in den Auf- und Umbau der maroden und weitgehend wettbewerbsuntauglichen Volkswirtschaften der südlichen Eurozone einschalten. Die ernüchternde Realität sieht aber anders aus: In ihrem gegenwärtigen Zustand ist die EU weder institutionell, noch ökonomisch oder politisch willens und fähig, irgendeine dieser Aufgaben effektiv anzupacken. Und solange das so bleibt, werden die Banken weiterhin das letzte Wort darüber haben, was aus der Bevölkerung und den Volkswirtschaften der Südstaaten wird.

Vom Steuerstaat zum Schuldenstaat

Das erklärt sich aus Verlauf und Vorgeschichte der gegenwärtigen Krise. Ein Hauptaspekt ist das (aus heutiger Sicht unbegreifliche) Versagen der national und europäisch Verantwortlichen vor der Aufgabe, die Finanzindustrie auf eine Art und Weise zu regulieren, die verhindert hätte, dass Banken reihenweise bankrott gehen und dann die Staaten zu ihrer Rettung einspringen müssen. Werfen wir kurz einen Blick auf einige der dieser komplexen Geschichte zugrunde liegenden Zusammenhänge: Ein Teil der Erklärung liegt ja darin, dass die Staaten nur deshalb so hoch überschuldet und damit den Launen der Finanzmärkte ausgesetzt sind, weil sie ihren Banken aus der Patsche helfen mussten, zumindest denjenigen, die *too big to fail* sind. Die öffentlichen Kosten einer Rettung privater Banken zu Lasten der Steuerzahler haben also die fiskalische Krise angeheizt, aus der nun wiederum die Banken Profit schlagen – eine Obszönität ganz eigener Art.

Aus der Sicht jedes Finanzinvestors kommt es auf zwei Dinge an, zwischen denen ein *trade-off* besteht: je mehr vom einen desto weniger vom anderen. Zum einen will er *Sicherheit* für seine Investition (also die Gewähr, dass der Kredit zurückgezahlt werden wird), zum anderen hohe *Erträge* in Gestalt von Zinsen (die auch eine Kompensation für das Risiko bieten, dass der Kreditnehmer zahlungsunfähig wird). Staaten waren früher als Kreditnehmer besonders beliebt, weil sie gegenüber Privatschuldnern zwei Vorzüge aufweisen: Erstens verfügen sie über die politische Befugnis, *zwangsweise* die Steuern einzutreiben und gegebenenfalls so zu erhöhen, dass sie ihre Schulden bedienen können. Zweitens können sie Geld *drucken* und auf diese Weise ihre realen Schulden inflationär „abwerten". Der letztere Weg ist einem Eurostaat jedoch versperrt, weil er eben sein eigenes Geld nicht mehr drucken kann. Aber auch der erstgenannte Vorzug, die Steuerhoheit, ist aus Sicht der Investoren nicht mehr wie vordem gesichert, weil sie wissen, dass Staaten heute im *Steuerwettbewerb* miteinander stehen. Dieser hindert sie, zur Befriedigung von Gläubigern die Steuerlast zu steigern, weil dies bei offenen Grenzen zu Kapital-Abwanderung und damit zu einer Schädigung der zukünftigen Steuerbasis führen würde. Eine offene Ökonomie zwingt die Staaten zur Zurückhaltung bei der Besteuerung von Unternehmen und den Beziehern hoher Einkommen. Soweit Staaten ihre Schulden nicht durch fiskalische Belastung der Arbeitnehmer und Konsumenten und/oder eine Kürzung der öffentlichen Ausgaben finanzieren können, bleibt ihnen nichts anderes übrig, als ihren aus Verschuldung herrührenden Finanzbedarf durch Aufnahme weiterer Schulden zu decken. Dabei sind sie den Beutemachern der Finanzindustrie zwar nicht völlig wehrlos ausgeliefert: Sie können, anders als private Schuldner (die über kurz oder lang vom Gerichtsvollzieher aufgesucht würden) die Zahlung von Zinsen und Tilgungen *einstellen*. Gegen diese Option von Staaten verfügen Banken als Gläubiger jedoch über eine (auch für andere Schuldner abschreckend wirkende) „Zweitschlagkapazität": Sie können einem Schuldnerstaat Kredite verweigern oder nur noch zu vollends untragbaren Bedingungen gewähren.

Wie Wolfgang Streeck in zahlreichen neueren Veröffentlichungen nachgewiesen hat, befinden sich die Staaten der OECD-Welt, was die Art ihrer Finanzierung angeht, auf dem Wege vom klassischen *Steuer*staat zum kreditfinanzierten *Schuldner*staat – und das bei langfristig gegen Null gehenden Wachstumsraten in den entwickelten kapitalistischen Demokratien! Der Staat der kapitalistischen Ökonomie ist auf dem Wege, seine für diese Ökonomie unverzichtbaren Funktionen nur noch unter künstlicher Beatmung erfüllen zu können, die wiederum von der Finanzindustrie übernommen wird. Der kumulierte Schuldenstand der Staaten hat sich während der gesamten Periode der Liberalisierung, also seit Anfang der 1980er Jahre, kontinuierlich erhöht. (Nebenbei: Der Wandel vom Steuerstaat zum Schuldnerstaat hat interessante verteilungspolitische Implikationen. Der *Steuer*staat *vermindert* das verfügbare Einkommen der Bessergestellten, indem er sie – progressiv – besteuert, während der *Schuldner*staat deren Einkommen *vermehrt*, indem er Zinsen auf das zahlt, was Angehörige oberer Einkommensschichten ihm leihen können.) Im genannten Zeitraum hat der Umfang des Finanzsektors insgesamt sowie der Anteil der Einkünfte, die ihm aus der Finanzierung von Staatsschulden zufließen, ständig zugenommen. Gleichzeitig ist der Anteil der Einkünfte an ihrem Gesamtgeschäft, die Finanzinvestoren aus Krediten an die „reale" Wirtschaft der Produktion von Gütern und Diensten beziehen, zurückgegangen. Der Soziologe Christoph Deutschmann hat die interessante These vertreten, der Schwenk der Finanzindustrie von der Finanzierung der Realwirtschaft zur Finanzierung von Staaten könne damit zu tun haben, dass die klassischen Unternehmer „knapp" geworden sind, unter anderem auch aus demographischen Gründen der Alterung. „Klassische" Unternehmer sind bereit und darauf angewiesen, bei Banken Kredite aufzunehmen, um in produktive Aktivitäten zu investieren, deren Erträge es ihnen dann gestatten, ihre Kredite zu bedienen. Bei sinkenden Wachstumsraten in der gesamten OECD-Welt kann in diesem Sektor nicht mehr das Hauptgeschäft des Geldgewerbes liegen; es wendet sich anderen Feldern zu, unter anderem auch der Finanzierung des privaten Konsums durch Konsumentenkredite, die eine ähnliche Aufblähung erfahren haben.

Ein Kernproblem bei der Euro-Rettung erwächst daraus, dass erst die Bankenkrise in eine Krise der Staatsfinanzierung umgeschlagen ist und letztere dann in die gegenwärtige Krise der europäischen Integration. Diese wiederum besteht in einer Renationalisierung der Solidaritätshorizonte und darin, dass die reichen Länder Europas den ärmeren Sparkuren verordnen, die ihnen das Vertrauen der Finanzindustrien zurückgewinnen sollen. Das geschieht gegen all jene Erfahrungen, die besagen, dass Austerität eine hochgiftige Medizin ist, die bei Überdosierung den Patienten wirtschaftlich umbringen kann, statt das Wachstum anzuregen und die Steuerbasis zu verbreitern. Auf diese Weise geraten die schwächsten (und schließlich alle) Mitglieder der Eurozone noch tiefer in Abhängigkeit von der Finanzindustrie, die ihrerseits auf die Wachstumsschwäche mit höheren und noch schwerer tragbaren Zinsen reagiert – ein Teufelskreis.

Die wirtschaftlichen Ungleichgewichte – der Geburtsfehler der Eurozone

Um ein Land wirtschaftlich unter seine Kontrolle zu bringen, musste man es früher militärisch *besetzen*. Heute braucht man das nicht mehr. Man kann vollkommen friedliche Beziehungen mit einem Land unterhalten und es dennoch buchstäblich *besitzen* – indem man sich nämlich auf dem Wege dauerhafter Exportüberschüsse dessen Wirtschaft aneignet und seine Souveränität dadurch zerstört, dass man seine Haushaltshoheit und andere Elemente seiner Souveränität aushebelt. Angesichts dieser wirtschaftlichen und politischen Machtkonstellation kann es nicht überraschen, dass sie in den betroffenen Ländern als eine neue Version von Imperialismus und Abhängigkeit empfunden wird – eine Stimmungslage, die ein Mobilisierungspotential in sich birgt, das die Zukunft der europäischen Integration düster erscheinen lässt. Wie gesagt: Die Konstruktion der Eurozone war von Anfang an ein gravierender Fehler, weil sie die (noch zunehmende) Heterogenität der in ihr zusammengeschlossenen Volkswirtschaften nicht zureichend berücksichtigte. Hinzu kommen das Fehlen wirksamer Sanktionsmechanismen im Maastricht-Vertrag und das Fehlen von supranationalen Zuständigkeiten für eine europäische Wirtschafts-, Fiskal- und Sozialpolitik im Vertrag von Lissabon. Den Gipfel bildete die (rot-grüne!) Fehlentscheidung in Deutschland, das Land in einen Standortwettbewerb um die weitestgehende Liberalisierung der Finanzindustrie zu stürzen.

„Wir alle" haben, könnte man also sagen, ernste und folgenreiche Fehler gemacht. Doch diese Einsicht, die von den heutigen politischen Eliten Europas weithin jedenfalls insgeheim geteilt wird, führt nicht von selbst zu einer gemeinsamen Strategie der Abhilfe. Im Gegenteil: Je mehr sich die Krise zuspitzt, desto strittiger wird die Frage, wer für die Abhilfe eine (Zahlungs-)verantwortung übernehmen soll. Man könnte versuchen, diese Frage nach einem einfachen moralischen Prinzip zu beantworten: Es verlangt von den Beteiligten, dass sie, je *weniger* sie jeweils unter den gemeinsam begangenen Fehlern zu leiden hatten bzw. je *mehr* sie sogar von diesen Fehlern handelspolitisch profitieren konnten, einen um so *größeren* Anteil der Lasten schultern müssen, die zur Bewältigung der Krise durch Entschuldung der am meisten Geschädigten unabwendbar sind. Die „Schuldfrage", wer für die falschen Entscheidungen verantwortlich war, wird dabei ausgeklammert. (Ein Urteil darüber, wie es zu diesen Fehlern kommen konnte und inwieweit sie mit einem französisch-deutschen Deal – Abschaffung von DM und Bundesbank im Austausch gegen Frankreichs Zustimmung zur deutschen Einheit – zusammenhingen, überlasse ich gern zukünftigen Historikern.)

Dieses simple moralische Kalkül lässt sich sogar sowohl in deontischer als auch in konsequentialistischer Weise ausdeuten, prinzipienorientiert versus folgenorientiert. Im letzteren Fall lautet das Argument: Derjenige, der *vergleichsweise* ungeschoren davongekommen ist, muss am stärksten an der Konsolidierung eines Arrangements *interessiert* sein, das ihm bei vergleichsweise geringen Kosten so viel handelspolitischen Vorteil eingebracht hat. Die erstere Perspektive besagt: Derjenige, der sich die Kosten der Hilfeleistung am ehesten leisten kann, ist mit Vorrang *verpflichtet*, diese nicht zu verweigern. Wie man es auch wendet: Die Frage, auf wen dieses moralische Kalkül im heutigen Europa in erster Linie zutrifft, findet leicht eine schlüssige Antwort. Sie lautet: Deutschland. Die größten Nutznießer des Euro sind die Deutschen, deren – unter den Bedingungen der Gemeinschaftswährung noch gesteigerte – Exportüberschüsse Teil des Problems sind. Und Deutschland profitiert sogar von der Krise: Hierzulande kommt der Staat heute so billig wie nie zuvor und nirgendwo sonst an Kredite. Die politischen Eliten Deutschlands denken jedoch ebenso wenig wie die Öffentlichkeit des Landes daran, diese Antwort als schlüssig *anzuerkennen* und danach zu handeln – ganz im Gegenteil. Eine von wohlverstandenen Eigeninteressen und/oder anerkannten Pflichten zur Hilfeleistung motivierte Bereitschaft von Regierungen, Parteien und Bürgern, die anfallenden fiskalischen Kosten auf sich zu nehmen, wird schon durch die Komplexität der Zusammenhänge entmutigt. Diese Zusammenhänge lassen sich in Umrissen so beschreiben: Gefordert ist die Bereitschaft, auf nationale Souveränitätsrechte teilweise zu verzichten und beträchtliche wirtschaftliche Opfer zu bringen, um fiskalische Regierungsfähigkeit auf europäischer Ebene aufzubauen und bei der Entschuldung hilfsbedürftiger Mitgliedstaaten und ihrer wirtschaftlichen Erholung mitzuwirken sowie ihre soziale Misere einzudämmen, damit sie gelingen kann; die Finanzindustrie ruhigzustellen und ihre Zinsforderungen zu zügeln, um dadurch die Eurozone und damit die EU insgesamt zu stabilisieren, was unter politisch-moralischen wie gleichermaßen unter Gesichtspunkten der wirtschaftlichen und fiskalischen Stabilität als ein hohes Gut zu werten ist. Der Appell an eine so begründete Bereitschaft wäre offensichtlich in jedem nationalstaatlichen Kontext eines Mitgliedstaates völlig aussichtslos, und das nicht allein seiner Komplexität wegen. Wer auch immer dieses vielstufige Handlungsprogramm vorschlüge, müsste mit Ängsten, Ressentiments und massiven nationalistischen Rückfallerscheinungen im gesamten politischen Spektrum rechnen. Hier zeigt sich wieder, wie tief die Kluft zwischen *politics* und *policy*, dem Meinungs- und Machtkampf einerseits und strategischen Interventionen andererseits, bereits ist: Theoretisch sind politische Parteien – und am ehesten solche, die sich an eine europaweite Wählerschaft wenden – dazu da, diese Kluft zu überbrücken. Das könnte ihnen dann gelingen, wenn sie imstande wären, Wählerpräferenzen und öffentliche Meinung durch überzeugende Argumente zu formen und ihre Einsichtsfähigkeit zu qualifizieren. Stattdessen ist zu beobachten, dass politische Parteien hartnäckig an nationalen Schablonen und kurzfristigen Kostenrechnungen festhalten, weil sie fürchten, anderenfalls ihre Wähler zu überfordern und Stimmen an Parteien zu verlieren, die deren Ressentiments bedenkenlos bedienen. Als politische Machterwerbsorganisationen stehen Parteien unter dem korrumpierenden Druck eines positivistischen Opportunismus, nämlich sich nach den „*gegebenen*" Präferenzen der Wähler zu richten und vor der Aufgabe zu resignieren, diese Präferenzen zunächst durch Vermittlung von Einsichten und Argumenten (mit)zu*formen*. Doch Parteien sind nun einmal darauf aus (und dazu da!), Wahlen zu gewinnen – auf welche Weise auch immer. Wenn sie hoffen können, dadurch zu gewinnen, dass sie Wählergruppen mit gezielten Begünstigungen ködern („Klientelismus"), oder dadurch, dass sie das politische Blickfeld räumlich und zeitlich einengen, oder indem sie Ängste schüren oder wesentliche Zusammenhänge der Politik leugnen oder verzerrt darstellen, statt ihr Publikum aufzuklären und zu überzeugen – dann werden sie das tun.

„Missbrauchsgefahr"

Um tatsächlich durch argumentative Auseinandersetzung und Überzeugungsarbeit Wählerpräferenzen (mit)gestalten zu können, müssten die Parteien willens und in der Lage sein, allerlei Befürchtungen, Misstrauen, Kurzsichtigkeit und Argwohn zu überwinden. Eines der starren Denkmuster, die Parteien eher als „gegeben" betrachten statt zu verflüssigen versuchen, besteht in dem Grundverdacht: Wenn „wir" Opfer bringen, um „denen da", etwa „den Griechen", zu helfen, dann werden „die" unsere Großzügigkeit nur ausnutzen, um „uns" zu übervorteilen und sich selbst erwartbare Anstrengungen zu ersparen; sie werden durch unsere „Geschenke" nur zu jenem unanständig-eigennützigen Verhalten motiviert, das die Ökonomen als *moral hazard* bezeichnen. Ein Hauptproblem besteht in der verbreiteten *Unterstellung* einer solchen Missbrauchsgefahr, die die Akzeptanz sozial inklusiver und weitblickender Politikentscheidungen blockiert. Diese Unterstellung entspringt nicht allein dem Interesse potentieller Geldgeber daran, Vorwände zu finden, welche die Verweigerung von Hilfeleistungen rechtfertigen können. Oft basiert sie auch auf medial vermittelten Wahrnehmungen darüber, wie die Empfänger sich tatsächlich verhalten bzw. zu welchen Verhaltensweisen ihre Institutionen und Traditionen sie veranlassen. Einige der südeuropäischen Eurostaaten geraten so in einen durchaus begründeten Verdacht, dass ihre Steuerbehörden korrupt sind, die Vermeidung von Steuerzahlungen als Beweis von Cleverness gilt, Sonderinteressen institutionell privilegiert werden und in öffentlichen Verwaltungen und Gerichtsbarkeit Verhaltensweisen anzutreffen sind, die deutlich von dem abweichen, was in anderen Teilen Europas als Berufsethik des öffentlichen Dienstes gilt. Wo es solche Verhaltensprobleme (die gewiss nicht einfach durch Druck und Einmischung von außen zu überwinden sind) tatsächlich gibt, bestärkt deren Beobachtung das Ressentiment im Norden Europas, weil sie die Verletzung von Solidaritätspflichten erleichtert und das Verdikt „selbst schuld" suggeriert. Auch wenn offenbar weder der griechische Staat noch europäische Gesetzgebung in der Lage sind zu verhindern, dass reiche Griechen, wie berichtet wird, Jahr für Jahr geschätzte 40 Mrd. Euro außer Landes schaffen und auf Bankkonten in der Schweiz usw. transferieren, taugt diese Tatsache mitsamt ihrem Medienecho schwerlich dazu, bei anderen Europäern Solidaritätsgefühle zu fördern.

Die Auflockerung solcher Denkmuster und Beurteilungsreflexe würde wohl zweierlei voraussetzen. Erstens müsste das Denken in Staat-versus-Staat-Kategorien, der „methodische Nationalismus" vieler Europa-Debatten, zumindest ergänzt werden durch eine Kodierung, nach der die Europäer sich gegenseitig nicht primär durch ihre Staatsangehörigkeit, sondern als Individuen und Angehörige sozialer Klassen zur Kenntnis nehmen. Zweitens müsste das europäische Recht die Mitgliedstaaten in die Lage versetzen, innerstaatliche Umverteilungsmaßnahmen zwischen sozialen Klassen durchzusetzen, ohne dafür durch Nachteile im fiskalischen und sozialpolitischen „Regime-Wettbewerb", in dem die EU-Mitglieder stehen, bestraft zu werden: Eine europaweite Harmonisierung der Einkommens- und Unternehmenssteuern wäre ein vielleicht aussichtsreicher Schritt zur Bekämpfung der Steuerflucht; ebenso Zwangsanleihen für Vermögende, ein System progressiver indirekter Steuern, ein Mindestsatz für direkte Steuern, eine Untergrenze für den Anteil der Sozialausgaben am Staatshaushalt und ein gesetzlich festgelegter Maximalwert des zulässigen Gini-Koeffizienten, mit dem das Ausmaß der Einkommensungleichheit gemessen wird. Auch muss es Banken von Mitgliedstaaten nicht uneingeschränkt erlaubt bleiben, Einlagen zu akzeptieren, die nach Herkunft und Volumen leicht als Fluchtgeld zu identifizieren sind. Nur auf dem Wege der europäischen Gesetzgebung können, so scheint es, den Mitgliedstaaten die Mittel in die Hand gegeben werden, durch deren Gebrauch sie zumindest einen Teil ihrer Finanzierungsprobleme „vor Ort" lösen können, statt sich allein auf die Solidarität anderer Mitgliedstaaten verlassen zu müssen.

Keine dieser Reformideen (im heute antiquierten Sinn), die hier der Aufmerksamkeit europäischer Gesetzgeber empfohlen seien, ließe sich allerdings auf dem mittlerweile vertrauten Wege technokratischer Entscheidungsproduktion verwirklichen. Zwar würde ihre Realisierung wohl die demokratische Legitimität der EU stärken, ihre Umsetzung *hängt* aber gerade vom Vorhandensein solcher Legitimität *ab*, letztlich vom Konsens einer europäischen Bürgerschaft, die ihren Willen durch Wahlen und Referenden zum Ausdruck bringt. Gerade dieser europaweite Konsens über den Eigenwert der supranationalen politischen Gemeinschaft und ihrer demokratischen Ordnung ist aber durch die gegenwärtige Krise schwer beschädigt worden – und ebenso durch das Versäumnis oder die Unfähigkeit der Eliten, ihre zerstörerischen Auswirkungen einzudämmen. Um der europäischen Integration Festigkeit, Dauer, und Kalkulierbarkeit zu verschaffen, bedarf es der demokratischen Legitimation. Das Argument ist funktional: Wer *effektiv* regieren will, *muss* sich zunächst um die demokratische Legitimierung dieses Regierens bemühen; nur dann erlangen politische Strategien und Institutionen die Geltungskraft und Autorität, für welche die (unterstellte, wenn auch blamierte) Expertise von Technokraten keinen Ersatz bieten kann.

Demokratie statt TINA-Logik

Legitimitätsstiftende demokratische Verfahren sind die einzige Abhilfe gegen Thatchers (und Merkels) marktradikal-technokratische „TINA"-Logik („there is no alternative"). Wer sich auf diese Logik beruft, gesteht ein, dass die bisherige Politik vor ihrer elementaren Aufgabe versagt hat: der Aufgabe, Wahlmöglichkeiten offen zu halten. Durch dieses Versagen hat sie uns in die Falle manövriert, nämlich in eine „alternativlose" Situation, aus der es nur einen einzigen Ausweg zu geben scheint: den der technokratischen Notstandsmaßnahmen.

Politiker sagen oft zu Unrecht, es gebe keine Alternative(n), weil sie sich von ihrer eingeschliffenen Sichtweise auf politische und ökonomische Realitäten leiten lassen. Man denke an den vertrauten Fall eines klaffenden Lochs im Staatshaushalt. Die technokratische Reaktion besteht hier im Ruf nach Einsparungen. Man kann das Loch aber auch statt durch Ausgabenkürzungen durch Steigerung der Einnahmen stopfen. Das allerdings würde Investoren abschrecken, deren Abwanderungsneigung beispielsweise durch Harmonisierung der direkten Steuern auf EU-Ebene zu begegnen wäre. Würde man das versuchen, hätte man allerdings mit Widerspruch aus den Mitgliedstaaten (Irland, Bulgarien usw.) zu rechnen, die ihre Chancen im Standortwettbewerb um Investitionen durch niedrige Unternehmenssteuersätze verbessern möchten. Die Berufung auf „Alternativlosigkeit" dient oft nur dazu, die Kapitulation vor wahrgenommenen Kräfteverhältnissen zu bemänteln, vor den Mächten des Status quo.

Europa besteht aus Nationalstaaten, Bürgern und sozialen Klassen; es gibt eine Fülle alternativer Möglichkeiten dafür, wie wir diese unterschiedlichen

Kräfte und Akteure im demokratischen Prozess zu Wort kommen lassen wollen. Unerlässlich ist die Input-Legitimation durch demokratische Verfahren, gerade angesichts der immer schwächer werdenden Output-Legitimation, die europäische Elitezirkel noch erzeugen können; die vertrauensselige Sicht, diese würden aufgrund ihres Durchblicks schon das Richtige tun, ist bei den europäischen Bürgern gründlich dahin. Wachsende Anteile der Wählerschaft empören sich über „Brüssel" oder „Berlin" oder ganz pauschal „Europa" – eine Goldgrube für populistische politische Unternehmer. Man muss Europa so umbauen, dass die Brücke zwischen dem Willen der Bürger und den Entscheidungen der Eliten nicht wieder einbricht. Dafür ist der zentrale Ort natürlich das Europäische Parlament, konstituiert im politischen Wettbewerb europäischer Parteien; und die Kommission muss in eine Art parlamentsverantwortlicher Regierung umgewandelt werden.

Die Kluft zwischen „politics" und „policy"

Ein letzter Widerspruch betrifft die Europäische Zentralbank, den Europäischen Gerichtshof und die Europäische Kommission. Diese sind genau die Institutionen, die den Alltag der Menschen am *stärksten* beeinflussen und dabei der *schwächsten* demokratischen Kontrolle unterliegen. Sie sind völlig entpolitisiert, stehen über dem Parteienwettbewerb und entscheiden in majestätischer Unabhängigkeit – gleichviel, ob Bürger, Parteien und Parlamente einverstanden sind oder nicht. Das ist die Kluft zwischen *politics* und *policy*, politischem Macht- und Meinungskampf einerseits und strategischen Problemlösungsversuchen andererseits. Wenn die Brücke der Input-Legitimation einmal eingebrochen ist, gedeiht auf dem einen Ufer der Populismus (verstanden als Machtkampf ohne Problemlösung) und auf dem anderen die Technokratie (verstanden als – versuchte – Problemlösung ohne demokratischen Kampf um Unterstützung). Beide Sphären der Politik treten auseinander.

Sollte sich die Eurozone – in „geordneter" Weise oder chaotisch – tatsächlich auflösen, treten wir in ein gigantisches Negativsummenspiel ein: alle Seiten verlieren. Soviel dürfte selbst von denen begriffen worden sein, die öffentlich anderes im Munde führen. Die Bankenkrise hat sich zu einer Krise der Staatsfinanzen ausgewachsen, und diese zu einer Krise der europäischen Institutionen. Es fällt immer schwerer sich vorzustellen, wie die politischen Eliten Europas auf dieser schiefen Ebene einen Halt finden könnten, bevor der Bankrott der kapitalistischen Demokratie insgesamt manifest wird.

Ich denke, es wird letztlich auf den Protest und den Widerstand derjenigen ankommen, die von der Krise am härtesten betroffen sind. Vielleicht kann dieser Widerstand die Eliten zwingen, einen aussichtsreicheren Kurs zu steuern als den des immer hektischeren Kaufens von immer weniger Zeit auf Pump. Doch nach der aktuellen Lage der Dinge kann niemand ein sicheres Wissen darüber reklamieren, wie dieser Kurs aussieht oder wer ihn einschlagen und halten könnte.

Die gnadenlose Euro-Logik

Von **Hubert Zimmermann**

Der britische Schatzkanzler George Osborne sprach im Jahr 2011 von der gnadenlosen Logik der gemeinsamen Währung.[1] Er meinte damit die speziell für die britischen Konservativen recht unheimliche Tendenz des europäischen Integrationsprojekts, Sachzwänge zu erzeugen, die eine Vertiefung der Union als nahezu unausweichlich erscheinen lassen. Auch wenn die Verantwortlichen des Euroraums inzwischen ausgesprochen unwirsch auf gute und weniger gute Ratschläge von der Insel reagieren, so hat Osborne doch eine Teilwahrheit ausgesprochen, die einen Hinweis darauf liefert, weshalb diese Krise nicht zu vermeiden war und warum es so schwer ist, eine akzeptable Lösung zu finden. Die Ursache liegt in zwei in der Tat gnadenlosen politischen Logiken des europäischen Integrationsprozesses, die unabhängig von politischen Willensbildungsprozessen und ökonomischen Zwängen ablaufen und die dem europäischen Projekt in der Form der Währungsunion inhärent sind.

Diese sind, erstens, eine Erweiterungslogik, die zu einer kontinuierlichen territorialen Erweiterung führt, und zweitens eine Vergemeinschaftungslogik, die eine immer tiefere Integration erfordert. Beide Logiken wirken gegen den Willen der meisten Handelnden und gegen ökonomische Rationalität. Im Zusammenspiel bringen sie enorme Spannungen mit sich, die in den letzten zwei Jahren eskalierten.

Die Erweiterungslogik führt zu immer größeren Unterschieden innerhalb der Eurozone, sowohl im Hinblick auf die wirtschaftliche Leistungskraft der einzelnen Mitglieder, als auch – und das ist der eigentlich zentrale Punkt – im Hinblick auf die Handlungskapazität der politischen Systeme und die Strukturen der jeweiligen Volkswirtschaften. Die Vergemeinschaftungslogik drückt den einer gemeinsamen Währung innewohnenden Zwang zu wirtschaftlicher *und* politischer Integration aus. Dieser Zwang wirkt so radikal und geschwind, dass die politischen, institutionellen und ideologischen Kapazitäten der Mitgliedstaaten heillos überfordert sind, zumal sie durch die andauernde Erweiterung immer stärker auseinanderdriften. Worauf beruhen diese Logiken, und weshalb sind sie so schwer zu durchbrechen?

---

* Dieser Artikel ist die gekürzte und überarbeitete Fassung der 30. Eugen von Böhm-Bawerk-Vorlesung, die der Autor am 18.10.2011 an der Universität Innsbruck gehalten hat.
1 Chris Giles und George Parker, Osborne urges Eurozone to „get a grip", in: „Financial Times", 20.7.2011.

Automatismus der Erweiterung

Im Jahre 1958 veröffentlichte der deutsch-amerikanische Politikwissenschaftler Ernst Bernard Haas ein richtungsweisendes Werk mit dem Titel *The Uniting of Europe*. Mit ihm legte er die Basis für eine bis heute noch wirksame Theorie der europäischen Integration: den Neofunktionalismus. Zentral ist in dieser Theorie der Gedanke, dass sich die Kooperation zwischen Staaten, die einmal eine enge Zusammenarbeit vereinbart haben, durch funktionale Zwänge ausweitet. Dies heißt: Wenn die Entscheidung getroffen und umgesetzt ist, einen bestimmten Politikbereich zu vergemeinschaften, dann ergibt sich automatisch ein Druck, auch eng damit verknüpfte Bereiche supranational zu organisieren, um so Effizienzgewinne zu erzielen. Dieser sogenannte *Spillover*-Effekt gilt für Politikbereiche, für Nachbarstaaten der Europäischen Union (EU) im Sog der Gemeinschaft und selbst für die politischen Loyalitäten der Unionsbürger.

Er zeigt sich bei der Erweiterung sowohl der EU als auch der Eurozone. Von den ursprünglichen sechs im Jahre 1958 ist die Union inzwischen auf 28 Staaten angewachsen. Mehrere Kandidaten, die ebenfalls massiv der politischen und wirtschaftlichen Sogwirkung der Gemeinschaft unterliegen, stehen in der Warteschlange. Die Eurozone startete am 1. Januar 1999 mit 11 von 15 damaligen EU-Mitgliedern, am 1. Januar 2001 kam dann Griechenland dazu. Seitdem ist der Kreis der Staaten, die den Euro als gesetzliches Zahlungsmittel haben – dieser wurde vor zehn Jahren, am 1. Januar 2002 offizielles Barzahlungsmittel –, kontinuierlich gewachsen. Seit 2007 traten Slowenien, Malta, Zypern, die Slowakei und zuletzt am 1.1.2011 Estland als 17. Mitglied dem Euro bei. Diese Beitritte wurden meist als Beweis für die Attraktivität der Währung gefeiert. Doch diese Wahrnehmung täuscht: Staaten, die der EU beigetreten sind, sind nämlich gleichzeitig verpflichtet, den Euro einzuführen, sobald sie die entsprechenden Kriterien erfüllt haben – es sei denn, sie hätten wie Großbritannien und Dänemark eine Ausnahmeregelung vereinbart. Die über den Beitritt entscheidenden Eckdaten sind die sogenannten Konvergenzkriterien. Diese sind zunächst einmal scheinbar objektive Richtwerte, in denen diejenigen, die für die Gestaltung der Eurozone verantwortlich waren, die notwendigen Rahmenbedingungen für eine erfolgreiche Währungsunion sahen: Zum damaligen Zeitpunkt war das vor allem stabiles Haushalten mit einem exklusiven Fokus auf öffentliche Haushalte. Dass damit Bereiche, die für eine wirkliche Konvergenz zentral sind, wie Lohnfindungs- oder Steuersysteme, allenfalls sehr indirekt abgedeckt werden, ist heute nur allzu offensichtlich. Zudem nahm man es selbst mit diesen wenig aussagekräftigen Kriterien nie so genau – und das schon seit der Einführung des Euro. Sowohl Italien als auch Belgien lagen damals (wie heute) weit über der Staatsverschuldungsgrenze von 60 Prozent. Frankreich übernahm 1997 die Pensionsverpflichtungen der privatisierten France Télécom und erhielt dafür eine Einmalsumme, die das Defizit auf das notwendige Maß senkte. Selbst Musterknabe Deutschland versuchte durch eine Neubewertung der Goldreserven der Bundesbank die Nettoneuverschuldung zu senken. Aktien der Deutschen Telekom und der Deutschen Post wurden an die staatseigene Bank KfW verkauft, um den Schuldenstand zu verringern. Griechenland steht also nicht allein mit der vielbeklagten und dokumentierten Trickserei. Die kreative Interpretation der Kriterien war ein offenes Geheimnis, und so gab es genügend Stimmen, die vor einer vorschnellen Erweiterung warnten. Letztlich aber wurde und wird der Beitritt zum Euro nicht aufgrund objektiv messbarer Daten getroffen, sondern er ist Resultat politischer Entscheidungen. So begründete der damalige Bundesfinanzminister Hans Eichel (SPD) in seiner Regierungserklärung vom 29. Juni 2000 den Beitritt Griechenlands zum Euro-Raum „mit seiner langen Geschichte und seinem großen Beitrag, den es zur europäischen Kultur geleistet hat".[2]

Wer würde auch einem Land, das durch den EU-Beitritt schon Teil der europäischen Familie ist, die gemeinsame Währung wegen einiger zweifelhafter Daten abschlagen, zumal auch die Gründungsmitglieder sich nicht an die Regeln hielten? Wer will ein Land brüskieren, das bei anderen Abstimmungen wieder ein nützlicher Verbündeter sein könnte? Der Weg in den Euro ist also für EU-Mitglieder vorprogrammiert, selbst wenn ihre Volkswirtschaften, ihre Institutionen und ihre politische Kultur Merkmale aufweisen, die von denen der bisherigen Mitglieder, insbesondere der Kernmitglieder, weit entfernt sind.

Die eigentliche Entscheidung über die Einführung des Euro, dieser Quantensprung der Integration, ist somit schon mit der Aufnahme in die EU erfolgt. In deren Beitrittsverhandlungen allerdings spielt das nur eine geringe Rolle. Die Dynamik der Verhandlungen lässt keinen Raum dafür, dieses erst in einigen Jahren relevant werdende Thema zum Problem zu machen. Schließlich kann man dann ja immer noch die unangenehmen Fragen stellen. Damit Erweiterungsverhandlungen scheitern, müssen schon sehr fundamentale politische und ideologische Konflikte existieren, wie im Falle der Vetos des französischen Staatspräsidenten Charles de Gaulle zum britischen Beitritt in den 1960er Jahren oder in der Debatte um die türkische EU-Mitgliedschaft. Am Zukunftsversprechen der Teilnahme am Euro scheitern die EU-Beitrittsverhandlungen jedenfalls nicht. Überhaupt scheitern sie so gut wie nie. Auch sie haben eine Tendenz zur sich selbst erfüllenden Voraussage, und zwar völlig losgelöst davon, ob die wirtschaftliche Struktur des beitretenden Landes objektiv auf einem mit den bisherigen Mitgliedern kompatiblen Niveau ist.

Für die Eurozone erschwerend kommt hinzu, dass in den Verhandlungen zur Erweiterung der EU zwar die breiteren institutionellen und rechtlichen Forderungen, die bei den Konvergenzkriterien fehlen, verhandelt werden. Aber auch diese Forderungen, die Existenz einer funktionierenden Marktwirtschaft und die Fähigkeit, dem Wettbewerbsdruck in der Union standzuhalten, sind sehr vage. Sie lassen den Staaten große Anpassungsspielräume in der Gestaltung ihrer Volkswirtschaft, zum Beispiel bei der Sozialgesetzgebung, der Arbeitsmarktpolitik oder den Gehältern im öffentlichen Sektor. Viele Ökonomen haben in den Jahren nach Maastricht darauf hingewiesen, dass die

---

2 Deutscher Bundestag, Plenarprotokolle, 14. Wahlperiode, 111. Sitzung, 29.6.2000, S. 10456.

Systeme der Lohnfindung innerhalb der Eurozone – und damit auch die Entwicklung der Lohnstückkosten – enorme Unterschiede aufweisen. Die in der politischen Ökonomie des jeweiligen Landes tief verwurzelten Mechanismen können sich jedoch nur langsam wandeln. Die Politikwissenschaft hat darauf schon lange hingewiesen, insbesondere im Rahmen der Forschung über die sogenannten Spielarten des Kapitalismus.[3] Danach gibt es mehrere Typen von Volkswirtschaften, die über Jahrzehnte oder noch länger gewachsen sind und in denen die unterschiedlichen Funktionsbereiche wie ein Räderwerk ineinandergreifen.

Radikale Transformationen, noch dazu als Folge nicht hinreichend legitimierten externen Drucks, stellen diese langfristig gewachsenen Strukturen in Frage. Sie führen zu hochbrisanten politischen Verwerfungen, die die Stabilität demokratischer Gesellschaften unterminieren können. Dazu kommt, dass die anti-inflationäre Grundausrichtung des Euro und seiner Hüterin, der Europäischen Zentralbank (EZB), das wichtigste Ventil, solchen Überdruck zu bekämpfen, geschlossen hat: die Erhöhung der Staatsausgaben, um die Verlierer der Veränderungen einigermaßen zu entschädigen. Die Eurozone wird auf Jahrzehnte hinaus mit fundamental verschiedenen Spielarten des Kapitalismus leben müssen und dementsprechend auch mit weit auseinanderklaffenden Bewertungen dieser Spielarten durch die Märkte.

Wir haben also eine Erweiterungslogik in der Eurozone, in der, erstens, die Blockade von Erweiterungsschritten politisch nur schwer durchzuhalten ist, zweitens, die existierenden Kriterien zur Erweiterung selbst politisch interpretiert werden, und, drittens, der entscheidende Schritt, der EU-Beitritt, nicht im Hinblick auf den viel wichtigeren Beitritt zur Eurozone verhandelt wird. Diese Erweiterungslogik verbindet sich mit der Vergemeinschaftungslogik: dem unwiderstehlichen Zwang zu weitreichender Integration und wirtschaftlicher Konvergenz innerhalb eines gemeinsamen Währungsgebiets.

Über die Währungsunion zum Bundesstaat?

Die Frage, ob eine Währungsunion ohne eine gleichzeitige politische Union funktionieren könne, trennte schon die sogenannten Ökonomisten von den Monetaristen bei den Debatten um den Werner-Plan für eine Europäische Währungsunion 1969-72.[4] Die Ökonomisten, an der Spitze Deutschland, forderten eine wirtschaftliche Konvergenz und eine Art europäische Regierung; die damals sogenannten Monetaristen (nicht zu verwechseln mit den heutigen) eine Währungsunion mit automatischen Beistandsverpflichtungen. Die Debatte zog sich die gesamte mehr als 20jährige Geschichte der Euro-Entstehung hin und endete im Vertrag von Maastricht mit dem Sieg der Monetaristen: Es würde eine gemeinsame Währung ohne einen gemeinsamen

---

3 Vgl. Peter A. Hall und David Soskice, Varieties of Capitalism. The Institutional Foundations of Comparative Advantage, Oxford 2001.
4 Hubert Zimmermann, The Fall of Bretton Woods and the First Attempt to Construct a European Monetary Order, in: Lars Magnusson/Bo Stråth (Hg.), From the Werner Plan to the EMU – a European Political Economy in Historical Light, Brüssel 2001, S. 49-72.

Staat geben. Damals wäre solch ein Schritt auch politisch nicht durchsetzbar gewesen. Helmut Kohl konnte den europäischen Bundesstaat leicht fordern. Er wusste, dass er das in seiner aktiven Zeit nicht mehr erleben würde. Die Ablehnung eines Staates Europa entspricht auch der Haltung der europäischen Bevölkerung, wie die Probleme um die europäische Verfassung und den Lissabon-Vertrag gezeigt haben.

Für viele Skeptiker war die Konsequenz, dass sich die Währungsunion auf Staaten beschränken müsse, die tatsächlich politisch und ökonomisch eine genügende Schnittmenge aufwiesen. Ein Vorschlag in dieser Richtung war das Schäuble-Lamers Papier von 1994, in dem sich der spätere Bundesfinanzminister und der damalige außenpolitische Sprecher der CDU für ein Europa der unterschiedlichen Geschwindigkeiten aussprachen: „Ein fester Kern aus Deutschland, Frankreich und den Benelux-Staaten entspricht am ehesten den Konvergenzkriterien des Maastrichter Vertrages. Dies ist deswegen so bedeutend, weil die Währungsunion der harte Kern der Politischen Union ist (und nicht, wie in Deutschland oft verstanden, ein zusätzliches Integrationselement, das neben der Politischen Union steht)."[5] Das Papier schlug hohe Wellen und wurde massiv als anti-europäisch kritisiert. Die oben angesprochene Erweiterungslogik machte die implizite Diskriminierung jedoch politisch unmöglich. Die Eurozone würde mehr Länder als das Kerneuropa umfassen – und zwar erheblich mehr. Und damit erschienen all die für Deutschland nicht akzeptablen Instrumente am Horizont, die bei Krisen innerhalb einer Währungsunion notwendig werden, wenn sich autonome Mitglieder nicht von selbst zu Reformmaßnahmen aufraffen können. Zum Beispiel fiskale Transfers oder eine Weginflationierung von Schulden und Defiziten. Deutschland und seine Verbündeten erkannten diese Gefahr und versuchten Dämme gegen eine solche Entwicklung einzuziehen, zum Beispiel den Stabilitäts- und Wachstumspakt, die *no-bailout*-Klausel in den EU-Verträgen, die die Haftung für die Schulden anderer Staaten verbietet, oder das Mandat der EZB, keine Schulden von Mitgliedstaaten aufzukaufen.

Aber in einem auf Konsens angewiesenen politischen System ohne ultimative Sanktionsmöglichkeiten wie der EU bleiben derartige Vereinbarungen letztlich Willenserklärungen. Die Krise hat gezeigt, dass die *no-bailout*-Klausel und all die anderen Vereinbarungen Lebenslügen waren, mit denen versucht wurde, die Vergemeinschaftungslogik außer Kraft zu setzen. Mit dem Absturz Griechenlands brachen alle Dämme. Ein Tabu nach dem anderen fiel: Staaten werden mit riesigen Rettungspaketen gestützt, über den Europäischen Stabilitätsmechanismus EFSF werden hoch verschuldete Länder mit enormen Risiken für die Steuerzahler abgesichert, die EZB kauft die Schuldverschreibungen von Krisenländern auf, neue Integrationsschritte wie ein europäischer Finanzminister mit weitreichenden Befugnissen werden diskutiert.

Das Problem ist offensichtlich: Wir haben eine Währungsunion, die unausweichlich nach Vergemeinschaftung strebt, gleichzeitig aber eine zunehmende Heterogenität der Mitglieder, die solch einer gemeinsamen Politikgestaltung

---

5 Karl Lamers und Wolfgang Schäuble, Überlegungen zur Europäischen Politik, 1.9.1994, www.cdu-csu.de.

fundamental widerspricht. Diese Heterogenität rührt von drei Faktoren her: Zum ersten haben die dafür geschaffenen Mechanismen eben nicht dazu geführt, dass sich die politischen Ökonomien der Euro-Mitgliedstaaten anglichen. Sie zielten nur auf bestimmte Kennzahlen, auf ein künstliches Stabilitätsgerüst, welches zwar dem dominanten Diskurs der damaligen Zeit entsprach, aber nicht darauf ausgerichtet war, dass eine massive Wirtschaftskrise möglicherweise nur durch eine expansive Wirtschaftspolitik aufgefangen werden konnte, die die Kriterien ad absurdum führt. Zum zweiten hat sich auch wirtschaftlich keine Konvergenz ergeben, ja der Anreiz der sinkenden Zinsen für die peripheren Mitglieder hat sogar dazu geführt, dass die Unterschiede sich vergrößerten; ganz abgesehen davon, dass die Transformation von so zentralen Elementen unterschiedlicher Volkswirtschaften, wie die Gestaltung des Sozialstaats oder die Arbeitsbeziehungen sehr, sehr viel Zeit braucht. Man sieht vor allem in Griechenland, was passiert, wenn man versucht, dies über das Knie zu brechen. Und zum dritten wurde und wird durch eine Automatik der Erweiterung die erwähnte Heterogenität immer weiter verstärkt.

Was nun? Drei Wege

Als Lösung bleiben nur drei gleichermaßen unangenehme Wege: erstens, die Erweiterungslogik gewaltsam zu unterbrechen und auf einen früheren Stand zurückzuführen, oder, zweitens, durch die Aufgabe des Euro die Vergemeinschaftungslogik zu stoppen bzw. sie auf ein politisch leichter handhabbares Maß zurückzuführen, oder, drittens, die Währungsunion bis an ihr konsequentes Ende zu führen: eine Vergemeinschaftung der Schulden durch Eurobonds, eine Fiskal- und Transferunion sowie ein demokratischer europäischer Gesamtstaat – denn gemeinsame Schulden ohne demokratische Mitbestimmung sind nicht nur demokratietheoretisch äußerst bedenklich, sondern führen letztlich zu explosiven Lastenteilungskonflikten. Eine Fiskalunion und eine verpflichtende Koordination der Wirtschaftspolitik bedeutet zudem eine Entmachtung der nationalen Parlamente, die weder diese, noch die Bevölkerung, noch das Bundesverfassungsgericht zulassen würde. Wo auch immer die derzeitige rapide Vertiefung der Integration in der Eurozone endet und welche Reformschritte den sogenannten Problemstaaten auch immer abverlangt werden – die Handlungs- und Reformkapazität der politischen Systeme aller Euro-Mitglieder werden aufs Äußerste beansprucht werden.

Die von der Regierung Merkel seit Jahren vorangetriebene Antwort auf die Krise, der sich Frankreich *nolens volens* anschließen musste, weist eindeutig in eine Richtung: Nur Länder, deren politische Strukturen flexibel genug sind, um den erforderlichen schnellen Wandel durchzusetzen und die sich an die wesentlichen Strukturmerkmale der Zentralmacht des Euroraums, Deutschland, anpassen können und wollen, werden eine Zukunft im Euro haben. Länder, die nach Ansicht der dominanten Regierungen und der Märkte ein dysfunktionales politisches System mit hoher Verschuldung, höchst ineffizientem Steuersystem und nicht mehr finanzierbaren Ruhestandsregelungen aufweisen, Länder, deren Arbeitsmärkte nicht denen der nordeuropäischen Staaten entsprechen und die in ihren Augen ein nicht wettbewerbsfähiges Lohnniveau bei niedriger Produktivität perpetuieren, schließlich Länder, die dazu noch von einer politischen Klasse regiert werden, in der persönliche Beziehungen und Patronage eine zentrale Rolle spielen – diese Länder werden in der neuen Eurozone nur mit einer kaum demokratisch zu legitimierenden Einschränkung ihrer Handlungsfähigkeit überleben können. Folgt man dieser Logik, müssten sich Griechenland und Italien und eventuell andere Länder – auch im Interesse der Stabilität ihrer Gesellschaften – vom Euro verabschieden. Über neue Mitglieder der Eurozone dürfte dagegen, denkt man diese Politik konsequent zu Ende, zukünftig nur noch aufgrund eines neuen, viel umfassenderen Kriterienkatalogs entschieden werden, der auch auf fundamentale politische Unterschiede Rücksicht nimmt. Nur dies würde verhindern, dass die hier beschriebenen gnadenlosen Logiken den Euro und möglicherweise auch die EU zerstören.

Demokratie oder Kapitalismus? – Europa in der Krise

Auf den Ruinen der Alten Welt

Von der Demokratie zur Marktgesellschaft

Von **Wolfgang Streeck**

Es ist oft bemerkt worden, dass der Neoliberalismus einen *starken* Staat braucht, der gesellschaftliche und insbesondere gewerkschaftliche Forderungen nach Eingriffen in das freie Spiel der Marktkräfte abzuwehren vermag.[1] Mit einem *demokratischen* Staat dagegen ist der Neoliberalismus unvereinbar, sofern unter Demokratie ein Regime verstanden wird, das im Namen seiner Bürger unter Anwendung öffentlicher Gewalt in die Verteilung wirtschaftlicher Güter eingreift, wie sie sich aus dem Marktgeschehen ergibt.

Was hier zutage tritt, ist nichts anderes als ein sehr altes Spannungsverhältnis zwischen Kapitalismus und Demokratie. Zu Zeiten des Kalten Krieges war es ein Gemeinplatz des offiziellen politischen Diskurses, dass Demokratie ohne Kapitalismus – oder, was dasselbe war, ohne wirtschaftlichen Fortschritt – nicht möglich sei, ebenso wenig wie Kapitalismus ohne Demokratie. In den Zwischenkriegsjahren hatte man das noch anders gesehen: Während das Bürgertum sich davor fürchtete, als natürliche Minderheit von einer demokratisch gewählten Mehrheitsregierung enteignet zu werden, die nichts anderes sein konnte als eine Arbeiterregierung, rechnete die Linke jederzeit mit einem antidemokratischen Putsch einer Koalition aus Kapital, Militär und Aristokratie und sah in den faschistischen Regimen der 20er und 30er Jahre den Beweis einer grundsätzlichen Unvereinbarkeit von demokratischer Politik und kapitalistischer Wirtschaft. Praktisch ergab sich hieraus, spiegelbildlich zur „bürgerlichen" Lösung des Problems durch eine Diktatur von rechts, die Notwendigkeit einer Räte- oder Sowjetdemokratie, einer „Diktatur des Proletariats" oder einer „Volksdemokratie", wobei die Bezeichnungen je nach theoretischer und politischer Konjunkturlage wechselten.

Vor diesem Hintergrund erscheint die Tatsache alles andere als selbstverständlich, dass es in der Nachkriegszeit gelang, in den Ländern des Westens eine kapitalistische Wirtschaft mit einem demokratischen politischen System zu verbinden, und zwar mit einem, das seine Legitimität vor allem daraus herleitete, dass es zugunsten der lohnabhängigen Mehrheit seiner Bürger um demokratisch beschlossener kollektiver Ziele wie Vollbeschäftigung

---

* Dieser Artikel basiert auf der Lezione inaugurale, Messedaglia Lectures, Verona, 20.9.2012.
1 Besonders überzeugend hat dies Andrew Gamble in seinem Buch „The Free Economy and the Strong State" (Houndmills/Basingstoke 1988) am Beispiel der Thatcher-Regierung herausgearbeitet.

willen direkt und laufend in das Funktionieren der Marktwirtschaft intervenierte.

Marktgerechtigkeit vs. soziale Gerechtigkeit: Der demokratische Kapitalismus der Nachkriegszeit

Der demokratische Kapitalismus der Nachkriegszeit zeichnete sich dadurch aus, dass in seiner politischen Ökonomie zwei konkurrierende Verteilungsprinzipien zugleich institutionalisiert waren, die ich als *Marktgerechtigkeit* und *soziale Gerechtigkeit* bezeichnen möchte. Unter Marktgerechtigkeit verstehe ich die Verteilung des Produktionsergebnisses nach der Bewertung der individuellen Leistung der Beteiligten durch den Markt, ausgedrückt durch ihren relativen Preis. Maßstab marktgerechter Belohnung ist die Grenzproduktivität, also der Marktwert der letzten abgenommenen Leistungseinheit unter Wettbewerbsbedingungen.[2] Soziale Gerechtigkeit dagegen bemisst sich an kulturellen Normen und stützt sich auf Status- statt auf Vertragsrecht. Sie folgt kollektiven Vorstellungen von Fairness, Billigkeit und Reziprozität, konzediert Ansprüche auf ein Mindestniveau der Lebenshaltung unabhängig von wirtschaftlicher Leistung und Leistungsfähigkeit und kennt Bürger- und Menschenrechte, etwa auf Gesundheit, soziale Sicherheit, Teilhabe am Leben der Gemeinschaft, Beschäftigungsschutz, gewerkschaftliche Organisierung usw.

Weder Markt- noch soziale Gerechtigkeit sind unkontrovers. Mit der Frage, welche Voraussetzungen erfüllt sein müssen, damit Wettbewerb fair ist und sein Ergebnis als gerecht gelten kann, hat sich schon Émile Durkheim beschäftigt.[3] In der Praxis allerdings unterstellt die ökonomische Standardtheorie, dass die meisten Märkte hinreichend „perfekt" sind, damit das, was sich in ihnen ergibt, als ebenso gerecht wie effizient gelten kann. Schwieriger ist es mit der sozialen Gerechtigkeit, deren Substanz „sozial konstruiert", also in kulturellen und politischen Diskursen bestreitbar und historisch wandelbar ist. Was marktgerecht ist, entscheidet der Markt und drückt es in Preisen aus; was sozial gerecht ist, wird macht- und mobilisierungsgewichtet im politischen Prozess entschieden und findet seinen Ausdruck in formalen und informellen Institutionen. In dem Maße, wie eine Gesellschaft sich selbst durch das Auge der ökonomischen Standardtheorie sieht bzw. sich von dieser dazu überreden lässt, kann sie im Grenzfall Marktgerechtigkeit als soziale Gerechtigkeit akzeptieren und so die Spannung zwischen beiden aufheben. Eine radikale Variante dieser Lösung besteht darin, mit Friedrich von Hayek den Begriff der sozialen Gerechtigkeit als solchen für unbrauchbar zu erklären[4] und politische und ökonomische Institutionen so einzurichten, dass Irri-

---

[2] Eugen von Böhm-Bawerk, Macht oder ökonomisches Gesetz? In: Franz X. Weiss (Hg.), Gesammelte Schriften von Eugen von Böhm-Bawerk, Frankfurt a. M. 1968 [1914], S. 230-300.
[3] Émile Durkheim, Über soziale Arbeitsteilung, Frankfurt a. M. 1977 [1893].
[4] „Womit wir es im Falle der sozialen Gerechtigkeit zu tun haben, ist einfach ein quasi-religiöser Aberglaube von der Art, dass wir ihn respektvoll in Frieden lassen sollten, solange er lediglich seine Anhänger glücklich macht, den wir aber bekämpfen müssen, wenn er zum Vorwand wird, gegen andere Men-

tationen der Marktgerechtigkeit durch Forderungen nach sozialer Gerechtigkeit von vornherein ausgeschlossen sind.

Wie dem auch sei, aus der Perspektive der Marktgerechtigkeit liegt in der Möglichkeit, dass Forderungen nach sozialer Gerechtigkeit sich auf dem Weg über demokratische Mehrheitsbildung der Staatsgewalt bemächtigen und dann mit deren Hilfe das Marktgeschehen laufend verzerren könnten, eine ständige Gefahr. Soziale Gerechtigkeit ist materialer und nicht formaler Art und kann deshalb aus Sicht der formalen oder Verfahrensrationalität des Marktes nur als irrational, unberechenbar und willkürlich erscheinen – ein Gedanke, der sich schon bei Max Weber findet.[5] Politik, die von Forderungen nach sozialer Gerechtigkeit getrieben wird, bringt den Marktprozess durcheinander, verunreinigt seine Ergebnisse, schafft falsche Anreize und *moral hazards*, unterminiert das „Leistungsprinzip" und ist generell „wirtschaftsfremd".

Der „demokratische Klassenkampf" als unerlässliche Korrektur

Aus der Perspektive der sozialen Gerechtigkeit freilich ist der „demokratische Klassenkampf"[6] eine unerlässliche Korrektur in einem System, das auf ungleichen Verträgen zwischen Lohn- und Gewinnabhängigen beruht und deshalb ständig kumulative Vorteile nach dem Matthäus-Prinzip produziert: „Denn wer da hat, dem wird gegeben, dass er die Fülle habe; wer aber nicht hat, dem wird auch das genommen, was er hat" (Matthäus 25, 29). Für die kapitalistische Praxis sind Korrekturen des Marktes nach Maßgabe lebensweltlich-politischer Gerechtigkeitsvorstellungen zwar störend, müssen aber so lange als unvermeidlich hingenommen werden, wie die Möglichkeit besteht, dass die geborenen Verlierer des Marktes sich weigern, weiter mitzuspielen: ohne Verlierer kann es keine Sieger geben, und ohne Dauerverlierer keine Dauersieger.[7]

---

schen Zwang anzuwenden. Und der vorherrschende Glaube an soziale Gerechtigkeit ist gegenwärtig wahrscheinlich die schwerste Bedrohung der meisten anderen Werte einer freien Zivilisation" (Friedrich August von Hayek, Recht, Gesetzgebung und Freiheit, Bd. 2., Landsberg am Lech 1981, S. 98).

5 „Dagegen ist der Begriff der materialen Rationalität durchaus vieldeutig. Er besagt lediglich dies Gemeinsame: daß eben die Betrachtung sich mit der rein formalen (relativ) eindeutig feststellbaren Tatsache: daß zweckrational, mit technisch tunlichst adäquaten Mitteln, gerechnet wird, nicht begnügt, sondern ethische, politische, utilitarische, hedonische, ständische, egalitäre oder irgendwelche anderen Forderungen stellt und daran die Ergebnisse des – sei es auch formal noch so ‚rationalen', d.h. rechenhaften – Wirtschaftens wertrational oder material zweckrational bemißt. Der möglichen, in diesem Sinn rationalen, Wertmaßstäbe sind prinzipiell schrankenlos viele, und die unter sich wiederum nicht eindeutigen sozialistischen und kommunistischen, in irgendeinem Grade stets: ethischen und egalitären, Wertmaßstäbe sind selbstverständlich nur eine Gruppe unter dieser Mannigfaltigkeit" (Max Weber, Wirtschaft und Gesellschaft. Erster Halbband, Köln 1956, S. 60).

6 Walter Korpi, The Democratic Class Struggle, London 1983.

7 Die politische Korrektur von Marktgerechtigkeit durch soziale Gerechtigkeit zum Zweck der Sicherung des sozialen Zusammenhalts hat interessante Vorläufer. Die Rechtslehre des englischen Mittelalters unterschied zwischen *justice* und *equity*. Die Produktion von *justice* oblag den Gerichten des *common law*. Allerdings konnten deren Urteile, auch wenn sie formal unangreifbar waren, in Widerspruch zu materialen Vorstellungen von Gerechtigkeit geraten. In solchen Fällen konnten die Betroffenen den *court of equity* anrufen, der bei der Kanzlei des Königshofs angesiedelt war und die Urteile von *Common-law*-Gerichten aufheben oder abwandeln konnte. Diese Interventionen erschienen den Verteidigern des *common law* als systematisch unsauber, bis das *law of equity* Jahrhunderte später in das *common law* eingebaut wurde (Martin Illmer, Equity, in: Jürgen Basedow u.a. (Hg.), Handbuch

Im Übrigen konnte das Kapital immer schon auf soziale Eingriffe in den Markt, die ihm zu weit gingen, mit Krisen reagieren. Krisen entstehen, wenn diejenigen, die unentbehrliche Produktionsmittel kontrollieren, glauben befürchten zu müssen, am Ende nicht entsprechend ihren Vorstellungen von Marktgerechtigkeit entlohnt zu werden.[8] An diesem Punkt sinkt ihr „Vertrauen" unter das für Investitionen erforderliche Minimum. Kapitalverfüger können ihr Kapital ins Ausland verschieben oder es irgendwo in der Geldwirtschaft zwischenparken und es dadurch für immer oder zeitweise dem Wirtschaftskreislauf einer nicht mehr vertrauenswürdigen politischen Jurisdiktion entziehen – mit der Folge von Arbeitslosigkeit und niedrigem Wachstum. Heute, unter den Bedingungen entfesselter Kapitalmärkte, gilt dies mehr denn je.

Auch Marktgerechtigkeit folgt insoweit normativen Standards, allerdings solchen der Kapitaleigner und -verwalter, und ist insofern soziale Gerechtigkeit, wenn auch eine, die sich mit Hilfe der standardökonomischen Theorie als Natur- statt als gesellschaftliche Gesetzlichkeit präsentiert. Dass das *„psychologische"* Vertrauen des Kapitals in die politischen Verhältnisse die wichtigste *technische* Voraussetzung für das Funktionieren einer kapitalistischen Ökonomie ist, setzt der Ergänzung von Marktgerechtigkeit durch demokratisch ermächtigte soziale Gerechtigkeit von vornherein enge Grenzen.

Bekanntlich befürchtete Max Weber, wie nach ihm Schumpeter und andere, eine fortschreitende Überlagerung der formalen Gerechtigkeit des Marktes durch materiale, substanzielle Gerechtigkeit, betrieben durch „die Bürokratie" und ihre politischen Helfershelfer, die Sozialisten und Sozialdemokraten. Die Folge wäre das Ende des Kapitalismus, und mit ihm, so Weber, das der Freiheit des bürgerlichen Individuums. Die neoliberale Wende, wie wir sie seit den 1970er Jahren beobachten, hat diese Gefahr auf absehbare Zeit behoben. Heute hat die Liberalisierung des modernen Kapitalismus einen Punkt erreicht, an dem die endgültige oder doch langfristig gesicherte Freisetzung, oder Wieder-Freisetzung, des Prinzips der Marktgerechtigkeit von seiner historischen Überformung durch soziale Gerechtigkeit immer näher rückt.

Neoliberale Umerziehung der Bürger oder Abschaffung der Demokratie

Eine Immunisierung des Marktes gegen demokratische Korrekturen kann durch neoliberale Umerziehung der Bürger oder durch Abschaffung der Demokratie nach dem chilenischen Vorbild der 1970er Jahre stattfinden; das eine wird in Form öffentlicher Dauerindoktrination durch die standardökonomische Theorie laufend versucht, das andere steht zur Zeit nicht zur Verfügung. Stattdessen wird die Auflösung der Spannung zwischen Kapi-

---

des Europäischen Privatrechts, Band I, Tübingen 2009, S. 400-404). Gegenüber dem Vertragsregime des freien Marktes spielt heute der Sozialstaat die Rolle eines *court of equity* bzw. er tat dies in der auf Dekommodifizierung gestimmten Nachkriegszeit.
8 Michal Kalecki, Political Aspects of Full Employment, in: „Political Quarterly", 4/1943, S. 322-331.

talismus und Demokratie durch Etablierung eines dauerhaften Primats des Marktes über die Politik mittels inkrementeller „Reformen" der politisch-ökonomischen Institutionen betreiben: durch Übergang zu einer regelgebundenen Wirtschaftspolitik mit unabhängigen Zentralbanken und einer gegen Wahlergebnisse immunisierten Haushaltspolitik; durch Verlagerung von wirtschaftspolitischen Entscheidungen in Regulierungsbehörden und Gremien sogenannter Experten;[9] und durch verfassungsförmig installierte Schuldenbremsen, mit denen Staaten sich und ihre Politik über Jahrzehnte, wenn nicht für immer, rechtlich binden sollen.

Das Ziel ist es, die Staaten des fortgeschrittenen Kapitalismus so umzubauen, dass sie das Vertrauen des Kapitals dauerhaft verdienen, indem sie durch in ihnen institutionell verdrahtete Politikprogramme glaubhaft garantieren, dass sie nicht in „die Wirtschaft" intervenieren werden – oder doch nur zur Durchsetzung und Verteidigung von Marktgerechtigkeit in Gestalt einer angemessenen Rendite auf Kapitalinvestitionen. Als Voraussetzung dafür muss die Demokratie, verstanden im Sinne der sozialen Demokratie des demokratischen Kapitalismus der Nachkriegszeit, neutralisiert und Liberalisierung als Hayeksche Liberalisierung betrieben und vollendet werden, das heißt als Immunisierung des Kapitalismus gegen massendemokratische Interventionen.

Rhetorisch und ideologisch, oder ideenpolitisch, versuchen die Proponenten der Marktgerechtigkeit die Oberhand zu gewinnen, indem sie soziale Gerechtigkeit als „politisch" im Sinne von partikularistisch und damit unsauber oder gar korrupt denunzieren. Im Kontrast dazu wird für Marktgerechtigkeit wegen ihrer anscheinenden Unpersönlichkeit und behaupteten Ausrechenbarkeit in Anspruch genommen, dass sie politikfrei, also nach universalistischen Kriterien und damit „sauber" funktioniert. Unterscheidungen und Gleichsetzungen dieser Art sind längst tief in die Umgangssprache eingedrungen: Die Aussage, dass etwas „politisch" entschieden worden sei, reicht häufig schon aus, um die Entscheidung als unsachgemäße Bereicherung irgendeiner wie auch immer definierten „Interessengruppe" erscheinen zu lassen.

Märkte, so die von der kapitalistischen Öffentlichkeitsarbeit unermüdlich forcierte Unterstellung, verteilen nach allgemeinen Regeln, Politik dagegen nach Macht und Beziehungen. Dass Märkte die ungleiche Anfangsausstattung ihrer Teilnehmer bei der Bemessung von Leistung und der Zumessung von Belohnungen ignorieren und deshalb nach dem Prinzip kumulativer Bevorteilung funktionieren, kann, weil ihm eine Nichtentscheidung zugrunde liegt, offenbar leichter übersehen werden als Maßnahmen umverteilender Politik, die kontrovers diskutiert und aktiv durchgeführt werden müssen. Auch sind politische Entscheidungen bestimmten Entscheidern oder Institutionen zurechenbar, die man für sie zur Verantwortung ziehen kann, während Marktentscheidungen scheinbar ohne menschliche Einwirkung vom Himmel fallen, besonders wenn der Markt als Naturzustand ange-

---

9 Wolfgang Streeck, Wissen als Macht, Macht als Wissen: Kapitalversteher im Krisenkapitalismus, in: „Merkur", 9-10/2012, S. 776-787.

sehen wird, und als Schicksal mit, möglicherweise, verborgenem höheren Sinn hingenommen werden müssen und offenbar auch können.[10]

Kapitalistische Landnahme:
Der Euro als frivoles Experiment der Herstellung einer Marktgesellschaft

Die Einführung des Euro als Vollendung des europäischen Binnenmarkts schuf mit dem Euroraum eine politische Jurisdiktion, die dem Ideal einer durch Politik von Politik befreiten Marktwirtschaft sehr nahe kommt: eine politische Ökonomie ohne Parlament und Regierung, zusammengesetzt zwar aus nach wie vor formal unabhängigen Nationalstaaten, die aber für immer auf eine eigene Währung und damit auf die Möglichkeit verzichtet haben, zur Verbesserung der wirtschaftlichen Situation ihrer Bürger das Mittel der Abwertung einzusetzen. Damit eliminierte der Euro ganz im Sinne des neoliberalen Programms eine wichtige Version politischer Willkür aus der Verfassung des gemeinsamen Marktes und legte Regierungen von Mitgliedstaaten, denen an Beschäftigung, Wohlstand und sozialer Sicherheit ihrer Bevölkerung gelegen ist, auf das neoliberale Instrumentarium einer inneren Abwertung fest: auf die Steigerung von Produktivität und Wettbewerbsfähigkeit durch flexiblere Arbeitsmärkte, niedrigere Löhne, längere Arbeitszeiten, eine höhere Erwerbsbeteiligung und einen auf Rekommodifizierung umgestellten Wohlfahrtsstaat.

Heute kann die Einführung des Euro als Beispiel dafür gelten, wie eine Gesellschaft – die hoch heterogene transnationale Gesellschaft des Euroraums – in einem, mit Karl Polanyi, „frivolen Experiment" im Geiste einer Religion gewordenen politisch-ökonomischen Ideologie in eine Marktgesellschaft nach Maßgabe der Blaupausen der Standardökonomie umgebaut werden soll, ohne Rücksicht auf bestehende Institutionen und Traditionen. Die Ausschaltung der Abwertung als Mittel nationaler Wirtschaftspolitik bedeutet im Ergebnis nichts anderes als die Aufpropfung eines einheitlichen Wirtschafts- und Gesellschaftsmodells auf alle der gemeinsamen Währung unterstellten Länder; sie zielt auf eine rasche Konvergenz ihrer sozialen Ordnungen und Lebensweisen und setzt ihre Möglichkeit voraus. Zugleich wirkt sie als zusätzliche Triebkraft jener universellen Expansion von Märkten und Marktverhältnissen, die wir als kapitalistische Landnahme bezeichnen, indem sie im Modus dessen, was Karl Polanyi „planned laissez-faire" genannt hat,[11] Staaten und ihre Politik durch Märkte und ihre selbstregulie-

---

10 Freilich gibt es korrupte Politik, ebenso wie vermachtete Märkte. Der Unterschied ist aber, dass korrupte Politik grundsätzlich durch kollektives Handeln von unten korrigiert werden kann, vermachtete Märkte aber nicht, jedenfalls nicht ohne nichtkorrupte Politik. Im Übrigen kann eine Revolution gegen den Markt, in den Worten eines bekannten Revolutionstheoretikers, „kein Gastmahl, kein Aufsatzschreiben, kein Bildermalen oder Deckchensticken (sein); sie kann nicht so fein, so gemächlich und zartfühlend, so maßvoll, gesittet, höflich, zurückhaltend und großherzig durchgeführt werden" (Untersuchungsbericht über die Bauernbewegung in Hunan, März 1927, Ausgewählte Werke Mao Zedongs, Bd. I). Auch die Männer und Frauen von Goldman Sachs sticken keine Deckchen.
11 Karl Polanyi, The Great Transformation: The Political and Economic Origins of Our Time. Boston 1957 [1944], Kap. 12.

rende Automatik mehr oder weniger gewaltsam zu ersetzen sucht. Insofern gleicht sie dem Goldstandard des 19. Jahrhunderts, dessen verheerende Wirkung auf die Fähigkeit der damals entstehenden Nationalstaaten, ihre Völker vor den Unberechenbarkeiten des Marktes zu schützen, Polanyi in den ersten Kapiteln seines großen Buches, zusammen mit den Auswirkungen dieser Wirkung auf die Stabilität der internationalen Beziehungen, so eindrucksvoll analysiert hat.

Nationale Manifestationen einer politischen Gegenbewegung gegen den Marktfanatismus

Es fällt im Rückblick nicht schwer, in den europäischen Erscheinungsformen der gegenwärtigen Wirtschafts-, Finanz- und Fiskalkrise Manifestationen einer politischen Gegenbewegung[12] gegen den in der Gemeinschaftswährung institutionalisierten Marktfanatismus zu erkennen.

Noch bis zur Einsetzung der kommissarischen Regenten Lucas Papademos und Mario Monti bestand die Europäische Währungsunion ausschließlich aus demokratischen Staaten, deren Regierungen es sich nicht leisten konnten oder wollten, ihren real existierenden Staatsvölkern, die sich von den imaginären Modellvölkern der reinen Lehre des Marktkapitalismus noch immer fundamental unterscheiden, den Krieg zu erklären und sie durch die Mangel der von Brüsseler Technokraten und ortlosen Universalökonomen vorgeschriebenen „Reformen" zu drehen. Wie frühere Gegenbewegungen auch, so hielten sich die der unter dem Euro zusammengeschlossenen Nationalstaaten nicht immer an den Kanon des politisch Korrekten oder wirtschaftlich Rationalen; anders als das *laissez-faire* entsteht, wie Polanyi wusste, der Widerstand der Gesellschaft gegen den Markt spontan und planlos. So kam es zu den Haushaltsdefiziten, der Staatsverschuldung und den Kredit- und Preisblasen in jenen Ländern, die mit dem ihnen vorgegebenen Tempo der kapitalistischen Rationalisierung ihrer Lebensweisen und Lebenswelten nicht mitkamen oder mitkommen wollten und deren für ihren Selbstschutz verbliebener reduzierter politischer Werkzeugkasten ihnen nichts Besseres ermöglichte als die allmähliche Aufhäufung jener systemischen Dysfunktionen, die nun schon seit Jahren drohen, das europäische Staatensystem zu zerreißen und den langen Nachkriegsfrieden zwischen den europäischen Nationen zu beenden.

Was derzeit geschieht, nimmt sich aus, als stamme es aus einem Polanyischen Bilderbuch. Der Widerstand der von ihren Nationalstaaten vertretenen Völker gegen die Unterwerfung ihres Lebens unter die Marktgesetze wird von der *ecclesia militans*, der Marktreligion, als Unregierbarkeitsproblem wahrgenommen, das durch weitere Reformen derselben Art, durch *more of the same*, behoben werden muss und kann: durch neue Institutionen, die auch noch den letzten Rest an nationaler Artikulationsfähigkeit und politi-

---

12 Karl Polanyi, a.a.O., Kap. 11.

scher Willkürmöglichkeit aus dem System herausquetschen und ihn, nach weiterer Entmachtung der Regierungen, durch rationale Anreize zu schweigender Fügung in das vom Markt verhängte Schicksal ersetzen sollen. So würde dann doch noch die auf Jahrzehnte verhängte Austerität der kleinen Leute in den vom Markt als nicht wettbewerbsfähig zurückgelassenen Ländern realisiert und damit das frivole Experiment einer Einheitswährung für eine heterogene multinationale Gesellschaft zum Erfolg kommen. Am Ende, nach den Reformen, würden die Nationen sich dann ihre politische Enteignung gefallen lassen, entweder weil ihnen nichts anderes übrig bliebe oder weil sie im Zuge marktgetriebener neoliberaler Konvergenz irgendwann zur Marktvernunft gekommen sein und, wenn sie erst mal genug gefühlt hätten, anfangen würden zu hören.

Freilich: Daran muss man glauben, denn sehen kann man es noch nicht. Was man sieht, sind wachsende Konflikte zwischen den Völkern und innerhalb derselben darüber, wie viel die einen den anderen schulden – an Kompensationszahlungen einerseits und „Reformen" andererseits – und wer von den kleinen Leuten und den großen wie viel von den Kosten tragen muss und vom Nutzen davontragen darf. Wer im Glauben fest ist, kann darauf hoffen, dass die real existierenden Staatsvölker Europas irgendwann – und in den Modellen der Standardökonomie, in denen Zeit nicht vorgesehen ist, ist irgendwann immer auch gleich jetzt – zu einem an den freien Markt angepassten, in Marktgerechtigkeit geeinigten Modellvolk zusammenwachsen werden. Aber wer der Kirche nicht angehört, der kommt aus dem Staunen über die Macht der Illusion und aus der Angst vor dem nicht heraus, was eine Theorie dadurch anrichten kann, dass sie nicht von dieser Welt ist.

Lob der Abwertung

Statt zuzusehen, wie neoliberale Politik die Währungsunion durch „Reformen" vollendet, die den Markt endgültig gegen politische Korrekturen immunisieren und das europäische Staatensystem als international-neoliberalen Konsolidierungsstaat befestigen würden, sollte man sich und andere an die Institution der Abwertung erinnern. Das Recht auf Abwertung ist der institutionelle Ausdruck des Respekts vor den von ihren Staaten vertretenen Nationen als jeweils besonderen, wie immer auch historisch und politisch konstruierten wirtschaftlichen Lebens- und Schicksalsgemeinschaften. Es wirkt als Bremse gegen den vom Zentrum auf die Peripherie ausgeübten kapitalistischen Expansions- und Rationalisierungsdruck und bietet Interessen und Identitäten, die diesem entgegenstehen und in der Freihandelswelt des Großen Binnenmarktes in Populismus und Nationalismus abgedrängt würden, eine realistische kollektive Alternative zu der ihnen vom Markt abverlangten folgsamen Selbstkommodifizierung.

Die Abwertung einer nationalen Währung korrigiert – grob und für eine begrenzte Zeit – die Verteilungsverhältnisse in einem asymmetrischen System internationalen wirtschaftlichen Austauschs, das nach dem Prinzip kumulativer Bevorteilung funktioniert. Abwertung ist *rough justice*, aber immer noch mehr als nichts.

Wenn ein Land, das wirtschaftlich entweder nicht mehr mitkommt oder noch nicht mitkommen will, seine Währung abwertet, schmälert es die Exportchancen ausländischer und verbessert die inländischer Produzenten; so erhöht es die Beschäftigungschancen seiner Bevölkerung auf Kosten besser beschäftigter anderer Bevölkerungen. Indem ein Land durch Abwertung Importe verteuert, erschwert es darüber hinaus seinen wohlhabenderen Bürgern den Kauf ausländischer Produkte; zugleich ermöglicht es seinen Kleinverdienern, höhere Löhne zu erstreiten, ohne dass ihre Produkte im Ausland teurer werden und dadurch ihre Beschäftigung in Gefahr gerät. Die Möglichkeit der Abwertung, anders formuliert, verhindert, dass „wettbewerbsfähigere" Länder weniger „wettbewerbsfähige" dazu zwingen, die Renten ihrer schlechter verdienenden Bürger zu kürzen, damit ihre Besserverdienenden den Produzenten der wettbewerbsfähigeren Länder ihre BMWs weiterhin verlässlich zum Festpreis abnehmen können.

Damit die Schwächeren bereit sind mitzuspielen

Abwertung als Institution in einem internationalen Wirtschaftssystem funktioniert wie das Handicap im Golf oder Sportarten wie Galoppreiten, in denen die Unterschiede zwischen den Teilnehmern so groß sind, dass die Spieler sich ohne Ausgleich in wenige Dauergewinner und viele Dauerverlierer teilen würden. Damit die Schwächeren dennoch bereit sind mitzuspielen, werden die Stärkeren vorab benachteiligt: beim Golf, indem die absehbaren Verlierer Freischläge erhalten, beim Galoppreiten, indem die potentiellen Dauersieger zusätzliches Gewicht tragen müssen. In der politischen Ökonomie nationaler Wirtschaftsgesellschaften leistet progressive Besteuerung ähnliches, oder sollte es leisten. Insofern kam die Abschaffung der Abwertung in der Europäischen Währungsunion einer Abschaffung der progressiven Besteuerung oder eben des Handicaps beim Golf oder Galoppreiten gleich. Ein internationales Wirtschaftssystem, das Abwertungen zulässt, kommt ohne Interventionsrechte eines Landes oder von internationalen Organisationen in die Wirtschafts- und Lebensweise seiner Mitgliedsländer aus. Es erlaubt Vielfalt und setzt nicht voraus, dass „führende" Länder in der Lage sind, „zurückliegende" nach ihrem Bilde zu reformieren; noch erfordert es, dass die letzteren den ersteren gegen Bezahlung eine Lizenz dazu erteilen. Insofern käme die Abschaffung des Euro in seiner gegenwärtigen Form der Beendigung des Goldstandards gleich, die es, Polanyi zufolge, erstmals wieder möglich machte, „bereitwillig hinzunehmen, dass andere Nationen ihre Institutionen nach ihrem Gutdünken einrichteten, und das verderbliche Dogma des 19. Jahrhunderts von der notwendigen Uniformität aller in die Weltwirtschaft einbezogenen nationalen Regime hinter sich zu lassen.[13]

---

13 Polanyi, a.a.O., S. 253 (eigene Übersetzung des Autors).

Und zweifellos mit Bezug auf die damals, 1944, entstehende Nachkriegsordnung fährt Polanyi fort: „Heute sieht man aus den Ruinen der Alten Welt die Eckpfeiler einer Neuen hervorwachsen: wirtschaftliche Zusammenarbeit zwischen Regierungen kombiniert mit der Freiheit, das nationale Leben nach eigenem Willen zu organisieren."[14]

Ein flexibles Währungsregime, wie es nach dem Ende des Euro entstehen könnte, erkennt an, dass Politik mehr ist als die fachmännische Exekution von Rationalisierungsmaßnahmen und räumt ihr in seiner Ordnung aus Respekt vor den kollektiven Lebensweisen und Lebenslagen, die sie repräsentiert, einen zentralen Platz ein. In einem solchen System muss sich kein Land das Wissen und die Macht zuschreiben, die nötig wären, ein anderes Land umzuplanen. Ein internationales Wirtschaftssystem mit Abwertung wäre, übrigens ganz im Sinne Hayeks, ein System verteilter Intelligenz, das ohne „Anmaßung von Wissen" auskommt.[15] Hayek hat völlig zu Recht darauf bestanden, dass solche Systeme zentral geplanten überlegen sind; was ihm als Ökonomen anscheinend versperrt war, war die von Polanyi gegen ihn vorgebrachte Einsicht, dass die marktgerechte und marktfügsame, transnational-kapitalistisch eingeebnete Welt, die Hayek für den Naturzustand hielt, nur eine durch Planung hergestellte sein konnte, weil sie die machtbewehrte Einebnung vorgängiger, partikularistischer Strukturen sozialen Zusammenlebens voraussetzte.

Ein Abwertungsregime erspart es den an ihm beteiligten Ländern, kontroverse Verhandlungen über Strukturreformen und Ausgleichszahlungen führen zu müssen. Ein imperialistisches Hineinregieren der wettbewerbsfähigeren in die weniger wettbewerbsfähigen Länder ist in ihm ebenso unnötig wie „Wachstumspakete", die ständig in Gefahr sind, als verlorene Zuschüsse oder als Markteintrittsgebühr bzw. internationale Steuer auf Wettbewerbsfähigkeit verstanden und deshalb von denen, die sie aufzubringen haben, abgelehnt zu werden. Internationale Konflikte treten nur dann auf, wenn ein Land seine Währung zu oft und in zu kurzen Abständen abwertet. Allerdings würde ein solches Land sehr bald durch Schädigung seines Vertrauens mehr verlieren, als es durch die Steigerung seiner Exportfähigkeit gewinnen würde.

Für ein europäisches Bretton Woods

Die Europäische Währungsunion war ein politischer Fehler, weil sie trotz der enormen Heterogenität der Länder des Euroraums die Abwertung eliminiert hat, ohne, ironisch gesprochen, zusammen mit den nationalen Währungen gleich auch die nationale Demokratie abzuschaffen.[16] Anstatt den Fehler durch eine Flucht nach vorn noch zu vergrößern und die Währungs-

---

14 Ebd., S. 254 (eigene Übersetzung des Autors).
15 Friedrich August Hayek, Die Anmaßung von Wissen, in: „Ordo", 1/1975, S. 12-21.
16 Martin S. Feldstein, The Euro and European Economic Conditions. Working Paper Nr. 17617, National Bureau of Economic Research, Cambridge 2011.

union durch eine „politische Union" zu vervollständigen, die unter heutigen Bedingungen nichts anderes sein könnte als die endgültige Inthronisierung des Konsolidierungsstaats – siehe die Forderung nach EU-Kommissaren mit direkten „Durchgriffsbefugnissen" auf die Nationalstaaten –, kann man ihn, solange die Krise den Ausgang noch offenhält, durch Rückkehr zu einem geordneten System flexibler Wechselkurse in Europa rückgängig machen. Ein solches System, das die Unterschiede zwischen den europäischen Gesellschaften anerkennen statt versuchen würde, sie neoliberal wegzureformieren, wäre politisch wie technisch weit weniger anspruchsvoll als die Währungsunion: Es käme ohne die *One-size-fits-all*-Hybris der Einheitsplaner aus; es würde Verschmelzung durch lockere Kopplung ersetzen; und es würde vor allem dem so bedrohlich wachsenden Neid und Hass zwischen den europäischen Völkern die Grundlage entziehen.

Ein ungefähres Vorbild könnte das maßgeblich von Keynes beeinflusste Währungsregime von Bretton Woods sein, das flexibel anpassbare feste Wechselkurse vorsah. Es diente seinerzeit dazu, Länder wie Frankreich und Italien, mit starken Gewerkschaften und kommunistischen Parteien, dauerhaft in ein Freihandelssystem zu integrieren, ohne sie zu „Reformen" zu zwingen, die ihren sozialen Zusammenhalt und inneren Frieden gefährdet hätten. Die dem System eigene Weisheit lag darin, dass es auf erzwungene Konvergenz der inneren Ordnung der Mitgliedstaaten und ein „Durchregieren" der stärkeren in die schwächeren Länder verzichtete.

Für die Souveränität der Mitgliedstaaten

Dass die Amerikaner außerhalb des Währungssystems taten, was sie konnten, um beispielsweise die kommunistische Partei Italiens von der Regierung fernzuhalten oder die kommunistisch geführten Einheitsgewerkschaften Italiens und Frankreichs zu spalten, steht auf einem anderen Blatt. Jedenfalls tolerierte die US-Regierung in drei Nachkriegsjahrzehnten sozialdemokratische Regierungen in ihrem westeuropäischen Machtbereich, nicht zuletzt unter dem Einfluss der eigenen New Deal-Tradition. Damit respektierte sie, wenigstens formal, die Souveränität der Mitgliedstaaten. Länder, die aufgrund von Lohnkonzessionen oder einer großzügigen staatlichen Sozialpolitik an „Wettbewerbsfähigkeit" einbüßten, konnten dies von Zeit zu Zeit durch Abwertung auf Kosten der ihnen im Wettbewerb überlegenen stabileren Länder ausgleichen. Wähler und Gewerkschaftsmitglieder in Ländern mit einer linken politischen Tradition hatten so die Möglichkeit, ihre Realeinkommen auf Kosten der Käufer von Importprodukten und der ausländischen Hersteller derselben zu erhöhen und so die Einkommensverteilung zu ihren Gunsten zu verändern. Allerdings konnte dies nicht beliebig oft stattfinden, weil das die Interessen und das Sicherheitsbedürfnis der exportierenden Länder, Industrien und Unternehmen zu sehr verletzt hätte, sondern nur als Ultima ratio, deren Anwendung grundsätzlich von den anderen Mitgliedern des Währungssystems gebilligt werden musste.

Wie ein zeitgemäßes System zugleich fester und flexibler Wechselkurse für Europa aussehen könnte, das in der Lage wäre, an die Stelle der Europäischen Währungsunion zu treten, wäre eine Frage, die des Schweißes der edelsten Ökonomen wert wäre. Es gäbe eine Reihe vergleichbarer Modelle, mit denen unterschiedliche Erfahrungen gemacht worden sind, wie etwa die europäische „Währungsschlange" der 70er und 80er Jahre. Auf jeden Fall ginge es um eine lockere Koppelung nationaler Währungen, zur Sicherung nationalstaatlicher Demokratie und demokratischer Entwicklungsmöglichkeiten durch Respektierung nationaler Souveränität, anstelle einer Einheitswährung für alle. Dabei müsste der Euro nicht abgeschafft werden, sondern könnte als de-nationalisierte Leitwährung neben den nationalen Währungen weiterbestehen, ungefähr in der Rolle des von Keynes vorgeschlagenen Bancor, den die Vereinigten Staaten am Ende nicht akzeptieren wollten, weil sie die für ihn vorgesehene Funktion für ihre nationale Währung beanspruchten.

Sachverständige hätten auch nach Wegen zu suchen, wie die wiederhergestellten, locker gekoppelten nationalen Währungen vor spekulativen Angriffen geschützt werden könnten, was vermutlich eine, ohnehin wünschenswerte und nötige, Rückkehr zu bestimmten Formen der Kapitalverkehrskontrolle erfordern würde. Allerdings hat es in den letzten Jahren keine Angriffe auf die dänische oder schwedische Krone, das britische Pfund oder andere europäische Nationalwährungen gegeben. Dies widerspricht dem Argument, dass nur eine „große" Währung wie der Euro sicher sein kann, nicht von Spekulanten wie George Soros gesprengt zu werden. Ebenfalls wäre zu klären, wie hoch die voraussichtlichen Kosten einer Abkehr vom Euro als Einheitswährung sein würden; vieles spricht dafür, dass sie die der in Gang befindlichen, möglicherweise aber in Fällen wie Griechenland und Spanien ohnehin zum Scheitern verurteilten „Rettungsaktionen" kaum übersteigen dürften.

Vor allem aber müsste es darum gehen, die unselige Identifikation von europäischer Einigung und europäischer Einheitswährung („Scheitert der Euro, so scheitert Europa") im öffentlichen Diskurs aufzulösen. Länder wie Großbritannien, Dänemark und Schweden sind um keinen Deut weniger „europäisch", weil sie der Währungsunion nicht angehören. Tatsächlich käme ein Ausstieg aus dem Euro einem Einstieg in eine längst fällige Politik der Grenzziehung gegenüber der sogenannten Globalisierung gleich. Der Euro war auch ein Geschöpf der Globalisierungseuphorie der 1990er Jahre, aus deren Perspektive staatliche Handlungsfähigkeit nicht nur obsolet, sondern auch entbehrlich erschien. Die Forderung nach einem europäischen Bretton Woods wäre im Kontext der heute beinah vollzogenen neoliberalen Wende, was in den 1970er Jahren als systemsprengendes Reformprogramm gegolten hätte: eine strategische Antwort auf eine systemische Krise, die über das System, dessen Krise sie zu lösen unternimmt, hinausweist. Sie würde dem Umstand Rechnung tragen, dass unter gegenwärtigen europäischen Bedingungen gesellschaftliche Demokratie ohne nationalstaatliche Souveränität nicht zu haben ist.

Demokratie oder Kapitalismus?
Vom Elend der nationalstaatlichen Fragmentierung in einer kapitalistisch integrierten Weltgesellschaft

Von **Jürgen Habermas**

In seinem Buch über die vertagte Krise des demokratischen Kapitalismus[1] entwickelt Wolfgang Streeck eine schonungslose Analyse der Entstehungsgeschichte der gegenwärtigen, auf die Realwirtschaft durchschlagenden Banken- und Schuldenkrise. Diese schwungvolle und empirisch fundierte Untersuchung ist aus Adorno-Vorlesungen am Frankfurter Institut für Sozialforschung hervorgegangen. Sie erinnert in ihren besten Partien – also immer dann, wenn sich die politische Leidenschaft mit der augenöffnenden Kraft kritisch beleuchteter Tatsachen und schlagender Argumente verbündet – an den „18. Brumaire des Louis Napoleon". Den Ausgangspunkt bildet die berechtigte Kritik an der von Claus Offe und mir Anfang der 70er Jahre entwickelten Krisentheorie. Der damals vorherrschende keynesianische Steuerungsoptimismus hatte uns zu der Annahme inspiriert, dass sich die politisch beherrschten wirtschaftlichen Krisenpotentiale in widersprüchliche Imperative an einen überforderten Staatsapparat und in „kulturelle Widersprüche des Kapitalismus" (wie es Daniel Bell einige Jahre später formulierte) *verschieben* und in der Gestalt einer Legitimationskrise *äußern* würden. Heute begegnen wir (noch?) keiner Legitimations-, aber einer handfesten Wirtschaftskrise.

Die Genese der Krise

Mit dem Besserwissen des historisch zurückblickenden Beobachters beginnt Wolfgang Streeck seine Darstellung des Krisenverlaufs mit einer Skizze des sozialstaatlichen Regimes, das im Nachkriegseuropa bis zum Beginn der 70er Jahre aufgebaut worden war.[2] Darauf folgen die Phasen der Durchsetzung der neoliberalen Reformen, die ohne Rücksicht auf soziale Folgen die Verwertungsbedingungen des Kapitals verbessert und dabei stillschweigend

---

1 Wolfgang Streeck, Gekaufte Zeit, Berlin 2013. Zahlenangaben im Text beziehen sich auf diese Ausgabe. Vgl. dazu auch Wolfgang Streeck, Was nun, Europa? Kapitalismus ohne Demokratie oder Demokratie ohne Kapitalismus und ders., Auf den Ruinen der Alten Welt. Von der Demokratie zur Marktgesellschaft, beide in diesem Band (S. 19-30 und S. 63-74).

2 Charakteristika sind Vollbeschäftigung, flächendeckende Lohnfindung, Mitbestimmung, staatliche Kontrolle von Schlüsselindustrien, ein breiter öffentlicher Sektor mit sicherer Beschäftigung, eine Einkommens- und Steuerpolitik, die krasse soziale Ungleichheiten verhindert, schließlich eine staatliche Konjunktur- und Industriepolitik zur Verhinderung von Wachstumsrisiken.

die Semantik des Ausdrucks „Reform" auf den Kopf gestellt haben. Die Reformen haben die korporatistischen Verhandlungszwänge gelockert und die Märkte dereguliert – nicht nur die Arbeitsmärkte, sondern auch die Märkte für Güter und Dienstleistungen, vor allem die Kapitalmärkte: „Gleichzeitig verwandeln sich die Kapitalmärkte in Märkte für Unternehmenskontrolle, die die Steigerung des *shareholder value* zur obersten Maxime guter Unternehmensführung erheben." (57 f.)

Wolfgang Streeck beschreibt diese mit Reagan und Thatcher einsetzende Wende als Befreiungsschlag der Kapitaleigentümer und deren Manager gegen einen demokratischen Staat, der nach Maßgabe sozialer Gerechtigkeit die Gewinnspannen der Unternehmen gedrosselt, aber aus Sicht der Anleger das Wirtschaftswachstum stranguliert und damit dem wohlverstandenen Allgemeinwohl geschadet hatte. Die empirische Substanz der Untersuchung besteht in einem Längsschnittvergleich relevanter Länder über die letzten vier Jahrzehnte. Dieser ergibt, bei allen Unterschieden zwischen den nationalen Ökonomien im einzelnen, das Bild eines im ganzen erstaunlich gleichförmigen Krisenverlaufs. Die steigenden Inflationsraten der 70er Jahre werden von einer steigenden Verschuldung der öffentlichen und der privaten Haushalte abgelöst. Gleichzeitig wächst die Ungleichheit der Einkommensverteilung, während die Staatseinnahmen im Verhältnis zu den öffentlichen Ausgaben abnehmen. Bei wachsender sozialer Ungleichheit führt diese Entwicklung zu einer Transformation des Steuerstaates: „Der von seinen Bürgern regierte und, als Steuerstaat, von ihnen alimentierte demokratische Staat wird zum demokratischen Schuldenstaat, sobald seine Subsistenz nicht mehr nur von den Zuwendungen seiner Bürger, sondern in erheblichem Ausmaß auch von den Gläubigern abhängt." (119)

In der Europäischen Währungsgemeinschaft lässt sich die Einschränkung der politischen Handlungsfähigkeit der Staaten durch „die Märkte" auf perverse Weise besichtigen. Die Transformation des Steuerstaats in den Schuldenstaat bildet hier den Hintergrund für den vitiösen Zirkel zwischen der Rettung maroder Banken durch Staaten, welche ihrerseits von denselben Banken in den Ruin getrieben werden – mit der Folge, dass das herrschende Finanzregime deren Bevölkerungen unter Kuratel stellt. Was das für die Demokratie bedeutet, haben wir unter dem Mikroskop während jener Gipfelnacht in Cannes beobachten können, als der damalige griechische Ministerpräsident Papandreou von seinen schulterklopfenden Kollegen gezwungen wurde, ein geplantes Referendum abzusagen.[3] Wolfgang Streecks Verdienst ist der Nachweis, dass die „Politik des Schuldenstaates", die der Europäische Rat seit 2008 auf Drängen der deutschen Bundesregierung betreibt, im Wesentlichen das kapitalfreundliche Politikmuster fortschreibt, das in die Krise geführt hat.

Unter den besonderen Bedingungen der Europäischen Währungsunion unterwirft die Politik der fiskalischen Konsolidierung alle Mitgliedstaaten, ungeachtet der Unterschiede im Entwicklungsstand ihrer Ökonomien, den

---

3 Vgl. dazu meinen Kommentar in der „Frankfurter Allgemeinen Zeitung", 5.11.2011.

gleichen Regeln und konzentriert, in der Absicht der Durchsetzung dieser Regeln, Eingriffs- und Kontrollrechte auf der europäischen Ebene. Ohne eine gleichzeitige Stärkung des Europäischen Parlaments befestigt diese Bündelung von Kompetenzen bei Rat und Kommission die Entkoppelung der nationalen Öffentlichkeiten und Parlamente von dem abgehobenen, technokratisch verselbstständigten Konzert der markthörigen Regierungen. Wolfgang Streeck fürchtet, dass dieser forcierte Exekutivföderalismus eine ganz neue Qualität der Herrschaftsausübung in Europa herbeiführen wird: „Die als Antwort auf die Fiskalkrise in Angriff genommene Konsolidierung der europäischen Staatsfinanzen läuft auf einen von Finanzinvestoren und Europäischer Union koordinierten Umbau des europäischen Staatensystems hinaus – auf eine Neuverfassung der kapitalistischen Demokratie in Europa im Sinne einer Festschreibung der Ergebnisse von drei Jahrzehnten wirtschaftlicher Liberalisierung." (164)

Diese zuspitzende Interpretation der im Gange befindlichen Reformen trifft eine alarmierende Entwicklungstendenz, die sich, obwohl sie die historische Verbindung von Demokratie und Kapitalismus aufkündigt, wahrscheinlich sogar durchsetzen wird. Vor den Toren der Europäischen Währungsunion wacht ein britischer Premier, dem es mit der neoliberalen Abwicklung des Sozialstaates nicht schnell genug geht und der, als der wahre Erbe von Margaret Thatcher, eine willige Bundeskanzlerin aufmunternd antreibt, im Kreise ihrer Kollegen die Peitsche zu schwingen: „Wir wollen ein Europa, das aufwacht und die moderne Welt aus Wettbewerb und Flexibilität erkennt."[4]

Zu dieser Krisenpolitik gibt es – am grünen Tisch – zwei Alternativen: entweder die defensive Rückabwicklung des Euro, für die in Deutschland mit der AfD bereits eine neue Partei gegründet worden ist, oder den offensiven Ausbau der Währungsgemeinschaft zu einer supranationalen Demokratie. Diese könnte bei entsprechenden politischen Mehrheiten die institutionelle Plattform für eine Umkehrung des neoliberalen Trends bieten.

Die nostalgische Option

Wenig überraschend optiert Wolfgang Streeck für eine Umkehr des Trends zur Entdemokratisierung. Das bedeutet, „Institutionen aufzubauen, mit denen Märkte wieder unter soziale Kontrolle gebracht werden können: Märkte für Arbeit, die Platz lassen für soziales Leben, Märkte für Güter, die die Natur nicht zerstören, Märkte für Kredit, die nicht zur massenhaften Produktion uneinlösbarer Versprechen werden." (237) Aber die konkrete Schlussfolgerung, die er aus seiner Diagnose zieht, ist umso überraschender. Es ist nicht der demokratische Ausbau einer auf halbem Wege stehen gebliebenen Union, der das aus den Fugen geratene Verhältnis von Politik und Markt wieder in eine demokratieverträgliche Balance bringen soll. Wolfgang Streeck empfiehlt Rückbau statt Aufbau. Er möchte zurück in die national-

---

[4] „Süddeutsche Zeitung" (SZ), 8.4.2013.

staatliche Wagenburg der 60er und 70er Jahre, um „die Reste jener politischen Institutionen so gut wie möglich zu verteidigen und instand zu setzen, mit deren Hilfe es vielleicht gelingen könnte, Marktgerechtigkeit durch soziale Gerechtigkeit zu modifizieren und zu ersetzen." (236)

Überraschend ist diese nostalgische Option für eine Einigelung in der souveränen Ohnmacht der überrollten Nation angesichts der epochalen Umwandlung von Nationalstaaten, die ihre territorialen Märkte noch unter Kontrolle hatten, zu depotenzierten Mitspielern, die ihrerseits in globalisierte Märkte eingebettet sind. Der politische Steuerungsbedarf, den eine hochinterdependente Weltgesellschaft erzeugt, wird von einem immer dichter gewobenen Netz von internationalen Organisationen bestenfalls aufgefangen, aber in den asymmetrischen Formen des gepriesenen „Regierens jenseits des Nationalstaates" keineswegs bewältigt. Angesichts dieses Problemdrucks einer systemisch zusammenwachsenden, aber politisch nach wie vor anarchischen Weltgesellschaft gab es 2008 zunächst eine verständliche Reaktion auf den Ausbruch der Weltwirtschaftskrise. Die bestürzten Regierungen der G8 beeilten sich, die BRIC-Staaten und einige andere in ihre Beratungsrunde aufzunehmen. Andererseits dokumentiert die Folgenlosigkeit der auf jener ersten G20-Konferenz in London gefassten Beschlüsse das Defizit, das durch eine Restauration der geborstenen nationalstaatlichen Bastionen nur noch vergrößert würde: die mangelnde Kooperationsfähigkeit, die aus der politischen Fragmentierung einer gleichwohl wirtschaftlich integrierten Weltgesellschaft resultiert.

Offensichtlich reicht die politische Handlungsfähigkeit von Nationalstaaten, die über ihre längst ausgehöhlte Souveränität eifersüchtig wachen, nicht aus, um sich den Imperativen eines überdimensional aufgeblähten und dysfunktionalen Bankensektors zu entziehen. Staaten, die sich nicht zu supranationalen Einheiten assoziieren und nur über das Mittel internationaler Verträge verfügen, versagen vor der politischen Herausforderung, diesen Sektor mit den Bedürfnissen der Realwirtschaft wieder rückzukoppeln und auf das funktional gebotene Maß zu reduzieren. Die Staaten der Europäischen Währungsgemeinschaft sind auf besondere Weise mit der Aufgabe konfrontiert, unumkehrbar globalisierte Märkte in die Reichweite einer indirekten, aber gezielten politischen Einwirkung einzuholen. Tatsächlich beschränkt sich deren Krisenpolitik auf den Ausbau einer Expertokratie für Maßnahmen mit aufschiebender Wirkung. Ohne den Druck einer vitalen Willensbildung einer über nationale Grenzen hinaus mobilisierbaren Bürgergesellschaft fehlt einer verselbstständigten Brüsseler Exekutive die Kraft und das Interesse, wild gewordene Märkte sozialverträglich zu reregulieren.

Wolfgang Streeck weiß natürlich, dass sich „die Macht der Anleger vor allem aus ihrer fortgeschrittenen internationalen Integration und dem Vorhandensein effizienter globaler Märkte" (129) speist. Im Rückblick auf den globalen Siegeszug der Deregulierungspolitik stellt er ausdrücklich fest, er müsse es „offen lassen, ob und mit welchen Mitteln es national organisierter Politik in einer immer internationaler gewordenen Wirtschaft überhaupt hätte gelingen können, Entwicklungen wie diese unter Kontrolle zu bringen." (112) Weil er immer wieder den „Organisationsvorsprung global integrierter Finanzmärkte gegenüber nationalstaatlich organisierten Gesellschaften" (126) betont, drängt, so denkt man, seine eigene Analyse zu dem Schluss, jene marktregulierende Kraft der demokratischen Gesetzgebung, die einmal in den Nationalstaaten konzentriert war, auf supranationaler Ebene zu regenerieren. Trotzdem bläst er zum Rückzug hinter die Maginotlinie der nationalstaatlichen Souveränität.

Allerdings flirtet er am Ende des Buches mit der ziellosen Aggression eines selbstdestruktiven Widerstandes, der die Hoffnung auf eine konstruktive Lösung aufgegeben hat.[5] Darin verrät sich eine gewisse Skepsis gegenüber dem eigenen Appell an die Befestigung der verbliebenen nationalen Bestände. Im Licht dieser Resignation erscheint der Vorschlag zu einem „europäischen Bretton Woods" wie nachgeschoben. Der tiefe Pessimismus, in dem die Erzählung endet, wirft die Frage auf, was die einleuchtende Diagnose des Auseinanderdriftens von Kapitalismus und Demokratie für die Aussichten eines Politikwechsels bedeutet. Soll sich darin eine grundsätzliche Unvereinbarkeit von Demokratie und Kapitalismus verraten? Um diese Frage zu klären, müssen wir uns über den theoretischen Hintergrund der Analyse klar werden.

Kapitalismus oder Demokratie?

Den *Rahmen* für die Krisenerzählung bildet eine Interaktion, an der drei Spieler beteiligt sind: der Staat, der sich aus Steuern alimentiert und durch Wahlstimmen legitimiert; die Wirtschaft, die für kapitalistisches Wachstum und ein hinreichendes Niveau der Steuereinnahmen sorgen muss; schließlich die Bürger, die dem Staat ihre politische Unterstützung nur im Austausch gegen die Befriedigung ihrer Interessen leihen. Das *Thema* bildet die Frage, ob und gegebenenfalls wie es dem Staat gelingt, die konträren Forderungen beider Seiten auf intelligenten Pfaden der Krisenvermeidung zum Ausgleich zu bringen. Bei Strafe des Ausbruchs von Krisen der Wirtschaft und des sozialen Zusammenhalts muss der Staat einerseits Gewinnerwartungen, also die fiskalischen, rechtlichen und infrastrukturellen Bedingungen für eine gewinnbringende Kapitalverwertung erfüllen; andererseits muss er gleiche Freiheiten gewährleisten und Forderungen nach sozialer Gerechtigkeit einlösen, in der Münze von fairer Einkommensverteilung und Statussicherheit sowie von öffentlichen Dienstleistungen und der Bereitstellung kollektiver Güter. Der *Inhalt* der Erzählung besteht dann darin, dass die neoliberale Strategie der Befriedigung der Kapitalverwertungsinteressen

---

5 Als europäischer Bürger, der die griechischen, spanischen und portugiesischen Proteste (bequem genug) in der Zeitung verfolgt, kann ich allerdings Streecks Empathie mit den „Wutausbrüchen der Straße" auch nachfühlen: „Wenn demokratisch organisierte Staatsvölker sich nur noch dadurch verantwortlich verhalten können, dass sie von ihrer nationalen Souveränität keinen Gebrauch mehr machen und sich für Generationen darauf beschränken, ihre Zahlungsfähigkeit gegenüber ihren Kreditgebern zu sichern, könnte es verantwortlicher erscheinen, es auch einmal mit unverantwortlichem Handeln zu versuchen." (218)

grundsätzlich Vorrang vor den Forderungen nach sozialer Gerechtigkeit einräumt und Krisen nur noch um den Preis wachsender sozialer Verwerfungen „vertagen" kann.[6]

Bezieht sich nun die im Titel des Buches angezeigte „Vertagung der Krise des demokratischen Kapitalismus" auf das Ob oder nur auf den Zeitpunkt ihres Eintretens? Da Wolfgang Streeck sein Szenario in einem handlungstheoretischen Rahmen entwickelt, ohne sich auf „Gesetze" des ökonomischen Systems (beispielsweise einen „tendenziellen Fall der Profitrate") zu stützen, ergibt sich aus der Anlage der Darstellung klugerweise keine theoretisch begründete Voraussage. Voraussagen über den weiteren Krisenverlauf können sich in diesem Rahmen nur aus der Einschätzung von historischen Umständen und kontingenten Machtkonstellationen ergeben. Rhetorisch verleiht Wolfgang Streeck seiner Darstellung der Krisentendenzen allerdings ein gewisses Flair von Unausweichlichkeit, indem er die konservative These von der „Anspruchsinflation übermütiger Massen" zurückweist und die Krisendynamik allein aufseiten der kapitalistischen Verwertungsinteressen verortet. Seit den 80er Jahren ging die politische Initiative tatsächlich von dieser Seite aus. Aber einen ausreichenden Grund für eine defätistische Preisgabe des europäischen Projektes kann ich darin nicht entdecken.

Ich habe vielmehr den Eindruck, dass Wolfgang Streeck den Sperrklinkeneffekt der nicht nur rechtlich *geltenden* Verfassungsnormen, sondern des *faktisch bestehenden* demokratischen Komplexes unterschätzt – das Beharren der eingewöhnten, in politische Kulturen eingebetteten Institutionen, Regeln und Praktiken. Ein Beispiel sind die massenhaften Proteste in Lissabon und anderswo, die den portugiesischen Staatspräsidenten 2013 dazu bewogen haben, Klage gegen den sozialen Skandal der Sparpolitik seiner regierenden Parteifreunde zu erheben. Daraufhin hat das Verfassungsgericht Teile des entsprechenden Staatsvertrages Portugals mit der Europäischen Union und dem Internationalen Währungsfonds für ungültig erklärt und die Regierung wenigstens zu einem Augenblick des Nachdenkens über den Vollzug des „Diktats der Märkte" veranlasst.

Die Ackermannschen Renditevorstellungen der Aktionäre sind ebenso wenig Naturgegebenheiten wie die von hilfsbereiten Medien gepäppelten Elitevorstellungen einer verwöhnten, international abgehobenen Managerklasse, die auf „ihre" Politiker wie auf unfähige Bedienstete herabblickt. Die Behandlung der Zypernkrise, als es nicht mehr um die Rettung der je eigenen Banken ging, hat plötzlich gezeigt, dass sich statt der Steuerzahler sehr wohl die Verursacher der Krise zur Kasse bitten lassen. Und verschuldete staatliche Haushalte könnten ebenso durch Einnahmesteigerungen wie durch Ausgabenkürzungen in Ordnung gebracht werden. Allerdings würde erst der institutionelle Rahmen für eine gemeinsame europäische Fiskal-, Wirtschafts- und Sozialpolitik eine notwendige Voraussetzung für die

6 Inzwischen ist allerdings die Privatisierung der Daseinsvorsorge so weit fortgeschritten, dass sich dieser systemische Konflikt immer weniger eindeutig auf Interessenlagen verschiedener sozialer Gruppen abbilden lässt. Die Mengen des „Volkes der Staatsbürger" und des „Marktvolkes" decken sich nicht mehr. Der Interessengegensatz erzeugt in zunehmendem Maße Konflikte in ein und denselben Personen.

mögliche Beseitigung des Strukturfehlers einer suboptimalen Währungsunion schaffen. Nur eine gemeinsame europäische Anstrengung, nicht die abstrakte Zumutung, die nationale Wettbewerbsfähigkeit aus eigener Kraft zu verbessern, kann die fällige Modernisierung von überholten Wirtschafts- und klientelistischen Verwaltungsstrukturen voranbringen.

Was eine demokratiekonforme Gestalt der Europäischen Union, die aus naheliegenden Gründen zunächst nur die Mitglieder der Europäischen Währungsgemeinschaft umfasst, von einem marktkonformen Exekutivföderalismus unterscheiden würde, sind vor allem zwei Innovationen. Erstens eine gemeinsame politische Rahmenplanung, entsprechende Transferzahlungen und eine wechselseitige Haftung der Mitgliedstaaten. Zweitens die Änderungen der Lissaboner Verträge, die für eine demokratische Legitimation der entsprechenden Kompetenzen nötig sind, also eine paritätische Beteiligung von Parlament und Rat an der Gesetzgebung und die gleichmäßige Verantwortlichkeit der Kommission gegenüber beiden Institutionen. Dann würde die politische Willensbildung nicht mehr nur von den zähen Kompromissen zwischen Vertretern nationaler Interessen abhängen, die sich gegenseitig blockieren, sondern in gleichem Maße von den Mehrheitsentscheidungen der nach Parteipräferenzen gewählten Abgeordneten. Nur in dem nach Fraktionen gegliederten Europäischen Parlament kann *eine nationale Grenzen durchkreuzende* Interessenverallgemeinerung stattfinden. Nur in parlamentarischen Verfahren kann sich eine europaweit generalisierte Wir-Perspektive der EU-Bürger zur institutionalisierten Macht verfestigen. Ein solcher Perspektivenwechsel ist nötig, um auf den einschlägigen Politikfeldern die bisher favorisierte regelgebundene Koordinierung scheinsouveräner einzelstaatlicher Politiken durch eine gemeinsame diskretionäre Willensbildung abzulösen. Die unvermeidlichen Effekte einer kurz- und mittelfristigen Umverteilung sind nur zu legitimieren, wenn sich die nationalen Interessen mit dem europäischen Gesamtinteresse verbünden und an diesem auch relativieren.

Ob und wie Mehrheiten für eine entsprechende Änderung des Primärrechts zu gewinnen sind, ist eine, und eine durchaus schwierige Frage, auf die ich später noch kurz zurückkommen werde. Aber unabhängig davon, ob eine Reform unter heutigen Umständen machbar ist, zweifelt Wolfgang Streeck daran, dass das Format einer supranationalen Demokratie überhaupt auf die europäischen Verhältnisse passt. Er bestreitet die Funktionsfähigkeit einer solchen politischen Ordnung und hält sie wegen ihres vermeintlich repressiven Charakters auch nicht für wünschenswert. Aber sind die vier Gründe, die er dafür ins Feld führt, auch gute Gründe?[7]

Vier Gründe gegen eine Politische Union

Das *erste* und vergleichsweise *stärkste Argument* richtet sich gegen die Wirksamkeit regionaler Wirtschaftsprogramme angesichts der geschicht-

---

[7] Ich sehe im folgenden von den ökonomischen Folgen einer Rückabwicklung des Euro ganz ab; vgl. dazu den Beitrag von Elmar Altvater in diesem Band (S. 31-39).

lich begründeten Heterogenität von Wirtschaftskulturen, von der wir auch in Kerneuropa ausgehen müssen. Tatsächlich muss die Politik in einer Währungsgemeinschaft darauf gerichtet sein, ein strukturelles Gefälle der Wettbewerbsfähigkeit zwischen den nationalen Wirtschaften auf Dauer auszugleichen – oder wenigstens einzudämmen. Als Gegenbeispiele erwähnt Wolfgang Streeck die ehemalige DDR seit der Wiedervereinigung und das Mezzogiorno. Beide Fälle erinnern zweifellos an die ernüchternden mittelfristigen Zeithorizonte, mit denen die gezielte Förderung des Wirtschaftswachstums in rückständigen Regionen immer zu rechnen hat. Für die auf eine europäische Wirtschaftsregierung zukommenden Regelungsprobleme sind die beiden ins Feld geführten Beispiele freilich zu untypisch, um einen grundsätzlichen Pessimismus zu rechtfertigen. Die Rekonstruktion der ostdeutschen Wirtschaft hat es mit dem historisch völlig neuen Problem eines gewissermaßen assimilierenden, nicht aus eigener Kraft, sondern von den Eliten der Bundesrepublik gesteuerten Systemwechsels zu tun, der innerhalb einer vier Jahrzehnte lang geteilten Nation vollzogen wird. Mittelfristig scheinen die relativ großen Transferleistungen den erwünschten Erfolg zu haben.

Anders verhält es sich mit dem hartnäckigeren Problem der wirtschaftlichen Förderung eines ökonomisch rückständigen und verarmten, gesellschaftlich und kulturell von vormodernen und staatsfernen Zügen geprägten, politisch unter der Mafia leidenden Süditalien. Für die sorgenvollen Blicke, die der europäische Norden heute auf manche „Südländer" richtet, ist auch dieses Beispiel wegen seines speziellen geschichtlichen Hintergrundes wenig informativ. Denn das Problem des geteilten Italiens ist mit den Langzeitfolgen der nationalen Einigung eines Landes verflochten, das seit dem Ende des römischen Reiches unter wechselnden Fremdherrschaften gelebt hatte. Die historischen Wurzeln des gegenwärtigen Problems gehen auf das missratene, von Savoyen aus militärisch betriebene und als usurpatorisch empfundenen Risorgimento zurück. In diesem Kontext standen auch noch die mehr oder weniger erfolglosen Anstrengungen der italienischen Regierungen der Nachkriegszeit. Diese haben sich, wie Streeck selbst bemerkt, im Filz der regierenden Parteien in den örtlichen Machtstrukturen verfangen. Die politische Durchsetzung der Entwicklungsprogramme ist an einer korruptionsanfälligen Verwaltung und nicht an der Widerständigkeit einer Sozial- und Wirtschaftskultur gescheitert, die ihre Kraft aus einer bewahrenswerten Lebensform bezöge. Im stark verrechtlichten europäischen Mehrebenensystem dürfte jedoch der holprige Organisationsweg von Rom nach Kalabrien und Sizilien kaum das Muster für die nationale Umsetzung von Brüsseler Programmen sein, an deren Zustandekommen sechzehn andere argwöhnische Nationen beteiligt sein würden.

Das *zweite Argument* bezieht sich auf die brüchige soziale Integration von „unvollendeten Nationalstaaten" wie Belgien und Spanien. Mit dem Hinweis auf die schwärenden Konflikte zwischen Wallonen und Flamen bzw. zwischen Katalanen und der Zentralregierung in Madrid macht Wolfgang Streeck auf Integrationsprobleme aufmerksam, die angesichts der regionalen Vielfalt schon innerhalb eines Nationalstaates schwer zu bewältigen sind – und um wie viel schwieriger würde das erst in einem großräumigen Europa sein! Nun hat der komplexe Staatenbildungsprozess tatsächlich Konfliktlinien zwischen älteren und historisch überwundenen Formationen hinterlassen – denken wir an die Bayern, die 1949 dem Grundgesetz nicht zugestimmt haben, an die friedliche Trennung der Slowakei von Tschechien, das blutige Auseinanderfallen Jugoslawiens, an den Separatismus der Basken, der Schotten, der Lega Nord usw. Aber an diesen historischen Sollbruchstellen treten Konflikte immer dann auf, wenn die verletzbarsten Teile der Bevölkerung in wirtschaftliche Krisen- oder geschichtliche Umbruchsituationen geraten, verunsichert sind und ihre Furcht vor Statusverlust durch das Anklammern an vermeintlich „natürliche" Identitäten verarbeiten – gleichviel, ob es nun der „Stamm", die Region, die Sprache oder die Nation ist, die diese vermeintlich natürliche Identitätsbasis verspricht. Der nach dem Zerfall der Sowjetunion erwartbare Nationalismus in den mittel- und osteuropäischen Staaten ist in dieser Hinsicht ein sozialpsychologisches Äquivalent für den in den „alten" Nationalstaaten auftretenden Separatismus.

Das angeblich „Gewachsene" dieser Identitäten ist in beiden Fällen gleichermaßen fiktiv[8] und keine historische Tatsache, aus der sich ein Integrationshindernis ableiten ließe. Regressionsphänomene dieser Art sind Symptome eines Versagens von Politik und Wirtschaft, die das notwendige Maß an sozialer Sicherheit nicht mehr herstellen. Die soziokulturelle Vielfalt der Regionen und Nationen ist ein Reichtum, der Europa vor anderen Kontinenten auszeichnet, keine Schranke, die Europa auf eine kleinstaatliche Form der politischen Integration festlegte.

Die beiden ersten Einwände betreffen die Funktionsfähigkeit und die Stabilität einer engeren Politischen Union. Mit einem *dritten Argument* möchte Wolfgang Streeck auch deren Wünschbarkeit bestreiten: Eine politisch erzwungene Angleichung der Wirtschaftskulturen des Süden an die des Nordens würde auch die Nivellierung der entsprechenden Lebensformen bedeuten. Nun mag man im Falle einer technokratisch durchgepaukten „Aufpfropfung eines marktliberalen Wirtschafts- und Gesellschaftsmodells" von einer erzwungenen Homogenisierung der Lebensverhältnisse sprechen. Aber gerade in dieser Hinsicht darf die Differenz zwischen demokratie- und marktkonformen Entscheidungsprozessen nicht verschwimmen. Die auf europäischer Ebene getroffenen und demokratisch legitimierten Entscheidungen über regionale Wirtschaftsprogramme oder länderspezifische Maßnahmen der Rationalisierung staatlicher Verwaltungen würden auch eine Vereinheitlichung von sozialen Strukturen zur Folge haben. Aber wenn man jede politisch geförderte Modernisierung in den Verdacht einer erzwungenen Homogenisierung rückt, macht man aus Familienähnlichkeiten zwischen Wirtschaftsweisen und Lebensformen einen kommunitaristischen

---

8 Unter den deutschen „Stämmen" gelten die „sesshaften" Bayern als der ursprünglichste. DNA-Analysen an Knochenfunden aus der späten Völkerwanderungszeit, als die Bajuwaren zum ersten Mal als solche historisch auftreten, haben die sogenannte Sauhaufen-Theorie bestätigt, „wonach sich eine spätrömische Kernbevölkerung mit großen Migrantenscharen aus Zentralasien, Osteuropa und dem Norden Deutschlands zu einem bajuwarischen Stamm formierte" (vgl. SZ vom 8.4.2013).

Fetisch. Im übrigen löst die weltweite Diffusion ähnlicher gesellschaftlicher Infrastrukturen, die heute fast alle Gesellschaften zu „modernen" Gesellschaften macht, überall Individualisierungsprozesse und die Vervielfältigung von Lebensformen aus.[9]

Schließlich, so das *vierte Argument*, teilt Wolfgang Streeck die Annahme, dass sich die egalitäre Substanz der rechtsstaatlichen Demokratie nur auf der Grundlage nationaler Zusammengehörigkeit und daher in den territorialen Grenzen eines Nationalstaates verwirklichen lässt, weil sonst die Majorisierung von Minderheitskulturen unvermeidlich sei. Ganz abgesehen von der umfangreichen Diskussion über kulturelle Rechte, ist diese Annahme, wenn man sie aus der Langzeitperspektive betrachtet, willkürlich. Bereits Nationalstaaten stützen sich auf die höchst artifizielle Gestalt einer Solidarität unter Fremden, die durch den rechtlich konstruierten Staatsbürgerstatus erzeugt wird. Auch in ethnisch und sprachlich homogenen Gesellschaften ist das Nationalbewusstsein nichts Naturwüchsiges, sondern ein administrativ gefördertes Produkt von Geschichtsschreibung, Presse, allgemeiner Wehrpflicht usw. An dem Nationalbewusstsein heterogener Einwanderungsgesellschaften zeigt sich exemplarisch, dass jede Population die Rolle einer „Staatsnation" übernehmen kann, die vor dem Hintergrund einer geteilten politischen Kultur zu einer gemeinsamen politischen Willensbildung fähig ist.

Weil das klassische Völkerrecht zum modernen Staatensystem in einer komplementären Beziehung steht, spiegelt sich in den einschneidenden völkerrechtlichen Innovationen, die seit dem Ende des Zweiten Weltkrieges stattgefunden haben, ein ähnlich tiefgreifender Gestaltwandel des Nationalstaates. Mit dem tatsächlichen Gehalt der formell gewahrten Staatensouveränität ist auch der Spielraum der Volkssouveränität geschrumpft. Das gilt erst recht für die europäischen Staaten, die einen Teil ihrer Souveränitätsrechte auf die Europäische Union übertragen haben. Deren Regierungen betrachten sich zwar immer noch als „Herren der Verträge". Aber schon in den Qualifikation des (im Lissaboner Vertrag eingeführten) Rechts, aus der Union auszuscheiden, verrät sich eine Einschränkung ihrer Souveränität. Diese löst sich, aufgrund des funktional begründeten Vorrangs des europäischen Rechts, ohnehin in eine Fiktion auf, weil im Zuge der Umsetzung des europäisch gesetzten Rechts die horizontale Verflechtung der nationalen Rechtssysteme immer weiter fortschreitet. Umso dringender stellt sich die Frage der hinreichenden demokratischen Legitimierung dieser Rechtsetzung.

Wolfgang Streeck fürchtet die „unitarisch-jakobinischen" Züge einer supranationalen Demokratie, weil diese auf dem Wege einer Dauermajorisierung von Minderheiten auch zur Nivellierung der „auf räumliche Nähe gegründeten Wirtschafts- und Identitätsgemeinschaften" (243) führen

---

9 Der wachsende Pluralismus der Lebensformen, der die zunehmende Differenzierung von Wirtschaft und Kultur belegt, widerspricht der Erwartung homogenisierter Lebensweisen. Auch die von Streeck beschriebene Ablösung der korporatistischen Regelungsformen durch deregulierte Märkte hat zu einem Individualisierungsschub geführt, der die Soziologen beschäftigt hat. Nebenbei bemerkt, erklärt dieser Schub auch das merkwürdige Phänomen des Seitenwechsels jener 68er-Renegaten, die sich der Illusion hingaben, ihre libertären Impulse unter marktliberalen Bedingungen der Selbstausbeutung ausleben zu können.

müsse. Dabei unterschätzt er die innovative rechtsschöpferische Phantasie, die sich schon in den bestehenden Institutionen und geltenden Regelungen niedergeschlagen hat. Ich denke an das ingeniöse Entscheidungsverfahren der „doppelten Mehrheit" oder an die gewichtete Zusammensetzung des Europäischen Parlaments, die gerade unter Gesichtspunkten fairer Repräsentation auf die starken Unterschiede in den Bevölkerungszahlen kleiner und großer Mitgliedstaaten Rücksicht nimmt.[10]

Vor allem zehrt jedoch Streecks Furcht vor einer repressiven Zentralisierung der Zuständigkeiten von der falschen Annahme, dass die institutionelle Vertiefung der Europäischen Union auf eine Art europäische Bundesrepublik hinauslaufen muss. Der Bundesstaat ist das falsche Modell. Denn die Bedingungen demokratischer Legitimation erfüllt auch ein supranationales, aber *überstaatliches* demokratisches Gemeinwesen, das ein *gemeinsames Regieren* erlaubt. Darin werden alle politischen Entscheidungen von den Bürgern *in ihrer doppelten Rolle* als europäische Bürger einerseits und als Bürger ihres jeweiligen nationalen Mitgliedstaates andererseits legitimiert.[11] In einer solchen, von einem „Superstaat" klar zu unterscheidenden Politischen Union würden die Mitgliedstaaten als Garanten des in ihnen verkörperten Niveaus von Recht und Freiheit eine, im Vergleich zu den subnationalen Gliedern eines Bundesstaates sehr starke Stellung behalten.

Was nun?

Für eine gut begründete politische Alternative spricht, solange sie abstrakt bleibt, freilich nur ihre perspektivenbildende Kraft – sie zeigt ein politisches Ziel, aber nicht den Weg von hier nach dort. Die offensichtlichen Hindernisse auf diesem Wege stützen eine pessimistische Einschätzung der Überlebensfähigkeit des europäischen Projektes. Es ist die Kombination von zwei Tatsachen, die die Verfechter von „Mehr Europa" beunruhigen muss.

Einerseits zielt die Konsolidierungspolitik (nach dem Muster der „Schuldenbremsen") auf die Einrichtung einer europäischen, „gleiche Regeln für alle" etablierenden Wirtschaftsverfassung, die der demokratischen Willensbildung entzogen bleiben soll. Indem sie auf diese Weise technokratische Weichenstellungen, die für die europäischen Bürger insgesamt folgenreich sind, von der Meinungs- und Willensbildung in den nationalen Öffentlichkeiten und Parlamenten entkoppelt, entwertet sie die politischen Ressourcen dieser Bürger, die allein zu ihren nationalen Arenen Zugang haben. Dadurch macht sich die Europapolitik faktisch immer unangreifbarer – und damit unter Demokratiegesichtspunkten immer angreifbarer. Diese Tendenz zur Selbstimmunisierung wird andererseits durch den fatalen Umstand ver-

---

[10] Über die Details muss man noch einmal nachdenken, aber trotz der Bedenken des Bundesverfassungsgerichts ist die Tendenz richtig.
[11] Ich habe diese Idee einer verfassungsgebenden Souveränität, die zwischen Bürgern und Staaten „ursprünglich", d. h. schon im verfassungsgebenden Prozess selbst geteilt ist, entwickelt in: Jürgen Habermas, Zur Verfassung Europas, Berlin 2011; vgl. auch Jürgen Habermas, Motive einer Theorie, in: ders., Im Sog der Technokratie. Kleine politische Schriften XII, edition suhrkamp, Berlin 2013.

stärkt, dass die aufrechterhaltene Fiktion von der fiskalischen Souveränität der Mitgliedstaaten die öffentliche Wahrnehmung der Krise in eine falsche Richtung lenkt. Der Druck der Finanzmärkte auf die politisch fragmentierten Staatshaushalte fördert eine kollektivierende Selbstwahrnehmung der von der Krise betroffenen Bevölkerungen – die Krise hetzt die „Geber- und „Nehmerländern" gegeneinander auf und schürt den Nationalismus.

Wolfgang Streeck macht auf dieses demagogische Potential aufmerksam: „In der Rhetorik der internationalen Schuldenpolitik erscheinen monistisch konzipierte Nationen als ganzheitliche moralische Akteure mit gemeinschaftlicher Haftung. Interne Klassen- und Herrschaftsverhältnisse bleiben außer Acht." (134) So verstärken sich eine Krisenpolitik, die sich durch ihre Erfolge gegen kritische Stimmen immunisieren kann, und die in nationalen Öffentlichkeiten verzerrte reziproke Wahrnehmung der „Völker" gegenseitig.

Diese Blockade kann nur durchbrochen werden, wenn sich proeuropäische Parteien länderübergreifend zu Kampagnen gegen diese Umfälschung von sozialen in nationale Fragen zusammenfinden. Nur mit der Furcht der demokratischen Parteien vor dem Rechtspotential kann ich mir den Umstand erklären, dass in allen unseren nationalen Öffentlichkeiten Meinungskämpfe fehlen, die sich an der richtig gestellten politischen Alternative entzünden. Klärend und nicht nur aufwiegelnd sind polarisierende Auseinandersetzungen über den Kurs in Kerneuropa nur dann, wenn sich alle Seiten eingestehen, dass es weder risikolose noch kostenlose Alternativen gibt.[12] Statt falsche Fronten entlang nationaler Grenzen aufzumachen, wäre es Aufgabe dieser Parteien, Verlierer und Gewinner der Krisenbewältigung nach sozialen Gruppen zu unterscheiden, die *unabhängig von ihrer Nationalität* jeweils mehr oder weniger stark belastet werden.

Die europäischen Linksparteien sind dabei, ihren historischen Fehler aus dem Jahre 1914 zu wiederholen. Auch sie knicken aus Furcht vor der rechtspopulistisch anfälligen Mitte der Gesellschaft ein. In der Bundesrepublik bestärkt außerdem eine unsäglich merkelfromme Medienlandschaft alle Beteiligten darin, das heiße Eisen der Europapolitik nicht ernsthaft anzufassen und stattdessen Merkels clever-böses Spiel der Dethematisierung mitzuspielen. Daher ist der „Alternative für Deutschland" Erfolg zu wünschen. Ich hoffe, dass es ihr gelingt, die anderen Parteien zu nötigen, ihre europapolitischen Tarnkappen abzustreifen. Dann könnte sich die Chance ergeben, dass sich für den fälligen ersten Schritt eine ganz große Koalition der Europabefürworter abzeichnet. Denn nach Lage der Dinge ist es allein die Bundesrepublik Deutschland, die die Initiative zu diesem schwierigen Unternehmen ergreifen kann.

---

12 Zu den „billigen" Alternativen gehört die von George Soros aufgewärmte – und für sich genommen keineswegs falsche – Empfehlung von Eurobonds, die mit dem wiederum richtigen, in Nordländern beliebten Argument abgelehnt wird, „dass Eurobonds im derzeitigen politischen System ein Legitimationsproblem haben: Denn dann würde Steuerzahlgeld ohne Mitspracherecht der Wähler eingesetzt." (SZ vom 11.4.2013) Mit diesem Patt wird die Alternative einer Herstellung der Legitimationsgrundlage für einen Politikwechsel, der Eurobonds durchaus einschließen würde, blockiert.

Vom DM-Nationalismus zum Euro-Patriotismus?

Eine Replik auf Jürgen Habermas

Von **Wolfgang Streeck**

In seiner Rezension meines Buches „Gekaufte Zeit" diagnostiziert Jürgen Habermas bei mir „nostalgische" Gefühle für den guten alten Nationalstaat.[1] Eigentlich hätte klar erkannt werden können, dass es mir nicht um den Nationalstaat als solchen geht, sondern um die demokratischen Institutionen, die er, und immer noch nur er, allen postdemokratischen Bemühungen zum Trotz denjenigen zur Verfügung stellt, die sich dem supranational organisierten Vormarsch des Neoliberalismus entgegenstellen wollen. Warum das eine „nostalgische Option" sein soll, entzieht sich meinem Verständnis. Umso erstaunlicher ist es, wie salopp einige andere Rezensenten meines Buches die von Habermas ausgegebene Parole als Totschlagargument glauben weiterverbreiten zu sollen.

Der Vorgang zeigt, dass ich zu Unrecht gedacht habe, ich könne mir den Luxus erlauben, mich zu europäischer Politik zu äußern – und sei es auch nur zur Europäischen Währungsunion –, ohne einleitend abzulegen, was man in Deutschland bei solchen Gelegenheiten offensichtlich einleitend ablegen muss, nämlich ein „europäisches Bekenntnis". Hiermit korrigiere ich mich und gebe mich nunmehr auch dem Uneingeweihten als enthusiastischen Bürger eines auf dem Weg und teilweise schon in der Welt befindlichen Europa der Völker als einer einzigartigen, nationenübergreifend gemischten Gesellschaft zu erkennen, deren Mitglieder ihre real existierenden Unterschiede, statt sie zu verleugnen oder zu unterdrücken, auf erstaunliche Weise zu kombinieren und ihre kollektiven Identitäten untereinander zu ergänzen und miteinander weiterzuentwickeln gelernt haben – eines Europa des friedlichen Ineinander- und Zusammenwachsens unterschiedlicher Weltsichten und Lebensweisen, jeweils aus einer eigenen, gegenseitig aber niemals völlig fremden Vergangenheit oder Kombination von Vergangenheiten hervorgegangen, in denen wir heute, nach dem Ende der (west-)europäischen Landkriege, unterschiedliche besondere Ausprägungen einer allgemeinen *conditio europaea*, wenn nicht *humana*, erkennen, respektieren und miteinander in Leben und Arbeit verknüpfen können.

---

1 Vgl. Jürgen Habermas, Demokratie oder Kapitalismus? Vom Elend der nationalstaatlichen Fragmentierung in einer kapitalistisch integrierten Weltgesellschaft, in diesem Band (S. 75-86).

Dieses Europa, in dem ich mich, das darf ich versichern, auf das Glücklichste zu Hause fühle, hat freilich mit dem Europa, zu dem sich die Bundeskanzlerin unter dem Beifall der rot-grünen Opposition auf deren Drängen hin „bekannte" – nämlich einem „Europa", das „gescheitert" wäre, wenn die Währungsunion (!) scheiterte[2] – nichts zu tun. Das Europa, zu dem ich mich bekenne, hat sich nicht nur lange vor der Währungsunion und ohne sie auf den Weg gemacht, sondern wird durch sie in seiner Wirklich- wie Möglichkeit auf das Gefährlichste bedroht. Dies deshalb, weil die Währungsunion nichts anderes ist als ein rabiates Konvergenzprogramm, das die Teile unseres Kontinents, die noch nicht marktgerecht durchrationalisiert sind – deren „Subsumtion" unter die Logik kompetitiver Kapitalakkumulation noch aussteht – dazu zwingen soll, sich bei Strafe fortschreitender Verarmung auf dem Weg über sogenannte Strukturreformen endlich im Lager der für den Fortschritt der globalen Marktwirtschaft unbedingt benötigten bereitwilligen Dauerverlierer einzufinden.

Fatale Kontinuität: Die politische Gemeinschaft als Geldgemeinschaft

Ich möchte mit der mir von der Redaktion eingeräumten Möglichkeit einer Antwort auf Jürgen Habermas versuchen, meine Leser und vielleicht sogar meinen Rezensenten dafür zu gewinnen, sich von der in Deutschland erstaunlich tief verwurzelten Gleichsetzung der Europäischen Währungsunion mit „Europa", und sogar der „europäischen Idee", loszusagen – auch auf die Gefahr hin, von den zahlreichen Gralshütern der Milch der frommen europäischen Denkungsart als kleinstaaterisch-nationalistischer Nostalgiker aus Europa ausgebürgert zu werden. Immerhin drängt sich der Gedanke geradezu auf, dass die Gleichsetzung von Euro und Europa in der Kontinuität der deutschen Nachkriegszeit mit ihrem „DM-Nationalismus" (Habermas) liegen könnte: die politische Gemeinschaft als Geldgemeinschaft, mit dem Symbol ihrer Geldeinheit als Totem, bzw. der Geldpatriotismus als historische Vor- oder Ersatzform eines Verfassungs-, wenn schon nicht Lebensformpatriotismus.

Anders als von ihren Gründern vertraglich vorgesehen ist die Währungsunion bisher alles andere gewesen als ein Vehikel zu einer „ever closer union among the peoples of Europe". Tatsächlich war das „geeinte Europa" seit einem halben Jahrhundert nicht mehr so uneins wie heute. Gezielte gegenseitige Beschuldigungen der Staaten und Regierungen kommen zusammen mit erneuerter, oft erschreckend emotionaler Feindseligkeit der Bürger gegeneinander. Auf der Ebene der Staatsapparate ist der Beitrittsprozess ins Stocken geraten, Großbritannien arbeitet an der Lockerung seiner Mitgliedschaft, wenn nicht an ihrer Beendigung, und Dänemark und Schweden werden der Währungsunion nun wohl endgültig fernbleiben. Auf der Ebene der staatsbürgerlichen Lebenswelten sind nationalistische Klischees und natio-

---

2 Angela Merkel, „Scheitert der Euro, so scheitert Europa" – Regierungserklärung vom 26.10.2012.

nale Identifikationen machtvoll zurückgekehrt, die wieder wie früher auf Abgrenzung und gegenseitige Verachtung hinauslaufen und dem Ineinanderwachsen europäischer Lebensformen, an dem wir uns so lange beteiligen durften, ein Ende zu bereiten drohen.

Nicht zu leugnen ist, dass es vor allem gegen die Deutschen geht. Diese müssen mit Entsetzen feststellen, dass dieselbe Währungsunion, die ihnen von ihren Regierungen, egal welcher Couleur, als Schlussstein ihrer „Westernisierung"[3] angedient wurde, sie nun mehr und mehr von ihren Nachbarn isoliert. Alte Klischees kommen wieder ans Tageslicht, die man längst vergessen glaubte, etwa von den Deutschen als lebensfeindlichen Zuchtmeistern.[4] Umso erstaunlicher muss erscheinen, dass Regierung und Opposition in Deutschland, in völligem Einklang mit Industrie und Gewerkschaften, das Fortbestehen der Währungsunion zu einem heiligen Nationalinteresse erhoben haben und fanatisch bestrebt sind, jeden Gedanken an eine Rückabwicklung des Euro, von links wie rechts, aus dem deutschen Verfassungsbogen zu vertreiben. Begleitet wird dies von mehr oder weniger expliziten Versprechungen, dass die neue deutsche Isolation ein Ende haben werde, wenn „wir" die anderen erst einmal mit „Wachstumsprogrammen", Eurobonds, von „uns" gesponserten Maßnahmen gegen Jugendarbeitslosigkeit und dergleichen mehr aus dem gerettet haben werden, was angeblich nicht mehr ist als eine einmalige, aus einem Zusammentreffen unglücklicher Umstände entstandene zeitweilige „Krise".

Die große Illusion

Dies aber wird sich schon bald als Illusion erweisen, und zwar weil den gegenwärtigen Konflikten, wie ich in „Gekaufte Zeit" und an anderer Stelle[5] ausgeführt habe, erhebliche Unterschiede in Struktur und Funktionsweise zwischen den in der Währungsunion zusammengezwängten Volkswirtschaften zugrunde liegen. Diese sind nicht nur technischer Natur, sondern gehen auf lange gewachsene und politisch nur begrenzt und kurzfristig überhaupt nicht disponible Unterschiede zwischen sozialen Strukturen und kollektiven Lebensweisen zurück.[6] Die Währungsunion, so beileibe nicht nur meine These, hat den in Europa nebeneinander existierenden unterschiedlichen Wirtschaftsweisen eine einheitliche Geldordnung übergestülpt, mit der diese nicht gleichermaßen gut leben können.[7] Dass sie dies

---

3 Anselm Doering-Manteuffel, Wie westlich sind die Deutschen? Amerikanisierung und Westernisierung im 20. Jahrhundert, Göttingen 1999.
4 Von Jean-Luc Mélenchon, dem Mitvorsitzenden der französischen Linkspartei, ist etwa zu hören: „Von denen, die Lust am Leben haben, will niemand Deutscher sein [...] Wir sind immerhin zufrieden, Kinder zu haben" (www.spiegel.de, 10.6.2013).
5 Wolfgang Streeck, Nach der Krise ist in der Krise: Aussichten auf die Innenpolitik des europäischen Binnenmarktstaats, in: „Leviathan", 2/2013, S. 1-20.
6 Mit dieser Überzeugung bin ich wahrhaftig nicht alleine; vgl. zum Beispiel den wichtigen Aufsatz von Peter Hall, The Economics and Politics of the Euro Crisis, in: „German Politics", 4/2012, S. 355-371.
7 Die wichtigsten Einsichten hierzu stammen von Fritz Scharpf, vgl. zusammenfassend: Fritz Scharpf, Solidarität statt Nibelungentreue, in: „Berliner Republik", 3/2010; ders., Mit dem Euro geht die Rechnung nicht auf, in: „MaxPlanckForschung", 3/2011, S. 12-17; ders., Rettet Europa vor dem Euro,

könnten und wollten, wenn nicht sofort, dann doch in ein paar Jahren, war und ist die Lebenslüge der EWU, die heute dabei ist aufzubrechen, mit unabsehbaren Schäden für das friedlich-freundschaftliche Zusammenleben der europäischen Völker.

Umso wichtiger ist es zu betonen, dass die Europäische Währungsunion eben nicht „Europa" ist – pace Merkel, Steinbrück und Habermas –, sondern eine zwischenstaatliche Vereinbarung über eine gemeinsame Währung und ihre Verwaltung. Soweit sie Europa „einigt", tut sie dies, indem sie den an ihr beteiligten Staaten gleichermaßen die Möglichkeit nimmt, eine eigene, an ihre jeweils besondere Situation angepasste Geldpolitik zu verfolgen. Insbesondere hindert sie sie daran, ihre Währungen gegeneinander auf- oder abzuwerten. Insofern läuft die Währungsunion im Innenverhältnis auf die Rückkehr zu einem internationalen Goldstandard hinaus, wie er bis in die 1920er Jahre hinein zwischen den damals mehr oder weniger industrialisierten Ländern zumindest auf dem Papier bestand.

Probleme mit einem internationalen Goldstandard oder einer Währungsunion entstehen immer dann, wenn die beteiligten Länder unterschiedlich „wettbewerbsfähig" sind. In einem gemeinsamen Markt befindet sich ein Land mit geringerer „Wettbewerbsfähigkeit" in der Gefahr, immer weiter hinter die führenden Länder zurückzufallen, da ihm die Möglichkeit versperrt ist, als Notmaßnahme zur Verbesserung seiner Position seine Landeswährung abzuwerten. Stattdessen muss es, wenn es fortschreitende Verarmung vermeiden will, seine wirtschaftliche Leistungsfähigkeit durch innere Abwertung erhöhen, kurzfristig durch Kostensenkung, etwa bei Löhnen, Renten und öffentlichen Ausgaben, und längerfristig durch Anpassung seiner wirtschaftlichen Institutionen und sozialen Strukturen an die Erfordernisse des internationalen Wettbewerbs. Regierungen, die sich an „Reformen" dieser Art versuchen, setzen sich allerdings dem Risiko aus, von ihren Bürgern nicht als Verteidiger ihrer, sondern als Agenten fremder Interessen wahrgenommen und abgelehnt zu werden. Dies war, wie bereits Karl Polanyi gezeigt hat, einer der Hauptgründe für das Scheitern demokratischer Staaten in der Zwischenkriegszeit und für die Abkehr vom internationalen Goldstandard in den 1920er Jahren.[8]

Nicht, dass die Probleme einer gemeinsamen Währung für unterschiedlich wettbewerbsfähige Volkswirtschaften bei Einrichtung der Europäischen Währungsunion unbekannt gewesen wären. Der große Soziologe und weltkundige *homo politicus* Ralf Dahrendorf, nostalgischer Gefühle gegenüber dem deutschen Nationalstaat wahrhaftig unverdächtig, wusste schon 1995,

---

in: „Berliner Republik", 2/2012, S. 52-61. Außerdem Martin S. Feldstein, The Euro and European Economic Conditions, National Bureau of Economic Research, Working Paper 17617, Cambridge/Mass. 2011. Oskar Lafontaine, Heiner Flassbeck und Sahra Wagenknecht haben sich der Argumentation kürzlich, wenn auch mit leicht modifizierten Begründungen, angeschlossen (Lafontaine erklärt seine Abkehr vom Euro mit dem Ausbleiben einer für ein gutes Funktionieren der Währungsunion angeblich unentbehrlichen koordinierten Lohnpolitik).

8 Vgl. Karl Polanyi, The Great Transformation: The Political and Economic Origins of Our Time, Boston 1957 [1944]. Vgl. dazu auch Mark Blyth, Austerity: The History of a Dangerous Idea, Oxford 2013, S. 184: „You can't run a gold standard in a democracy", unter Berufung auf Barry Eichengreen, Golden Fetters: The Gold Standard and the Great Depression, 1919-1939, Oxford 1992.

dass sich die Währungsunion als „ein großer Irrtum, ein abenteuerliches, waghalsiges und verfehltes Ziel, das Europa nicht eint, sondern spaltet [...] weil die Wirtschaftskulturen zu unterschiedlich sind"[9] erweisen wird. Zu den zahlreichen, zum Teil widersprüchlichen Motiven, die in die Formelkompromisse des Vertrags über die Europäische Währungs- und Wirtschaftsunion einmündeten, gehörte der Wunsch Frankreichs und der Mittelmeerländer, die Deutsche Bundesbank mit ihrer Hartwährungspolitik – der die übrigen europäischen Regierungen, wenn sie auf den Kapitalmärkten nicht ins Abseits geraten wollten, unter Inkaufnahme hoher politischer Risiken mehr oder weniger mechanisch folgen mussten – durch eine gesamteuropäische Zentralbank zu ersetzen, deren Geldpolitik den Bedürfnissen ihrer Volkswirtschaften besser Rechnung tragen sollte. Dies war ihnen so wichtig, dass sie bereit waren, die von der Bundesbank diktierten Vertragsformulierungen zu unterschreiben, offenkundig in der Erwartung, sich in späteren Mehrheitsbeschlüssen nicht unbedingt an sie halten zu müssen.

Deutschland und den anderen exportorientierten Überschussländern dagegen ging es vornehmlich darum, durch Abschaffung der Abwertung im europäischen Innenverhältnis ihren erweiterten Binnenmarkt gegen eine durch ihre Partnerstaaten politisch herbeigeführte Verschlechterung ihrer *terms of trade* irreversibel abzusichern. Hierfür war die deutsche Regierung bereit, die Bundesbank und mit ihr ihre geldpolitische Hegemonie zu vergemeinschaften, zumal es ihr gelang, sich einzureden, dass die weniger „wettbewerbsfähigen" Länder unter dem Druck der einheitlichen Währung „ihre Hausaufgaben machen" und damit den Zusammenhalt der Währungsunion zu für Deutschland günstigen Bedingungen selber gewährleisten würden. Zu den Erfolgsaussichten noch einmal Dahrendorf im Dezember 1995: „Das Projekt Währungsunion erzieht die Länder zu deutschem Verhalten, aber nicht alle Länder wollen sich so verhalten wie Deutschland. Für Italien sind gelegentliche Abwertungen viel nützlicher als feste Wechselkurse, und für Frankreich sind höhere Staatsausgaben viel sinnvoller als starres Festhalten an einem Stabilitätskriterium, das vor allem Deutschland nützt."

Wie die Währungsunion den Goldmännern in die Hände spielte

Komplexer war die Interessenlage der weniger exportmächtigen Länder. Hier findet sich ein buntes Gemisch aus Hoffnungen auf eine permissivere Geld- und Fiskalpolitik, zunächst gerechtfertigt durch die schöpferische Auslegung des Maastrichter Regelwerks durch die Regierungen Schröder und Chirac, und auf strukturpolitische Anpassungshilfen oder gar Ausgleichszahlungen aus Brüssel. Ebenfalls eine Rolle spielten alte und neue Reformprojekte modernisierungsorientierter nationaler Eliten, denen die äußere Abwertung als Notbehelf gegen eine Verschlechterung der nationalen Wettbewerbsposition prinzipiell ein Dorn im Auge war, weil sie den

---

9 Vgl. dessen Interview im „Spiegel" vom 11.12.1995.

jeweiligen Gesellschaften, allen voran den Gewerkschaften, „schmerzhafte Reformen" ersparte.

In Italien wurde diese Strömung seit dem Kriegsende durch die Banca d'Italia und die Mailänder Bocconi-Universität repräsentiert.[10] Ihr ging und geht es um eine von oben nach unten durchgreifende Rationalisierung der italienischen politischen Ökonomie im Sinne ihrer marktkonformen „Flexibilisierung", verbunden mit einer dauerhaften Disziplinierung der Politik durch die Logik der Märkte und einer nachhaltigen Anpassung der Sozialstruktur an die funktionalen Imperative eines liberalen Marktkapitalismus – und insgesamt um ein gründliches Ausmisten der verbliebenen Widerstandsnester gegen den Vormarsch von Marktrationalität und Marktgerechtigkeit.

Auch dies läuft heute unter „Europäisierung"; aber hier geht es statt um horizontales Zusammen- und Ineinanderwachsen um hegemoniale Vereinheitlichung: die autoritäre Durchsetzung einer kapitalistischen Monokultur, wie sie einer ihrer prominentesten Repräsentanten, der frühere Bocconi-Ökonom, EU-Kommissar, Goldman Sachs-Funktionär, von der Finanzwelt eingesetzte und von den Bürgern abgewählte, deshalb jetzt glücklicherweise ehemalige italienische Regierungschef Mario Monti ausgerechnet mit dem „deutschen Modell" gleichsetzt. Monti am 10. Januar 2012 in einem Interview mit „Welt Online", das nach in Italien verbreiteter Ansicht der erste Nagel in seinem wahlpolitischen Sarg war: „Wissen Sie, ich habe immer für ein Italien gearbeitet, das so weit wie möglich Deutschland ähneln soll. Ich wollte immer ein Europa des Wettbewerbs, das so weit wie möglich der Idee von sozialer Marktwirtschaft verpflichtet sein soll, die von Ludwig Erhard stammt. Sie sehen, ich empfinde sehr deutsch."

Latente Konflikte von Anfang an

Die mit der Währungsunion verbundenen Interessenkonflikte in den südlichen Mitgliedstaaten blieben zunächst latent. Überdeckt wurden sie durch die Anfang der 2000er Jahre eingetretene Konvergenz der nominalen Zinssätze, die den Volkswirtschaften des Mittelmeerraums einen günstigeren Zugang zu den internationalen Finanzmärkten eröffnete als jemals zuvor, noch weiter vergünstigt durch relativ hohe nationale Preissteigerungsraten. Deutschland dagegen hatte wegen seiner niedrigen Inflation mit vergleichsweise hohen Realzinsen zu kämpfen, die mit niedrigem Wachstum und hoher Arbeitslosigkeit verbunden waren, und galt deshalb jahrelang als Europas „kranker Mann".[11] Erst die Krise von 2008 änderte das: Während im Süden die Schuldenpyramide wegen des Austrocknens der Kreditquellen kollabierte und entgegen den mit der Währungsunion verbundenen verschwiegenen Erwartungen „der Märkte" eine Vergemeinschaftung der Schulden

---

10 Vgl. Blyth, a.a.O.
11 Dass wir heute von der Exportindustrie und ihren Repräsentanten in Politik und Öffentlichkeit immer wieder unwidersprochen zu hören bekommen, dass „Deutschland" der größte Profiteur der Währungsunion sei und sich deshalb bei der „Rettung" der Finanzoligarchen nicht so anstellen soll, ist ein weiteres Beispiel für den erstaunlichen Präsentismus der politischen Öffentlichkeit.

ausblieb,[12] blühte die deutsche Volkswirtschaft aufgrund ihrer noch bis vor kurzem von „Experten" aller Art als rückständig eingeschätzten „überindustrialisierten" Struktur und eines durch die EWU bewirkten, für Deutschland zu niedrigen Wechselkurses auf – und natürlich nicht wegen der sogenannten Schröder-Reformen, die ja fast ausschließlich den unteren Rand des Arbeitsmarktes betrafen, der für die Exportindustrie keine Rolle spielt. In Ländern wie Italien und Griechenland dagegen scheint das neoliberale Konvergenzprogramm zu einem vorläufigen Stillstand zu kommen, infolge einer massiven Gegenbewegung der von ihm attackierten Gesellschaften, unter anderem in Form von in Brüssel und Berlin als ungehörig empfundenen Wahlergebnissen.

Die Währungsunion und die deutschen Interessen

Wie aber erklärt sich das nibelungentreue Festhalten von Regierung und Opposition in Deutschland an der Währungsunion? Wie ist der außerparlamentarische Ökonomenstreit über deren Fortsetzung zu deuten, und wie passt ausgerechnet Jürgen Habermas zu den Verteidigern einer Institution, deren Beitrag zur friedlichen Einigung der europäischen Völker bisher darin bestanden hat, diese zu untergraben?

Für CDU und SPD, BDI und IG Metall stehen offenkundig die Exportchancen und -interessen der deutschen verarbeitenden Industrie im Vordergrund. Als öffentliches Argument wollen sie aber nicht recht taugen; schließlich sind längst nicht alle Bürger und Steuerzahler bei Mercedes oder Bayer beschäftigt, und in der Tat ein immer kleinerer Teil. Als Hauptrechtfertigung müssen deshalb die ungewissen Kosten eines Rückbaus herhalten, entweder für „uns" bzw. „unsere" Banken oder, in altruistischer Fassung, für die Ersparnisse der Mittel- und Oberschicht in den prospektiven Abwertungsländern. Ein Rückzug, so die Strategen der Integration durch Geld, wäre teurer als eine Flucht nach vorn. Allerdings sind auch deren Kosten nicht bekannt und sind sicher auch nicht gering – eine Rechnung mit zwei Unbekannten, deren Ergebnis für die große Koalition der Freunde der Währungsunion allerdings feststeht.

Interessant ist der außerparlamentarische Stellvertreterstreit unter unseren dem bürgerlichen Regierungs-plus-Oppositionslager nahestehenden Mainstream-Ökonomen (einen parlamentarischen Streit gibt es ja, wie inzwischen üblich, in Deutschland nicht).[13] Liberale Normalökonomen sollten einen internationalen Goldstandard eigentlich gut finden, weil dieser marktkorrigierende Politik aus dem Freihandel verbannt und die beteiligten Regierungen zwingt, die von der Theorie postulierten „Marktgesetze" zu respektieren. Im Fall der Währungsunion allerdings gab es in Deutschland

---

12 Wenigstens zunächst; heute wird sie von der Europäischen Zentralbank provisorisch und insgeheim durchgeführt, getarnt als Geldpolitik. Was nach der Bundestagswahl geschehen wird, steht dahin.

13 Ich sehe im Folgenden von den wenigen Restkeynesianern ab, die mehr oder weniger alle den Gewerkschaften zuzurechnen sind, weshalb sie nichts zu sagen haben, und unter dem guten Zureden ihrer Sponsoren erstaunlicherweise zu Anhängern fester Wechselkurse mutiert sind.

schon früh Zweifel, prominent beheimatet in der Bundesbank, ob es wirklich gelingen könne, die demokratische Politik anderer Länder so zu disziplinieren, dass sie die gesellschaftlichen Folgewirkungen eines Binnenmarkts mit harter Währung widerstandslos akzeptieren würde. Beschwichtigt wurden die Zweifler zunächst durch institutionelle Vorkehrungen wie die „No Bail out"-Klausel. In der Krise erwiesen sich diese jedoch als Augenwischerei.

Dennoch will die Mehrheit der deutschen Ökonomen, deutlich bemüht, der Stimmungs- und Interessenlage im politischen Zentrum Rechnung zu tragen, die Währungsunion nicht aufgeben. Allerdings macht sie dafür eine weitere Verschärfung der internationalen Kontrollen über die Fiskalpolitik der Defizitländer zur Voraussetzung.[14] Ihre Gegner, viele davon in der Ökonomenpartei Alternative für Deutschland (AfD), unterscheiden sich von ihnen allein dadurch, dass sie eine solche Lösung (aus ihrer Sicht bedauerlicherweise) für politisch undurchsetzbar halten. Sie befürchten, dass die Überschussländer deshalb laufend so hohe Ausgleichszahlungen an die Staaten des Mittelmeerraums werden leisten müssen, dass ihr Wohlstand darunter leidet.[15] Wenn Neoliberalismus aber ins (eigene) Geld geht, hat er seinen Zweck verfehlt.

Da einige meiner Rezensenten glaubten, meinen – mit wenig Hoffnung auf Verwirklichung vorgetragenen – erzkeynesianischen Vorschlag, in die Währungsunion nach dem Vorbild des Bretton-Woods-Systems ein Mindestmaß an Wechselkursflexibilität einzuführen, mit dem Programm der AfD gleichsetzen zu sollen, gestatte ich mir eine kurze Verdeutlichung. Ich halte die Zweifel der AfD daran für berechtigt, dass nationale und internationale strukturelle und institutionelle Reformen von der Art durchsetzbar wären, wie sie die neoliberalen (Noch-)Befürworter der Währungsunion für deren Funktionieren für unabdingbar halten. Anders als die AfD bedauere ich das aber nicht, sondern begrüße und hoffe es sogar, weil ich dem neoliberalen Konvergenzprogramm für ein marktgeeintes und marktgerechtes Europa alles Schlechte wünsche. Zugleich glaube ich aber, dass die dann notwendig werdenden laufenden Ausgleichszahlungen verschiedenster Art des Nordens an den Süden die „Solidaritäts"-Bereitschaft der Nordländer überfordern werden – wenn nicht die ihrer Eliten, dann jedenfalls ihrer Wähler, die die Rechnung begleichen müssen.

Ganz verdenken kann man ihnen das nicht, auch wenn man entschieden dafür ist, dass die Wohlhabenden mit den weniger Glücklichen teilen. In einem immer degressiver werdenden Steuersystem und angesichts der Möglichkeiten wirklich wohlhabender Organisationen und Individuen, zwischen unterschiedlich anspruchsvollen Steuerwelten zu wählen, steht zu erwarten,

---

14 Repräsentativ dafür Dennis Snower vom Kieler Institut für Weltwirtschaft (im gemeinsamen Interview mit dem AfD-Parteivorsitzenden Bernd Lucke) in der „Frankfurter Allgemeinen Sonntagszeitung", 19.5.2013: „Wenn ein Staat die Regeln verletzt, wird er – automatisch – bestraft. Die Mehrwertsteuer wird automatisch angehoben, die Staatsausgaben werden automatisch mit dem Rasenmäher reduziert [...] [So] muss der Staat ähnlich wie in der Geldpolitik von einer unabhängigen Institution gezwungen werden, auf eine konstante Schuldenquote zu kommen. [...] Die Regel [...] wird von einer unabhängigen Institution implementiert, wo so langweilige Leute drinsitzen wie ich."
15 Ähnlich auch der Vorsitzende des Wissenschaftlichen Beirats des deutschen Finanzministeriums, der dem Euro noch fünf Jahre Lebenszeit zugesteht („Die Welt", 21.4.2013) sowie der ehemalige Chefökonom der Deutschen Bank (www.manager-magazin.de, 19.4.2013).

dass für die innereuropäische Solidarität im Wesentlichen diejenigen aufzukommen hätten, denen zugleich zum Zweck der Haushaltskonsolidierung die Renten, Sozialleistungen und Bildungsinvestitionen gekürzt werden. Auch werden die Regierungen des Nordens ihr finanzielles Wohlverhalten gegenüber denen des Südens davon abhängig machen, dass diese ihre Völker wenigstens ab und zu durch die neoliberale Mangel drehen, nach Maßgabe von der EZB und anderen zu formulierender *memoranda of understanding*. Während es der AfD also wesentlich um „unser" Geld geht, geht es mir darum, den Ländern des Mittelmeerraums jahrzehntelange weitere griechische oder spanische Erfahrungen unter deutscher Oberaufsicht und den Deutschen die daraus entstehenden schweren Ungemütlichkeiten zu ersparen.

Die Währungsunion als Programm einer Zwangsvereinheitlichung

Die wahrscheinlichste Aussicht auf Politik und Gesellschaft in einer Währungsunion ohne Währungsflexibilität ist ein zwischenstaatlicher Dauerkonflikt über das Ausmaß sowohl des den Südländern abzuringenden Souveränitätsverzichts als auch des von den Nordländern zu leistenden Finanzausgleichs – im einen Fall für den Süden zu viel und den Norden zu wenig, im anderen umgekehrt.[16] So wird zum Schaden des europäischen Friedens beiden Seiten der eigene Beitrag zur Währungsunion zu hoch und der der Gegenseite zu niedrig erscheinen. Die real existierende Währungsunion wird als neoliberale Wirtschaftsordnung durch demokratische Politik im Süden und als internationaler Wohlfahrtsstaat durch demokratische Politik im Norden ständig destabilisiert werden. Die Folge kann nur eine weitere Enteuropäisierung der europäischen Politik sein, zusammen mit einer imperialistischen Aufteilung der Mitgliedsländer der Europäischen Union in herrschende und beherrschte, entlang der Grenzen zwischen unterschiedlichen Sozialstrukturen und Wirtschaftskulturen.

Die Währungsunion erscheint somit als ein Programm zur Zwangsvereinheitlichung der Wirtschafts- und Lebensweisen der europäischen Völker, das diese gegeneinander aufbringt und sie politisch in Nationalstaaten erster und zweiter Klasse auseinanderdividiert. In ihr kulminiert die europäische Variante der neoliberalen Immunisierung expandierender kapitalistischer Märkte gegen egalitär-interventionistische demokratische Politik, wie sie nach dem Ende der Nachkriegsordnung des demokratischen Kapitalismus zu einem weltweit dominierenden Trend geworden ist. Die gegenwärtig unter dem Vorwand des „Krisenmanagements" durchgesetzten institutionellen „Reformen" auf nationaler wie europäischer Ebene drohen, handstreichartig eine Hayekianische Wirtschaftsverfassung zu etablieren und jeden Ausweg aus dieser kunstvoll zu versperren.

---

16 Die deutsche Exportindustrie könnte damit vermutlich noch am ehesten leben. Die Weiterführung der Währungsunion würde bedeuten, dass das von anderen Staaten geforderte Eintrittsgeld in ihre Märkte vom deutschen Steuerzahler entrichtet würde, statt, wie bei einer Abwertung, von ihr selber in Gestalt niedrigerer Umsätze.

Habermas, Deutschland und die europäische Demokratie

Wie kann es sein, dass jemand wie Jürgen Habermas uns rät, an einem derartig monströsen Gebilde festzuhalten, dem selbst dessen treueste ökonomische Parteigänger nur dann eine Überlebenschance einräumen, wenn es durch „Reformen" noch monströser würde? Ich vermute, dass dahinter die Annahme steht, dass eine Entwicklung wie die von mir vorhergesagte für die Nationalstaaten und ihre Bürger auf die Dauer so schmerzhaft sein wird, dass sie gar nicht anders können werden, als sie durch Übertragung nationaler demokratischer Kompetenzen „nach oben" zu beenden, bei gleichzeitiger Demokratisierung der europäischen Institutionen, als eine hier und heute, im Zeitraum einer erweiterten Gegenwart (sagen wir: in den vier Jahren einer Legislaturperiode) praktisch realisierbare Option.

Nun sind Fakten, wie ich sie in „Gekaufte Zeit" ins Feld geführt habe und hier wieder führen werde, verglichen mit Visionen typisch trivial, wenn nicht hässlich, so dass man sich denn auch leicht schäbig vorkommt, wenn man sie überhaupt nur erwähnt. Möglicherweise argumentiert man dabei ja auch tatsächlich auf einer anderen Ebene, und der Visionär tut recht, wenn er die Fakten, die gegen seine Vision sprechen, ignoriert: kann doch mitunter das Ausmalen des Wünschenswerten als möglich dasselbe auf dem Umweg über eine vom Charisma des Ausgemalten bewirkte politische Mobilisierung möglicher machen. Und selbst wenn das nicht funktioniert, hat visionäre Rhetorik immer noch den taktischen Vorteil, allfällige Verweise auf die Widerständigkeit der Welt ebenfalls als Rhetorik erscheinen zu lassen, und zwar als kleingläubige oder böswillige, eingesetzt zur Obstruktion des Wünschbaren und seiner Möglichkeit. Vor allem wenn dabei die Warnung vorgebracht wird, um einer Taube auf dem Dach willen nicht auf den Spatz in der Hand zu verzichten, bietet sich eben als Strategie die Diagnose einer die klare Sicht vernebelnden „Nostalgie" an – wie im vorliegenden Fall.

Ich möchte im Folgenden anders verfahren und die Position, die ich für falsch halte, zunächst so stark wie möglich machen, um sie dann zu kritisieren. Das systematischste Argument, weshalb man um der Demokratisierung Europas willen an der Währungsunion festhalten sollte, liefert die aus den 60er Jahren stammende, nach wie vor in vielen Köpfen, wenn auch oft nur im Hintergrund derselben, präsente neofunktionalistische Integrationstheorie. Sie unterstellt, vereinfacht formuliert, dass vermittelt über sachliche Funktionszusammenhänge die Europäisierung eines Sektors oder Politikbereichs mit der Zeit zwangsläufig zur Europäisierung anderer, angelagerter Sektoren oder Politikbereiche führen muss.[17]

Darüber, ob und in welcher Hinsicht dies zutreffen könnte und seit wann möglicherweise nicht mehr, ist oft gestritten worden. Ein nicht weit zurückliegender Fall, in dem eine neofunktionalistische Versprechung sich als trügerisch erwiesen hat, war die von Jacques Delors als Hauptprojekt seiner zwei Amtszeiten als Kommissionspräsident betriebene sogenannte Voll-

---

17 Der *terminus technicus* ist „spillover", und der *locus classicus* ist Ernst Haas, The Uniting of Europe, Stanford 1958.

endung des Binnenmarkts. Skeptiker auf der sozialdemokratisch-gewerkschaftlichen Seite, von denen es einige gab, bekamen von Delors zu hören, dass ein Markt ohne „soziale Dimension" auf die Dauer nicht funktionieren könne, da er der Legitimation bedürfe und man, so Delors, einen Markt anders als einen Sozialstaat nicht „lieben" könne. Deshalb könne man bei der Integration Europas ohne Sorge mit der Durchsetzung freier Märkte beginnen: Ihre soziale Einbettung werde nicht lange auf sich warten lassen. Wie sich bald zeigte, kann ein Markt aber, anders als die meisten Menschen, sehr gut funktionieren, ohne dass er geliebt wird. In der Tat wird in Brüssel heute, nach dem völligen Scheitern aller Versuche, auf europäischer Ebene eine den gemeinsamen Binnenmarkt flankierende und modifizierende gemeinsame Sozialpolitik zu installieren, der Begriff „soziale Dimension" gemieden wie die Pest.

Ein in der Fachdiskussion gut bekanntes Problem der neofunktionalistischen Integrationstheorie ist, dass jenseits einer bestimmten Eindringtiefe des Integrationsprozesses in die nationalen Systeme sachlich-technische Zusammenhänge für die Fortsetzung der Europäisierung nicht mehr ausreichen. Stattdessen kommt es zu einer „Politisierung": zu politischen Gegenbewegungen, die weitere Integrationsschritte von günstigen Konsens- und Machtverhältnissen abhängig machen. Auch eine noch so rückbausichere Währungsunion würde dann eben nicht „von alleine" zu einer politischen Union fortschreiten. Ich glaube, dass Habermas die Notwendigkeit eines Einbaus von *agency*, von politischen Akteuren, in eine realitätstüchtige neofunktionalistische Integrationstheorie durchaus erkannt hat. Seine Lösung scheint mir zu sein, dass er versucht, der deutschen Politik ein nationales Interesse an europäischer Demokratisierung einzuschreiben und einzureden,[18] wobei er unterstellt, dass Deutschland, wenn es denn den Willen zu einer aufgeklärt-selbstinteressierten Europapolitik hätte, diese auch durchsetzen könnte.

Die „Erzählung"[19], die dabei aufgerufen wird, ist die klassisch bundesrepublikanische – in der Fassung von Helmut Schmidt bis Helmut Kohl –, von einem Deutschland, das zu klein ist, um von seinen Nachbarn gefürchtet, und zu groß, um von ihnen geliebt zu werden, und das sich deshalb um seiner selbst willen in ein größeres Europa eingliedern und in ihm aufgehen muss. Interessenvertretung fällt so zusammen mit Interessenverzicht und hebt sich damit selber auf. Anders gesagt: Deutschland braucht die Währungsunion, oder kann jedenfalls nicht mehr hinter sie zurück, ohne dass es sie jedoch regieren und zusammenhalten könnte. Regiert werden muss sie aber, wenn nicht durch Deutschland, dann eben durch sich selber. Deutsche Hauptsache ist, dass „Europa", mit Angela Merkel gesprochen, nicht „scheitert", auch um

---

18 Vgl. Habermas, Demokratie oder... in diesem Band (S. 75-86).
19 Schon in der Ausbreitung dieses bekanntlich aus dem Sozialkonstruktivismus stammenden Begriffs im herrschenden Jargon unserer „Europapolitiker" – von Merkel bis ausgerechnet Trittin und Steinbrück, denen eine Vorliebe fürs Weiche bisher nicht nachgesagt werden konnte – liegt ein bemerkenswert offenes Eingeständnis, dass alles, was man den nationalpolitisch zu entmachtenden Wahlvölkern „europapolitisch" noch bieten kann und will, eine neue, auf die Herzen zielende PR-Strategie ist. Wie sehr man im Übrigen aufpassen muss, eine solche Story halbwegs fleckenfrei über die Runden zu kriegen, zeigt der in Kürze im „Merkur" erscheinende Artikel von Rainer Hank, Wir Europäer: Nach der verlorenen Unschuld; vgl. auch das bemerkenswerte Interview von Hans Joas in der „FAZ", in dem dieser vor einer „Sakralisierung Europas" warnt, Mich schaudert das Tremolo in den Europa-Reden, www.faz.net, 6.10.2012.

den Preis anderer deutscher Interessen, weil sonst das antideutsche europäische Gequengel nicht enden und das ganze alte Theater wieder losgehen wird. Wäre das nicht das einzig richtige Programm für eine ganz große Koalition der Vernünftigen nach der Bundestagswahl 2013?

Demokratie auf dem Trittbrett

Unordentlich und eigensinnig wie die Welt ist, kommt in ihr nur allzu oft nicht zustande, was dem engagierten Betrachter als praktisch nötig oder gar logisch notwendig erscheint. Kann das Projekt einer supranationalen europäischen Demokratie tatsächlich auf dem Trittbrett der Währungsunion mitfahren, dabei strategisch deren Irreversibilität behauptend – in der Hoffnung, dass die deutsche Regierung sich irgendwann gezwungen sehen wird, ihm das Kommando zu übertragen? Das würde voraussetzen, dass diese bereit wäre, den von ihren Wählern zu entrichtenden Preis für den Fortbestand der Währungsunion in einem europäischen Parlament durch eine Dauermehrheit von Abgeordneten aus Empfängerländern beschließen zu lassen – und sich damit der Möglichkeit zu begeben, ihn sowohl auszuhandeln als auch vor den Wählern zu verstecken.

Aber wer wird einer Wählerschaft höhere Ausgleichszahlungen als die bereits geleisteten und vereinbarten zumuten, der man schon mannigfache neoliberale „Strukturreformen" nebst einer verfassungsmäßig verewigten Haushaltskonsolidierung zugemutet hat und weiter zumuten will? Eine Regierung, die ernsthaft von deutscher auf europäische Demokratie umschalten wollte, müsste spätestens in vier Jahren am Ziel sein und deutsche durch europäische Wahlen abgelöst haben, wenn gerade verhindert werden oder folgenlos bleiben soll, was Habermas sich schon für die Bundestagswahl am 22. September 2013 gewünscht hatte: nämlich ein dramatischer Stimmenzuwachs für Parteien wie die Alternative für Deutschland.[20]

Ein neuer europäischer Gründungsakt

Was Habermas und anderen vorschwebt, die auf eine Lösung der europäischen Krise durch eine europäische demokratische Wende hoffen, wäre nichts Geringeres als ein neuer europäischer Gründungsakt, eine Neugründung mehr oder weniger *ab ovo*, damit ein Sprung aus der Geschichte der letzten drei Jahrzehnte, der die in Europa gewachsenen supranationalen Institutionen durch revolutionären Beschluss innerhalb derselben fundamental umkrempeln würde – als ob das, was ist und geworden ist, nicht machtvoll mitreden würde, wenn es darum geht, was in Zukunft aus ihm werden soll.

---

20 Von dem Habermas sich einen Anstoß vor allem für die deutsche Linke erhofft, endlich das europapolitische demokratische Programm, das er von dieser erwartet, gegenüber den Wählern offenzulegen und durchzusetzen. Die historische Erfahrung sollte allerdings vermuten lassen, dass die Wirkung eine ganz andere, nämlich die umgekehrte wäre.

Habermas spielt dieses Problem herunter; bei ihm sieht es so aus, als müsse lediglich die Währungsunion mit ihrer sich gelegentlich zur Troika erweiternden Europäischen Zentralbank und ihren diversen wirtschafts- und finanzpolitischen Koordinierungs- und „Durchregierungs"-Instrumenten durch einen gleichgewichtigen Dualismus von Rat und Parlament bei Umwandlung der Kommission in eine supranationale Exekutive ausgebaut werden[21] – dieselbe Währungsunion also, die gegenwärtig zu nichts anderem dient als zur Abschaffung ebenjener politischen Fähigkeit zur Korrektur von Marktgerechtigkeit, deren Wiederherstellung sich Habermas von ihrer supranationalen Demokratisierung erhofft. Wie aber kann, was nichts weniger wäre als eine Revolution, durch Reformen im Rahmen institutioneller Kontinuität erreicht werden? Wer würde denn dem Konvent angehören, der den Ausstieg aus der Gegenwart und den Einstieg in eine bessere Zukunft beschließen müsste, wenn nicht die ewigen Giscards, van Rompuys, Barrosos, Junkers e tutti quanti – die Repräsentanten derselben politischen Klasse also, die schon den letzten „Verfassungs"-Konvent an die Wand gefahren hat, nachdem „Visionäre" wie Josef Fischer rechtzeitig ihr Interesse an ihm verloren hatten?

Ist es nur kleingläubig, wenn man daran erinnert, dass nach Lage der Dinge und Verträge jede Um- oder Neugründung der Europäischen Union von jedem Mitgliedsland ratifiziert werden müsste, also auch von Großbritannien, Frankreich, Dänemark und den Niederlanden, von denen mindestens zwei an umfangreichen Katalogen von Forderungen nach Renationalisierung von in der Vergangenheit europäisierten Kompetenzen arbeiten? Ist es nur phantasielos, wenn man insistiert, dass angesichts der Heterogenität der europäischen Gesellschaften und ihrer Ökonomien jede von jedem heute denkbaren Konvent ausgehandelte europäische Demokratie nur eine Konsensdemokratie, eine *consociational democracy* sein könnte[22], mit einer nur für Experten überschaubaren Vielzahl und Vielfalt von Minderheitsrechten und Schutzklauseln, vor allem in ihrer Finanzverfassung – vorausgesetzt, dass überhaupt eine zustande käme? Darf man fragen, ob es in Europa heute auch nur eine einzige Regierung gibt, die den Willen oder gar das Mandat hätte, sich selbst und ihresgleichen als „Herren der Verträge" abzusetzen und eine Verfassung zuzulassen, die mehr wäre als ein weiterer „Verfassungsvertrag" – etwa Irland, das die Europäische Union liebt, weil es durch seine Aufnahme in diese erstmals völlig souverän geworden ist und das selbst nach seiner (vorläufigen) europäischen „Rettung" nicht im Traum daran denkt, sein Steuersystem und sein Unternehmensrecht, von seinem Datenschutzrecht ganz zu schweigen, auf eine „europäische" oder gar deutsche Linie zu bringen? Oder Länder wie die baltischen Staaten, die der EU sicherlich nicht deshalb beigetreten sind, um ihre nationale Unabhängigkeit, für die sie jahrzehntelang gekämpft und gelitten haben, bei einer anderen Zentralregierung, diesmal in Brüssel statt in Moskau, wieder abzugeben?

21 Habermas, Demokratie oder... in diesem Band, S. 77.
22 Das heißt aber: eben keine nach klassenpolitischen Lagern organisierte Mehrheitsdemokratie wie sie noch immer einigen europäischen Nationalstaaten eigen ist. Vgl. Arend Lijphart, Patterns of Democracy. Government Forms and Performance in Thirty-Six Countries, New Haven und London 1999.

Europäische Fassadendemokratie

Tatsächlich aber ist dies nur das minderschwere Problem. Auch eine noch so demokratische supranational-europäische Demokratie wäre nämlich wertlos, wenn das Verhältnis zwischen ihren Institutionen und den Märkten, insbesondere den Finanz- und Arbeitsmärkten, zwischen Politik und Wirtschaft, zwischen Demokratie und Kapitalismus so bliebe, wie es in den letzten Jahrzehnten geworden ist (und wie unter anderen ich es beschrieben habe). Wenn ein europäisches Staatsvolk zwischen, sagen wir, einem Martin Schulz und einem José Manuel Barroso wählen dürfte, wie direkt auch immer, ohne dass zugleich ein fundamentaler Umbau der institutionellen Architektur der Währungsunion im Fünfeck von Rat, Parlament, Kommission, EZB und EuGH stattfände, wäre überhaupt nichts gewonnen.

Was dann als „europäische Demokratie" figurierte, mit Parlament, Regierung, Öffentlichkeit und was immer, wäre nichts als eine den nationalen Postdemokratien von oben aufgelegte weitere postdemokratische Lähmschicht. Regieren würden nach wie vor Herr Draghi und seine Finanztechnokraten, zusammen mit ihren von ihnen freizügig mit öffentlichem Geld „versorgten" lebenslangen Freunden aus der privaten Geldindustrie, eine Kamarilla, die sich faktisch wie rechtlich jede Einmischung populär-demokratischer Politik in ihre inneren Angelegenheiten verbitten könnte und würde. Ihr „Reformprogramm" – die Ersetzung des archaischen Klientelismus Siziliens oder Griechenlands durch den postmodernen Klientelismus des neuen Finanzkapitals – ginge unverändert weiter. Umso erstaunlicher ist, wie auch die Gutwilligen unter den deutschen Anhängern der Währungsunion den Süd- und Ostländern ebenjene neoliberale Wirtschaftsordnung als reformatorischen „Modernisierungs"-Fortschritt in Richtung auf mehr soziale Gerechtigkeit andienen bzw. durch Draghi & Co. per „Durchregieren" aufzwingen lassen wollen, die in ihrem eigenen Land längst zur Abkopplung der Masseneinkommen vom Produktivitätsfortschritt und zu kontinuierlich ansteigender sozialer Ungleichheit geführt hat.

Postdemokratisch sterilisierte Wahlen sind das Papier nicht wert, auf das die Stimmzettel gedruckt werden. In meinem Buch habe ich den sich abzeichnenden neuen, Hayekianischen Kompromiss zwischen Demokratie und Kapitalismus beschrieben, der darin besteht, dass Letzterer gegen Erstere immunisiert wird. Neoliberaler Kapitalismus und elektorale Demokratie können nämlich auch dann friedlich zusammenleben, wenn es gelingt, die Demokratie ihrer Fähigkeit zu egalitärer politischer Intervention in das „freie Spiel der Marktkräfte" zu entkleiden.

„Globalisierung": Von der Einbettung von Märkten in Staaten zur Einbettung von Staaten in Märkte

Ein Grund, weshalb es in der nahen Vergangenheit politisch geboten erschien, Politik im Hayekschen Sinn inhaltlich zu entleeren, war die sogenannte Globalisierung: die Ablösung der Einbettung von Märkten in Staaten durch die Einbettung von Staaten in Märkte.[23] Der anschwellende *cantus firmus* eines Teils der derzeitigen politischen und politikwissenschaftlichen Diskussion über die Unvereinbarkeit von Globalisierung und Demokratie[24] – gemeint ist natürlich nur deren nicht-sterilisierte Spielart – bezieht seinen Wahrheitsgehalt aus den mannigfachen externen Effekten, denen politische Gemeinschaften ausgesetzt sind, deren Märkte nicht an ihren Grenzen enden. Habermas und andere, die bei mir einen Hang zur „Kleinstaaterei" – zum Rückzug in die „nationalstaatliche Wagenburg der 60er und 70er Jahre" bzw. hinter eine politisch-ökonomische „Maginotlinie" – diagnostizieren, scheinen zu glauben, dass ein europäischer Großstaat groß genug sein könnte, um sich dem Anpassungsdruck „der Märkte" entgegen- und egalitäre Demokratie wiederherstellen zu können. Worauf sich die optimistischen Erwartungen an das stützen, was man als Retourkutsche getrost Großstaaterei nennen darf, entzieht sich mir. Die USA, Japan, China und die jüngst so gefeierten BRICS, von Bangladesch und Myanmar zu schweigen, sind wahrhaftig Manns genug, um in einer „globalisierten" Ökonomie neoliberalisierende externe Effekte in Hülle und Fülle zu produzieren, für ein Europa mit Euro und volksgewähltem Rats- und/oder Kommissionspräsidenten ebenso wie für eins ohne. Und um zu sehen, dass auch ein noch so großer Großstaat sich erfolgreich auf Marktanpassungszwänge berufen kann, um die normalsterbliche Mehrheit seiner Bevölkerung demokratisch wie wirtschaftlich zu enteignen, muss man nicht weiter reisen als in die Vereinigten Staaten.

Bei der Polemik gegen „nostalgische Kleinstaaterei" wird unterstellt, dass kleine Staaten mit eigenen Währungen weniger gut „funktionieren" als große, oder als kleine ohne eigene Währung. Auch das kann man getrost bezweifeln; man vergleiche nur Dänemark oder Schweden, die von der internationalen Spekulation seit Jahrzehnten in Ruhe gelassen werden, mit Griechenland oder Portugal. Ein anderer Unterton, der sich interessanterweise zunehmend auch bei deutschen Progressiven findet, suggeriert, dass „Europa" sich nur dann „in der Welt behaupten" könne, wenn es groß und stark genug sei, um den USA oder China Paroli zu bieten – oder in der Sprache Max Webers, dass Europa, wie Deutschland am Beginn des 20. Jahrhunderts, nicht nur die Wahl hat, sondern sogar um der Wahrung seiner besonderen „kulturellen" Werte willen verpflichtet ist, zu einem „Machtstaat" zu werden.[25] Mir kommen solche Vorstellungen ebenso realitätsfern wie schädlich vor. Soll „Europa" mit den USA, deren Rüstungshaushalt größer ist als der aller anderen Staaten zusammen, militärisch konkurrieren, damit „wir" „uns" wie diese den Zugang zu Ölquellen und Krediten frei-

---

23 Apropos nationalstaatliche Nostalgie: Immerhin vor anderthalb Jahrzehnten habe ich in der Einleitung eines von mir herausgegebenen Bandes auf die schon damals in Gang befindliche, aber noch weithin ignorierte oder heruntergespielte Entleerung demokratisch-nationaler Politik durch die „Globalisierung" hingewiesen, vgl. Wolfgang Streeck (Hg.), Internationale Wirtschaft, nationale Demokratie, Frankfurt a.M. 1998.
24 Vgl. als Beispiel Daniel A. Bell, Beyond Liberal Democracy: Political Thinking for an East Asian Context, Princeton 2006.
25 Vgl. etwa Max Weber, Gesammelte Politische Schriften, Tübingen 1988 [1921], S. 142-145.

schießen können? Das würde schon daran scheitern, dass weder Frankreich noch Großbritannien ihre Atomwaffen an ein Europa abgeben würden, in dem Deutschland eine führende Rolle zu spielen hätte. Statt den Ausweg aus der Klein- in der Großstaaterei zu suchen, sollte man mindestens den Versuch machen, die typische Zersplitterung Europas als Aufforderung zu einer nicht-zentralistischen Antwort auf die „Globalisierung" zu nutzen. Oder steht schon fest, dass die USA oder China die politische Organisationsform der Zukunft sind?

Schon wieder und immer noch: Demokratie und Kapitalismus

Anders als Habermas glaube ich, dass wir nicht sinnvoll über die Zukunft der Demokratie, in Europa und anderswo, sprechen können, ohne zugleich über die des Kapitalismus zu sprechen – in anderen Worten, dass wir Demokratietheorie nicht ohne politische Ökonomie betreiben können. Als der einsichtige Sozialdemokrat, der ich lange war, konzediere ich mit erschrockenem Staunen, dass die wirklich wichtigen Fragen heute noch am ehesten im Umkreis von Bewegungen wie Attac gestellt werden: Fragen danach, wie die Globalisierung so zu- oder auch, *horribile dictu*, zurückgeschnitten werden kann, dass sie mit demokratisch-egalitärer Politik vereinbar ist – statt danach, wie Demokratie selbst entweder globalisiert oder entdemokratisiert werden muss, um den von globalen „Märkten" ausgehenden „Sachzwängen" gerecht zu werden.

Gegenüber den Menschheitsproblemen, die sich hinter Fragen dieser Art erkennen lassen, und den aus ihnen resultierenden Aufgaben erscheinen die Abkehr von europäischer „Kleinstaaterei" und die Umerziehung der Bürger der europäischen Staaten zu europäischen Bürgern eher wie ein Kinderspiel, und noch dazu wie eins aus sehr alter (Kohl-)Zeit: Aufgaben, die auf nichts weniger hinauslaufen und hinauslaufen dürfen als auf die Zähmung globaler Finanzmärkte durch vorsorgende Unterbrechung transnationaler epidemischer Ansteckungswege, und insgesamt auf die Domestizierung einer Wirtschaftsweise, die immer höhere Schuldenberge produzieren muss, um immer niedrigeres Wirtschaftswachstum bei immer ungleicherer Verteilung hervorzubringen.

Europäische Integration – ein unmodern gewordenes Modernisierungsprojekt

Nicht zuletzt als Folge der Diskussion um mein Buch hat sich bei mir der Verdacht eingenistet, dass wir es bei der europäischen Integration, so wie sie spätestens seit Jacques Delors betrieben wurde, mit einem unmodern gewordenen Modernisierungsprojekt zu tun haben, das den letztmöglichen Zeitpunkt seiner Demokratisierbarkeit längst verpasst hat. Sollten wir wirklich unter hohen Kosten mit dem Euro ein zentralisiertes *fiat money*-Großgeldsystem aufrechterhalten wollen, das die europäischen Nationalstaaten, immer noch die politischsten unter den europäischen Institutionen, aus der europäischen politischen Ökonomie ausschaltet und ihre Gesellschaften einem alle über einen Leisten schlagenden Vereinheitlichungsdruck aussetzt? Sollen wir uns dabei darauf verlassen, dass eine die Märkte korrigierende europäisch-demokratische Politik irgendwie in letzter Minute, die ja schon bald gekommen sein könnte, wie der sprichwörtliche Gott aus der Kulisse auf die Bühne treten und die Dinge zum Guten wenden wird?

Ich kann beim besten Willen nicht sehen, woher – aus welcher Theorie oder historischen Erfahrung – ich den hierfür nötigen Optimismus beziehen soll.

Was ich stattdessen sehe, ist, wie überraschend gut sich die übrig gebliebenen nationalen Institutionen Europas als Verteidigungslinie in dem 2008 von der Techno- und Monetokratie gegen die europäischen Völker entfesselten Blitzkrieg bewährt haben.[26] Demokratische Wahlen haben die von den Finanzmärkten und dem ihnen ergebenen europäischen Imperium eingesetzten Inkassobeamten Monti und Papademos ihrer Ämter enthoben. Das deutsche Verfassungsgericht hat dafür gesorgt, dass wenigstens einige Abgeordnete des deutschen Parlaments die Dokumente über die Rettungsschirme nachlesen durften, die sie dann abzunicken hatten. Das Aufkommen einer Partei wie Syriza hat den Preis, den die kleinen Leute Griechenlands für die Extravaganzen ihrer Regierungen und deren Sponsoren in Brüssel und New York zu zahlen haben, wenigstens ein bisschen gedrückt. Die Occupy-Bewegung hat wenigstens zeitweise Banken und Regierungen daran erinnert, dass die meisten Menschen eine andere Sprache sprechen als den *Technospeak* des Finanzsystems. Wiederum das Bundesverfassungsgericht, gemobbt von den um ihr Terrain fürchtenden Europarechtlern, hat wenigstens für ein, zwei Verhandlungstage den Schleier der Presseerklärungen gelüftet, hinter dem die Europäische Zentralbank ihre „autonomen" Beschlüsse fasst und verbirgt usw. usw. Auch Wahl-, Streik- und Demonstrationsrecht sind in Europa immer noch nur auf nationaler Ebene verankert; wann und ob sie jemals auf die europäische Ebene gelangen werden, ist völlig unklar – und man erinnere sich daran, dass der Europäische Gerichtshof bereits begonnen hat, jedenfalls das Streikrecht als sekundär gegenüber den „vier Freiheiten" des Binnenmarkts zu definieren.[27]

Was ich in meinem Buch über den Wert dieser und anderer nationaler Institutionen einzig gesagt habe, ist: Wenn wir sie nicht hätten – auch wenn sie so, wie sie sind, zu langfristig konstruktiven Antworten auf die Krise des Kapitalismus der Gegenwart nicht in der Lage sein mögen – wenn wir sie nicht hätten, dann wäre das Projekt einer demokratischen politischen Ökonomie in Europa heute nicht so notleidend, wie es ist, sondern es wäre schon längst mausetot.

---

26 Habermas sieht das durchaus auch; vgl. das von ihm erwähnte Beispiel Portugals. Umso erstaunlicher seine Kritik an meiner angeblichen nationalstaatlichen Nostalgie.
27 Vgl. Martin Höpner und Armin Schäfer, A New Phase of European Integration: Organized Capitalism in Post-Ricardian Europe, in: „West European Politics", 2/2010, S. 344-368.

Zeit gewinnen

Zeit gewinnen, wenn man sie schon nicht kaufen kann – das war die Essenz der letzten Seiten meines Buches. Und nur so war mein Vorschlag gemeint, jetzt nicht die einzigen Positionen aufzugeben, von denen aus sich der Vormarsch des neoliberal-supranationalen Leviathan noch, wenn vielleicht nicht beenden, so doch verlangsamen ließe. Immer geht es mir darum, die klar als solche bezeichneten Ruinen der nationalstaatlichen sozialen Demokratie der Nachkriegszeit als Barrikaden gegen den technokratischen Fortschritt um- oder nachzunutzen, im besten Fall für den kumulativen Aufbau von harten „restriktiven Bedingungen"[28] für die Politik des neoliberalen Gesellschaftsumbaus, Bedingungen, die diesmal nicht aus Markt-, sondern aus Lebensweltzwängen bestehen würden. Muss ich noch einmal sagen, dass dies nur ein subversiver Notbehelf sein kann und dass der Nationalstaat als politische Organisationsform die postkapitalistische politische Ökonomie nicht wird tragen können, die wir brauchen werden und irgendwie verwirklichen müssen?

Wie diese aussehen wird, wer weiß das schon? Sicher aber bin ich mir, dass das Projekt der Draghi, Barroso, Schäuble und anderer als Vehikel ihrer Verwirklichung denkbar ungeeignet ist: Die einzige Richtung, in die es fahren kann, ist die Gegenrichtung. Was aber spricht dann gegen Manifestationen bürgerlichen Ungehorsams, die sich einer technokratischen Politik widersetzen, die dabei ist, sich ihrer Gehorsamspflicht gegenüber den Bürgern zu entledigen? Wünschen wir Griechen, Italienern, Spaniern und anderen, dass ihnen gelingt, woran die Deutschen durch ihr eigenartig nationaltypisches Amalgam von Exportinteressen und Euroidealismus gehindert werden – nämlich Zeit zu gewinnen für eine Demokratisierung der europäischen politischen Ökonomie, die es wert wäre, als solche bezeichnet zu werden.

---

28 Der Ausdruck stammt ursprünglich von Otto Kirchheimer, vgl. ders., Herrschaft, Klassenverhältnisse und Schichtung. Referat auf dem Soziologentag 1968, in: Joachim Bergmann, Gerhard Brandt, Klaus Körber, Ernst Theodor Mohl und Claus Offe (Hg.), Verhandlungen des Deutschen Soziologentags, Stuttgart 1969, S. 67-87.

Euroabwicklung: Der finale Schritt in den Wirtschaftskrieg

Von **Stephan Schulmeister**

In seinem Buch „Gekaufte Zeit" wie auch in seinen Artikeln in diesem Band plädiert Wolfgang Streeck für eine geordnete „Abwicklung" der Europäischen Währungsunion. Diese ist in seinen Augen ein „rabiates Konvergenzprogramm" mit dem Ziel einer „Zwangsvereinheitlichung der Wirtschafts- und Lebensweisen der europäischen Völker". Der „Vormarsch des neoliberal-supranationalen Leviathan" könnte durch eine „Euroabwicklung" zumindest verlangsamt werden.

Streeck unterläuft dabei jedoch ein entscheidender Fehler: Er setzt die Europäische Währungsunion „an sich" gleich mit den neoliberalen Regeln ihrer Ausgestaltung und deren Umsetzung. Die von ihm zu Recht kritisierten, desaströsen Folgen der Spar- und Austeritätspolitik sind für ihn eine notwendige Folge des Euro-Projekts selbst. Tatsächlich jedoch war und ist das Euro-Projekt an sich das bedeutendste *anti-neoliberale* Projekt der letzten 40 Jahre – nämlich der Versuch einer endgültigen Überwindung von Devisenspekulation und Wechselkursinstabilität. Allerdings wurde es in Zeiten einer zunehmenden Dominanz der neoliberal-finanzkapitalistischen Weltanschauung konzipiert. Die daher in der EU verankerte neoliberale Regelbindung der Politik – von den Maastricht-Kriterien bis zum Fiskalpakt – hat wesentlich zur Vertiefung der Krise in Europa seit den 1990er Jahren wie zu ihrer verheerenden Intensivierung in den letzten Jahren beigetragen.

Statt jedoch, wie es Streeck vorschlägt, das Kind mit dem Bade auszuschütten, müssen die Regeln der Währungsunion geändert werden. Dies allerdings wird rascher geschehen, als Streeck zu glauben scheint. Denn die neoliberal-finanzkapitalistische „Spielanordnung" ist kein immer mächtiger werdender „Leviathan", wie Streeck schreibt, sondern ein System, das sich, wie schon so oft in der Wirtschaftsgeschichte, selbst zerstört.

Dieser Prozess der Selbstzerstörung ist gegenwärtig in vollem Gang: Horrende Spekulation ließ die Preise von Aktien, Immobilien und Rohstoffen bis 2007 boomen und baute so das Potential für die gleichzeitige Entwertung dieser Vermögen auf. Der nachfolgende Wirtschaftseinbruch konnte nur durch eine massive Ausweitung der Staatsverschuldung gestoppt werden. Deren Bekämpfung durch eine Sparpolitik führte Südeuropa in die Depression und den Rest Europas in eine neuerliche Rezession. Gleichzeitig boomen die Aktienkurse erneut, befeuert durch die niedrigen Zinsen in den „Nordstaaten". Wenn aber die Aktienkurse – unweigerlich – wieder fallen werden, treten wir in die finale Phase der Selbstzerstörung der finanzkapitalistischen Spielanordnung ein – die europäische, wenn nicht globale Depression.

Ökonomische Depressionen sind in der Wirtschaftsgeschichte nichts ungewöhnliches. Man denke nur an den Börsenkrach von 1873 oder die Depression der 1930er Jahre, die noch heute als *die* Weltwirtschaftskrise schlechthin gilt. Doch die wirtschaftliche Entwicklung der letzten Jahre in Europa droht in eine ähnliche Krise zu führen. Denn sie weist nahezu alle Merkmale vergangener Depressionen auf, von der gleichzeitigen Entwertung von Aktien, Rohstoffen und Immobilien 2008 über die Bekämpfung der krisenbedingt steigenden Staatsverschuldung durch eine sture Sparpolitik, ihre rechtliche Verankerung im Fiskalpakt, die Kürzungen von Löhnen und Arbeitslosengeld in den südeuropäischen Ländern, ihre faktische Prolongierung durch den angepeilten Pakt für Wettbewerbsfähigkeit – bis hin zum Schrumpfungsprozess in den Krisenländern entlang einer Abwärtsspirale, der langsam auch die „guten Nordländer" erfasst. Und schließlich verhalten sich die EU-Eliten ähnlich realitätsblind wie Anfang der 1930er Jahre: Sie versprechen unentwegt den Aufschwung, die Depression bemerken sie nicht.

Wie schon damals erweist sich die Austeritätspolitik als der wichtigste Krisenverstärker. Je härter gespart wurde, umso stärker ist die Staatsverschuldung gestiegen, in der Rangfolge Griechenland, Spanien, Portugal, Großbritannien. Das Wissen um dieses „Sparparadox" war eigentlich ein Ergebnis des Lernens aus der Weltwirtschaftskrise gewesen, doch nach 30 Jahren Dominanz der neoliberalen Weltanschauung ist dieses Wissen in Vergessenheit geraten.

Marktreligiöse EU, pragmatische USA

In den USA ist dies allerdings nicht im gleichen Ausmaß geschehen: Man verzichtete bisher auf eine harte Sparpolitik (die Bezugsdauer von Arbeitslosengeld wurde sogar massiv erhöht), weshalb sich die Wirtschaft dort seit 2010 erheblich besser entwickelt als in der EU. In den USA ist man zwar in den Sonntagsreden viel „marktreligiöser" als in Europa, „unter der Woche" folgt die US-Politik jedoch schon seit Anfang der 1990er Jahre einem primitiv-keynesianischen Kurs, insbesondere durch eine extrem antizyklische Geld- und Fiskalpolitik. In der EU hat man hingegen vor 20 Jahren die monetaristischen Forderungen nach einer Regelbindung der Politik (bei gleichzeitiger De-Regulierung der Finanzmärkte) übernommen, insbesondere in Gestalt der Maastricht-Kriterien, des Statuts der EZB und des Fiskalpakts.

Mehr als eine Generation von Ökonomen wurde „marktreligiös" ausgebildet; sie prägt die Position der Forschungsinstitute, der EU-Kommission und der EZB, der öffentlichen Verwaltung und der Medien. Wer sich an einer bestimmten Navigationskarte orientiert, kann jedoch die Karte selbst nicht als Hauptursache einer Krise erkennen. Er wird vielmehr andere Faktoren für die Verschlechterung der Lage verantwortlich machen und *more of the same* verordnen: Nach dem Fiskalpakt soll nun Merkels „Pakt für Wettbewerbsfähigkeit" Kündigungsschutz und Tarifverträge in der EU eliminieren.

Dass diese Therapien die Krankheit immer mehr verschlimmern, kann mit neoliberaler Navigationskarte nicht wahrgenommen werden. Denn deren Leitlinie lautet: Dort, wo ein Problem in Erscheinung tritt, liegen auch dessen Ursachen. Schuld an der Staatsverschuldung ist der Staat, schuld an der Arbeitslosigkeit sind die Arbeitslosen (weil zu teuer), schuld an der Misere der Länder Südeuropas ist ihr Mangel an Wettbewerbsfähigkeit, schuld an der Eurokrise ist der Euro. Dieses Verharren der Eliten in der etablierten Weltanschauung ist höchst bemerkenswert, schließlich wurden die Fundamentalaussagen der neoliberalen Wirtschaftstheorie durch die Erfahrung der letzten Jahre geradezu desavouiert: Je mehr gespart wurde, desto stärker stieg die Staatsverschuldung, je mehr die Löhne sanken, desto stärker nahm die Arbeitslosigkeit zu. Dazu kommt die fast groteske Entwicklung der Aktienkurse: Ihr Boom beschleunigt sich gleichzeitig mit der Talfahrt der Realwirtschaft.

Finanzkapitalistische Spielanordnungen wie jene der letzten 30 Jahre haben sich in der Wirtschaftsgeschichte immer selbst zerstört: Es werden immer mehr Finanzvermögen geschaffen, die keine reale Deckung haben. Dies ist auch derzeit der Fall. Denn die höchste Form dieses „fiktiven Kapitals" (Karl Marx) ist die Staatsschuld. Mit der sich seit 2008 vertiefenden Krise hat daher die Selbstzerstörung des Finanzkapitalismus voll eingesetzt. Tatsächlich hat sich von den für eine Depression typischen Merkmalen bisher nur noch eines nicht realisiert: ein Wirtschaftskrieg zwischen den EU-Ländern.

Ein Kartenhaus bricht zusammen

Ein solcher Krieg wird sich aber unweigerlich einstellen, wenn es zu einer Auflösung der Währungsunion kommt. Der Grund liegt auf der Hand: Im Zuge des finanzalchemistischen Booms der vergangenen Jahrzehnte und gefördert durch die wachsenden Leistungsbilanzungleichgewichte wurde ein gewaltiges Kartenhaus aufgebaut: Die in Euro notierenden Finanzforderungen und -verbindlichkeiten zwischen den Euroländern. Deutschland und einige andere „Nordstaaten" sind Netto-Gläubiger, die „Südstaaten" einschließlich Frankreich sind Netto-Schuldner. Im Fall einer Rückabwicklung des Euro in nationale Währungen ergibt sich der unlösbare Konflikt: In welche Währung werden die Forderungen/Verbindlichkeiten transformiert? Schuldner und Gläubiger werden jeweils auf ihrer nationalen Währung bestehen.

In dieser verqueren Lage verbleiben zwei Möglichkeiten. Entweder es kommt durch Staatsbankrotte samt Kettenreaktionen, die kein Rettungsschirm aufhalten kann, zu einer generellen Finanzschmelze. Solche Finanzschmelzen stellen durchaus normale Komponenten einer Depression dar. „Moderne" Ökonomen wissen das aber nicht, denn die Gesetze der neoliberalen Theorie gelten ja jenseits von Raum und Zeit; historisches Wissen ist daher unnötiger Ballast.

Oder die Schuldnerländer werten ihre Währungen massiv ab und damit auch ihre Auslandsschulden (dass diese in die Währungen der Gläubigerländer transformiert werden, kann ausgeschlossen werden).[1] Diese Abwertungen der „Südstaaten" werden zwar die Forderungen der „Nordstaaten" entwerten, sie werden aber keinesfalls die Lage der Realwirtschaft in den Krisenländern verbessern. Derartige Währungsabwertungen haben die „Südstaaten" schon zwischen 1973 und 1999 mit größtem Misserfolg probiert. Wenn nämlich *viele* Länder gleichzeitig ihre Lage durch Abwertungen zu verbessern suchen, führen Kettenreaktionen zu einer Schrumpfung des Gesamthandels.[2] In einer Depression führen Abwertungswettläufe daher zu einer massiven Vertiefung der Krise, wie die 1930er Jahre eindrucksvoll zeigten.

Einer muss weichen: Euro oder Finanzkapitalismus

Ein Zusammenbruch der Währungsunion würde Europa daher unweigerlich in eine ökonomische, politische und soziale Katastrophe führen. Der Erhalt des Euro ist deshalb eine notwendige, wenn auch nicht hinreichende Bedingung für eine Überwindung der Krise. Dies zeigt sich auch an Folgendem: Weder die Währungsunion an sich, noch die Aufnahme weniger entwickelter Länder wie Griechenland oder Portugal haben Europa in die Krise geführt. Die Hauptursache der Krise besteht vielmehr darin, dass die Gemeinschaftswährung unter finanzkapitalistischen Rahmenbedingungen und (daher) nach neoliberalen Regeln eingeführt wurde. Es gibt eben nichts Richtiges im Falschen. Das belegt die europäische Währungsgeschichte nach 1945.

In den 1950er und 1960er Jahren haben die Länder Südeuropas ihre Währungen gerade *nicht* abgewertet.[3] Gleichzeitig haben sie – bei stabilem und kräftigem Wirtschaftswachstum – stetig gegenüber den höher entwickelten Ländern *aufgeholt*. Hier bereits zeigte sich, dass feste Wechselkurse eine wesentliche Komponente für funktionierende realkapitalistische Rahmenbedingungen sind.

Nach der Aufgabe des Systems fester Wechselkurse (1971 bis 1973) kam dieser Konvergenzprozess der europäischen Volkswirtschaften zum Stehen. Zwar wurden insbesondere die Währungen der Länder Südeuropas immer wieder massiv abgewertet, doch hat dies lediglich deren Inflation angeheizt, die Realwirtschaft profitierte davon nicht.

Zwischen 1999 und 2008, also mit Einführung des Euro, hat sich der Konvergenzprozess – bei nunmehr unwiderruflich fixierten Wechselkursen – wieder

---

1 Zusätzlich werden mit dem Verschwinden der EZB auch die Target 2-Forderungen Deutschlands gegenüber der EZB in Höhe von derzeit 576 Mrd. Euro verschwinden.
2 Vgl. auch Rudolf Hickel, Raus aus dem Euro, zurück ins Chaos, in „Blätter", 7/2013, S. 35-39 und Elmar Altvater, Der politische Euro, in diesem Band (S. 31-39).
3 Auch in seiner Replik auf Jürgen Habermas wiederholt Wolfgang Streeck die – üblicherweise von neoliberalen Ökonomen vertretene – These, wonach wettbewerbsschwache Länder ihre Lage durch Abwertungen nachhaltig verbessern können (vgl. dessen Text in diesem Band, S. 87-104). Tatsächlich sind Konvergenz und Prosperität nur unter realkapitalistischen Rahmenbedingungen realisiert worden – und dazu gehören feste Wechselkurse –, wie etwa in der „belle époque" von 1895 bis 1914 oder zwischen 1950 und 1971. Auch das Wirtschaftswunder Chinas seit 1982 wurde in hohem Maß durch die Stabilisierung seines Wechselkurses gefördert.

beschleunigt.[4] Erst die Finanzkrise 2008 löste jene Kettenreaktion aus, die in die Eurokrise führte.

Die schwächsten Euroländer hätten nun weiterhin niedrige Zinsen zur Stabilisierung der Wirtschaft und der Staatsfinanzen benötigt, doch in einer finanzkapitalistischen Spielanordnung versuchen Akteure natürlich, die Notlage anderer auszunutzen – in diesem Fall durch Spekulation auf den Staatsbankrott mit Hilfe von *credit default swaps*. Dies trieb die Zinsen für Staatsanleihen in unfinanzierbare Höhen, zuerst in Griechenland, dann in Irland, Portugal, Spanien und Italien. Hätte die EZB dagegen sofort signalisiert (wie die US-Notenbank in Bezug auf „ihren" Staat), dass sie keine Spekulation gegen ein Mitglied der Währungsunion duldet und notfalls Staatsanleihen am Sekundärmarkt kaufen würde, wären uns Rettungsschirme, die Troika-Kuren und die nachfolgende Depression in diesen Ländern erspart geblieben. Dass die Ankündigung der EZB im August 2012, im Notfall Staatsanleihen *„to an unlimited extent"* zu kaufen, zu einem enormen Rückgang der Zinsen in den südeuropäischen Krisenländern geführt hat, legt den Schluss nahe: Hätte sich die EZB schon im Frühjahr 2010 zu einer solchen Erklärung durchringen können, so hätte sich die Eurokrise wohl vermeiden lassen.

Im neoliberal-finanzkapitalistischen Zeitalter wird jedoch „der Markt" zum Richter über die Politik erhoben. Sein Spruch lautet: Nur durch hohe Zinsen können die schuldigen Schuldner diszipliniert werden.

Der Euro: Das Richtige im Falschen

Was folgt aus alledem? Inhaltlich war und ist die Währungsunion „an sich" ein *anti-neoliberales* Projekt (durch „Zusperren" des freien Devisenmarkts), ihre Regeln sind hingegen „neoliberal pur", von den Maastricht-Kriterien und dem Fiskalpakt bis zum EZB-Statut mit seinem einseitigen Fokus auf die Geldwertstabilität. Nicht das Europrojekt als solches hat die große Krise in Europa verursacht, sondern die finanzkapitalistischen Anreizbedingungen, legitimiert durch die neoliberale Theorie. Kurzum: Der Euro als gemeinsame Währung war und ist das Richtige im Falschen, sprich: in der neoliberalen Spielanordnung.

Dass Neoliberale dies nicht wahrhaben wollen und daher eine Auflösung der Währungsunion fordern, verwundert nicht. Verstörend ist hingegen, dass inzwischen auch „anti-neoliberale" Politiker und Sozialwissenschaftler wie Oskar Lafontaine, Heiner Flassbeck, Costas Lapavitsas oder Wolfgang Streeck die Option einer Euroabwicklung befürworten, sei es, um die Demokratie zu bewahren, was nur im nationalstaatlichen Kontext möglich sei (Streeck), sei

---

4 Allerdings war das (hohe) Wachstum in Südeuropa ab 1999 konsumgetrieben, das schwache Wachstum der „Nordländer" hingegen exportgetrieben. Daran war aber nicht der Euro *an sich* schuld, sondern die Fortsetzung einer seit Jahrzehnten praktizierten Lohnpolitik: Die „Südländer" hatten die Löhne stärker als die „Nordländer" erhöht – in Erwartung weiterer Abwertungen ihrer Weichwährungen bzw. Aufwertung der Hartwährungen. Dies war aber nach 1999 nicht mehr möglich, hätte aber durch Änderungen in der Lohnpolitik des Nordens und einzelner „Südländer" schrittweise korrigiert werden können.

es, um noch größeren Schaden durch eine Fortsetzung des bisherigen Kurses der Wirtschaftspolitik abzuwenden (Flassbeck und Lafontaine).

Tatsächlich aber wären die ökonomischen, sozialen und politischen Kosten einer Auflösung der Währungsunion so gewaltig, dass dieser Weg unter keinen Umständen eine Option darstellt. Eine Auflösung der Währungsunion würde in der gegenwärtigen Situation nationalistische Feindseligkeiten in Europa schlagartig intensivieren und in einen Wirtschaftskrieg münden.

Der Grund dafür liegt auf der Hand: Nach 30 Jahren Finanzalchemie beträgt die Summe der Finanzforderungen und -verbindlichkeiten allein der Banken das drei- bis sechsfache des Bruttoinlandsprodukts des jeweiligen Eurolandes. Dazu kommen die Anleihen, welche von Hedgefonds, Pensionsfonds, Unternehmen und Privaten direkt gehalten werden. Der überwältigende Teil dieses gigantischen Kartenhauses notiert in Euro, ein Großteil davon besteht aus Forderungen/Verbindlichkeiten zwischen Euroländern.

Wenn die Währungsunion aufgelöst wird, müsste jeder einzelne Finanztitel vom Euro auf eine der neuen/alten nationalen Währungen „umgewertet" werden, und zwar einvernehmlich, auf dass das Kartenhaus nicht zusammenbricht. Das aber kann gar nicht gelingen, das Problem ist viel zu komplex und die Interessenlage zu unterschiedlich.

Ein Exempel: Deutschland versus Frankreich

Betrachten wir dafür lediglich einen Finanztitel (nämlich Staatsanleihen) und lediglich zwei Länder, Deutschland als Netto-Gläubiger und Frankreich als Netto-Schuldner. Nehmen wir an, der neue Franc würde gegenüber dem alten Euro um 20 Prozent abwerten (1 Franc = 0,8 Euro), die DM aber um 20 Prozent aufwerten (1 DM = 1,2 Euro). Im bilateralen Verhältnis würde demnach die DM (= 1,2 Euro) gegenüber dem Franc (= 0,8 Euro) um 50 Prozent aufwerten (1 DM = 1,5 Franc) bzw. der Franc um 33 Prozent abwerten (1 Franc = 0,67 DM).

Die Umwertung einer französischen Staatsanleihe auf DM würde die französische Schuldenlast um 50 Prozent erhöhen – für Frankreich inakzeptabel. Eine Umwertung in Franc würde dagegen für deutsche Besitzer der Anleihe einen Wertverlust (in DM) von 33 Prozent bringen – für Deutschland inakzeptabel. Umgekehrt würde eine französische Bank, welche eine deutsche Staatsanleihe besitzt, diese in DM umgewertet wissen wollen; der deutsche Staat wäre wiederum hoch erfreut, wenn seine Schulden in die (abwertenden) Währungen der Länder umgewertet würden, die seine Anleihen halten.

Orientieren wir uns (weiterhin) am guten Satz des alten Hegel „Die Wahrheit ist konkret" und bedenken wir, dass es bei Abwicklung einer Gemeinschaftswährung für (demnächst) 18 Mitglieder 153 bilaterale Währungsrelationen gibt, und dass überdies Lösungen auch für alle Bankeinlagen, Kredite, Unternehmensanleihen und Derivate in 153 bilateralen Länderbeziehungen gefunden werden müssen, dann lautet der schlichte Schluss: Eine geordnete Abwicklung des Euro ist nicht möglich. Wie in der Natur so gibt es auch in Wirtschaft und Gesellschaft (nahezu) irreversible Prozesse: Man kann 18 Flüssigkeiten in einen Krug gießen, rausbekommen kann man sie nicht mehr. Soll heißen: Natürlich kann man wieder nationale Währungen in Europa einführen, aber nur um den Preis einer Katastrophe. Zu Recht erwartet der große US-amerikanische Finanzhistoriker Barry Eichengreen, dass die Auflösung der Währungsunion „die Mutter aller Finanzkrisen" verursachen wird.

Der Ausbruch der Wut

Um aber zu verstehen, welche „Wutenergien" dann freigesetzt würden, warum diese unweigerlich in einen Wirtschaftskrieg münden und warum der größte Verlierer Deutschland heißen würde, muss man sich die konkrete Lage in Europa anschauen – nach vier Jahren „Krisenpolitik".

In den Krisenländern hat die von der EU – und damit zumindest indirekt von Deutschland – eingeforderte Sparpolitik ein ökonomisches und soziales Desaster angerichtet und eine ohnmächtige Wut bei einer wachsenden Zahl von Bürgern aufgestaut. Voll entladen kann diese sich noch nicht, weil man ja in der Währungsunion verbleiben möchte und damit vom Wohlwollen Deutschlands abhängig ist. Das würde sich schlagartig ändern, wenn die Währungsunion aufgelöst wird und sich damit alle Anstrengungen als vergeblich entpuppen. Dann ist der Zeitpunkt gekommen, wo sich die Macht vom Gläubiger zum Schuldner verschiebt.

Denn wie in der Dialektik von Herr und Knecht gilt: Der Gläubiger ist nur so stark, wie der Schuldner schwach ist. Wenn aber der Schuldner vom Gläubiger nichts mehr braucht, wird er sich seiner entledigen. Im Klartext: Solange der Euro existiert, brauchen die Krisenländer das deutsche Wohlwollen; wenn der Euro fällt, kann man seine eigenen Banken und die Haushalte wieder mit Hilfe der eigenen Notenbank rekapitalisieren (wie in den USA oder Japan). In ihrer verzweifelten Lage wird Ländern wie Griechenland oder Portugal ein Staatsbankrott als das geringere Übel erscheinen. Die dadurch ausgelösten Kettenreaktionen, insbesondere eine Serie von Bankenpleiten und in der Folge weitere Staatsbankrotte, wird man nicht unter Kontrolle bringen können. Hauptverlierer sind dann die Gläubigerländer, insbesondere Deutschland.

Viel größer als die ökonomischen Verluste Deutschlands werden jedoch jene an Ansehen in Europa sein. Denn in einem Wirtschaftskrieg werden sich die Gefühle von heute endgültig mit den Erinnerungen an jenes Gestern vermengen, als Deutschland zuletzt führend in Europa sein wollte. Und wie die Bilder aus Athen immer wieder zeigen: Die Gespenster der Vergangenheit, die man mit der Europäischen Union auf ewig befrieden wollte, können noch immer allzu leicht wiederbelebt werden.

Aus all dem folgt: Sowohl die falsche Navigationskarte als auch die finanzkapitalistische Spielanordnung werden wir nur auf europäischer Ebene erfolgreich eliminieren können, also innerhalb der Institutionen von EU und Währungsunion. In einem ersten Schritt muss es gelingen, die Richtung des wirtschaftspolitischen Kurses schrittweise zu ändern. Dazu braucht es nicht gleich eine grundlegende Erweiterung der EU zu einer Wirtschafts-, Finanz- und Sozialunion – das „europäische Haus" kann nämlich nicht „konstruktivistisch", also am Reißbrett, renoviert werden. Es wird daher auch in Zukunft in Reaktion auf konkrete Herausforderungen Zubauten bekommen, selbst wenn das Gesamtensemble den „Gesellschaftsarchitekten" nicht gefällt.

Nach meiner Einschätzung hat sich die Krisendebatte ohnehin zu sehr auf die Frage konzentriert: „Brauchen wir mehr oder weniger Europa?". Dieser Fokus blendet die entscheidende Frage aus: „Welches Europa wollen wir?" Tatsächlich geht es bei der Krisenüberwindung vordringlich um Änderungen im Inhalt der wirtschafts- und sozialpolitischen Konzepte. Notwendig ist eine Politik problemorientierter Einzelschritte, die in eine neue Richtung führen und die Spielanlage in Etappen verändern.

Ein New Deal für Europa

Eine neue theoretische Navigationskarte wird erst durch mehrjährige Aufarbeitung jener Krise entwickelt, in die die alte neoliberale Navigationskarte geführt hatte. Auch die damals völlig neue keynesianisch-realkapitalistische „Prosperitätskarte" wurde erst 20 Jahre nach Beginn der Weltwirtschaftskrise umgesetzt. Das beste Beispiel für ein solches Navigieren ohne (theoretisch fundierte) Karte ist und bleibt der „New Deal" von Roosevelt. Allerdings sollte ein neues Programm für Europa möglichst schon vor dem Tiefpunkt einer Depression in Angriff genommen werden (und diesen doch noch verhindern), also jetzt. Dazu brauchen wir anteilnehmendes, eingreifendes Denken sowie den Mut, sich von den herrschenden Experten gerade in den Wirtschaftswissenschaften zu emanzipieren. Denn diese können in schweren Krisen keine Lösungsvorschläge erarbeiten, da ihre Empfehlungen ja gerade in die Krise geführt haben. Es ist daher kein Zufall, dass es in schweren Wirtschaftskrisen stets bedeutende Politikerpersönlichkeiten waren, welche neue Wege beschritten, wie eben Roosevelt oder auch bereits Bismarck mit der Schaffung des Sozialstaats (auch wenn dahinter die Kalkulation stand, der Arbeiterbewegung die revolutionäre Spitze abzubrechen). Leitlinien eines New Deal für Europa wären die Verlagerung des Gewinnstrebens von der Finanz- zur Realwirtschaft, die Konsolidierung der Staatsfinanzen und die Senkung der Arbeitslosigkeit durch ein stabiles und in hohem Maß durch Umweltinvestitionen gestütztes Wirtschaftswachstum *(green growth)*. Der europäische und soziale Zusammenhalt muss zusätzlich durch Investitionen in die Infrastruktur (transeuropäisches Schienennetz, Telekommunikation etc.), in das Bildungssystem und in die Sozialsysteme gestärkt werden.[5]

Warum ein grundlegender Kurswechsel der europäischen Politik notwendig ist, wird deutlich, wenn man die gegenwärtige Lage in den Kontext des Entwicklungszyklus der vergangenen 80 Jahre stellt.

---

5 Vgl. dazu im Detail Stephan Schulmeister, Ein „New Deal" für Europa, Wien 2010.

Wo stehen wir im „langen Zyklus"?

Als Lehre aus der Weltwirtschaftskrise – als der letzten Talsohle des langen Zyklus – wurden nach 1945 auch in Europa realkapitalistische Anreizbedingungen geschaffen und der Sozialstaat ausgebaut. Die theoretische Basis bildete der – gegenüber dem Original allerdings bereits verstümmelte – Keynesianismus; die politische Basis bildete ein stillschweigendes Bündnis zwischen den Interessen von Realkapital und Arbeit gegen die Interessen des Finanzkapitals (dieses wurde ruhiggestellt).

Diese Spielanordnung ermöglichte in den 1950er und 1960er Jahren anhaltende Prosperität, ging aber an ihrem Erfolg zugrunde: Bei dauernder Vollbeschäftigung forderten die Gewerkschaften Umverteilung und Mitbestimmung, der Zeitgeist drehte nach links und blies die Sozialdemokratie an die Macht. Daraufhin wurden für die Vermögenden (und ihre medialen Lautsprecher) die neoliberalen Losungen von Hayek und Co. wieder attraktiv. Doch aus lauter Erleichterung über den ideologischen Gegenschlag haben die Unternehmer(vertreter) die Bedrohung ihrer Interessen durch deregulierte Finanzmärkte übersehen – mit all jenen Folgen, die wir gegenwärtig in Europa erleiden.

Die theoretische Basis der finanzkapitalistischen Spielanordnung bildet die neoliberale Theorie. Ihre politische Basis besteht im Interessenbündnis zwischen Real- und Finanzkapital gegen die Interessen der Arbeit. Instabile Wechselkurse und Rohstoffpreise sowie über der Wachstumsrate liegende Zinssätze verlagern das Gewinnstreben von Real- zu Finanzinvestitionen, das Wirtschaftswachstum sinkt von Jahrzehnt zu Jahrzehnt, Arbeitslosigkeit und Staatsverschuldung steigen, der Abbau des Sozialstaats und die Entmachtung der Gewerkschaften erscheinen als Sachzwang.

Spätestens seit zehn Jahren hat „der neoliberale Mohr seine Schuldigkeit getan", doch die Geister werden die Eliten nicht mehr los. So schlittert die europäische Wirtschaft und Gesellschaft immer tiefer in die Krise. Mit Ausbruch der Finanzkrise setzte die finale Phase im Prozess der Selbstzerstörung des Finanzkapitalismus ein, also die Talsohle im „langen Zyklus" (wie zwischen 1929 und 1948 bzw. 1873 und 1890).

Leadership von unten

Wie die USA in der Weltwirtschaftskrise braucht Europa heute einen „New Deal" – und zwar jetzt und nicht erst am absoluten Tiefpunkt der Krise. Doch selbst wenn es heute europäische „Roosevelts" gäbe, könnten sie in einer EU von 28 Staaten kein Leadership entfalten, das über ihren Nationalstaat hinausgeht. Vielleicht müsste – und könnte – stattdessen die Bevölkerung Europas ein machtvolles Signal aussenden? Der fulminante Erfolg der „Europäischen Bürgerinitiative" (EBI) gegen die Privatisierung von Wasser hat gezeigt: Mit diesem Instrument lässt sich erfolgreich mobilisieren. Eine europaweite Bürgerinitiative unter dem Motto *Stop austerity – promote a social*

Europe, welche in wenigen Punkten die Eckpfeiler des Europäischen Sozialmodells definiert und einfordert, könnte meines Erachtens leicht 30 Millionen Unterstützer finden, oder sogar mehr. Dies würde eine Kursänderung erzwingen, gegen die Regierungen und ihre neoliberalen Propagandisten (beim Wasser reichten dafür schon 1,5 Millionen Unterstützer).

Die Hauptforderungen der EBI müssten lauten: Erstens, das Gewinnstreben auf die Realwirtschaft zurückzuverlagern – durch strikte Finanzregulation. Zweitens, die Systeme der sozialen Sicherheit massiv zu stärken. Drittens, die sozialpartnerschaftliche Lohnbildung durch europäische Tarifverträge zu koordinieren. Viertens, öffentliche Investitionen in Bildung, Umwelt und Infrastruktur erheblich auszuweiten. Und schließlich fünftens, diesen New Deal durch Beiträge aller Bürger und Unternehmen zu finanzieren entsprechend ihrer wirtschaftlichen und sozialen Lage.

In der gegenwärtigen depressiven Situation muss der Staat der Realwirtschaft nachhaltige Impulse geben, gleichzeitig aber auch seine Finanzlage stabilisieren. Dafür gibt es nur einen Weg: Er muss den Einkommensstärksten, insbesondere den Besitzern großer Finanzvermögen, spürbare Konsolidierungsbeiträge abverlangen. Und zwar nicht primär aus sozialen, sondern schlicht aus ökonomischen Gründen: Die „Reichen" reagieren auf (leichte) Einkommensverluste nicht mit einer Einschränkung ihres Konsums, sondern ihres Sparens (im Gegensatz zu den Beziehern von Sozialleistungen). Gleichzeitig müssen kurzfristig-spekulative Aktivitäten auf den Finanzmärkten belastet und langfristig-realwirtschaftliche Aktivitäten der Unternehmen gefördert werden. Mit diesen Mitteln kann eine expansive Gesamtstrategie für Europa finanziert werden, die Staatsverschuldung, Arbeitslosigkeit, soziale Ungleichheit und Klimawandel „im Ganzen" bekämpft.

Wenn daher eine EBI mit derartigen Zielen in allen 28 EU-Ländern zustande käme – durch ein breites Bündnis von kirchlichen Organisationen, Gewerkschaften, NGOs, Künstlern und Intellektuellen –, dann würden die Bürgerinnen und Bürger Europas endlich ein klares Signal gegen die Politik „ihrer" Eliten senden – für ein solidarisches Europa und also auch für sich selbst.

Die Depression als Wendebeschleuniger

Sollte dies nicht gelingen, würde vermutlich ein anderes Szenario eintreten: Spätestens in der absehbaren Depression werden die Eliten langsam von ihrer Austeritätspolitik abrücken und nach neuen „Notausgängen" suchen – über die Zinsstabilisierung durch Draghis Euro-Rettungszusage hinaus. Schon jetzt besteht die EU-Kommission nicht mehr auf der Einhaltung des erst 2013 in Kraft getretenen Fiskalpakts. In der Depression wird man die Anwendung der Euroregeln schrittweise weiter modifizieren, etwa durch ein neues Schätzverfahren für das „strukturelle Defizit" (dafür benötigt man auch keine Vertragsänderungen).

Die von Streeck und anderen propagierte Auflösung der Währungsunion ist dagegen keine Lösung. Im Gegenteil: Sie würde eine massive Vermögensschmelze verursachen. Da sich, wie oben beschrieben, das Kartenhaus an transnationalen Verbindlichkeiten nicht in die neuen bzw. alten Nationalwährungen transponieren lässt, wäre dessen Einsturz die zwingende Folge. Die am meisten getroffenen Länder würden – wie in den 1930er Jahren – Zuflucht in weiteren Abwertungswettläufen suchen, der resultierende Wirtschaftskrieg zwischen EU-Staaten triebe ganz Europa in eine mehrjährige Depression. Die daraus resultierende Vergeblichkeit aller Anstrengungen der Krisenländer würde eine Welle von Wut, Empörung und Hass gegen den „Zuchtmeister Deutschland" auslösen, auch genährt von Erinnerungen an jene Zeit, in der Deutschland zuletzt nach Hegemonie in Europa strebte.

Kurzum: Obwohl ich im Befund über die verheerenden Folgen der neoliberalen Politik mit Wolfgang Streeck vollständig übereinstimme, komme ich zu diametral entgegengesetzten Schlussfolgerungen. Um Demokratie und sozialen Zusammenhalt in Europa zu stärken, bedarf es weder eine Abschaffung der Währungsunion noch einen institutionellen Totalumbau der EU zu einer Fiskal-, Wirtschafts- und Sozialunion. Worauf es ankommt, sind „lediglich" neue wirtschafts- und sozialpolitische Konzepte, die unternehmerische Aktivitäten in der Realwirtschaft auf allen Ebenen besserstellen als die bisher praktizierte „Finanzalchemie". Das bereits würde den Übergang von einem finanzkapitalistisch-neoliberalen zu einem realkapitalistisch-sozialen Europa ermöglichen. Damit geht es heute nicht um die irrige Alternative „mehr oder weniger Europa", sondern allein um die Frage: Welches Europa wollen wir?

Demokratie oder Kapitalismus? – Europa in der Krise

II. DIE DIKTATUR DER AUSTERITÄT

Wir sparen uns zu Tode

Von **Paul Krugman**

Wir leben noch immer im Schatten der wirtschaftlichen Katastrophe, die Europa und die Vereinigten Staaten im Sommer 2008 heimgesucht hat. Das Bruttoinlandsprodukt, das normalerweise um ein oder zwei Prozent pro Jahr wuchs, hat selbst in Ländern mit relativ guter wirtschaftlicher Entwicklung kaum das Vorkrisenniveau erreicht, und in einigen europäischen Ländern liegen die Verluste nach wie vor im zweistelligen Prozentbereich. Die Arbeitslosigkeit bleibt auf beiden Seiten des Atlantiks auf einem Niveau, das vor der Krise unvorstellbar war.

Die gegenwärtige Krise reicht zwar nicht an die Weltwirtschaftskrise der 1930er Jahre heran – oder tut das zumindest nur für wenige Menschen (etwa in Griechenland, Irland oder Spanien mit seinen 26 Prozent Arbeitslosigkeit und über 50 Prozent Jugendarbeitslosigkeit). Trotzdem ist die Situation im Grunde dieselbe, die John Maynard Keynes in den 30er Jahren beschrieb: „Ein chronischer Zustand subnormaler Aktivität, der eine beträchtliche Zeit andauert, ohne eindeutig in Richtung Erholung oder vollständigen Zusammenbruch zu tendieren."

Diese Situation ist nicht hinnehmbar. Einige Experten und Politiker scheinen sich schon damit zufrieden zu geben, den „vollständigen Zusammenbruch" abzuwenden. Doch der „chronische Zustand subnormaler Aktivität", der sich vor allem in hoher Arbeitslosigkeit niederschlägt, richtet bei den Menschen einen gewaltigen Schaden an.

Deshalb müssen Maßnahmen zu einer echten und vollständigen Erholung der Wirtschaft unsere oberste Priorität sein. Das Interessante ist, dass wir genau wissen, was wir zu tun haben. Wir *sollten* es zumindest wissen. Trotz der Unterschiede im Detail, die ein Dreivierteljahrhundert wirtschaftlicher, technischer und gesellschaftlicher Veränderungen bewirkt haben, befinden wir uns heute in einer ähnlichen Situation wie in den 30er Jahren. Dank der Analysen zeitgenössischer Wirtschaftswissenschaftler wie Keynes und der Erkenntnisse ihrer Nachfolger wissen wir heute, welche Maßnahmen die Politik damals hätte ergreifen müssen. Und diese Analysen sagen uns auch, was wir in der heutigen Krise tun müssten.

Leider nutzen wir dieses Wissen nicht, da zu viele Menschen in einflussreichen Positionen – Politiker, Beamte und eine Vielzahl von Meinungsmachern – beschlossen haben, die Lektionen der Geschichte und mehrere Genera-

---

* Dieser Artikel basiert auf dem jüngsten Buch des Autors, „Vergesst die Krise! Warum wir jetzt Geld ausgeben müssen", das 2012 im Campus Verlag (Frankfurt a. M. / New York) erschienen ist.

tionen der Wirtschaftsanalyse kurzerhand über Bord zu werfen und dieses hart erarbeitete Wissen durch ideologisch und politisch genehme Vorurteile zu ersetzen. Die „hochseriösen Experten", wie manche sie sarkastisch nennen, haben eine entscheidende Erkenntnis von Keynes auf den Müll geworfen: „Der Aufschwung, nicht der Abschwung, ist der richtige Zeitpunkt für Sparmaßnahmen." Heute müssten Regierungen mehr Geld ausgeben, nicht weniger, und zwar so lange, bis der private Sektor wieder in der Lage ist, den Aufschwung zu tragen. Doch stattdessen gelten neuerdings arbeitsplatzvernichtende Sparprogramme als der Weisheit letzter Schluss.

Die Zukunft wird verspielt: Das Elend der Langzeitarbeitslosigkeit

Wir hören heute viele Vorwände, warum keine Maßnahmen zur Beendigung der Krise ergriffen werden. Ein besonders beliebtes Argument lautet, es gehe um die langfristige, nicht die kurzfristige Entwicklung.

Wie wir noch sehen werden, ist dieses Argument in vielerlei Hinsicht falsch. Unter anderem versteckt sich dahinter die Weigerung, die gegenwärtige Krise zu verstehen. Klar, es ist verlockend und einfach, die ganze lästige Gegenwart einfach unter den Teppich zu kehren und hochtrabend von der langfristigen Perspektive zu reden, doch das ist nichts anderes als eine faule und feige Ausflucht.

Genau das meinte John Maynard Keynes, als er einen seiner berühmtesten Sätze schrieb: „Langfristig sind wir alle tot." Ökonomen machen es sich zu leicht, wenn sie uns in stürmischen Zeiten nicht mehr zu erzählen haben, als dass der Ozean wieder ruhig ist, wenn sich der Sturm gelegt hat.

Wer die langfristige Perspektive einnimmt, ignoriert das gewaltige Leid, dass die gegenwärtige Krise verursacht, und die vielen Leben, die sie ruiniert. Mehr noch, unsere kurzfristigen Probleme – wenn man eine inzwischen über fünf Jahre dauernde Krise „kurzfristig" nennen will – schaden auch unseren langfristigen Interessen, und zwar in mehrfacher Hinsicht.

Da sind zum Beispiel die zersetzenden Auswirkungen der Langzeitarbeitslosigkeit: Wenn Menschen, die lange keine Arbeit gefunden haben, als nicht beschäftigungsfähig gelten, hat dies langfristig eine Verkleinerung der erwerbstätigen Bevölkerung zur Folge, und damit der Produktionskapazität der Wirtschaft. Etwas Ähnliches passiert, wenn Hochschulabsolventen Beschäftigungen annehmen müssen, die ihre Qualifikationen ungenutzt lassen: Potentielle Arbeitgeber degradieren sie im Laufe der Zeit zu unqualifizierten Arbeitskräften, und ihre Ausbildung war ganz umsonst.

Zweitens untergräbt die gegenwärtige Flaute die Zukunft, weil weniger Investitionen getätigt werden. Unternehmen investieren kaum noch in den Ausbau ihrer Kapazitäten. Tatsächlich sind die Produktionskapazitäten seit Beginn der Großen Rezession um fünf Prozent geschrumpft, Unternehmen haben alte Anlagen abgebaut und nicht durch neue Kapazitäten ersetzt. Die geringe Investitionstätigkeit der Unternehmen hat zwar eine Menge Mythen hervorgebracht („Die Unsicherheit ist schuld!" oder „Der Sozialist im Weißen Haus ist schuld!"), aber im Grunde ist ihre Ursache kein Geheimnis: Die Unternehmen investieren nicht, weil sie noch nicht einmal genug verkaufen, um ihre vorhandenen Kapazitäten auszunutzen.

Das führt zu einem weiteren Problem: Wenn die Wirtschaft sich schließlich doch irgendwann erholt, stößt sie sehr viel schneller an Kapazitätsgrenzen und -engpässe, als dies der Fall gewesen wäre, wenn die Unternehmen nicht aufgrund der Krise die Investition in die Zukunft eingestellt hätten.

Und schließlich hat die politische Reaktion auf die Krise (beziehungsweise das Fehlen einer angemessenen Reaktion) zur Folge, dass die staatlichen Programme, die der Zukunft dienen sollen, geopfert wurden.

Die Ausbildung ist der Schlüssel für das 21. Jahrhundert, erklären Politiker und Experten einhellig. Doch die anhaltende Flaute hat in den USA die Bundesstaaten und Kommunen veranlasst, rund 300000 Lehrkräfte zu entlassen. Außerdem wurden Investitionen in Transport und Infrastruktur gestrichen oder auf unbestimmte Zeit verschoben, beispielsweise der dringend notwendige zweite Eisenbahntunnel unter dem Hudson River, Hochgeschwindigkeitsbahnen in Wisconsin, Ohio und Florida, Pendlerzüge in zahlreichen Großstädten und so weiter. Seit Beginn der Flaute wurden die realen staatlichen Investitionen drastisch reduziert. Das heißt, wenn sich die Wirtschaft schließlich erholt, wird sie auch hier viel zu schnell an Kapazitätsgrenzen stoßen.

Sollten wir uns darüber also keine Sorgen machen, dass an so vielen Stellen die Zukunft geopfert wurde? Der Internationale Währungsfonds hat die Auswirkungen der Finanzkrise auf eine Reihe von Ländern untersucht, und die Ergebnisse sind zutiefst beunruhigend. Krisen wie diejenige, die wir heute erleben, richten nicht nur kurzfristig gewaltigen Schaden an, sondern auch langfristig, da Wachstum und Beschäftigung mehr oder weniger dauerhaft auf ein niedrigeres Niveau sinken. Und jetzt kommt der entscheidende Punkt: Alles deutet darauf hin, dass effektive Maßnahmen zu einer Verkürzung und Linderung der Wirtschaftsschwäche nach einer Finanzkrise auch zu einer Verringerung der langfristigen Schäden beitragen. Das bedeutet umgekehrt, wenn wir solche Maßnahmen nicht ergreifen, wie dies heute der Fall ist, dann nehmen wir eine ramponierte Zukunft in Kauf.

Krisenherd EU: Einheit und Uneinigkeit

Vor allem die Europäische Union bietet heute ein erschütterndes Bild. Zwar ist der Arbeitsmarkt in Europa insgesamt nicht ganz so stark eingebrochen wie in den Vereinigten Staaten, doch die Lage ist kaum weniger trostlos. Dafür wurde Europa beim Bruttoinlandsprodukt schwerer getroffen. Doch in Europa ist die Situation keineswegs einheitlich, sondern unterscheidet sich von Land zu Land. Deutschland hat relativ wenig Schaden genommen (bisher zumindest, das kann sich jedoch bald ändern), während die europäische Peripherie ins Chaos gestürzt ist. Wenn es schon in den Vereinigten Staaten bei einer Jugendarbeitslosigkeit von 17 Prozent wahrlich kein Zuckerschlecken ist, jung zu sein, dann ist es in einigen europäischen Ländern ein echter Albtraum:

In Italien sind 40 Prozent der unter 25jährigen arbeitslos, in Irland 30 Prozent und in Spanien sogar über 50 Prozent.

Wenn Europa heute trotzdem weniger hart getroffen wird, dann liegt das daran, dass die europäischen Nationen ein deutlich besseres soziales Sicherungsnetz haben als die Vereinigten Staaten. Die unmittelbaren Auswirkungen der Arbeitslosigkeit sind entsprechend weniger brutal. Dank der staatlichen Krankenkassen bedeutet der Verlust des Arbeitsplatzes nicht automatisch den Verlust der Krankenversicherung. Und dank des im Vergleich zu den USA relativ großzügig bemessenen Arbeitslosengelds kommt es nicht zu Hunger und Obdachlosigkeit.

Doch die sonderbare europäische Mischung aus Einheit und Uneinigkeit – die Tatsache, dass die meisten Länder der Europäischen Union eine gemeinsame Währung eingeführt haben, ohne eine gemeinsame politische und wirtschaftliche Einheit zu schaffen, wie sie eine gemeinsame Währung erfordert – ist ein gewaltiger Unsicherheitsfaktor und verursacht immer neue Schwächen und Krisen.

Europa wurde wie die Vereinigten Staaten je nach Region unterschiedlich schwer von der Krise getroffen: Je größer die Spekulationsblase, desto schwerer die Krise. Man könnte sich Spanien als das Florida und Irland als das Nevada Europas vorstellen. Doch im Unterschied zu Spanien muss Florida keine Mittel für Sozialleistungen aufbringen, da diese von der Regierung in Washington übernommen werden; Spanien steht dagegen allein da, genau wie Griechenland, Portugal und Irland.

In Europa hat die schlechte wirtschaftliche Lage zu Haushaltskrisen geführt, da private Investoren nicht mehr bereit sind, einigen Ländern Geld zu leihen. Der Versuch, diesen Haushaltskrisen mit hektisch zusammengeschusterten und erbarmungslosen Sparpaketen beizukommen, hat die Arbeitslosigkeit an den Rändern Europas in Höhen getrieben, die sie seit der Weltwirtschaftskrise nicht mehr erreicht hatte. All das stößt Europa wieder zurück in die Rezession.

Die Politik der Verzweiflung

Die Kosten der Weltwirtschaftskrise der 30er Jahre gingen weit über den wirtschaftlichen Schaden und das menschliche Leid hinaus, das die Massenarbeitslosigkeit mit sich brachte – mit katastrophalen politischen Konsequenzen. Man hört heute zwar gelegentlich, der Aufstieg Hitlers sei eine Folge der Hyperinflation des Jahres 1923 gewesen, doch an die Macht kam er erst durch die Wirtschaftskrise Anfang der 30er Jahre – eine Krise, die Deutschland dank der Deflationspolitik von Reichskanzler Heinrich Brüning noch härter traf als den Rest Europas.

Wäre etwas Ähnliches wieder denkbar? Wir schrecken heute zu Recht davor zurück, Parallelen zum Nationalsozialismus zu ziehen, und es ist nicht absehbar, dass sich im 21. Jahrhundert etwas derart Schreckliches wiederholt. Doch es wäre töricht, die negativen Auswirkungen zu unterschätzen, die eine Dauerkrise auf demokratische Werte und Institutionen haben könnte.

In der westlichen Welt ist der Rechtsextremismus in Form ausländerfeindlicher Bewegungen, nationalistischer Parteien und autoritärer Gesinnungen auf dem Vormarsch. Ungarn scheint beispielsweise auf dem besten Weg, zu einem autoritären Regime zurückzukehren, wie sie in den 30er Jahren fast ganz Europa erfassten. Und die jüngsten Wahlen in Griechenland, bei denen die Neofaschisten 7 Prozent der Stimmen und 18 Sitze im Parlament erreichten, lassen Schlimmes befürchten.

Aber auch die Vereinigten Staaten sind keineswegs immun. Wer wollte leugnen, dass die Republikaner in den vergangenen Jahren immer extremere Positionen vertreten haben? Fest steht: Der Radikalismus floriert immer dann, wenn die Bevölkerung leidet und seriöse Stimmen keine Lösungen bieten.

Gewiss, Katastrophen, natürliche wie historische, lassen sich nun einmal nicht verhindern, die Geschichte ist voller Überschwemmungen und Hungersnöte, Erdbeben und Tsunamis. Was die aktuelle ökonomische Katastrophe so schrecklich macht – und was uns allen die Zornesröte ins Gesicht treiben sollte –, ist die Tatsache, dass sie vollkommen unnötig ist. Es handelt sich nicht um eine Heuschreckenplage, und wir haben auch nicht plötzlich unser ganzes technisches Know-how eingebüßt. Die Vereinigten Staaten und Europa sollten heute nicht ärmer sein als zu Beginn der Krise, sondern reicher.

Die Ursachen der Katastrophe sind kein Geheimnis. In der Weltwirtschaftskrise der 30er Jahre konnten sich die Politiker noch herausreden: Niemand verstand, was passierte oder was man dagegen unternehmen konnte. Die Politiker von heute haben diese Entschuldigung nicht mehr. Wir haben das Wissen und die Mittel, um dem Leiden ein Ende zu bereiten. Wir können diese Krise beenden, wenn wir nur die Klarheit und den Willen dazu aufbringen.

Die Liquiditätsfalle: Letzte Rettung Druckerpresse?

In den vergangenen 50 Jahren kümmerte sich in den Vereinigten Staaten stets die Notenbank um derartige Rezessionen, die – vereinfacht gesagt – den Geldhahn der Wirtschaft kontrolliert. Wenn die Wirtschaft schwächelt, wirft die Notenbank die Druckerpresse an. Das hat bis jetzt noch immer funktioniert. Während der Rezession 1981/82 war die Wirkung geradezu fantastisch; innerhalb weniger Monate bewirkte die Notenbank eine kräftige wirtschaftliche Erholung.

Auch nach den Rezessionen der Jahre 1990/91 und 2001 funktionierte das bewährte Rezept, auch wenn der Aufschwung nun langsamer anlief und nicht ganz so kräftig ausfiel.

Diesmal hat das Rezept jedoch versagt. Wenn ich eben geschrieben habe, dass die Notenbank am Geldhahn sitzt, dann war das natürlich eine grobe Vereinfachung. In Wirklichkeit kontrolliert sie nur die „Geldbasis", also die Geldmenge, die sich im Umlauf befindet beziehungsweise von den Banken als Reserve gehalten wird. Seit 2008 hat die amerikanische Notenbank diese Geldmenge verdreifacht, doch die Wirtschaft bleibt in der Krise. Liege ich also doch falsch, wenn ich behaupte, dass wir unter einem Nachfrageausfall leiden?

Nein, im Gegenteil: Es war vorhersehbar, dass die Geldpolitik diesmal als Instrument zum Krisenmanagement scheitern würde. Ich schrieb mein Buch *Die große Rezession* im Jahr 1999 vor allem deshalb, um die amerikanische Öffentlichkeit zu warnen, dass sich eine Krise irgendwann nicht mehr mit Hilfe der Druckerpresse ausräumen ließ, wie man am Beispiel Japan sah. Damals teilte eine Reihe von Wirtschaftsexperten meine Bedenken, darunter auch der heutige Notenbankchef Ben Bernanke. Wenn das bewährte Rezept heute nicht mehr funktioniert, dann liegt das daran, dass wir uns heute in einer besonders unglücklichen Situation befinden.

Mitte des vergangenen Jahrzehnts wurde die amerikanische Wirtschaft von zwei starken Motoren angetrieben: dem privaten Wohnungsbau und dem privaten Verbrauch. Beides wurde wiederum durch hohe und steigende Immobilienpreise ermöglicht, die einen Bauboom bewirkten und die Verbraucher motivierten, mehr Geld aufzunehmen und auszugeben, weil sie das Gefühl hatten, reich zu sein. Doch der Anstieg der Immobilienpreise erwies sich als Spekulationsblase und basierte auf unrealistischen Erwartungen. Als die Blase platzte, riss sie die Baubranche und den privaten Verbrauch mit in die Tiefe. Im Jahr 2006, auf dem Höhepunkt des Immobilienbooms, begannen Baufirmen mit dem Bau von 1,8 Mio. neuen Häusern, im Jahr 2010 waren es nur noch 585 000. Im Jahr 2006 kauften amerikanische Verbraucher 16,5 Mio. Neuwagen, im Jahr 2010 nur noch 11,6 Mio. Im ersten Krisenjahr hielt die amerikanische Wirtschaft den Kopf noch über Wasser, indem sie ihre Exporte steigerte, doch Ende 2007 begann der Absturz, und seither hat sie sich nicht mehr erholt.

Die Notenbank reagierte rasch, indem sie die Geldmenge vergrößerte. Dafür gibt sie das Geld den Banken, in der Hoffnung, dass diese es an die Wirtschaft weitergeben. (In der Regel vergibt sie auch keine Direktkredite an die Banken, sondern sie kauft deren Anleihen, aber das ist unterm Strich dasselbe.) Auch Privatpersonen und Unternehmen können ihre Liquidität verbessern, aber das hat seinen Preis: Sie können sich Geld bei den Banken leihen, für das sie wiederum Zinsen zahlen müssen. Wenn die Notenbank mehr Geld an die Banken vergibt, senkt sie die Zinsen, also den Preis der Liquidität, und damit auch den Preis für Investitions- oder Konsumkredite. Die Notenbank kurbelt also die Wirtschaft an, indem sie die Zinsen senkt.

Aber jetzt kommt der Knackpunkt: Die Notenbank kann die Zinsen nur bis zu einem gewissen Grad senken. Vor allem kann sie sie nicht unter Null senken, denn wenn die Zinsen gegen Null gehen, ist es besser, das Geld in der Tasche zu behalten, als es an andere zu verleihen.

In der gegenwärtigen Krise dauerte es nicht lange, bis die Notenbank den Nullpunkt erreicht hatte: Ende 2007 begann sie mit den Zinssenkungen, und Ende 2008 war sie bei Null angekommen. Leider reichte das immer noch nicht, da das Platzen der Immobilienblase gewaltigen Schaden angerichtet hatte. Die Verbraucher kauften nicht, die Unternehmen investierten nicht, der Immobilienmarkt war tot, und die Arbeitslosigkeit blieb erschreckend hoch.

Diese Liquiditätsfalle schnappt zu, wenn null Prozent Zinsen nicht niedrig genug sind, wenn die Notenbank die Wirtschaft derart mit Geld überschwemmt, dass es nichts kostet, auf diesem Geld sitzen zu bleiben, und wenn die Nachfrage schwach bleibt.

Das ist in etwa das, was 2008 mit der amerikanischen und der Weltwirtschaft passierte. Als plötzlich alle zu dem Schluss kamen, dass das Schuldenniveau zu hoch war, waren die Schuldner gezwungen, weniger auszugeben, aber die Gläubiger waren nicht bereit, mehr auszugeben. Das Ergebnis war eine Krise, die zwar nicht ganz das Ausmaß der Weltwirtschaftskrise der 30er Jahre hatte, aber trotzdem gewaltigen Schaden anrichtete.

Wohlstand durch Nachfrage

Was aber können wir noch aus der Vergangenheit lernen?

Mitte 1939 hatte die amerikanische Wirtschaft die schlimmste Zeit der Weltwirtschaftskrise hinter sich, doch die Krise war noch keineswegs ausgestanden. Damals gab es zwar noch keine offiziellen Arbeitsmarktdaten, doch die Arbeitslosigkeit, so wie wir sie heute definieren, lag vermutlich bei über elf Prozent. Viele Menschen sahen dies bereits als einen Dauerzustand an: Der Optimismus des New Deal hatte 1937 einen Knacks bekommen, als die Wirtschaft in eine neue schwere Rezession schlitterte.

Doch zwei Jahre später brummte die Wirtschaft und die Arbeitslosigkeit ging kräftig zurück. Was war passiert? Es hatte endlich jemand genug Geld in die Hand genommen, um die Wirtschaft wieder anzukurbeln, und dieser Jemand war: der Staat.

Der Zweck der Investitionen war allerdings Zerstörung, nicht Aufbau: Wie es die Wirtschaftswissenschaftler Robert Gordon und Robert Krenn formulierten, zog die amerikanische Wirtschaft im Sommer 1940 in den Krieg. Lange vor dem japanischen Angriff auf Pearl Harbor schossen die Militärausgaben in die Höhe, die Vereinigten Staaten ersetzten die Schiffe und Waffen, die sie im Rahmen des Lend-Lease-Programms nach Großbritannien schickten, und errichteten Kasernen für die Millionen von Rekruten, die nach der Einführung der Wehrpflicht zur Armee stießen. Die Militärausgaben schufen Arbeitsplätze, Familieneinkommen stiegen und der private Verbrauch kam in Gang (letzterer sollte allerdings nach dem Kriegseintritt durch die Rationierungen wieder gedämpft werden). Die Unternehmen verkauften mehr und reagierten mit neuen Investitionen. Im Handumdrehen war die Krise vorbei, und die „unflexiblen und schlecht ausgebildeten" Arbeitnehmer standen wieder in Lohn und Brot. Welche Rolle spielt es, dass das Geld in die Rüstung gesteckt wurde und nicht in zivile Investitionsprogramme? In wirtschaftlicher Hinsicht nicht die geringste: Die Ausgaben förderten die Nachfrage, und nur darauf kommt es an.

In politischer Hinsicht spielt es natürlich sehr wohl eine Rolle: Während der Weltwirtschaftskrise warnten einflussreiche Mahner immer wieder vor den Gefahren exzessiver staatlicher Investitionen, weshalb die Arbeitsbeschaffungsprogramme des New Deal immer zu klein ausfielen, um die Krise zu beheben. Erst der drohende Krieg brachte schließlich die konservativen Finanzpolitiker zum Schweigen und ermöglichte die wirtschaftliche Erholung. Deshalb meinte ich im Sommer 2011 im Spaß, was wir bräuchten, sei die falsche Drohung einer Invasion aus dem All, um in großem Stil in den Schutz vor Aliens zu investieren.

Aber Spaß beiseite: Was wir heute wirklich brauchen, um uns aus der gegenwärtigen Krise zu befreien, sind neue staatliche Investitionen in gewaltigem Umfang. Sollte es wirklich so einfach sein? Ja, im Grunde ist es das.

Natürlich müssen wir über die Rolle der Geldpolitik und über die Auswirkungen auf die Staatsverschuldung sprechen. Außerdem müssen wir uns fragen, wie wir verhindern können, dass die Wirtschaft sofort wieder in eine Rezession abrutscht, wenn die staatlichen Investitionsprogramme auslaufen. Wir müssen über die Verschuldung der privaten Haushalte sprechen, die möglicherweise hinter der Rezession steckt. Und wir müssen die internationale Lage einbeziehen, insbesondere die Falle, die sich Europa selbst gestellt hat. Aber all das ändert nichts an der zentralen Erkenntnis, dass die Regierungen ihre Investitionen steigern müssen, um die Welt aus der Krise zu führen. Es könnte – und sollte – so unglaublich leicht sein, diese Krise zu beenden – eigentlich. Doch da Obama nicht über die erforderliche Mehrheit im Senat verfügt, muss er Gebrauch von der Vermittlung machen, mit der er bereits die Gesundheitsreform – und Bush seine Steuersenkungen – durchgedrückt hat.

Doch sei's drum. Wenn nervöse Berater vor den politischen Konsequenzen warnen, dann sollte sich Obama an die Lektion seiner ersten Amtszeit erinnern: Die beste Wirtschaftspolitik ist diejenige, die greifbare Ergebnisse zeitigt. Deshalb sollten der Präsident, seine Partei und renommierte keynesianische Wirtschaftswissenschaftler für massive Arbeitsbeschaffungsmaßnahmen eintreten und endlich Druck auf den Kongress ausüben sollten, seine Blockadepolitik aufzugeben.

In den ersten Jahren seiner ersten Amtszeit war das ganz und gar nicht Obamas Art. Aus internen Protokollen der Jahre 2009 bis 2011 geht hervor, dass seine Berater den Präsidenten immer wieder drängten, nichts zu verlangen, was er vielleicht nicht bekäme, um nicht als schwacher Präsident dazustehen. Wirtschaftsberater wie Christina Romer, die mehr Investitionen für die Schaffung von Arbeitsplätzen verlangten, wurden mit dem Argument überstimmt, die Öffentlichkeit glaube nicht an diese Maßnahmen und sorge sich um das Haushaltsdefizit.

Die Folge dieser falschen Vorsicht war jedoch, dass der Präsident selbst dem Sparwahn verfiel und die Beschäftigungspolitik aus dem Blick verlor. Als gleichzeitig die Wirtschaft schwach blieb, sah die Öffentlichkeit die Schuld beim Präsidenten, der sich in seinen Positionen kaum noch von den Republikanern unterschied.

Erst im September 2011 änderte das Weiße Haus seine Taktik und legte ein Arbeitsbeschaffungsprogramm vor, das zwar immer noch weit hinter den Erfordernissen zurückblieb, das jedoch, immerhin, größer ausfiel als erwartet. Obama hatte zwar keine Aussicht darauf, die Zustimmung des von den Republikanern dominierten Repräsentantenhauses zu erhalten, und Noam Schreiber berichtete in „The New Republic", dass sich die Politikberater des Weißen Hauses „wegen der Größe des Pakets Sorgen machten und Kürzungen verlangten". Doch diesmal stellte sich Obama auf die Seite seiner Wirtschaftsexperten, und im Verlauf der kommenden Verhandlungen zeigte sich, dass seine politischen Berater ihr Handwerk offenbar nicht verstanden. Die Öffentlichkeit reagierte positiv, und die Republikaner gerieten wegen ihrer Blockadepolitik unter Druck.

Als dann Anfang 2012 die Arbeitsbeschaffung wieder in den Mittelpunkt der politischen Diskussion rückte, waren die Republikaner in der Defensive. So konnte die Regierung einen beachtlichen Teil ihrer Forderungen durchsetzen, unter anderem eine Verlängerung von Steuergutschriften und Arbeitslosenhilfen, ohne größere Zugeständnisse machen zu müssen.

Diese Erfahrung zeigt, dass es politisch wenig sinnvoll ist, das Thema Arbeitsbeschaffung auszuklammern, in dem Glauben, man könne ohnehin keine wirkungsvollen Maßnahmen durchsetzen. Im Gegenteil, es kann politisch ausgesprochen sinnvoll sein, auf dem Thema zu beharren, um so Druck auf die andere Seite auszuüben, selbst eine bessere Politik zu formulieren.

Oder einfacher gesagt: Es gibt keinen Grund, die Wahrheit über die Krise zu verschweigen.

Ein moralisches Gebot

Inzwischen sind seit Beginn der Krise über fünf Jahre vergangen. Der Abschwung ist überwunden, aber der Aufschwung hat noch immer nicht begonnen. In den Vereinigten Staaten geht die Arbeitslosigkeit leicht zurück (während sie in Europa weiter steigt), doch sie ist noch immer viel zu hoch und weit von dem Stand entfernt, auf dem sie sich vor wenigen Jahren befand. Zig Millionen Amerikaner und Europäer stecken in wirtschaftlichen Schwierigkeiten, mit jedem Monat werden die Zukunftsaussichten der jungen Menschen schlechter. Und all das wäre nicht nötig.

Tatsache ist, dass wir über das Wissen und die Instrumente verfügen, diese Krise zu beenden. Wenn wir endlich längst bekannte und erprobte wirtschaftliche Prinzipien anwenden, deren Gültigkeit durch die jüngsten Ereignisse noch bestätigt wurde, kämen wir in kürzester Zeit, vielleicht schon innerhalb von zwei Jahren, zur Vollbeschäftigung zurück.

Wenn die Krise heute nicht längst hinter uns liegt, dann ist ein Mangel an geistiger Klarheit und politischem Willen daran schuld. Wir – Wirtschaftswissenschaftler und Politiker genau wie Bürger – haben die Aufgabe, alles zu tun, um diesen Mangel zu beheben. Wir können diese Krise beenden, und wir müssen uns für eine Politik einsetzen, die genau das will. Fangen wir endlich damit an.

Demokratie oder Kapitalismus? – Europa in der Krise

Das infernalische Dreieck

Wie Staatsschuldenkrise, Bankenkrise und Rezession den Euroraum gefährden

Von **Peter Bofinger**

Als Mario Draghi, der Chef der Europäischen Zentralbank, am 6. September 2012 ankündigte, dass die EZB ab jetzt unlimitiert Staatsanleihen von Euro-Krisenländern aufkaufen werde, brach speziell in Deutschland umgehend ein Proteststurm über ihn herein. Dabei hatte Draghi das einzig Richtige unternommen: Würde die EZB jetzt nicht aktiv werden und Anleihen aufkaufen, drohte das Auseinanderbrechen der Eurozone.

Denn wie man es auch dreht und wendet, auf kurze Sicht führt kein Weg an der EZB vorbei. Sie allein ist derzeit in der Lage, das Überleben des Euro zu sichern. Das ist sicher keine ideale Situation, es wäre besser, die Absicherung der Staaten gegenüber den Finanzmärkten über eine Form der gemeinsamen Haftung vorzunehmen. Doch es ist vor allem auch ein Versäumnis der deutschen Politik. Obwohl mit großer Wahrscheinlichkeit damit zu rechnen war, dass die Krise früher oder später auf die beiden großen Länder Spanien und Italien übergreifen würde, hat man sich auf den von seinem Volumen viel zu geringen EFSF und ESM beschränkt.

Und mit der eindimensionalen Fixierung auf die Haushaltskonsolidierung, dem naiven Glauben an die wohltuende Wirkung von Strukturreformen und dem völligen Ausblenden der systemischen Probleme hat der „Berliner Konsens" die Währungsunion erst in jene existenzbedrohende Situation geführt, die ungeachtet der von Draghi beschlossenen Sofortmaßnahmen unverändert weiter anhält. Diese existenzbedrohende Situation ist gekennzeichnet durch drei große Krisenherde, die sich wechselseitig immer mehr verstärken: eine Staatsschuldenkrise, eine Bankenkrise und eine makroökonomische Krise. Eine durchgreifende Lösung hierfür ist bisher nicht in Sicht.

Erstens: Die Staatsschuldenkrise

Aufgrund des zögerlichen Vorgehens der Politik, speziell in Berlin, gerieten seit 2010 immer mehr Mitgliedsländer des Euroraums in das Visier der Märkte. Obwohl ihre Neuverschuldung teilweise deutlich geringer war als

* Der Beitrag basiert auf „Zurück zur D-Mark? Deutschland braucht den Euro", dem jüngsten Buch des Autors, das 2012 im Droemer Verlag München erschienen ist.

in Japan, Großbritannien oder den Vereinigten Staaten, schwebte das Damoklesschwert einer möglichen Insolvenz durch bedrohlich steigende Zinsen über ihnen. Griechenland, Irland und Portugal flüchteten sich in dieser Situation unter einen Rettungsschirm. Die Bereitstellung von Finanzierungsmitteln war an strikte Sparprogramme geknüpft. In den Jahren 2010 und 2011 musste darüber hinaus auch noch ein Zinsaufschlag bezahlt werden – eine Maßnahme, um das Leben unter dem Schutz des EFSF möglichst unattraktiv zu gestalten und die Länder zu noch größeren Anstrengungen anzuspornen.

Italien und Spanien haben den Schritt unter einen Rettungsschirm lange gescheut, da sie die stigmatisierenden Effekte dieses „Hartz IV für Staaten" fürchteten. Sie setzten ebenfalls schmerzhafte Sparprogramme auf, ohne dass dies allerdings von den Märkten in irgendeiner Form honoriert worden wäre. Bei Italien liegt das nicht etwa daran, dass das Land eine Schuldenstandsquote von 120 Prozent aufweist. Italien lebt damit schon seit vielen Jahren. Gefährlich sind jedoch die steigenden Zinsen für italienische Staatsanleihen, da es für die Tragfähigkeit einer Staatsverschuldung immer auf das Verhältnis der Nominalzinsen zum nominalen Wirtschaftswachstum ankommt.

Ein Kampf gegen Windmühlenflügel: Der Druck der Märkte und der Zwang zum Sparen

Für die langfristige Entwicklung der Staatsverschuldung ist das Verhältnis zwischen Schuldenstandsquote, Zinsen und nominalem Wirtschaftswachstum entscheidend.[1] Bei einer Schuldenstandsquote von über 120 Prozent, einem nominalen Wachstum des Bruttoinlandsprodukts von 3 und einem Nominalzins von 7 Prozent muss Italien einen gewaltigen Primärüberschuss von 4,8 Prozent erzielen, wenn es die Schuldenstandsquote konstant halten will. Bei einem Nominalzins von 4 Prozent beliefe sich der erforderliche Primärüberschuss dagegen auf lediglich 1,2 Prozent. Die Zusatzbelastung von 3,6 Prozentpunkten entspricht einem Betrag von 57 Mrd. Euro, der entweder über Steuererhöhungen erzielt oder mittels Ausgabenkürzungen eingespart werden müsste.

Da es für die Tragfähigkeit einer Staatsverschuldung auf die Differenz von Nominalzins und nominalem Wirtschaftswachstum ankommt, relativiert sich auch das beliebte Argument, Italien habe früher doch auch kein Problem mit hohen Zinsen gehabt. In der ersten Hälfte der 1980er Jahre waren die Zinsen für italienische Anleihen in der Tat sehr hoch, aber Italien konnte auch zweistellige Zuwachsraten des nominalen Bruttoinlandsprodukts verzeichnen. Als dann die Inflationsrate allmählich zurückging – und damit auch die Zuwachsrate des nominalen Bruttoinlandsprodukts –, verharrten

---

[1] Dieser Zusammenhang basiert auf einer einfachen Formel, bei der der Primärüberschuss, d. h. die Differenz zwischen den Einnahmen eines Landes und seinen Ausgaben (ohne Zinsausgaben), eine zentrale Rolle spielt. Der zur Stabilisierung einer gegebenen Schuldenstandsquote (d) erforderliche Primärüberschuss (p) ergibt sich aus der Differenz zwischen Nominalzins (i) und nominalem Wachstum (g), multipliziert mit der Schuldenstandsquote: $p = (i-g) \cdot d$.

die Zinsen lange Zeit auf einem weiterhin hohen Niveau. In dieser Phase schoss jedoch die Schuldenstandsquote dramatisch nach oben. Während sie 1985 noch 80 Prozent betragen hatte, lag sie zehn Jahre später bei 121 Prozent. Die hohen Zinsen waren in dieser Phase also eine entscheidende Ursache für den nahezu unkontrollierten Anstieg der italienischen Staatsverschuldung, unter der Italien heute so sehr leidet.

Der massive Druck der Märkte im Zuge der Eurokrise zwang die Staaten schließlich, Sparprogramme aufzulegen, ohne dabei auf die konjunkturelle Verfassung ihrer Wirtschaft Rücksicht nehmen zu können. Dies lässt sich am Beispiel Italiens und Spaniens gut verdeutlichen. Im Sommer 2011 erwartete der IWF für Spanien einen Anstieg des Bruttoinlandsprodukts um 1,6 Prozent im Jahr 2012, für Italien rechnete man mit 1,3 Prozent. Dabei wurde unterstellt, dass das konjunkturbereinigte Defizit in Spanien um 0,6 Prozentpunkte reduziert würde, in Italien um 0,7 Prozentpunkte. Unter dem wachsenden Druck der Märkte verstärkten beide Länder im Herbst 2011 ihre Konsolidierungsanstrengungen. Die Defizitreduktion in Spanien erhöhte sich auf 2,3 Prozentpunkte, in Italien auf 2,2 Prozentpunkte: Das Ergebnis ließ nicht lange auf sich warten. In beiden Ländern brach das Wirtschaftswachstum ein, 2012 schrumpfte das Bruttoinlandsprodukt in Spanien um 1,5 Prozent und in Italien um über 2 Prozent. In beiden Volkswirtschaften hat sich so eine handfeste Rezession breit gemacht.

Zweitens: Die makroökonomische Krise oder: Brüning lässt grüßen

Diese makroökonomische Krise ist somit in erster Linie ein Reflex der durch die Staatsschuldenkrise erzwungenen Konsolidierung.

Besonders gravierend sind die Auswirkungen in Griechenland, dem die Sparprogramme von außen diktiert wurden. Zum Schaden des Landes wurden die restriktiven Wirkungen der Konsolidierung von der Troika erheblich unterschätzt. So hatten die Experten noch im Juli 2011 damit gerechnet, dass es in Griechenland nach einem vorübergehenden Rückgang des Bruttoinlandsprodukts um 3,9 Prozent bereits 2012 wieder zu einem leichten Wachstum von 0,6 Prozent kommen würde. Tatsächlich brach die Wirtschaft 2011 um 6,9 Prozent und 2012 erneut um 6,4 Prozent ein.

Die gravierenden makroökonomischen Auswirkungen der Sparprogramme sind vor allem damit zu erklären, dass an ihnen auch dann noch festgehalten wurde, als längst offensichtlich war, dass das betreffende Land in die Rezession geraten war. Weil es dadurch zu massiven Einnahmeausfällen kam und gleichzeitig Mehrausgaben für die Arbeitslosen erforderlich waren, mussten die Länder sogar noch mehr sparen. Man spricht dabei auch von einer prozyklischen Politik, da sie den Abschwung noch verstärkt.

Im Jahr 2012 ließ sich eine solche destabilisierende Ausrichtung der Fiskalpolitik in allen Problemländern beobachten. Es ist dabei schon erstaunlich, dass sich kaum jemand daran stört, wenn damit genau das Gegenteil dessen betrieben wird, was in allen gängigen Lehrbüchern der Makroökonomie gelehrt wird. Und es ist noch erstaunlicher, dass gerade in Deutschland die Gefahren einer prozyklischen Politik so wenig präsent sind. Anfang der 1930er Jahre hatte der damalige Reichskanzler Heinrich Brüning mit genau dieser Politik den ökonomischen und später politischen Zusammenbruch Deutschlands herbeigeführt.

Ausgabenkürzungen statt Steuererhöhungen: Die mangelnde Symmetrie der Sparmaßnahmen

Die negative Wucht der Sparprogramme ist teilweise auch damit zu erklären, dass die Troika bei ihren Therapievorschlägen eine klare Präferenz für Ausgabenkürzungen hat, nicht für Steuererhöhungen. Nach Berechnungen der OECD[2] sind bei den Konsolidierungsprogrammen in Spanien, Irland und Portugal rund 90 Prozent der Einsparungen auf der Ausgabenseite zu verzeichnen; bei Griechenland sind es „nur" 52 Prozent.

Der weitgehende Verzicht auf Steuererhöhungen ist schon deshalb erstaunlich, weil es sich vor allem bei Irland und Spanien um Volkswirtschaften handelt, bei denen der Staat im Vergleich zum Durchschnitt des Euroraums nur sehr geringe Einnahmen erzielt. Gravierender jedoch ist, dass die negativen Nachfragewirkungen von Ausgabenkürzungen sehr viel höher sind als die Effekte von Steuererhöhungen. Dies wird durch eine aktuelle Studie des IWF bestätigt, die übrigens generell vor den Gefahren des von der Troika geforderten „Frontloading" bei Konsolidierungen warnt.[3] Sie zeigt, dass die Haushaltskonsolidierung in einer Rezession grundsätzlich mit hohen negativen Nachfrageimpulsen einhergeht. Wenn aufgrund des Drucks der Finanzmärkte ein Sparprogramm dennoch unvermeidlich sei, sollten dabei Steuererhöhungen im Zentrum stehen, nicht Ausgabenkürzungen.

Dass in gesamtwirtschaftlich schwierigen Zeiten Steuererhöhungen hilfreich sein können, belegt die Finanzierung der deutschen Einheit unter Helmut Kohl. Der damalige Bundeskanzler hatte keine Bedenken, durch den Solidaritätszuschlag den Spitzensteuersatz auf 56 Prozent anzuheben. Ein interessantes Modell für eine faire Lastenverteilung nach großen Schocks ist auch der deutsche Lastenausgleich nach dem Zweiten Weltkrieg. Er diente zur finanziellen Unterstützung von Menschen, die durch den Krieg besonders große Verluste erlitten hatten. Finanziert wurde er durch eine einmalige Abgabe in Höhe von 50 Prozent des Vermögenswertes, der zum 21. Juni 1948 errechnet wurde. Die Zahlung konnte in 30 Jahresraten zu jeweils 1,67 Prozent des Betrages geleistet werden. Durch die Streckung über 30 Jahre konnte der Ausgleichsfonds überwiegend aus laufenden Vermögenserträgen bezahlt werden, ohne dass die Betroffenen ihre Vermögenssubstanz angreifen mussten. Durch die Inflation wurde die Steuerlast im Laufe der Zeit zusätzlich gemindert.

[2] Vgl. OECD Economic Outlook, 2/2011, S. 34.
[3] Nicoletta Batini, Giovanni Callegari und Melina, Giovanni, Successful Austerity in the United States, Europe and Japan, in: „IMF Working Papers", 190/2012.

In einer Studie von Stefan Bach werden noch andere historische Beispiele für einmalige Vermögensabgaben aufgeführt.[4] Es hätte also unterschiedliche Möglichkeiten gegeben, die Konsolidierung in den Problemländern deutlich stärker über Steuererhöhungen zu finanzieren. Dies wäre nicht nur mit geringeren negativen Nachfrageimpulsen einhergegangen, es hätte auch zu einer größeren sozialen Akzeptanz der Sparprogramme beigetragen. Die Präferenz der Troika für Ausgabenkürzungen dürfte damit zu erklären sein, dass ihre neoklassisch ausgerichteten Ökonomen die mit niedrigen Steuern verbundenen Leistungsanreize auf längere Sicht für bedeutsamer einschätzen als die damit kurzfristig einhergehenden konjunkturellen Bremseffekte. In Anbetracht der fatalen Folgen einer immer weiter eskalierenden Eurokrise gilt jedoch leider der bekannte Ausspruch von John Maynard Keynes: „In the long run we are all dead."

Drittens: Die Bankenkrise

Steigende Zinsen für Staatsanleihen und eine immer ungünstigere konjunkturelle Entwicklung stellen eine schwere Belastung für die Banken des Euroraums dar, vor allem aber für die Finanzinstitute in den Ländern, die besonders vom Zusammenbruch des Immobilienmarktes betroffen waren. Der Vertrauensverlust gegenüber den Staatsanleihen der Problemländer hatte gravierende Folgen für ihr Finanzsystem, da Banken und Versicherungen traditionell hohe Bestände an Staatsanleihen halten. So befanden sich Ende des Jahres 2010 von der gesamten Staatsverschuldung des Euroraums in Höhe von 7,8 Billionen Euro allein 2,7 Billionen im Bankensystem des Währungsraums und weitere 1,2 Billionen bei Versicherungen und Pensionskassen. Rund 0,7 Billionen waren in den Portfolios von Investmentfonds, bei denen Versicherungen wiederum hohe Geldbeträge anlegen.

Die Erosion des scheinbar sicheren Kerns ihrer Aktiva beschädigte die Kreditwürdigkeit dieser Institutionen so stark, dass es für sie immer schwieriger wurde, sich bei privaten Investoren zu refinanzieren. Erschwerend kommt durch die Diskussion über einen Austritt Griechenlands aus dem Euro hinzu, dass die Anleger neben dem Risiko einer Bankinsolvenz jetzt auch noch die Gefahr eines Auseinanderbrechens der Währungsunion im Blick haben. Die wachsende Verunsicherung führte und führt zu einer immer stärkeren Kapitalflucht aus diesen Ländern.

Die Stabilität der davon betroffenen Banken konnte nur gesichert werden, indem ihnen die EZB im Dezember 2011 und im März 2012 mit zwei langfristigen und ungewöhnlich umfangreichen Refinanzierungsgeschäften unter die Arme griff. Über drei Jahre lang können sich die Banken von der EZB Geld zum Leitzins leihen – eine Maßnahme, die EZB-Präsident Mario Draghi in einem Interview als „Dicke Bertha" bezeichnete. (So hieß während des Ersten Weltkriegs das Geschütz mit dem größten Kaliber.)

---

[4] Stefan Bach, Vermögensabgaben – ein Beitrag zur Sanierung der Staatsfinanzen in Europa, in: „DIW Wochenbericht", 28/2012.

Der Anteil der EZB an der gesamten Refinanzierung der Banken in den Problemländern nimmt also immer mehr zu. In den Bilanzen der Notenbank finden diese Prozesse ihren Niederschlag in den sogenannten TARGET2-Salden der einzelnen Mitgliedsnotenbanken. Es handelt sich bei TARGET (Trans-European Automated Real-time Gross Settlement Express Transfer System) primär um ein System für Zahlungen zwischen den Banken der Mitgliedsländer des Euroraums. Über viele Jahre hinweg wiesen diese Salden keine größeren Werte auf. Das änderte sich jedoch mit der Eurokrise, die zu einem dramatischen Anstieg der Salden führte. Der positive Saldo der Bundesbank ist mittlerweile auf über 700 Mrd. Euro in die Höhe geschnellt. Dem stehen beunruhigend hohe Defizitsalden vor allem Italiens und Spaniens gegenüber. Für beide Länder lässt sich zeigen, dass die TARGET2-Salden weitgehend den Netto-Kapitalabflüssen entsprechen.[5]

Die rasch steigenden TARGET2-Salden sind somit ein deutliches Symptom für eine zunehmende Vertrauenskrise in die Finanzsysteme der Problemländer. Denn wie das hier beschriebene Beispiel verdeutlicht, kommt es durch die TARGET2-Finanzierung nicht zu höheren monetären Beständen in den Problemländern. Im Gegenteil: Hier ist schon seit längerem ein Rückgang des Kreditvolumens zu konstatieren. Von einer „exzessiven Geldschöpfung"[6] kann also keine Rede sein.

Die Passivität der Banken

Die aus all diesen Gründen schwache Verfassung der Banken in den Peripherieländern hat ihrerseits wieder negative Rückwirkungen auf die makroökonomische Situation. Wenn Banken mit Verlusten auf der Aktivseite kämpfen und gleichzeitig höheren Eigenkapitalforderungen nachkommen müssen, besteht für sie in der Regel die einfachste Lösung darin, die Aktivseite zu verkürzen. Man bezeichnet das auch als „deleveraging" (das heißt eine Verminderung des Fremdkapital-Hebels), da damit die Relation des

---

5 Die Mechanik der TARGET2-Salden lässt sich wie folgt erklären: Nehmen wir an, die Commerzbank habe eine Million Euro für ein Jahr an Unicredit verliehen. Bei der Fälligkeit entscheidet sie sich, den Betrag nicht erneut bei Unicredit anzulegen, sondern eine Rückzahlung zu fordern. Damit Unicredit diese Forderung bedienen kann, nimmt die Bank eine Überweisung an die Commerzbank zu Lasten ihres Kontos bei der italienischen Notenbank vor. Diese überweist nun eine Million Euro auf ein Konto, das die Commerzbank bei der Deutschen Bundesbank unterhält. Die Commerzbank hat somit eine Forderung gegenüber Unicredit in eine Forderung der Bundesbank getauscht. Unicredit wiederum erhält seine Refinanzierung jetzt nicht mehr von der Commerzbank, sondern von der italienischen Notenbank. Die Deutsche Bundesbank hat also höhere Einlagen von der Commerzbank, denen im Prinzip eine Forderung an die italienische Notenbank gegenüberstehen würde. Im Rahmen der Währungsunion wird die Forderung der Bundesbank jedoch als TARGET2-Forderung gegenüber dem gesamten System der beteiligten Notenbanken verbucht. Dementsprechend wird auch die Verbindlichkeit der Banca d'Italia nicht als Verbindlichkeit gegenüber der Bundesbank, sondern als eine TARGET2-Verbindlichkeit verbucht, die wiederum gegenüber der EZB besteht. Im Ergebnis weist die italienische Notenbank auf der Aktivseite ihrer Bilanz jetzt höhere Refinanzierungskredite gegenüber den italienischen Banken auf. Dem entspricht auf der Passivseite ihrer Bilanz eine TARGET2-Verbindlichkeit gegenüber der EZB. So gesehen sind die TARGET2-Salden in erster Linie ein Substitut für Kredite zwischen den Geschäftsbanken der Währungsunion, die zu normalen Zeiten wie ein System kommunizierender Röhren für den Liquiditätsausgleich zwischen den Geschäftsbanken sorgen.
6 Hans-Werner Sinn, Die europäische Zahlungsbilanzkrise – Eine Einführung, in: „Ifo Schnelldienst", 64/2011, S. 16.

Eigenkapitals zu den Aktiva erhöht wird, während die Relation des Fremdkapitals (mit dem das Eigenkapital „hoch-gehebelt" wird) abnimmt. Diese Entwicklung kann man an den rückläufigen Kreditbeständen der Banken in den Problemländern deutlich erkennen. Im infernalischen Dreieck spielt auch die Wechselbeziehung zwischen Banken und Staat eine wichtige Rolle. Der negative Einfluss von steigenden Renditen und damit sinkenden Wertpapierkursen auf die Bankbilanzen ist bereits angesprochen worden. Er hat sich durch die Politik der „Dicken Bertha" leider noch verstärkt, da vor allem spanische Banken einen Teil der ihnen zur Verfügung gestellten Mittel zum Ankauf von inländischen Staatsanleihen verwendet haben.

Umgekehrt stellt die instabile Verfassung des heimischen Finanzsektors eine wachsende Belastung für die Staaten dar. Da sie nach wie vor allein für die Stabilität ihrer Finanzinstitute haften, haben – wie das Beispiel Spanien verdeutlicht – ungünstige Nachrichten aus dem Bankensektor unmittelbar negative Auswirkungen auf ihre Beurteilung durch die Marktteilnehmer.

Je länger diese sich wechselseitig destabilisierenden Kräfte anhalten, desto stärker werden die Fliehkräfte, die die Existenz der Währungsunion bedrohen. Nachdem diese Prozesse schon sehr weit fortgeschritten sind, wird eine nachhaltige Stabilisierung des Euro dementsprechend einen großen politischen Kraftakt erfordern.

Es dürfte kein Zweifel daran bestehen, dass der Versuch, die Krise innerhalb des gegebenen institutionellen Rahmens in den Griff zu bekommen, gescheitert ist. Dazu hätte es von vornherein eines Ansatzes bedurft, der sich mit allen Kräften um eine Eindämmung der Situation in Griechenland bemüht und dabei immer darauf geachtet hätte, die Sicherheit der Staatsanleihen des Euroraums nicht in Frage zu stellen. Es wird jeden Tag offensichtlicher, dass die in den letzten Jahren verfolgte Politik des „Durchwurstelns" zu einem immer größeren ökonomischen wie politischen Flurschaden führt. Während die Volkswirtschaften in den Problemländern immer tiefer in Rezession, Depression und Arbeitslosigkeit versinken und dies dort vor allem dem Diktat aus Berlin zugeschrieben wird, wächst in der deutschen Öffentlichkeit der Unmut über die zunehmende direkte wie indirekte Haftung für Länder, die scheinbar unwillig sind, die notwendigen Reformen energisch anzugehen.

Ein grundlegender Kurswechsel ist nötig

Mit anderen Worten: Es bedarf also eines grundlegenden Kurswechsels. Dieser Kurswechsel muss von der Einsicht bestimmt sein, dass die mit dem Vertrag von Maastricht beschlossene Architektur der Währungsunion durch die Erschütterungen der Finanzkrise nicht mehr tragfähig ist. Wenn die mit der Gründung der EZB und der Einführung des Euro vollzogene monetäre Integration eine Zukunft haben soll, wird man um eine stärkere fiskalpolitische Integration nicht herumkommen. Hierin könnte aber, bei allen Problemen der aktuellen Krise, auch eine große Chance bestehen. Der Blick in den

Abgrund eines unkontrollierten Auseinanderbrechens der Währungsunion könnte bei allen Beteiligten die Bereitschaft fördern, nationale Egoismen zugunsten eines gemeinsamen, solidarischen Vorgehens zurückzustellen.

In der deutschen Öffentlichkeit begegnet man dem Projekt einer intensiveren fiskalischen Integration mit großer Skepsis. Diese ist durchaus berechtigt, denn jede Form einer engeren Kooperation, sei es ein Unternehmenszusammenschluss oder eine Ehe, ist mit Risiken behaftet. Aber man sollte sich gleichzeitig der Tatsache bewusst sein, dass der Verzicht auf einen solchen Schritt aller Wahrscheinlichkeit nach den Rückschritt zu einer nationalen Währung bedeutet – mit allen fatalen Konsequenzen.

Wie aber hätte man sich dagegen eine Stabilisierung der Währungsunion auf kurze und auf mittlere Sicht vorzustellen?

Die Überwindung des infernalischen Dreiecks

Wenn der Euro die nächsten Jahre überleben soll, muss zunächst alles getan werden, um das infernalische Dreieck zu überwinden. Da dies sehr schnell geschehen muss, können dafür nur Handlungsoptionen zum Tragen kommen, die sich innerhalb des geltenden institutionellen Rahmens bewegen. Um die Stabilisierung der Währungsunion auch auf eine nachhaltige institutionelle Basis zu stellen, müssen parallel zu den kurzfristigen Maßnahmen unmittelbar jene Schritte eingeleitet werden, die für einen grundlegenden Umbau der Währungsunion erforderlich sind.

Wenn man die wechselseitige Eskalation von Staatsschuldenkrise, Bankenkrise und makroökonomischer Krise stoppen will, müsste man mit der makroökonomischen Krise beginnen. Ein Ende der Rezession, die Wiedergewinnung von Wirtschaftswachstum, ist die wichtigste Voraussetzung für eine Stabilisierung sowohl der Staatsschulden als auch des Bankensystems. Oder anders formuliert: Je mehr Staaten in die Rezession geraten, desto ungünstiger entwickelt sich die Schuldenstandsquote und desto instabiler wird die Situation der Banken, da mit steigender Arbeitslosigkeit und zunehmenden Unternehmensinsolvenzen immer mehr Kredite notleidend werden.

In einer idealen Welt würde man in Anbetracht der ausgeprägten Rezession in diesen Ländern nach umfangreichen Konjunkturprogrammen rufen. Da dies aktuell nahezu ausgeschlossen ist, wäre schon viel erreicht, wenn die Regierungen darauf verzichten würden, noch weitere einschneidende Sparmaßnahmen umzusetzen. Immerhin würden so die Fehler Heinrich Brünings nicht wiederholt. Kurzfristig kann es dabei zwar zu höheren Defiziten kommen, aber wenn man damit vermeiden könnte, dass Italien und Spanien in eine ähnlich desolate Situation wie Griechenland geraten, wäre viel gewonnen. Das Beispiel Griechenlands zeigt dabei zugleich, dass überzogenes Sparen zu einem besonders starken Anstieg der Schuldenstandsquote führen kann. Das heißt nicht, dass man auf die Konsolidierung grundsätzlich verzichten soll, aber man sollte damit warten, bis die Volkswirtschaften der Peripherieländer wieder Tritt gefasst haben.

Für ein solches Vorgehen spricht auch die bereits erwähnte IWF-Studie von Nicoletta Batini und Anderen. Danach ist die Wahrscheinlichkeit, dass eine Konsolidierung, die in einem Abschwung begonnen wird, diesen vertieft oder verlängert, doppelt so hoch wie die Wahrscheinlichkeit, dass eine Konsolidierung, die in einem Aufschwung eingeleitet wird, zu einem Abschwung führt.

Nur die EZB kann die Stabilität der Finanzmärkte jetzt sichern

Unter den gegenwärtigen Bedingungen würde ein temporäres Aussetzen weiterer Spar- und Kürzungsprogramme allerdings mit großer Wahrscheinlichkeit zu einer noch größeren Panik auf den Finanzmärkten führen. Deshalb ist ein solcher – unter konjunkturpolitischen Aspekten dringend gebotener – Schritt nur dann möglich, wenn er mit einer umfassenden Absicherung gegenüber Marktstörungen verbunden ist.

Die mit dem EFSF und dem ESM bestehenden Rettungsfazilitäten wären dafür unzureichend. Allein Italien und Spanien weisen bis zum Jahr 2014 einen Refinanzierungsbedarf von rund einer Billion Euro auf. Dem steht ein maximales Volumen der kombinierten Rettungsfazilitäten von 700 Mrd. Euro gegenüber. Beim ESM stellt sich zudem das Problem, dass er in Abhängigkeit der geleisteten Bareinzahlungen sein volles Finanzierungsvolumen erst nach und nach aufbauen wird.

In der aktuellen Situation ist daher kurzfristig in der Tat nur die Europäische Zentralbank in der Lage, die notwendige Absicherung auf den Finanzmärkten zu gewährleisten. Konkret muss sie dazu eine Obergrenze für die Renditen spanischer und italienischer Anleihen vorgeben. In Anbetracht der Tatsache, dass sich Japan, das Vereinigte Königreich und die Vereinigten Staaten trotz teilweise sehr viel höherer Defizite zu langfristigen Zinsen von 1 bis 1,5 Prozent finanzieren können, sollte die Obergrenze für Italien und Spanien nicht über 4 Prozent liegen. Ebenso wenig wie die kurzfristigen Leitzinsen einer Notenbank dauerhaft festgeschrieben sind, sollte eine solche Zinsobergrenze für langfristige Anleihen nicht starr, sondern flexibel sein. Leider hat sich die EZB nur dazu durchringen können, den Fristenbereich bis drei Jahre zu stabilisieren.

Wie bei allen Zentralbankinterventionen auf Finanzmärkten stellt sich auch hier die Frage, in welchem Umfang die EZB aktiv werden muss. Dies hängt entscheidend davon ab, für wie glaubhaft die Ankündigung einer Notenbank angesehen wird. Gehen die Investoren davon aus, dass damit die zukünftigen Kursverluste bei italienischen und spanischen Staatsanleihen begrenzt sind, wäre es für sie ein schlechtes Geschäft, solche Papiere an die EZB zu verkaufen und dafür deutsche Anleihen mit einer sehr viel geringeren Rendite zu erwerben oder gar den Erlös in der unverzinslichen Einlagenfazilität der EZB zu parken. So gesehen ist es durchaus möglich, dass es nur vergleichsweise geringer Wertpapierankäufe durch die EZB bedarf, um die Situation zu stabilisieren. Aber auch große Interventionsvolumina wären kein Unglück. Vielmehr würde die EZB dabei sogar Gewinne machen, da sie verzinsliche Anleihen erwerben würde, denen in ihrer Bilanz zusätzliche Notenbank-Guthaben der Banken gegenüberstünden, die derzeit eine Verzinsung von null aufweisen. Auch das Ausfallrisiko wäre begrenzt, da Italien und Spanien – wie bereits gesagt – bei einem Zinssatz von 4 Prozent keine Probleme mit der Tragfähigkeit ihrer Verschuldung hätten.

Ein Segen für Millionen von Altersvorsorgesparern und: Deflation entspricht Inflation

Für Deutschland würde eine glaubhafte Intervention der EZB bedeuten, dass sich die extrem niedrigen Renditen für öffentliche Anleihen wieder auf ein normales Niveau zubewegen. Das wäre aus Sicht des Finanzministers nachteilig, aus Sicht der deutschen Lebensversicherungen und damit von Millionen von Altersvorsorge-Sparern wäre es ein dringend gebotener Befreiungsschlag. Wenn die Renditen für deutsche Anleihen dauerhaft in der Nähe von einem Prozent verharrten, würden sämtliche Renditeversprechungen von Riester- und Rürup-Renten obsolet. Auch die betriebliche Altersvorsorge könnte so in eine bedrohliche Schieflage geraten.

Einer Intervention der EZB am Kapitalmarkt wird häufig entgegen gehalten, dass solche Transaktionen nicht mit ihrem Mandat zu vereinbaren seien. Nach Artikel 127 des Vertrags über die Arbeitsweise der Europäischen Union ist die EZB primär dem Ziel der Geldwertstabilität verpflichtet. Dieses Ziel muss jedoch symmetrisch verstanden werden, das heißt, eine Inflation ist volkswirtschaftlich ebenso schädlich wie eine Deflation. Wenn es jedoch nicht bald gelingt, das infernalische Dreieck zu überwinden, so dass die Arbeitslosenrate des Euroraums, die sich mit mehr als 12 Prozent ohnehin schon auf einem historisch hohen Niveau bewegt, noch weiter ansteigt, können die deflationären Kräfte leicht die Oberhand gewinnen. So gesehen ist alles, was die EZB zur Vermeidung einer Deflation im Euroraum unternimmt, durch ihr primäres Mandat vollständig abgedeckt.

Wertpapierkäufe widersprechen auch nicht dem Vertrag über die Arbeitsweise der Europäischen Union. Artikel 123 verbietet lediglich den unmittelbaren Erwerb von Staatsanleihen bei den jeweiligen Staaten, nicht aber den mittelbaren Erwerb über den Kapitalmarkt.

Insgesamt steht die EZB heute vor der Aufgabe, die Rolle des *lender of last resort* in vollem Umfang wahrzunehmen. Dabei handelt es sich um eine klassische Notenbank-Funktion im Falle von Bankenkrisen. Sie wurde erstmals von dem britischen Ökonomen Walter Bagehot (1826–1877) für die Bank of England im Falle eines *bankrun* formuliert. Da die Banken bei einer kollektiven Panik, die zu einem massenhaften Abzug von Bankeinlagen führt, nicht in der Lage sind, diesen Prozess zu stoppen, muss die Notenbank die Lage stabilisieren, indem sie umfassende Kredite an die Banken vergibt. „Lend freely" lautet für diesen Fall Bagehots Maxime, die er in seinem berühmten Buch „Lombard Street" formulierte.

Heute haben wir es neben einem schleichenden, aber nicht minder problematischen Abzug von Bankeinlagen zugleich mit der Gefahr eines *bond-run* zu tun, also einer kollektiven Panik bei den Investoren von Staatsanleihen, die zu Massenverkäufen führen könnte. Aufgrund der bereits erwähnten institutionellen Bedingungen der Währungsunion sind die Länder dagegen ähnlich hilflos wie die Banken bei einem klassischen *bank-run*.

Die Rolle der EZB bei der Stabilisierung der Banken

Wenn es der EZB gelingt, durch Anleihekäufe den Wert der Staatsanleihen zu stabilisieren, und zudem die konjunkturelle Abwärtsspirale gestoppt wird, wäre schon ein sehr wichtiger Beitrag zur Lösung der Probleme des Finanzsektors in den Peripherie-Ländern geleistet. Denn zwei der drei Krisen, die der Staatsschulden wie die makroökonomische, also die Rezession, wären damit wirksam bekämpft. Bliebe noch als Drittes die Bankenkrise: Tatsächlich ist durchaus nicht auszuschließen, dass es dennoch zu größeren Verlusten bei spanischen oder italienischen Banken kommt. Unter den derzeitigen Verhältnissen gibt es zwar die Möglichkeit, dass der EFSF zur Rekapitalisierung von Banken Mittel bereitstellt, diese werden jedoch als Verbindlichkeit des betreffenden Staates gewertet. Der im Juni 2012 von Spanien gestellte Antrag auf EFSF-Hilfe zur Bankenrekapitalisierung hat deshalb auch nicht zur Beruhigung der Märkte beigetragen. Die Risikoprämie für Spanien stieg nach einem kurzen Rückgang weiter an.

Bei der erforderlichen Rekapitalisierung von Banken geht es vor allem um die Frage der Systemrelevanz. Wenn aber der Zusammenbruch spanischer Banken dazu führen würde, dass es über Domino-Effekte zum Kollaps von Banken in Frankreich und Deutschland kommt, wäre es da tatsächlich sinnvoll, die Bankenrettung dem spanischen Staat zu überlassen, der dazu nicht mehr in vollem Umfang in der Lage ist? Wohl kaum. Den betroffenen Staaten würde es dagegen sehr viel leichter fallen, ihre Banken aus eigener Kraft zu stabilisieren, wenn sie nicht mehr damit rechnen müssten, dass die damit einhergehende zusätzliche Staatsverschuldung zu einem erneuten Anstieg ihrer Risikoprämie führt, die dann – so der circulus vitiosus – ihrerseits mit zusätzlichen Verlusten der Banken einhergeht. Eine Stabilisierung der Anleiherenditen durch die EZB könnte somit dazu beitragen, dass der gefährliche Prozess eskalierender Probleme im Bankensektor, einer höheren Staatsverschuldung und steigender Risikoprämien unterbunden wird. Eine direkte Finanzierung von Banken durch den EFSF, die auf dem Gipfel vom 28. und 29. Juni 2012 zwar grundsätzlich ins Auge gefasst, dann aber davon abhängig gemacht wurde, dass erst einmal eine gemeinschaftliche Bankenaufsicht etabliert wird, wäre dann auf kurze Sicht gar nicht mehr erforderlich. Gewiss, es ist durchaus legitim, sich aus grundsätzlichen Erwägungen gegen die Entscheidung Mario Draghis und gegen ein Eingreifen der EZB zu stellen. Aber man sollte dann auch so mutig sein, die damit verbundenen Konsequenzen klar auszusprechen und das Ganze nicht auch noch als Beitrag zur

Rettung des Euro zu verkaufen. Die EZB nimmt derzeit faktisch die Funktion einer gigantischen Herz-Lungen-Maschine für ein völlig dysfunktionales Finanzsystem wahr. Wenn man dafür plädiert, diese abzustellen, nimmt man damit billigend ein chaotisches Ende der Währungsunion in Kauf.

Man muss daher die mit dem Ende der Währungsunion verbundenen Konsequenzen sorgfältig abwägen gegen die Risiken, die mit einer umfassenden Stützung der Märkte für Staatsanleihen durch die EZB verbunden sind: In der Regel wird das größte Risiko darin gesehen, dass ein umfangreicher Ankauf von Staatsanleihen Inflation nach sich zieht. In der Tat ist es in der Geschichte immer wieder dazu gekommen. Auf der anderen Seite kann man am Beispiel Japans sehen, dass eine Wirtschaft selbst bei massiven Interventionen der Notenbank am Kapitalmarkt (in den Jahren 2001 bis 2004 erreichten diese eine Höhe von rund 6 bis 7 Prozent des Bruttoinlandsprodukts) über Jahre hinweg von deflationären Tendenzen beherrscht sein kann.

Wenn die EZB in der aktuellen Situation Staatsanleihen erwirbt, kommt es für die Banken zu einem Tausch von unsicheren Anleihen mit hoher Verzinsung gegen Notenbankguthaben mit niedriger Verzinsung. Der Zinsverlust ist damit als eine Versicherungsprämie gegen weitere Kurseinbußen bei Staatsanleihen zu sehen. Wie bei jeder Versicherung wird damit niemand bereichert, so dass davon auch keine expansiven Impulse für die Wirtschaftsaktivität des Euroraums ausgehen. Ein Eingreifen der EZB hätte nur dann inflationäre Effekte, wenn sich die Staaten dadurch veranlasst sähen, in den nächsten Jahren so expansive Ausgabenprogramme und Steuersenkungen zu initiieren, dass es zu einer wirtschaftlichen Überhitzung des Euroraums kommt. Sollten derartige Fehlentwicklungen tatsächlich eintreten, hätte die EZB neben ihrer klassischen Zinspolitik die Möglichkeit, durch den Verkauf von Staatsanleihen die langfristigen Zinsen nach oben zu treiben. Sie könnte damit eine besonders restriktive geldpolitische Linie fahren.

Richtig bleibt aber auch: Da bei Staatsanleihekäufen von Notenbanken negative Anreizeffekte nicht grundsätzlich auszuschließen und auch nicht zu vermeiden sind, darf es sich bei solchen Eingriffen immer nur um temporäre, quasi intensivmedizinische Interventionen handeln. Sie sollten daher möglichst bald dadurch abgelöst werden, dass für die gesamte Währungsunion eine solidere Architektur in Form einer echten politischen Union gefunden wird.[7] Während also auf kurze Sicht kein Weg an einer Stabilisierung des Euroraums durch die EZB vorbeiführt, sollte man mittel- und langfristig gleichwohl alles tun, um die traditionelle Trennung zwischen Geld- und Fiskalpolitik wiederherzustellen. Denn die Staatsfinanzierung, soviel steht fest, darf keine Daueraufgabe der Notenbank werden.

---

[7] Vgl. dazu auch den Beitrag von Peter Bofinger, Jürgen Habermas und Julian Nida-Rümelin, Einspruch gegen die Fassadendemokratie. Ohne einen Strategiewechsel wird die Währungsunion nicht mehr lange überleben, in: „Frankfurter Allgemeine Zeitung", 3.8.2012.

Euroland bald abgebrannt?

Die Währungsunion am Scheideweg

Von **Rudolf Hickel**

Die tiefgreifende Systemkrise der am Neujahrsmorgen 1999 gestarteten europäischen Währungsunion ist heute unübersehbar, tagtäglich werden die Wetten auf den Absturz des Euro erneuert. Auch Deutschland, das sich noch immer auf einer „Insel der Glückseligen" wähnt, kann sich dieser Systemkrise nicht mehr entziehen. Nachdem die Bundesrepublik über Jahre mittels innerer Abwertung (durch zurückhaltende Lohnpolitik und die Deregulierung der Arbeitsmärkte) profitable Außenhandelsüberschüsse erzielt hat, schlägt die dadurch erzeugte Verschuldenskrise der Nachbarstaaten nun auf den Krisen(mit)verursacher zurück. Diese negative Rückkopplung wird durch die den Krisenländern oktroyierte Austeritätspolitik zusätzlich verstärkt.

Kurz vor dem Abgrund stellt sich heute nur noch eine Alternative: Entweder erfolgt der mutige Abschied vom Gründungsirrglauben, wonach die Währungsunion aus sich heraus genügend realwirtschaftliche Konvergenz erzeugt. Oder man wählt die Exitoption, die ihrerseits mehrere Varianten zulässt. Erstens: Die heutige Gemeinschaftswährung löst sich in nationale Währungen auf, für die eigene Wechselkurse notiert werden. Eine zweite Variante wäre ein Hartwährungskern mit dem Epizentrum Deutschland. Andere Währungen könnten sich über einen Wechselkursverbund zur Stabilisierung der Wechselkurse ankoppeln. Wie auch immer die Varianten aussehen, das illusionär gestartete Eurosystem wäre mit dieser Option renationalisierter Währungen abgeschafft. Fest steht aber auch: Der Mittelweg, den die Bundesregierung bisher verfolgt, ist keine Lösung. Denn das Durchwursteln mit Ad-hoc-Maßnahmen und Trippelschritten lässt das noch bestehende Restvertrauen in den Euro immer mehr zusammenschmelzen. Die aktuelle Systemkrise kann daher nur mit mutigen kurzfristigen Maßnahmen bewältigt werden – auf Basis eines Zukunftskonzepts der ökonomischen Integration Europas. Dafür müssen aber zuerst die grundlegenden Fehler der Eurokonstruktion genau ins Visier genommen werden.

Der monetäre Gründungsirrtum: Rettungstechnokratie ohne Visionen

Die fatale Weichenstellung in Richtung Systemkrise erfolgte bereits mit dem im Dezember 1991 verhandelten und 1992 ratifizierten Vertrag von Maastricht,[1] der in den heute geltenden Lissaboner Vertrag eingegangen ist. Dieser völkerrechtliche Vertrag regelte ausschließlich die Schaffung der Währungsunion und der Europäischen Zentralbank. Ergänzende Maßnahmen zum Ausbau der Wirtschaftsunion waren nicht vorgesehen.

Der Grad an gemeinschaftlicher Mindestkonvergenz, der von den aufzunehmenden Mitgliedsländern verlangt wurde, konzentrierte sich allein auf monetäre Kriterien. Die Aufnahmekriterien (3 Prozent Neuverschuldung und 60 Prozent Gesamtschulden) dienten ausschließlich dem Ziel, die Geldwertstabilität der neuen Währung zu sichern. Diese monetaristische Inflationsangst wird durch die Beobachtung der letzten Jahre ad absurdum geführt: Der enorme Anstieg der Staatsverschuldung ging mit minimaler Geldentwertung einher. Realwirtschaftliche und wirtschaftsstrukturelle Mindestvoraussetzungen wurden demgegenüber völlig ignoriert. Für die Angleichung der Wirtschaftsräume sah der Maastrichter Vertrag keine Instrumente vor. Wirtschaftliche Entwicklungs- und Beschäftigungspolitik waren in diesem Dokument einer politisch amputierten Monetärintegration Fremdworte. So war auch der Fall der Insolvenz eines Krisenlandes schlicht nicht vorgesehen. Ja mehr noch, mit der Nichtbeistandsklausel *(„No Bail out")* wurde den anderen Mitgliedsländern sowie den EU-Institutionen im Falle von Staatskrisen jegliche Hilfe untersagt. Die akuten Integrationsdefizite sind insofern die Folge der Illusion, dass eine Währungsunion aus sich heraus genügend Kraft entwickeln werde, die wirtschaftliche und politische Konvergenz voranzutreiben. Faktisch geschah das Gegenteil: Die Spaltung der beim Start bereits zerklüfteten ökonomischen Landschaft wurde in den vergangenen bald 14 Jahren weiter vorangetrieben. Die stark unterschiedliche Wettbewerbsfähigkeit (unter der Dominanz der deutschen Wirtschaft) sowie die weiter divergierenden Wirtschaftsstrukturen haben am Ende die Schuldenkrise in den Mitgliedsländern mit geringer internationaler Konkurrenzfähigkeit produziert. Die Fehlkonstruktion eines Binnenmarkts plus Währungsunion ohne gemeinschaftliche, Konvergenz schaffende Politik musste somit letztlich zur Eurokrise führen.

Krisenverschärfende Ad-hoc-Politik

Die vor allem durch die deutsche Bundesregierung zu verantwortende EU-Politik lässt bisher eine offensive Integrationspolitik – auch zur Korrektur der Gründungsfehler – nicht erkennen. Stattdessen wird mit dem Durchwurschteln von einem zum nächsten Krisengipfel die Vertrauenskrise weiter vertieft. Bis heute fehlt der Mut, nach dem, durch die aktuelle Euro-Systemkrise belegten, Scheitern des Maastricht-Vertrags die *„No Bail out"*-Klausel zugunsten einer, allerdings kontrollierten, Haftungsgemeinschaft endgültig über Bord zu werfen. Solange jedoch die bisherige monetaristische Integration nicht durch eine gemeinschaftliche Haftungs- und Verantwortungsunion ergänzt wird, sind alle kurzfristigen Rettungsmaßnahmen vergebens.

---

1 Zur Kritik am Maastricht-Vertrag vgl. Rudolf Hickel, Standort-Wahn und Euro-Angst, Die sieben Irrtümer der deutschen Wirtschaftspolitik, Reinbek 1998.

Der „Sachverständigenrat zur Begutachtung der gesamtwirtschaftlichen Entwicklung" hat in seinem Sondergutachten vom 5. Juli 2012 die aktuelle krisenverschärfende Politik der Bundesregierung überraschend scharf kritisiert: „Die europäische Politik entspricht einer Strategie der Trippelschritte, bei der versucht wird, auf neue aufbrechende Krisenherde mit weiter ausgedehnten Rettungsschirmen oder einer Veränderung des Zugangs zur EFSF oder zum ESM zu reagieren."[2] Dabei konzentrieren sich die Maßnahmen nur auf das Nötigste und wecken damit stets die Erwartung auf eine neue Krisenrunde. Dieser aussichtslose „sofortige Sofortismus" (Jean-Claude Juncker) löst ständige Nachfolge-Krisengipfel aus. Vehement abgelehnt werden dagegen weitergehende, dringend erforderliche Instrumente zum Ausbau der Währungsunion und deren Einbettung in eine schleunigst aufzubauende Fiskal- und Wirtschaftsunion, insbesondere Eurobonds als Instrument der gemeinschaftlich verantworteten Neuverschuldung, eine disziplinierende Bankenunion, ja selbst die Vergemeinschaftung der Altschulden durch einen Schuldentilgungsfonds. An der Spitze der Neinsager steht die Bundesregierung und treibt die Währungsunion mit ihrem Versuch, die Vergemeinschaftung der Lasten so klein wie möglich zu halten, in den wesentlich teureren Zusammenbruch.

Dabei verdeckt der durch die Bundeskanzlerin und den Präsidenten der Deutschen Bundesbank populistisch eingesetzte Begriff der „Stabilitätsunion" die Tatsache, dass damit die Instabilität und schließlich das Ende der Eurowährung forciert werden. Denn mit der Stabilitätsunion wird auf die zwingend notwendige nachhaltige Regulierung der Finanzmärkte bewusst verzichtet. Spekulanten behalten damit jene Instrumente, mit denen sie hochprofitabel auf den Zusammenbruch einzelner Länder, sogar auf das gesamte Eurosystem, wetten. Machtvolle Hedgefonds und Investmentbanker treiben auf diese Weise die Politik weiter vor sich her. Die Europäische Zentralbank sieht sich dagegen gezwungen, den mangels Vertrauen der Banken untereinander nicht funktionierenden Interbankenmarkt zu ersetzen, die vergleichsweise hohen Zinssätze in den Krisenländern zu senken und das instabile Finanzsystem immer wieder aufs Neue zu beruhigen.

Was not tut: Die Bankendisziplinierungsunion

Ohne eine Zerschlagung der Institutionen des Spekulationskapitalismus ist die Eurokrise daher nicht zu überwinden. Dazu gehört auch eine wirksame Bankenunion mit gemeinschaftlicher Einlagensicherung und einer Aufsicht, die zur Vermeidung von Zusammenbrüchen in die Bankgeschäfte eingreifen darf, wie sie in Ansätzen auf dem Brüsseler Euro-Gipfel am 28. Juni 2012 vereinbart wurde.

Zweifellos ist der Begriff der Bankenunion, der ein bedingungsloses Hilfsprogramm für gescheiterte Banken suggeriert,[3] missverständlich. Was damit

---

2 Sachverständigenrat zur Begutachtung der gesamtwirtschaftlichen Entwicklung, Sondergutachten „Nach dem EU-Gipfel: Zeit für langfristige Lösungen nutzen", 5.7.2012, www.sachverstaendigenrat-wirtschaft.de.
3 Vgl. dazu auch Wieslaw Jurczenko, Europäischer Bankensozialismus, in: „Blätter", 8/2012, S. 5-8, nachzulesen auf www.blaetter.de.

wirklich bezweckt werden muss, ist eine Bankendisziplinierungsunion – mit harten Eingriffsrechten der Aufsichtsbehörden als unabdingbarer Basis der Europäischen Währungsunion. Sie ist die Voraussetzung für eine erfolgreiche geldpolitische Steuerung durch die Europäische Zentralbank.

In einer Währungsunion müssen die Sicht-, Termin- und Spareinlagen einheitlich gesichert sein. Denn diese Einlagen, etwa bei einer spanischen Bank, gehen genauso wie die Bestände in Österreich oder Deutschland in die EZB-Geldmenge ein. Wenn beispielsweise Sparer in Spanien wegen der Krise ihr Geld abziehen und auf andere Banken im Euroraum verlagern, gefährden sie damit die Liquidität der dortigen Geldinstitute. Diesen Verlust an Geldmenge bei den spanischen Banken kann die allgemeine Geldpolitik der EZB nicht kompensieren. Dennoch müssen sich alle Sparer in der Währungsunion einigermaßen gleich sicher fühlen. Nur dann besteht kein Anreiz, die Gelder über die Grenze zu schaffen. Auch die gegenwärtige latente Krisenanfälligkeit von Banken infolge spekulativer Geschäfte, die am Ende die Einlagen von Kunden bedrohen, muss über die Bankendisziplinierung abgestellt werden. Die Kritiker einer derartigen ordnungspolitischen Gestaltung des Finanzsektors sind hingegen meistens auch Gegner der EU-Bankenunion. Ohne einen entmachteten Finanzsektor und hier insbesondere ohne eine entschiedene Politik gegen die als Schattenbanken operierenden Hedgefonds wird am Ende jedoch auch der Euro scheitern.[4] Die Bankenunion ist allerdings zum Scheitern verurteilt, wenn es nicht zu einer übergreifenden Regulierung der Finanzmärkte kommt. Spekulatives Investmentbanking ohne Kundenauftrag, das im Absturz alle Kunden mitreißt, muss daher zerschlagen und in ein gesamtwirtschaftlich dienendes Bankensystem, in dem Geldinstitute auch Pleite gehen können, transformiert werden. Darauf hat Sigmar Gabriel zu Recht aufmerksam gemacht.[5]

Stabilität mittels Austerität – die große Illusion

Bei der herrschenden Politik der Bundeskanzlerin kann von wirksamer Krisenbewältigung dagegen nicht die Rede sein. Die von ihr angestrebte Stabilitätsunion bindet Finanzhilfen für Krisenländer an eine gesamtwirtschaftlich unsinnige Austeritätspolitik. Ihre Instrumente: Kürzungen in den öffentlichen Haushalten, Erhöhung der Massensteuern, Privatisierung der öffentlichen Vermögen sowie schrumpfende Arbeitseinkommen. Die propagierte Stabilitätsunion ohne Alternative schafft so in den Krisenländern Instabilität und treibt die ohnehin schwachen Wirtschaften weiter in den Abgrund. Gleichzeitig wird der Ruf „Gebt uns unsere D-Mark zurück" immer lauter.

Die Forderung nach einem Ausstieg aus dem Euro ist jedoch nicht nur an den Stammtischen populär. Auch in der wirtschaftswissenschaftlichen und

---

4 Vgl. Nicola Liebert, Rainald Ötsch und Axel Troost, Der graue Markt der Schattenbanken, in: „Blätter", 6/2012, S. 83-90, nachzulesen auf www.blaetter.de.
5 Vgl. Sigmar Gabriel, Eine Minderheit schadet der Mehrheit – und dem ganzen Land. Thesenpapier zu Banken und Finanzsektor, www.spd.de, 21.7.2012.

politischen Diskussion werden Varianten des Euro-Exits gehandelt.[6] Auffällig ist: Je radikaler die Forderungen, umso weniger werden die gesamtwirtschaftlichen Folgen thematisiert. Nach einer Berechnung des ifo-Instituts wird etwa der mögliche Verlust bei einer Insolvenz und nachfolgendem Austritt Griechenlands für Deutschland allein auf 82,2 Mrd. Euro geschätzt.[7] Über dieses monetäre Verlustpotenzial hinaus ist jedoch mit gewaltigen Belastungen der Realwirtschaft zu rechnen. Durch den schockartigen Absturz würde sich eine Vertrauenskrise über die Wirtschaft ausbreiten. Bei den Unternehmen dominierte Investitionszurückhaltung. Die Ausgabenbereitschaft der privaten Haushalte würde gedämpft.

Auch die öffentlichen Haushalte schränkten wegen der zu übernehmenden Krisenkosten die Ausgaben zu Lasten der Gesamtwirtschaft ein. Verluste der Banken durch erforderlich gewordene Abschreibungen würden über eine restriktive Kreditpolitik die Belastungen in die Realwirtschaft transportieren.

In Deutschland wäre bei einem Ende des Euro mit einer massiven Aufwertung der DM gegenüber den anderen Mitgliedsländern im ehemaligen Euroraum zu rechnen. Die Exportwirtschaft bräche ein, während sich die Importe verbilligen würden. Dem Einbruch der Exportwirtschaft folgte der Arbeitsplatzabbau. Infolge der aufwertungsbedingten Verluste bei der internationalen Konkurrenzfähigkeit drohte eine Welle an Produktionsverlagerungen.

Vorsichtige Schätzungen gehen in der Gesamtwirkung der kumulierten Effekte davon aus, dass die Gesamtwirtschaft nach zwei Jahren um bis zu 15 Prozent schrumpfen könnte. In seinem Sondergutachten vom Juli 2012 hat der „Rat der fünf Weisen" erste Hinweise zu den Kosten der Rückkehr zur D-Mark gegeben:[8] Direkt betroffen wären Auslandsforderungen Deutschlands gegenüber den anderen Euroländern im Umfang von 2,8 Billionen Euro. Davon entfielen 1,5 Billionen Euro auf Unternehmen und Privatleute. Mehr als 700 Mrd. Euro Forderungen der Deutschen Bundesbank aus dem TARGET-Verrechnungssystem der EZB kämen dazu – sowie die bisher über die Rettungsschirme geleisteten Finanzhilfen, die im Falle eines Zusammenbruchs endgültig bedient werden müssten.

Die politischen Schäden: Hat sich der Euro bisher gelohnt?

Über die ökonomische Dimension dieses Krisenszenarios hinaus wären auch die politischen Schäden riesig. Mit dem Zurück zur D-Mark-Hartwährungszone, der möglicherweise Österreich und wenige weitere Länder, jedoch voraussichtlich nicht Frankreich angehören könnten, würde die stets auf der Achse Frankreich-Deutschland basierende EU-Integration einen schweren Rückschlag erleiden. Die Grundlagen der bisherigen EU-Finanzpolitik mit

---

6 Die Wissenschaftlergruppe, die gegen den Maastrichter Vertrag geklagt hatte, hat soeben mit weiteren Experten ein neues Buch vorgelegt, Wilhelm Hankel u.a., Gebt uns unsere D-Mark zurück – Fünf Experten beantworten die wichtigsten Fragen zum kommenden Staatsbankrott, Rottenburg 2012.
7 Vgl. ifo-Institut, Möglicher Verlust des deutschen Staates bei einem Staatskonkurs Griechenlands, Pressemitteilung, 25.7.2012.
8 Sachverständigenrat zur Begutachtung der gesamtwirtschaftlichen Entwicklung, a.a.O., Ziff. 46-48.

dem Gemeinschaftshaushalt, der auch über die Strukturfonds zur Angleichung der Wirtschaftsstrukturen eingesetzt wird, wären bedroht. Schließlich wäre eine gemeinsame EU-Politik zur Regulierung der Finanzmärkte (mit dem Schwerpunkt kontrollierter Banken) durch die Spaltung Europas kaum noch durchsetzbar.

Demgegenüber stehen viele Positiva in der aktuellen Eurobilanz.

Entgegen den weitverbreiteten Unkenrufen hat sich der Euro seit seiner Gründung nicht zum dauerhaften „Teuro" entwickelt. Seit 1999 liegt die jahresdurchschnittliche Inflationsrate knapp unter zwei Prozent. Auch der Außenwert gegenüber wichtigen anderen Währungen war über viele Jahre recht hoch. Erst im Zuge der aktuellen Eurokrise musste die neue Währung Wertverluste hinnehmen, die jedoch durch eine Stabilisierung der Währung wieder wettgemacht werden könnten.

In der Exportwirtschaft wird der Euro zunehmend auch außerhalb der Währungsunion eingesetzt. 2011 sind bei den Außenhandelsgeschäften mit Ländern außerhalb der Eurozone über 67 Prozent der gesamten deutschen Exporte in Euro fakturiert worden. Der Euro hat sich auch zur attraktiven Währungsreserve gemausert. China hält mehr als 30 Prozent seiner Devisenreserven in der Gemeinschaftswährung.

Dass der Euro zwischen den Mitgliedsländern die früheren Informations- und Umtauschkosten bei schwankenden Wechselkursen erübrigt hat, steht ebenfalls auf der positiven Seite seiner Bilanz. Hätte es den Euro während der jüngsten Finanzmarktkrise nicht gegeben, wäre mit massiven Spekulationsgeschäften gegen die nationalen Währungen – beispielsweise D-Mark gegen französische Franc – zu rechnen gewesen. Das Europäische Währungssystem (EWS), mit dem versucht wurde, fixe Wechselkurse durch Interventionen der Notenbank einigermaßen stabil zu halten, wäre unter dem Spekulationsdruck vermutlich zusammengebrochen. Die Gemeinschaftswährung hat Spekulanten dagegen dieses Geschäft vermasselt.

Wir müssen politisch entschleunigen

Gewiss, diese Vorteilsliste für den Euro ist stark ökonomisch ausgerichtet. Das Euro-Währungssystem hat jedoch nur dann eine politische Zukunft, wenn die bisher mangelhafte demokratische Fundierung der monetären Vergemeinschaftung entschieden ernster genommen wird.

Gegenwärtig lösen hektische Finanzmärkte, angetrieben durch den roboterhaften Hochfrequenzhandel, einen immensen, höchst irrationalen Zeitdruck aus und verlangen von der Politik immer wieder Entscheidungen förmlich über Nacht. Die Spekulationsgeschäfte auf kleinste Arbitragen erzeugen jedoch politische Krisenlagen, deren schnelle Bekämpfung im Widerspruch zum Zeitbedarf der demokratisch-parlamentarischen Entscheidungsfindung steht.

Deshalb müssen Grundregeln der parlamentarischen Beteiligung neu vereinbart und gegen das herrschende Primat der Ökonomie durchgesetzt werden. Der enorme zeitliche Entscheidungsdruck könnte etwa dadurch reduziert werden, dass Spekulationsgeschäfte auf realwirtschaftliche Geschäfte begrenzt werden, wodurch das Spekulationsvolumen massiv reduziert würde. Dadurch würde mehr Spielraum für politisch fundierte Entscheidungen zurückgewonnen.

In einem Aufruf an die SPD fordern die beiden „Blätter"-Mitherausgeber Jürgen Habermas und Peter Bofinger sowie der Vorsitzende der SPD-Grundwertekommission Julian Nida-Rümelin die „Selbstermächtigung der Politik" gegen die Übermacht des Finanzsektors. Anstelle der realexistierenden „marktkonformen Fassadendemokratie" verlangen sie einen grundlegenden Kurswechsel in der Europapolitik zu „mehr Integration, mehr Demokratie und politischer Einheit".[9] Die dafür erforderliche Vergemeinschaftung bisher nationaler Souveränitätsrechte setzt eine umfassende Demokratisierung der EU-Entscheidungsorgane bis hin zur EU-Bürokratie voraus. Hierbei muss der nationale Souverän, sprich: das Volk, dem Europäischen Parlament mehr Entscheidungskompetenzen übertragen.

EU im Lernprozess: Mit mutigen Instrumenten die monetäre Integration vertiefen

Man kann es nur wiederholen, der Euro steht vor dem Abgrund. Noch jedoch kann der Absturz durch eine mutige und entschiedene Politik der monetären Integration verhindert werden.

Dazu ist es unabdingbar, Tabus zu überwinden: Der Umgang mit der erforderlichen gemeinschaftlichen Haftung gerät zum Scheidepunkt. Wird trotz vieler Rettungsmaßnahmen weiterhin auf der Doktrin der *„No Bail out"*-Klausel bestanden, wachsen die Risiken eines Zusammenbruchs. Stattdessen sind nationalstaatliche Kompetenzen an die Eurogemeinschaft zu übertragen. Der Lissaboner Vertrag – mit seinen Regelungen zur monetären Integration aus dem ursprünglichen Maastricht-Vertrag – muss zu diesem Zweck grundlegend geändert werden.

Spätestens seit dem ersten Hilfspaket für Griechenland im Frühjahr 2010 befindet sich die EU in einem krisenhaften Lernprozess. Die bisher realisierten Maßnahmen zur Eurorettung reichen jedoch bei weitem nicht aus. Erforderlich ist vielmehr der Ausbau der Wirtschafts- und Währungsunion zu einer politischen Union.

Technokratischer Reduktionismus à la Merkel kann dagegen nur scheitern, siehe den aktuellen ESM: Dessen Volumenbegrenzung auf 700 Mrd. Euro wirkt wie ein Sprengsatz. Spekulanten werden dadurch immer wieder darauf wetten, dass sein Umfang für weitere Krisenländer wie Spanien und Italien nicht ausreichen wird. Nur bei einem unbeschränkten Volumen, das durch alle Krisenländer genutzt werden kann, verlieren die Spekulationen ihr Terrain. Der künftige Rettungsfonds ESM sollte daher mit einer Bankenlizenz ausgestattet werden. Im Kampf gegen die Spekulation sollte der Verkauf von

---

9 Peter Bofinger, Jürgen Habermas und Julian Nida-Rümelin, Für einen Kurswechsel in der Europa-Politik, in: „Frankfurter Allgemeine Zeitung", 4.8.2012.

Staatsanleihen zudem auch auf dem Primärmarkt, direkt von den ausgebenden Staaten, zugelassen werden. Dadurch würden die spekulativ überhöhten Zinssätze in den Krisenländern gedrückt und die Finanzmärkte stabilisiert.

Derzeit sind die Banken hingegen, trotz billigen Geldes durch die EZB, nicht bereit, Staatsanleihen aufzukaufen und die Kreditvergabe auszuweiten. Die Bankenlizenz würde es dem Rettungsfonds jedoch gestatten, gegen die Hinterlegung der Anleihen als Sicherheit bei der EZB, die erforderliche Liquidität zu erhalten.

Die Europäische Zentralbank als entscheidender Akteur

Bei dem Bestreben, die Finanzmärkte zu stabilisieren und die spekulativ hochgetriebenen Zinssätze für Bonds aus den Krisenländern zu senken, spielt also die EZB, zusammen mit dem ESM, die entscheidende Rolle. Der Notenbank bleibt nichts anderes übrig, als auf den Märkten gehandelte Staatsanleihen aus den Krisenländern aufzukaufen.

Allein zwischen Mai 2010 und Juli 2012 sind bereits Staatsanleihen im Wert von knapp 212 Mrd. Euro in die Bilanz der EZB gewandert. Zur Entspannung der Lage wurden den Banken zudem über 1000 Mrd. Euro per Kredit zum EZB-Leitzins zur Verfügung gestellt (bei einer Laufzeit von drei Jahren).

Diese Geldschwemme stößt auf Unverständnis; vom Einsatz der „dicken Bertha" oder einer fahrlässigen „Bazooka-Politik" ist die Rede – zu Unrecht. Gefangen in der monetaristischen Logik dominiert die Sorge, diese Geldschwemme könne eine gigantische, nachfrageinduzierte Inflation auslösen. Inflationshysterie irrationalisiert notwendige politische Entscheidungen.

Dieser Zusammenhang greift jedoch nicht. Denn die Liquiditätsschwemme führt ja bisher gerade nicht zu einer entsprechenden Ausweitung der gesamtwirtschaftlichen Nachfrage nach Gütern und Dienstleistungen gegenüber einem knappen Angebot. Die durch die Notenbank verfügbar gemachte Geldmenge wächst weit unterhalb der inflationären Gefahrenzone. Die Nachfrage der Unternehmen nach Investitionen und die Konsumausgaben der privaten Haushalte schwächeln vielmehr weiter – wie auch die Staatsnachfrage unter dem Diktat der Schuldenbremse. Nach getaner Stabilisierungsarbeit ist die Euro-Notenbank durchaus in der Lage, überschießende Liquidität zurückzunehmen.

Mehr noch: Gläubigern werden die Staatsanleihen zwar garantiert und die Banken erhalten Liquidität, die diese allerdings nicht ausreichend an die Wirtschaft weitergeben. Auch erfolgt der erwünschte Kauf der Staatsanleihen durch die Banken nicht. Nicht eine exzessive Inflation, sondern eine weitere Abschwächung des wirtschaftlichen Wachstums ist somit gegenwärtig zu erwarten. Die Notenbank wird daher zu dieser finalen Intervention förmlich gezwungen: durch die Krise des Interbankenmarkts, die spekulativ hochgetriebenen Zinssätze in den Krisenländern sowie die generelle Instabilität der Finanzmärkte. Schließlich wären die Kosten eines Zusammenbruchs des Euroraums erheblich höher.

Ein solidarischer Herkulesplan

Gewiss, diese Geldpolitik, die in keinem Lehrbuch abgehandelt wird, steht im Widerspruch zu der fiskalpolitischen Aufgabenstellung der Notenbank in den EU-Verträgen. Die aktuelle massive Krise, die bei der Verabschiedung des maßgeblichen Amsterdamer Vertrags im Jahre 1997 nicht vorstellbar war, zwingt jedoch zu diesem Vertragsbruch. Denn wie gesagt: Anstatt rechthaberisch auf einem erkennbar untauglichen Vertrag zu bestehen, muss das Vertragswerk umgehend reformiert werden.

EZB-Chef Mario Draghi hat inzwischen weitere Käufe von Staatsanleihen jener Krisenländer getätigt, die sich bereits unter dem Rettungsschirm befinden. Indem die Staaten gleichzeitig zur Sanierung ihrer Haushalte (durch deren Schrumpfung) verpflichtet werden, droht sich jedoch der ökonomische Absturz noch zu verschärfen. Die Notenbank sollte die Hilfe daher an ein mittelfristiges Wachstums- und Beschäftigungsprogramm koppeln. Die Bankenunion sowie eine Regulierung der Finanzmärkte, welche Investmentbanken und Hedgefonds diszipliniert, würden dafür die Voraussetzungen schaffen.

Letztlich aber gibt es nur einen echten Ausweg aus der aktuell unvermeidbaren Bazooka-Politik der EZB: Während mit dem Rettungsfonds die Refinanzierung fälliger Staatsanleihen in zahlungsunfähigen Ländern vergemeinschaftet wird, muss endlich aus dem Teufelskreis von Altschulden und hohen Zinsbelastungen ausgestiegen werden. Dazu hat der „Sachverständigenrat zur Begutachtung der gesamtwirtschaftlichen Entwicklung" einen interessanten Schuldentilgungspakt vorgeschlagen.[10]

Dieser Pakt konzentriert sich auf den Abbau eines Teils der staatlichen Altschulden. Das sind früher aufgenommene öffentliche Kredite, für die allerdings weiterhin Zinsen bezahlt werden müssen. Werden diese Staatsanleihen gegenüber dem Gläubiger fällig, muss die Auszahlung finanziert werden. Der Tilgungspakt sieht vor: Staatsschulden, die über 60 Prozent der Wirtschaftskraft hinausgehen, werden in einen gemeinschaftlich verantworteten Tilgungsfonds einbezahlt. Der Fonds darf Kredite am Kapitalmarkt für die laufende Finanzierung der abzuwickelnden Schulden mit einer Laufzeit von zwei Jahren aufnehmen. Wichtig ist die Vorgabe, dass die Länder dem Fonds jährlich Geld für Tilgung und Zinszahlungen zur Verfügung stellen müssen. Dazu soll eine Sonderabgabe – etwa auf die Einkommensteuer – eingesetzt werden. Der Fonds mit einer Laufzeit bis zu 25 Jahren hätte derzeit ein Volumen von rund 2,6 Billionen Euro. Deutschland würde 537,8 Mrd. Euro an Altschulden dem Tilgungsfonds übereignen. Das Ziel ist es, mit Hilfe dieses gemeinschaftlich verantworteten Fonds die nationale Schuldenlast zu reduzieren.

In zwei Punkten sollte der Vorschlag zur Teilvergemeinschaftung der Altschulden allerdings ergänzt werden: Erstens muss die strenge Koppelung an die im Fiskalpakt vorgesehene Einhaltung der Schuldenbremse unbedingt aufgehoben werden. Denn diese schränkt eine Finanzpolitik im Dienste nachhaltiger Wirtschaftspolitik in irrationaler Weise ein.

10 Sachverständigenrat zur Begutachtung der gesamtwirtschaftlichen Entwicklung, erneuert im Sondergutachten vom 5.7.2012 aus dem Jahresgutachten 2012/13, Ziff. 15-44.

Zweitens sollte das Prinzip der Konditionalität, das heißt die Vergabe von Finanzhilfen nur bei strenger Austeritätspolitik, aufgehoben werden. Denn durch die vorgeschriebenen gesamtwirtschaftlichen Einsparungen stürzt die Wirtschaft quasi zwangsläufig weiter ab: Die Steuereinnahmen schrumpfen und am Ende steigt die Staatsverschuldung. Dieser Teufelskreis lässt sich nur durch eine Sanierung der Krisenländer über die Stärkung ihrer ökonomischen Entwicklung durchbrechen. Kurzfristige Finanzhilfen sollten daher mit einem mittelfristigen Aufbauprogramm verknüpft werden. Zur Finanzierung des Kapitaldienstes ist dagegen – nicht nur in Deutschland – eine spezifische Vermögensabgabe sinnvoll. Dadurch würden die Vermögenden, die von den Staatsanleihen lange Zeit profitiert haben, endlich einen Sanierungspreis bezahlen. Fest steht nämlich bereits eines: Anstelle der fatalen Merkelschen Austeritätspolitik à la Brüning hilft heute nur ein solidarischer „Herkulesplan" à la Marshall – zur Sicherung der schwachen Ökonomien im Süden Europas und damit auch zur wirtschaftlichen und politischen Stärkung des Nordens.

Das Regime der Prekarisierung
Europas Politik mit Schuld und Schulden

Von **Isabell Lorey**

Alles basierte offenbar nur auf Rechenfehlern: Im Oktober 2012 veröffentlichte der Chefökonom des IWF, Olivier Blanchard, eine überraschende und spektakuläre Position und stellte die bisherige europäische Krisenstrategie in Frage.[1] Bis dahin war sich die Troika – bestehend aus Internationalem Währungsfonds, Europäischer Zentralbank und EU-Kommission – mehr oder weniger einig darüber, wie die südeuropäischen Staaten mit ihren Staatsverschuldungen umzugehen haben, in welchem Umfang sie Sozialausgaben kürzen, Arbeitsrechte abbauen und Steuern erhöhen müssen, um weiteres Geld zum Schuldenabbau zu erhalten. Nun aber brach der IWF-Ökonom den Konsens auf. Die Ökonomen hätten die negativen Wirkungen der Sparpolitik auf die Konjunktur unterschätzt, das erwartete Wirtschaftswachstum bliebe aus. Der Grund: ein schlichter Rechenfehler. Der makroökonomischen Formel, mit der berechnet wird, wie die Staatsausgaben theoretisch die Wirtschaft stimulieren, sei ein zu geringer „Multiplikator" zugrunde gelegt worden. Die empfohlene Linie nach erneutem Rechnen: ein weniger harter Sparkurs.

Den zweiten Rechenfehler gestanden im April 2013 Kenneth Rogoff und Claire Reinhart ein, jene Harvard-Ökonomen, mit denen auch der deutsche Finanzminister Wolfgang Schäuble seinen harten Kurs verteidigt. Die Eltern jener von vielen befolgten Spardoktrin, nach der 90 Prozent Staatsverschuldung als Killer allen Wachstums gelten, waren bei ihrer Berechnung ausgesprochen schlampig mit den Daten umgegangen. Nach dieser erneuten Panne wird das Sparkorsett nun etwas gelockert. Doch dies geschieht nicht deshalb, weil die bisherige Sparideologie für Millionen von Menschen unzumutbar ist, sondern aufgrund der Hoffnung, dass neue Zahlen endlich zum primären Ziel führen: dem erneuten Wachstum der Wirtschaft.

Memorandum und Moral

Hinter den wachstumsfixierten (Fehl-)Kalkulationen verbirgt sich ein äußerst folgenreiches Spiel: Die nun in die Kritik geratenen ökonomischen

---

[1] Die Kritik wurde zuerst im Oktober 2012 im World Economic Outlook des Internationalen Währungsfonds veröffentlicht und hier weiter ausgearbeitet: Olivier Blanchard und Daniel Leigh, Growth Forecast Errors and Fiscal Multipliers, IMF Working Papers, Januar 2013, www.imf.org.

Berechnungen führten Anfang 2012 zu einem „Memorandum of Understanding" – abgeschlossen zwischen der Europäischen Kommission und der Hellenischen Republik –, in dem die extremen Sparmaßnahmen für Griechenland vereinbart wurden. Dabei handelt es sich um ein Memorandum, das bereits existierende Krisen weiter verschärft: Speziell die Krise der sozialen Reproduktion hat sich in einem Maße und in einer Geschwindigkeit zugespitzt, wie es ihresgleichen in der Geschichte des demokratischen Europas sucht. Grundlegende staatliche Reproduktionsleistungen wie Gesundheitsvorsorge, Bildung und soziale Absicherung sind heute in Griechenland bereits nicht mehr gewährleistet. Diese extreme Prekarisierungspolitik im Bereich der Reproduktion wird verstärkt durch eine weitgehende Prekarisierung am Arbeitsmarkt. Paradoxerweise treiben die Regierenden durch die Austeritätspolitik die Arbeitslosigkeit enorm in die Höhe und erzeugen massive Lohn- und Rentenkürzungen, um letztlich – so jedenfalls der Plan – die Beschäftigungsraten durch Wirtschaftswachstum wieder zu steigern. Diese neuen Beschäftigungsverhältnisse sind jedoch – das ist in Deutschland seit einigen Jahren zu beobachten – fast ausschließlich prekär, bereinigt von Arbeitsrechten und sozialer Absicherung.

Eine solche extreme Prekarisierungspolitik müsste in einer Demokratie zumindest durch ein Referendum legitimiert werden. Doch stattdessen findet die Legitimation über einen außergewöhnlich moralisch geführten Verschuldungsdiskurs statt. Entsprechend einer alten christlichen Tradition betrachtet die Troika-Politik nicht allein die Regierung, sondern zugleich jede einzelne Griechin und jeden einzelnen Griechen als Schuldner, der über seine Verhältnisse gelebt und sich nicht damit begnügt habe, was er tatsächlich „verdient", weshalb er sich im moralischen Sinne schuldig gemacht hat. Diese moralisch-ökonomische Schuld wiegt so schwer, dass die harte Strafe für die Mehrheit der Südeuropäer vielen in der EU, vor allem im Norden, bisher noch immer als akzeptabel erscheint.

Hier zeigt sich: Ökonomie und Moral sind untrennbar miteinander verbunden. Eine riskante ökonomische Rechnung kann sich, wenn es um Schulden geht, noch im 21. Jahrhundert auf die alte christliche Schuld-Logik stützen. Mit dieser Argumentation lassen sich sogar traditionelle Formen demokratischer Selbstbestimmung, nämlich die staatliche Souveränität, problemlos einschränken und die nationalen Parlamente abwerten. Demokratie wird in dieser autoritären Logik zur Gefahr: Ein Referendum erscheint als bedrohliches Aufbegehren der Schuldigen, als ein gefährliches demokratisches Instrument, das Ungehorsam und Aufstand artikulieren könnte. Mit diesen grundlegenden politischen, rechtlichen und sozialen Transformationen Europas etablieren die Regierenden eine neue europäische Gouvernementalität. Ihre zentralen transnationalen Regierungsinstrumente sind Prekarisierung und Verschuldung. Auf nationaler Ebene ist diese Kunst des Regierens bereits seit nunmehr zwei Jahrzehnten mehr und mehr zum Normalfall geworden.

Weder in Südeuropa noch in Deutschland ist Prekarisierung ein marginales Phänomen. In dieser fortgeschrittenen Phase des Neoliberalismus lässt sie sich auch in den Industriestaaten des „globalen Nordens" nicht mehr an die soziogeographischen Räume der Peripherie auslagern, wo sie nur „die Anderen" betrifft. Nein, Prekarisierung breitet sich heute auch in jene Bereiche aus, die lange als sicher galten. Im aktuellen krisenlegitimierten europäischen Transformationsprozess wird Prekarisierung in unterschiedlichen Abstufungen normalisiert.

Dabei bedeutet Prekarisierung weit mehr als unsichere Arbeitsplätze, mehr auch als die mangelnde Absicherung durch Lohnarbeit. Sie umfasst die gesamte menschliche Existenz. Prekarisierung bedeutet ein Leben mit dem Unvorhersehbaren, mit der Kontingenz. In der säkularisierten westlichen Moderne prägt die Angst vor dem, was nicht berechenbar ist, die Techniken des Regierens, aber auch der Subjektivierung. All das mündet in eine übermäßige Kultur des Messens des eigentlich Unmessbaren.

Das Normalwerden von Prekarisierung hat zu einer Regierungsform geführt, die spätestens seit Thomas Hobbes nicht mehr vorstellbar schien: Heute legitimiert sich eine Regierung nicht mehr dadurch, dass sie Schutz und Sicherheit verspricht, sondern sie funktioniert vor allem über soziale Unsicherheit – durch die Regulierung eines Minimums an Absicherung bei gleichzeitig zunehmender Verunsicherung. Ein zentraler Faktor zur Durchsetzung dieser grundlegenden Transformation sind private wie staatliche Schulden. Unter Berufung auf die vermeintliche Alternativlosigkeit gelingt es den Regierenden, den Sozialstaat sowie die damit verbundenen Rechte zurück- und umzubauen. Auf diese Weise wird eine neue Regierungsform etabliert, die auf größtmöglicher Unsicherheit basiert. Vor diesem Hintergrund stellt sich weniger die Frage, wie die bedrohliche Prekarität aufgehalten werden kann. Vielmehr geht es darum zu verstehen, wie wir gerade durch Prekarisierung regiert werden und uns selbst regierbar machen.

Drei Dimensionen des Prekären

Historisch verdanken wir die politische Idee des individualisierten Schutzes vor Unsicherheit primär der Hobbesschen Konzeption des Sicherheitsstaates. Die ansonsten im sogenannten Naturzustand lebenden Menschen sollten durch den autoritären Souverän vor der Zerstörung von Eigentum und Leben durch gefährliche Andere geschützt werden. Schutz vor Unsicherheit, vor dem Prekären, ist im 20. Jahrhundert auch die Aufgabe der Sozialstaaten.[2] Allerdings verhindern heute weder Hobbes' Leviathan noch der Sozialstaat das Prekäre, sondern sie bringen im Gegenteil jeweils neue historische Formen von Prekarität hervor, neue Verunsicherungen, vor denen sie wiederum schützen sollen. Wenn sich Herrschaft in neoliberalen Gesellschaften jedoch nicht mehr über (soziale) Sicherheit legitimiert, dann stehen Prekäres und Geschütztes (Immunes), Unsicherheit und Sicherheit immer weniger im Gegensatz zueinander, sondern mehr und mehr in einem Verhältnis der Abstufung. Die unterste Stufe bildet dabei die (regulierte) Schwelle der

---

2 Vgl. Robert Castel, Die Stärkung des Sozialen. Leben im neuen Wohlfahrtsstaat, Hamburg 2005.

(Noch-)Regierbarkeit.³ Um diese Thesen weiter zu entfalten, unterscheide ich drei Dimensionen des Prekären: das Prekärsein, die Prekarität und die gouvernementale Prekarisierung.

Das *Prekärsein* – hier schließe ich mich den Überlegungen Judith Butlers an – ist von Geburt an „koextensiv"⁴, denn bereits das erste Überleben hängt von sozialen Netzwerken ab, von Sozialität und der Arbeit anderer. Die grundlegende soziale Abhängigkeit eines Lebewesens aufgrund seiner Verletzbarkeit, aufgrund der Unmöglichkeit eines gänzlich autonomen Lebens, verdeutlicht zudem die zentrale Bedeutung reproduktiver Arbeit. Leben hängt, weil es prekär ist, in entscheidendem Maße von Sorge und Reproduktion ab. Jedes Leben ist prekär, allerdings ist der Grad des Prekärseins historisch und geographisch sehr unterschiedlich ausgeprägt.

Die zweite Dimension des Prekären, die *Prekarität*, ist als Ordnungskategorie zu verstehen. Prekarität benennt eine Hierarchisierung, eine Auffächerung des Prekärseins in Ungleichheitsverhältnisse, die mit Prozessen des *Othering* einhergeht, also mit der Konstruktion der und einer Abgrenzung von den „Anderen". Diese Dimension des Prekären umfasst Herrschaftsverhältnisse, durch die Einzelnen die Zugehörigkeit zu einer Gruppe zugeschrieben oder verwehrt wird. Mit Prekarität sind hier also gesellschaftliche Positionierungen der Unsicherheit gemeint.

Die dritte Dimension des Prekären bildet die Dynamik der *gouvernementalen Prekarisierung*. Sie bezieht sich auf Regierungsweisen, die sich seit der Entstehung industriekapitalistischer Verhältnisse herausgebildet haben, und ist in modernen westlichen Gesellschaften historisch nicht zu trennen vom Ideologem bürgerlicher Souveränität. Prekarisierung als gouvernemental zu verstehen, ermöglicht es, die komplexen Wechselwirkungen eines Regierungsinstruments mit ökonomischen Ausbeutungsverhältnissen und Subjektivierungsweisen in all ihren Ambivalenzen zwischen Unterwerfung und Ermächtigung zu problematisieren.

Keine der drei Dimensionen des Prekären tritt einzeln auf, sondern stets in historisch unterschiedlichen Kombinationen. Wir haben es interessanterweise gerade mit herrschaftssichernden Strategien zu tun, die bestehende Konzepte von Sicherheit so umbauen, dass Verunsicherung zur „normalen" Regierungsweise wird. Das zentrale Paradigma des Regierens ist gekennzeichnet durch eine neoliberale Regierung der Unsicherheit.

Selbst-Prekarisierung: Die Techniken des Minimums und der drohende Bürgerkrieg als Schwelle

Folgt man Maurizio Lazzarato und seinem 2008 erschienenen Buch „Le gouvernement des inégalités", dann sind innerhalb der neoliberalen Logik alle

---

3 Zum Verhältnis von Sicherheit und Immunisierung vgl. auch Isabell Lorey, Figuren des Immunen. Element einer politischen Theorie, Zürich 2011.
4 Judith Butler, Raster des Krieges. Warum wir nicht jedes Leid beklagen, Frankfurt a.M. und New York 2010, S. 22.

Absicherungen gegen Risiken, alle sozialpolitischen Institutionen „Dispositive, die mit einem *Minimum* funktionieren müssen".[5] Dieses Minimum definiert in einem politischen Sinn eine Schwelle, nämlich jenen variierenden Grenzbereich, in dem immer wieder von Neuem festgestellt werden muss, ab wann „das Risiko des ‚Bürgerkriegs' droht, der Bruch des sozialen Friedens". Mittels der Techniken des Minimums, des minimalistischen Staates wie auch der Selbstregulierungskräfte des Marktes, werden die Grenzen gegenüber bedrohlichen sezessionistischen Kämpfen immer wieder aufs Neue gezogen. Die Kunst des Regierens besteht darin, ein nicht exakt zu kalkulierendes Maximum an Prekarisierung, das mit einem Minimum an Absicherung korreliert, auszutarieren und an dieser Schwelle dafür zu sorgen, dass das Minimum gesichert wird.

In diesem Prozess sollen die Einzelnen sich und ihr Leben auf einem immer wieder gesenkten Mindestmaß an Absicherung selbst gestalten, aktiv modulieren und demgemäß regierbar machen. So entstehen gouvernementale Techniken der Selbstregierung, die ich als „Selbst-Prekarisierung" bezeichne.[6] Lebens- und Arbeitsverhältnisse sollen sich an einem ökonomisierten Maß ausrichten. Dieses kann die unterschiedlichsten Formen annehmen – vom minimalistischen (Sozial-)Staat bis zur bildungspolitischen Rede von Exzellenz und Evaluation – es kann aber auch dazu führen, dass Menschen als „Überflüssige" kategorisiert werden. Das Messen an einem solchen ökonomischen Maß setzt einerseits stets Ungleichheit, also Prekarität, Ausbeutungsverhältnisse und Gewalt voraus und reproduziert sie andererseits permanent.

Die Illusion der individuellen Sicherung

Durch den Ab- und Umbau kollektiver Sicherungssysteme und angesichts der Gefahren des Prekärseins wie der Prekarisierung verschwindet jede Form wirklicher Unabhängigkeit der Einzelnen. Auch diejenigen, die bisher auf Kosten von nationalen und globalen Anderen abgesichert waren, verlieren den sozialen Schutz. Von allen, unabhängig von Geschlecht, Klasse und Herkunft, wird nun ein individualisiertes Risikomanagement gefordert – je nach gesellschaftlicher Positionierung auf der Skala der Prekarität gestaltet sich dieses allerdings äußerst unterschiedlich.

In der neoliberalen Dynamik gouvernementaler Prekarisierung wird gerade durch die Angst eines jeden, verletzbar zu sein, die Illusion der individuellen Absicherung aufrechterhalten. Im permanenten Wettlauf um die erhoffte bessere Sicherung des eigenen Lebens und des sozialen Nahbereichs gegenüber konkurrierenden Anderen wird ausgeblendet, dass ein nachhaltig besseres Leben keine individuelle Angelegenheit sein kann. Durch die gouvernementalen Subjektivierungen werden die Anforderun-

---

5 Hier und im Folgenden: Maurizio Lazzarato, Le gouvernement des inégalités. Critique de l'insécurité néolibérale, Paris 2008, S. 58 (Hervorhebung durch die Autorin).
6 Vgl. Isabell Lorey, Gouvernementalität und Selbst-Prekarisierung. Zur Normalisierung von KulturproduzentInnen, in: „Transversal: Maschinen und Subjektivierung", 11/2006, www.eipcp.net.

gen eines präventiven, individualistischen Selbstschutzes allerdings nicht in Frage gestellt, sondern permanent bestätigt. Selbstregierung und Lebensführung stehen in erster Linie im Dienste politischer Regierbarkeit und kapitalistischer Inwertsetzung – die Angst vor dem Prekärsein hält dieses Abhängigkeitsverhältnis aufrecht.

Der verschuldete Mensch

Faktisch basiert die gesamte politische Ökonomie des Finanzkapitalismus in entscheidendem Maße auf verschärften Arbeitsbedingungen, niedrigen Löhnen und nicht zuletzt auf der existenziellen Prekarisierung der Arbeitskraft und der Auslagerung ganzer Produktionsbereiche.[7] All dies hat zwar zum Anstieg der Profite der Kapitalbesitzer, nicht aber zu einem allgemeinen Wachstum im Sinne des Wohlstands aller beigetragen.

Prekäre Lebens- und Arbeitsverhältnisse und die Privatisierung des Schutzes vor dem Prekärsein sind jedoch nicht nur Bedingung eines prosperierenden Finanzkapitalismus, sondern auch einer davon nicht zu trennenden „Schuldenökonomie".[8] In seinem aktuellen Buch „Die Fabrik des verschuldeten Menschen" zeigt Maurizio Lazzarato, dass es bei der Ausweitung der Produktivität heute „weniger um Arbeit im traditionellen Sinn des Begriffs, sondern um Subjektivierung" geht.[9] Es braucht eine subjektive Figur, die Verantwortung übernimmt, die sich die Schulden aufbürdet und die Risiken als Schuld wie als Schulden gleichsam internalisiert. Diese Figur nennt Lazzarato „den verschuldeten Menschen"; er ermöglicht und stabilisiert in entscheidendem Maße das neoliberale Regieren durch Prekarisierung und Unsicherheit. Denn heute gibt es kein *Jenseits* der Verschuldung mehr, alle sind auf die eine oder andere Weise verschuldet: Sei es durch den alltäglichen Konsum mit Kreditkarten oder durch die privaten Ausgaben für Auto- oder Wohnungskauf. „Wenn es nicht die individuelle Verschuldung ist, dann ist es die Staatsverschuldung, die buchstäblich auf dem Leben aller lastet, mit der sich alle beschäftigen müssen."[10]

Bereits Nietzsche und Marx, aber auch Deleuze und Guattari haben ausdrücklich, daran erinnert Lazzarato, die Schuldenökonomie mit Moral und Ethik verbunden, das heißt mit Formen der Subjektivierung. Die moralische Schuld entsteht, so Nietzsche, durch das Versprechen der Rückzahlung an den Gläubiger. Der Schuldner verspricht ein angemessenes und andauerndes Verhalten, das ihn in die Lage versetzt, seine Schulden abzutragen.[11] Ein solches Versprechen verlangt etwas ausgesprochen Paradoxes vom Schuldner: Er muss in seiner Prekarisierung etwas einschätzen, was sich eigentlich jeder Einschätzung entzieht, nämlich die Zukunft.

---

7 Vgl. Christian Marazzi, Verbranntes Geld, Zürich 2011.
8 Maurizio Lazzarato, Die Fabrik des verschuldeten Menschen. Ein Essay über das neoliberale Leben, Berlin 2012, S. 35 ff.
9 Ebd., S. 58.
10 Ebd., S. 49.
11 Vgl. ebd., S. 42 f.

Prekarisierung bedeutet, gerade mit dem Unvorhersehbaren, mit der Kontingenz umzugehen, zu handeln, ohne vorhersagen zu können, was die nahe wie die ferne Zukunft bringt. Genau diese Fähigkeit beutet der Kreditvertrag aus und verhindert zugleich, dass der Schuldner etwas Neues beginnen kann. Das „Ferne wie gegenwärtig seh'n und vorwegzunehmen"[12], wie Nietzsche schreibt, heißt nicht nur die Zukunft in der Gegenwart zu kontrollieren, sondern auch die Prekarisierung wie die Prekarisierten unter Kontrolle zu behalten – dies allerdings in erster Linie im Sinne der Gläubiger. Ein Schuldverhältnis entspricht einem Machtverhältnis im Sinne Foucaults: dem Einwirken auf das Verhalten und die Handlungen anderer.[13] Das Verhältnis zwischen Schuldner und Gläubiger ist somit eines der Gouvernementalität, eines der Regierung der Gläubiger mittels der Selbstregierung der Schuldner. Dabei entsprechen Schulden einer „Sicherheitstechnik der Regierung, die darauf abzielt, das Unsichere der Verhaltensweisen der Regierten zu verringern."[14]

Um überhaupt zu handeln und etwas zu beginnen, darauf verweist bereits Marx, bedarf es nicht der Kräfte der Arbeit, sondern jener, die aus der Sozialität, also aus den Beziehungen mit anderen, entstehen: das Vertrauen in sich und die anderen und damit in die Welt.[15] Und genau dieses Vertrauen, diese ethische Beziehung, wird durch den Kredit und die Verschuldung ausgebeutet. So entsteht Misstrauen: „Das Vertrauen, die Bedingung des Handelns, verwandelt sich in Argwohn aller gegen alle und kristallisiert sich dann in der Nachfrage nach ‚Sicherheit'".[16]

Austerität – die Politik mit Schuld und Misstrauen

Vor diesem Hintergrund bedeutet die Austeritätspolitik der EU-Troika gegenüber Griechenland, Spanien, Portugal und anderen Ländern nicht nur die Kontrolle über den Ab- und Umbau des Sozialstaates, nicht nur das Aufzwingen von sogenannten Strukturmaßnahmen, die über Jahrzehnte erkämpfte Arbeitsrechte zerschlagen und prekäre Beschäftigungsverhältnisse schaffen, sondern zugleich die gouvernementale Kontrolle und Steuerung des Verhaltens, des Handelns, der Subjektivierungsweisen der Menschen in Südeuropa.

In den seit 2008 stattfindenden Krisen entsteht eine neue europäische neoliberale Gouvernementalität. Sie basiert auf einer hierarchisierenden und teilweise rassistischen Konstruktion von Prekarität. In Nordeuropa, vor allem in Deutschland, scheint es gegenwärtig möglich zu sein, den weit fortgeschrittenen „eigenen" Normalisierungsprozess von Prekarisierung und die

---

12 Friedrich Nietzsche, Zur Genealogie der Moral, in: Friedrich Nietzsche, Werke in sechs Bänden, Bd. 4, München, Wien 1980, S. 800.
13 Vgl. Michel Foucault, Subjekt und Macht, in: ders., Schriften in vier Bänden, Band IV: 1980-1988, Frankfurt a.M. 2005, S. 269-294, hier S. 286.
14 Lazzarato, Die Fabrik..., a.a.O., S. 54.
15 Vgl. ebd., S. 61f.
16 Ebd., S. 62.

damit einhergehenden Ängste vor dem Prekärsein zu ignorieren und zu neutralisieren. Anstatt dass sich die Menschen des Ausmaßes der im Entstehen begriffenen nationalen wie transnationalen Regierung durch Unsicherheit gewahr werden, wird durch die europäische Schuldenökonomie Prekarität erneut an die Peripherien ausgelagert – zu den nicht nur als „anders", sondern vor allem als „schuldig" und selbstverantwortlich konstruierten Südeuropäern. Die existenzbedrohliche Strafe des extremen Sparens erscheint dabei vielen im Norden Europas als gerechtfertigt.

Was dem verarmten Verschuldeten allein gewährt werden muss, so erkannte bereits Marx, ist sein bloßes Überleben. So lange der Verschuldete lebt, kann er im Sinne des Vertrags geknechtet und ausgebeutet werden. Sein Tod ist in dieser Logik die Schwelle, die es nicht zu überschreiten gilt.[17]

Alle Maßnahmen, mit denen seine Prekarisierung zunehmend zu einer Frage des Gerade-noch-Überlebens gemacht werden, verschränken nicht nur in brutaler Weise eine richtende Überlegenheitsmoral mit politischer Ökonomie. Zugleich spielen hier die einflussreichsten Ökonomen (die sich offensichtlich, siehe oben, zuweilen makro- wie mikroökonomisch verrechnen) mit potentiell tödlichen Risiken und Wahrscheinlichkeiten.

Präsentische Demokratie: Die Neuerfindung des Sozialen

Angesichts der extremen Verbindung von Prekarisierung und Prekärsein, wie sie die europäische Austeritätspolitik derzeit vor allem in Südeuropa produziert, entfalten sich auch sozial widerständige Praktiken, die sich nicht allein auf das Eigene richten, sondern das Zusammenleben und das gemeinsame politische Handeln im Blick haben.

Dabei ist es kein Zufall, dass die Prekären des Neoliberalismus politische Repräsentation zumeist zurückweisen, denn sie misstrauen der in die Schuldenökonomie verstrickten repräsentativen Demokratie zutiefst. Dementsprechend stellen sie selten konkrete Forderungen an die Regierungen.

Darüber hinaus sind ihre Interessen höchst disparat, sie lassen sich schwer vereinheitlichen und noch schwerer vertreten, klassische Formen korporatistischer Organisierung greifen nicht.[18] Dennoch hat es seit 2011 zahlreiche Demokratie- und Besetzungsbewegungen dieser sehr heterogenen Prekären gegeben. Dabei gehen diese in radikaler Weise von ihrer Situation der Prekarisierung aus: Sie fordern nicht einfach die Wiederherstellung sozialer Sicherheiten, sondern stellen sich dem Unvorhersehbaren im Hier und Jetzt. Und sie beginnen, in neuer Weise politisch zu handeln und sich zu konstituieren.[19]

---

17 Vgl. Karl Marx, Auszüge aus James Mills Buch ‚Élements d'économie politique', Schriften/Briefe Nov. 1837 bis Aug. 1844, in: MEGA IV/2, S. 428 ff.; Lazzarato, Die Fabrik des verschuldeten Menschen, S. 63.
18 Vgl. Paulo Virno, Exodus, Wien 2010, S. 60.
19 Vgl. Isabell Lorey, Demokratie statt Repräsentation. Zur konstituierenden Macht der Besetzungsbewegungen, in: Jens Kastner, Isabell Lorey u.a., Occupy! Die aktuellen Kämpfe um die Besetzung des Politischen, Wien und Berlin 2012, S. 7-49.

Dabei entfalten sie neue ethische soziale Netzwerke gegen die Austeritätspolitik der europäischen Gouvernementalität und erfinden neue Formen der Demokratie, die als „präsentisch" bezeichnet werden können. Sie kündigen den geltenden Vertrag auf, der ihnen zukünftige Rückzahlungsverpflichtungen auferlegt und durch die damit verbundenen Gehorsams- und Unterwerfungsgesten ihr politisches Handeln blockiert. Stattdessen ist ihr Handeln auf die Gegenwart gerichtet – etwa indem sie gegenseitiges Vertrauen und affektive Beziehungen aufbauen, Solidaritätsnetzwerke gründen oder private Schuldner kollektiv unterstützen.

Konzentrierten sich die Bewegungen anfangs auf den zentralen Plätzen der Städte, den paradigmatischen Räumen von Öffentlichkeit, zerstreuten sie sich bald wieder in die Stadtteile und fokussierten sich fortan auf lokale Debatten. In Griechenland etwa organisierte die Bewegung, die sich 2011 zunächst in der Besetzung des Syntagma-Platzes verdichtet hatte,[20] vielfältige dezentrale, solidarische Netzwerke. Weil immer weniger Menschen es sich leisten können, in Supermärkten einzukaufen, haben sich Initiativen gebildet, die Kartoffeln, Hülsenfrüchte, Olivenöl und andere Nahrungsmittel zu Selbstkostenpreisen direkt von den Produzenten kaufen, um so die teuren Zwischenhändler zu umgehen. Aber auch Lehrerinnen und Lehrer haben sich zusammengeschlossen, um unentgeltlich ausgefallenen oder nicht mehr bezahlbaren Unterricht zu geben. Immer mehr wechselseitige Hilfsprojekte entstehen, in denen nicht nur das Überleben in der Krise organisiert wird, sondern zugleich neue Formen sozialen Zusammenlebens entstehen, die die neoliberale Logik der Vereinzelung, der Konkurrenz und der Privatisierung aufbrechen.

In Spanien reaktivierte die 15M-Bewegung Nachbarschaftsversammlungen und gründete Solidaritätsnetzwerke, insbesondere gegen die Räumung von Wohnungen. Nach dem Platzen der Immobilienblase und aufgrund des massiven Anstiegs der Arbeitslosigkeit und zunehmender Prekarisierung im Zuge der Austeritätspolitik droht mehr als einer Million spanischen Familien mittelfristig der Verlust ihrer Wohnung. Sie können entweder ihre Hypothekenschulden nicht mehr zurückzahlen oder haben, wie viele Ältere, für Familienangehörige gebürgt. Die Plattform der Hypothekengeschädigten (*Plataforma de Afectados por la Hipoteca*, PAH), die aus der 15M-Bewegung entstanden ist, nimmt sich als einzige dieses enormen gesellschaftlichen Problems an.[21] Mit ihrer Hilfe konnten bereits einige Räumungen verhindert werden. Dagegen ist derzeit weder die Regierung Rajoy noch die oppositionelle Sozialdemokratie bereit, das die Banken begünstigende Räumungsgesetz von 1909 gegen deren Willen vollständig abzuschaffen und damit den Zwangsräumungen ein rechtliches Ende zu setzen.[22]

Die aktuellen Proteste der Demokratiebewegungen als bloße Verteilungskämpfe zu diffamieren, verkennt die qualitative gesellschaftliche Verände-

---

20 Dimitris Papadopoulos, Vassilis Tsianos und Margarita Tsomou, Athens: Metropolian Blockade – Real Democracy, in: „Transversal", 7/2012, www.eipcp.net.
21 Vgl. www.afectadosporlahipoteca.com.
22 Vgl. die Krisenanalysen der 15M-Bewegung in: Observatorio Metropolitano, Crisis and Revolution in Europe. People of Europe, rise up!, Madrid 2011, www.observatoriometropolitano.org.

rung, die die Teilnehmenden entstehen lassen: Der Widerstand gegen die Räumungen „läuft über unsere Fähigkeit, die soziale Verbindung neu zu erfinden. Denn es ist nicht der Staat, der die Logik des Marktes aufhalten kann, sondern es ist der andere Unbekannte, der sich vor mein Haus stellt und den verhängnisvollen Automatismus der Zwangsräumung aufhält. Heute für mich, morgen für dich", so der Journalist Amador Fernández-Savater.[23]

Strike Debt: Kampfansage an die Politik mit den Schulden

Auch in der *Occupy-Wall-Street*-Bewegung hat sich nach der zweimonatigen Besetzung des Zuccotti Parks in der Nähe der Wall Street die stadtteilbezogene Unterstützung von Menschen, die von Zwangsräumungen durch Hypothekenschulden bedroht sind, als eines der dezentralen Aktionsfelder herauskristallisiert. Und das Thema der privaten Schulden wird noch auf eine zweite Weise problematisiert: nämlich anhand der enormen Verschuldung der Studierenden. Sie ist bis heute Thema vieler Protestaktionen, Informationsveranstaltungen und *Consciousness-Raising*-Gruppen.

Vor allem die Initiative *Strike Debt*, ein Ableger von *Occupy Wall Street*[24], entzündet Debatten, die weit über die Verschuldung von Studierenden hinausgehen. Ziel von Strike Debt ist es, Schulden als „ein globales Herrschafts- und Ausbeutungssystem"[25] zu verstehen, das keineswegs alle Schuldner zu Gleichen macht. Vielmehr unterstreicht Strike Debt die Prekaritätsstrukturen der Schuldenökonomie: Schulden „binden einige Menschen (Frauen, *people of color* und die Armen) fester als andere"[26], wie die US-Subprime-Hypothekenkrise deutlich gezeigt hat. Strike Debt will gouvernementale Subjektivierungsweisen, die durch die Verstrickung finanzieller Schulden mit moralischem Versagen entstanden sind, durch kollektive Aktion verändern.

In einem ersten Schritt will Strike Debt einen Diskurs darüber anstoßen, dass es nicht die Schuld und das Scheitern Einzelner ist, wenn sie hohe studentische Darlehensschulden haben oder die Arztrechnungen nicht bezahlen können. Anders als Lazzarato unterscheidet Strike Debt allerdings deutlich zwischen den Folgen privater und staatlicher Verschuldung: „Staatsschulden sind keine persönlichen Schulden. Auf der ganzen Welt werden Schulden dazu benutzt, Kürzungen in der Grundversorgung zu rechtfertigen. Das Problem ist nicht, dass wir Bankrott gehen, sondern dass unser öffentlicher Reichtum gehortet wird. Wir brauchen einen neuen Gesellschaftsvertrag, der öffentlichen Reichtum in gerechter Weise zur Verfügung stellt und das Recht bewahrt, ohne unter den Bedingungen einer lebenslangen Schuldknechtschaft zu leben."[27]

---

23 „Después de la Puerta del Sol", Interview mit Amador Fernández-Savater von Verónica Gago, in: „Página/12", 29.8.2011, www.pagina12.com.ar; für die deutsche Übersetzung vgl. Die spanische Protestbewegung – eine neuartige soziale Kraft, www.walbei.wordpress.com.
24 Vgl. www.strikedebt.org.
25 Strike Debt/Occupy Wall Street, The Debt-Resistors-Operations-Manual, 2012, www.strikedebt.org, S. 105.
26 Ebd.
27 Ebd., S. 103.

Es geht nicht darum, gegen jede Form der Verschuldung zu argumentieren und sich eine Gesellschaft frei von Schulden auszumalen: „Stattdessen fordern wir neue, faire Vereinbarungen, die uns helfen, die Begrenzungen der Gegenwart auszudehnen (wie es der Kredit tut), ohne die Zukunft mit den Ketten von Zinseszinsen zu belasten."[28] In dieser Perspektive können Schulden ein durchaus hilfreiches Mittel sein, um die Beschränkungen (in) der Gegenwart aufzubrechen, auch um wieder in neuer Weise handlungsfähig zu werden. Ausgehend von einer derart differenzierten Schuldenanalyse entwickelt Strike Debt Taktiken, Ressourcen und Rahmenbedingungen, um eine allgemeine Streikbewegung gegen Schulden zu organisieren. Im Zentrum der Aktionen steht gegenwärtig die Initiative „Rolling Jubilee", ein Hilfsprojekt, das Schulden zu extrem verringerten Preisen kauft und sie dann vernichtet.[29]

Doch Schuldenschnitte allein sind noch nicht emanzipatorisch; sie müssen, so Strike Debt, von einem „sozialen Transformationsprogramm"[30] begleitet werden. Die verschiedenen sozialen und politischen Praktiken der Demokratiebewegungen (15M-, Syntagma- und Occupy-Bewegung) lassen sich als die Anfänge eines solchen „Programms" verstehen. Interessant ist, dass in all diesen Kämpfen die Konzeption der Zukunft seltsam unbestimmt bleibt. Die Bewegungen formulieren kein alternatives Programm mit dem Ziel einer sozialistischen oder herrschaftsfreien Zukunft, auf die hin sie sich entwickeln müssten. Das gegenwärtige Entstehen einer präsentischen Demokratie projiziert nicht in die Zukunft, vielmehr ist es erforderlich, dass die Teilnehmenden in dieses Werden, in das gerade Entstehende „eintreten, um aus ihrer Vergangenheit und ihrer Zukunft […] herauszutreten".[31]

Diese Ausdehnung der Gegenwart, dieses Durchstreichen einer linearen Logik der Zeitlichkeit eröffnet einen Weg aus den Spekulationen auf die Zukunft und den damit verbundenen Aushöhlungen von Demokratie. Auf diese Weise bringt die gegenwärtige Transformation hin zu einer neuen europäischen Gouvernementalität mittels Schulden und Prekarisierung möglicherweise bereits den Keim ihrer Überwindung hervor – nämlich neue Sozialitäten und neue „präsentische" Formen von Demokratie.

---

28 Ebd., S. 102.
29 Ebd., S. 105.
30 Ebd.
31 Gilles Deleuze und Claire Parnet, Dialoge, Frankfurt a. M. 1980, S. 10.

Die Krise in der Krise

Austeritätspolitik und die Wiederholung der Geschichte

Von **Karl Georg Zinn**

Momentan sieht es danach aus, als würde sich die Geschichte wiederholen – eben so, wie sich Geschichte üblicherweise wiederholt, nämlich aus Sicht der jeweiligen Zeitgenossen als etwas scheinbar völlig Neues und Anderes. Fest steht jedenfalls: Die beiden großen Krisen, die von heute und die der 1930er Jahre, bestätigten die Kapitalismuskritiker. Gegenwärtig wie in den 30ern gingen die Weltwirtschaftskrisen vom Kernland des westlichen Kapitalismus, den USA, aus. Damals allerdings wurde der Kapitalismus gerettet – vermutlich nicht trotz, sondern wegen des Weltkriegs und seiner „Nachfrageeffekte". Die Zeche zahlten nur zum geringsten Teil die Verantwortlichen. Die Masse der Kosten blieb an der großen Mehrheit hängen.

Auch heute ist die anhaltende Finanz- und Wirtschaftskrise das Resultat des westkapitalistischen Missmanagements der vergangenen 30 Jahre. Die Volksrepublik China und Indien, die beiden bevölkerungsstärksten Länder der Erde, erlebten während der vergangenen Jahre weder einen vergleichbaren Wachstumseinbruch wie die Länder des Westens, noch bedrohten fallierende Banken und überbordende Staatsverschuldung die vergleichsweise stabile Entwicklung in den beiden asiatischen Mega-Ökonomien.

Von Asien oder Afrika aus – also von außen betrachtet – lässt sich somit die Ähnlichkeit des Heute und des Damals durchaus wahrnehmen. Doch dank der zwischenzeitlich fundamental veränderten globalen Machtverhältnisse wird der Westkapitalismus seine einstige Phönix-Rolle dieses Mal kaum wiederholen können. Im Gegenteil: Noch ist längst nicht ausgemacht, ob die historische Dimension der Weltwirtschaftskrise der 30er Jahre – einer Krise, die vor allem durch Massenarbeitslosigkeit und Massenverelendung gekennzeichnet war – von den gegenwärtigen Krisen letztlich nicht noch weit übertroffen wird. Und diese Gefahr ist heute keineswegs gebannt.

Seit 1929 ist nicht nur die Weltbevölkerung um fast fünf Milliarden Menschen gewachsen, infolge der Industrialisierung und Urbanisierung sind gegenwärtig auch weit mehr Menschen von den (industriellen) Wirtschaftskrisen betroffen. Global betrachtet stellt Massenarbeitslosigkeit ein permanentes Problem dar und ist nicht „nur" eine rein konjunkturbedingte Erscheinung.

Auch für die Europäische Union (EU) ist Massenarbeitslosigkeit inzwischen zu einem „Normalzustand" geworden. In den 1970er Jahren lag die durchschnittliche Arbeitslosenquote in Europa bei 4,0 Prozent, in den 1980er Jahren stieg sie auf 9,3, in den 1990er Jahren dann auf 9,7 Prozent. Auch während der Jahre vor Beginn der gegenwärtigen Krise sank sie nur auf 8,7 Prozent. 2010 und 2011 überstieg die Arbeitslosenquote sogar die Zehnprozentschwelle,[1] obgleich nach dem globalen Produktions- und Beschäftigungsrückgang von 2008/2009 staatliche Ausgabenprogramme (vor allem in den USA und China) erhebliche Wachstumsimpulse ausgelöst hatten.

Seit dem Spätherbst 2011 wird die Weltöffentlichkeit nun auf einen erneuten Wachstumsrückgang eingestimmt. Den Auftakt machte der Internationale Währungsfonds (IWF) mit der Warnung vor einer Depression – möglicherweise im Ausmaß der 1930er Jahre. Der IWF blieb mit seinem pessimistischen Ausblick nicht isoliert.[2] Den heftigsten Pessimismus-Schub brachte dann kurz vor Weihnachten die Warnung der Europäischen Zentralbank (EZB) vor einer „neuen Bankenkrise" und vor „noch nie dagewesenen Problemen".[3]

Das Problem Massenarbeitslosigkeit wird sich also noch weiter verschärfen. Vorhersehbar war das allerdings schon während des euphorisch gefeierten „Aufschwungjahres" 2010.[4] Denn nach dem Auslaufen der staatlichen Ausgabenprogramme war die Rückkehr zu einem unterhalb der Beschäftigungsschwelle verlaufenden langfristigen Wachstumstrend unschwer zu erwarten.

Die Krise in der Krise nach 1929

Für die exotische Konstellation einer „Krise in der Krise" scheint die Große Depression nach 1929 auf den ersten Blick keine Parallele zu bieten. Doch bei genauerer Betrachtung fällt auf, dass die südeuropäischen Schuldnerstaaten sich heute in einer der deutschen Situation am Ende der Weimarer Republik nicht ganz unähnlichen Lage befinden. Sie erleben eine Krise in der Krise:

In beiden Fällen – 1929 und 2011 ff. – sind die Länder einem von ausländischen Regierungen ausgeübten Druck ausgesetzt, Staatsausgaben massiv zu kürzen, um wenigstens mittel- bis langfristig ihre Auslandsschulden bezahlen zu können. Das Spardiktat hatte damals verheerende Folgen für Deutschland – und letztlich für die Welt. Ist das aber gegenwärtig völlig anders?

Nach nationalökonomischer Schulmeinung bedeutet Sparen den Verzicht auf die konsumtive Verwendung von Einkommen und somit erst einmal einen Nachfrageausfall. Wird die Ersparnis dazu verwendet, Investitionsvorhaben in etwa gleicher Höhe wie das Sparvolumen zu finanzieren, so kompensiert das nicht nur den Nachfrageausfall, sondern stärkt in der Regel auch die Leistungsfähigkeit der Volkswirtschaft und das Wachstum. Dient die Ersparnis jedoch nur dazu, Auslandsschulden zu begleichen, fließt also das Ersparte aus der Binnenwirtschaft ab, fehlt im Inland ein Teil der bisherigen Gesamtnach-

---

1 Vgl. European Central Bank, Statistics. Pocket Book, November 2011, S. 9, Tab. 2.1.
2 Stephan Kaufmann, IWF warnt vor Depression, in: „Frankfurter Rundschau" (FR), 17./18.12.2011, S. 13.
3 Dirk Heilmann, Draghi warnt vor neuer Bankenkrise, in: „Handelsblatt", 20.12. 2011, S. 4; Anna Sleegers, EZB sieht systemische Krise, in: FR, 20.2.2011, S. 15.
4 Karl Georg Zinn, Die verschleierte Stagnation oder die Antiquiertheit des Wachstumsglaubens in reichen Volkswirtschaften, in: „Kurswechsel", 1/2011, S. 39-52; ders., Wegschwadronieren der Rezession? Nein, Rückkehr zum langfristigen Trend, in: „Sozialismus", 10/2011, S. 15 f.

frage. Das vermindert Wachstum, Investitionen und Leistungsfähigkeit und lässt die Arbeitslosigkeit steigen.

Ein Land mit nationaler Währung muss sich allerdings die Devisen für die Verzinsung und Tilgung seiner Auslandsschulden durch Exportüberschüsse verdienen. In der Europäischen Währungsunion (EWU) ist das hingegen nicht der Fall. Die bestehenden Regelungen in der EWU sehen vor, dass ein Land für Überweisungen ins Ausland in unbegrenzter Höhe Zentralbankgeld in Anspruch nehmen kann. Zentralbankgeld kann bekanntlich einfach gedruckt bzw. durch einen Buchungsvorgang geschaffen werden. Dies geschieht im Rahmen des von der EZB installierten Mechanismus mit dem Namen „Target-2" (auf Deutsch: Echtzeit-Brutto-Zahlungssystem des Eurosystems).[5] Lediglich in dem unter den gegebenen Umständen recht unwahrscheinlichen Fall, dass die zwecks Schuldentilgung ins Ausland abfließenden Beträge als Nachfrage nach Exportgütern des Schuldnerlandes umgehend zurückkommen, wird die Inlandsnachfrage nicht sinken und die Kontraktionswirkung bleibt aus.

Die Situation der südeuropäischen Schuldnerländer ist damit eigentlich noch vertrackter als die Deutschlands während der Großen Depression der 1930er Jahre. Damals fehlten nämlich die Devisen, um Kapitalflucht in größerem Umfang zu finanzieren. Das ist heute dank „Target-2" ganz anders. Die EZB finanziert die Kapitalflucht in unbegrenzter Höhe sowohl innerhalb der EWU als auch in Richtung Drittländer. Deshalb fließen ja auch laufende Kapitalflucht-Euro aus den PIGS-Staaten (I steht hier für Italien) ins vermeintlich noch sichere Ausland. (Nicht alle Zufluchtsorte tragen Schweizer Namen, aber manche schon.)

Deutschland: Vom Bittsteller zum Diktierenden

Die deutschen Positionen von heute und damals, zu Beginn der 1930er Jahre, sind so gegensätzlich wie Weiß und Schwarz. Damals war Deutschland Bittsteller: Die von Deutschland, genauer: von der deutschen Regierung unter Reichskanzler Brüning, von 1930 an praktizierte Politik des „Sparens, um Auslandsschulden zu bedienen" zahlte sich bekanntlich weder für die Deutschen noch für die Gläubigerländer aus, und weder ökonomisch noch politisch fand das große Opfer der scharfen Deflationspolitik bei den Göttern Gehör. Es erwies sich vielmehr als eine Teufelsbeschwörung. Die Brüningsche Deflationspolitik düngte nochmals kräftig den Boden, auf dem die deutsche Katastrophe heranwuchs.

Brünings aufrichtiges Bemühen, Deutschland leiden zu lassen, um dem Ausland seinen guten Willen zu demonstrieren, den Schuldverpflichtungen irgendwie zu genügen, war das falsche Konzept zur falschen Zeit. Dass die Kritik an der „Erfüllungspolitik" während der 1920er Jahre vor allem vom deutschen Rechtsextremismus forciert worden war, liefert keine Rechtfertigung für

---

5 Vgl. Karl Georg Zinn, Unauffällige Vermehrung des Zentralbankkredits. Kapitalflucht in Euro-Land und Target-2, in: „Sozialismus", 12/2011, S. 30f.

Brüning. Anlässlich eines Vortrags im Januar 1932, vor Hamburger Publikum, machte der britische Nationalökonom John Maynard Keynes keinen Hehl aus seiner Skepsis gegenüber jener deutschen Bereitschaft, dem Versailler Vertrag zu genügen: „Während der vergangenen Jahre kamen mir recht oft Zweifel an der Weisheit der sogenannten Erfüllungspolitik. Ich denke, dass ich als deutscher Staatsmann oder Wirtschaftswissenschaftler vermutlich gegen sie opponiert hätte."[6]

Die Gläubigerfalle und der Shylock-Effekt

Was vor und dann nach 1933 in Deutschland geschah, ist selbstredend zuallererst ein Problem der Deutschen und ihrer Geschichte. Dennoch verbietet diese Tatsache nicht zu fragen, welche Mitverantwortung die Siegermächte des Ersten Weltkrieges für die Fehlentwicklungen der jungen deutschen Demokratie nach 1918 hatten. Es war der schon zitierte Keynes, der diese Frage nicht nur sehr früh und in aller Öffentlichkeit gestellt, sondern auch eine klare Antwort gegeben hatte. Für Keynes wie für alle seine Landsleute und die anderen Kriegsgegner des Deutschen Reiches stand zwar die deutsche Kriegsschuld außer Zweifel, doch daraus leitete Keynes weder eine Legitimation für die unsinnigen, weil unerfüllbaren Bedingungen des Versailler Vertrags ab noch gar für die Gleichgültigkeit der Siegermächte gegenüber der innenpolitischen Entwicklung im besiegten Deutschland. Hätten sich die demokratischen Regierungen der Siegernationen nicht intensiv darum bemühen müssen, der Weimarer Republik von Anfang an den Weg in eine stabile demokratische Zukunft zu ebnen?

Über die innenpolitische Zerrissenheit Deutschlands bestand bei seinen Nachbarn keine Unklarheit. Die Siegermächte wären im eigenen Interesse gehalten gewesen, die mentalen Befindlichkeiten in einem Volk, das weder alle Spuren seiner Kriegsbegeisterung von 1914 ausgetilgt noch gar eine demokratische Tradition vorzuweisen hatte, in Rechnung zu stellen. Das geschah nicht bzw. viel zu spät. Keynes gehörte zu den ganz wenigen Ausländern, die das deutsche Unheil voraussahen. In der letzten Augustwoche des Jahres 1922 kam Keynes nach Hamburg, wo er auf einer Weltwirtschafts-Konferenz, die anlässlich der „Hamburger Übersee-Woche" stattfand, einen Vortrag hielt. Über seine Hamburger Eindrücke sandte er einige kurze Artikel an den „Manchester Guardian". Am 28. August 1922 erschien in dem Blatt ein Text unter der Überschrift „Deutsche Bevölkerung verängstigt vor Unsicherheit".[7] Darin sprach sich Keynes für umgehende Wirtschaftshilfe aus und unterstrich seine Forderung mit den weit über wirtschaftliche Aspekte hinausweisenden politischen Folgen der äußerst prekären deutschen Situation: „Die Öffentlichkeit ist pessimistisch und deprimiert und hat alle Zuversicht verlo-

---

6 John Maynard Keynes, The Economic Prospects 1932, in: Collected Writings, Bd. 21, London-Basingstoke 1982, S. 47, Übers. des Autors.
7 John Maynard Keynes, German People terrified by Uncertainty, in: Collected Writings, Bd. 18, London-Basingstoke 1978, S. 28-31, Übers. des Autors.

ren. Unter diesen Umständen gehen jedermanns Gedanken auch unfreiwillig in Richtung jener gefährlichen Elemente, die unter der deutschen Oberfläche verborgen liegen. Es sei daran erinnert, dass die wirksame Waffe der jungen Republik gegen die reaktionären Organisationen im Generalstreik bestand, und die Arbeiterklasse unterstützte die Regierung, weil die Beschäftigungslage gut und der Lebensstandard hinreichend waren. Aber welcher Winter steht Deutschland jetzt bevor? [...] Ich bemerke [...] die verbreitete Wahrnehmung, dass Arbeitslosigkeit und Nahrungsmittelknappheit von den Massen als Zeichen für das Versagen des gegenwärtigen Regimes angesehen werden, so dass ihre Bereitschaft, das Regime zu verteidigen, recht lauwarm sein dürfte. Unter solchen Umständen könnte ein neuer Putsch von rechts oder von links die Berliner Regierung hinwegfegen. In Deutschland ist es gegenwärtig nicht ungewöhnlich zu vernehmen: ‚Wir stehen am Rande eines Bürgerkriegs'."[8]

Das Versagen der staatlichen Eliten

Demokratien werden weder von extremistischen Parteien noch von Terroristen zu Fall gebracht, sondern durch das Versagen ihres gewählten Führungspersonals. Diesem ist anzulasten, wenn der Vertrauensverlust in ihre Kompetenz, anstehende Probleme zu lösen, die Mehrheit oder auch nur eine große Minderheit der Wählerschaft erfasst. Erst dann kommen die Extremisten zum Zuge. Das war bei den deutschen Reichstagswahlen am Ende der Weimarer Republik der Fall, und es könnte sich in einem oder mehreren Peripherie-Ländern der Europäischen Währungsunion wiederholen. Im Januar 1932 hielt sich Keynes, wie erwähnt, für einen kurzen Besuch in Deutschland auf. Erschüttert von der verzweifelten wirtschaftlichen und politischen Situation des Landes, publizierte er noch vor Ende des Monats Januar in zwei renommierten angelsächsischen Zeitschriften einen Alarmruf, um die britische und amerikanische Öffentlichkeit und die Regierungen zu Zugeständnissen an die deutsche Regierung zu bewegen, nämlich die Reparationsverpflichtungen auszusetzen oder ganz darauf zu verzichten. „Zu viele Menschen in Deutschland haben nichts, worauf sie ihre Zuversicht gründen können – nichts, außer irgendeinem ‚Wechsel', ein völlig vager und unbestimmter, aber eben ein Wechsel."[9]

Es dürfte wohl nur Keynes' diplomatischer Semantik geschuldet sein, dass er von „Wechsel" *(change)* redete; gemeint war hingegen der radikale politische Umbruch. Es dauerte kaum mehr als ein Jahr nach Keynes öffentlicher Warnung und *der* Machtwechsel in Deutschland hatte stattgefunden. Er fiel so umstürzend aus, dass dann nur noch von Machtergreifung gesprochen wurde.

Das Vertrauen in die demokratische Regierung, ja in die Demokratie überhaupt war dahingeschwunden. Brünings Deflationspolitik hatte die Auswirkungen der Weltwirtschaftskrise auf Deutschland in einem Ausmaß poten-

---

8 Ebd. S. 30f.
9 John Maynard Keynes, An End of Reparations?, in: Collected Writings, Bd. 18, London-Basingstoke 1978, S. 366-369, hier S. 366.

ziert, das sich deutlich von den Krisenerscheinungen in anderen europäischen Ländern abhob. Um noch mal den Zeitzeugen Keynes zu Wort kommen zu lassen: „Das heutige Deutschland wird von der schrecklichsten Deflation geschüttelt, die je irgendeine Nation erlebte. Dem Besucher des Landes bietet sich ein ungewöhnliches Beispiel für die Folgen einer solchen Politik, wenn sie ins Extrem getrieben wird."[10]

Keynes hegte keinen Zweifel, dass die aus dem Versailler Vertrag resultierenden Lasten der deutschen Volkswirtschaft letztlich zu jener kontraproduktiven Deflationspolitik der Brüning-Regierung mit beigetragen hatten, wenn sie nicht sogar den Hauptgrund der Fehlentwicklung bildeten. Schon kurz nach Kriegsende, 1919 und 1922, hatte Keynes seine scharfe Kritik an den unrealistischen, weil unerfüllbaren Bedingungen des Versailler Vertrages in zwei weltweit wahrgenommenen Broschüren publiziert.[11] Und bereits in seiner Analyse von 1919 hatte er sich keineswegs auf die rein ökonomischen Probleme beschränkt, sondern – zutreffend – die fatalen politischen Konsequenzen prognostiziert, die aus einer Überlastung und Demütigung des kriegsbesiegten Deutschlands erwachsen würden, nämlich nicht zuletzt militanter Nationalismus und Revanchismus und wahrscheinlich sogar ein neuer „europäischer Bürgerkrieg".

Rückblickend liefert die deutsche Entwicklung der 1920er Jahre eine Art Modell für den fehlerhaften Umgang von demokratischen Siegermächten mit dem Unterlegenen. Es stand in der Macht der damaligen Sieger, auch auf die innenpolitische Entwicklung Deutschlands Rücksicht und Einfluss zu nehmen. Es hätte einer klugen und verantwortungsvollen Politik der Sieger entsprochen, jegliche wirtschaftliche Überforderung der besiegten Nation zu unterlassen und auch die dadurch bedingte Erstarkung von extremistischen, auf Vergeltung drängenden Strömungen zu unterbinden.

Die Politik der Westalliierten nach dem Zweiten Weltkrieg hingegen kann als erfolgreiches Gegenmodell zur Misere der Siegerpolitik nach 1918 gelten. Dass die historischen Umstände, nämlich der nach 1945 beginnende „Kalte Krieg", die Politik der Westalliierten gegenüber Deutschland bestimmten, ändert nichts an der geschichtlichen Tatsache: In Deutschland entfaltete sich eine demokratische Verfassungswirklichkeit, und sie wurde von der raschen wirtschaftlichen Erholung nicht nur entscheidend gestützt, sondern das sogenannte Wirtschaftswunder stellte vermutlich eine *Conditio sine qua non* für die zunehmende demokratische Stabilisierung dar – in einem Land, dessen Bevölkerung noch mehrheitlich zumindest aus Mitläufern der Nazis bestand.

Auch die europäische Integration spiegelt den fundamentalen Unterschied zur Situation nach dem Ersten Weltkrieg wider. Die Deutschen hatten am Ende des Zweiten Weltkriegs weder die Erwartung noch gar irgendeinen legitimen Anspruch, dass sich die vom Nazi-Regime heimgesuchten Völker zur Versöhnung oder sogar zur Anerkennung Deutschlands als Partner in

---

10 Ebd.
11 John Maynard Keynes, The Economic Consequences of the Peace, in. ders., Collected Writings, Bd. 2, London-Basingstoke 1971; ders., A Revision of the Treaty. Being a Sequel to The Economic Consequences of the Peace, in: ders., Collected Writings, Bd. 3, London-Basingstoke 1971.

einem vereinten Europa durchringen würden. Doch dieses historische „Wunder" wurde Wirklichkeit. Umso beschämender für die Deutschen ist deshalb die kauderdeutsche Großmäuligkeit („In Europa wird wieder Deutsch gesprochen!"), mit der dieser CDU-"Spitzenpolitiker" nicht nur sich selbst beschädigt hat. Gewiss, in unseren westlichen und östlichen Nachbarländern mag darüber mehr gelacht als gegiftet worden sein. Aber ob das auch so bleibt, wenn die deutsche Bundesregierung durch ihre Verweigerungspolitik den Eindruck erweckt, jene unverfrorene Rhetorik des „In Europa wird jetzt Deutsch gesprochen" spreche etwas „Richtiges" aus, es sei nur ungeschickt formuliert – anstatt sie in ihrer hinterwäldlerischen Dummheit offen zu desavouieren? Altbundeskanzler Schmidt gehört zu den ganz wenigen Prominenten der politischen Klasse, die ungeschminkt in Erinnerung rufen, dass die nationalsozialistische Katastrophe Deutschlands nie in Vergessenheit geraten wird, sondern dass den Deutschen allenfalls das Geschenk der Vergebung zuteil wird, so wie humane Klugheit einem resozialisierten Verbrecher begegnet.[12]

Ist Solidarität ein Fremdwort?

Umso problematischer ist es, dass die Konzeption der als Konsolidierungspolitik bezeichneten Strategie des Sparens und Kürzens, die den südeuropäischen Staaten heute abverlangt wird, in erster Linie von Vorstellungen der deutschen Regierung bestimmt wurde. Zwar legitimiert sie ihre Härte mit dem unbestreitbaren Sachverhalt, dass die Schuldner-Staaten ihre prekäre Situation zum erheblichen Teil selbst verschuldet haben. Doch galt das Verschulden noch vor dem Herbst 2008 als innovativ und dynamisch; es war eben das neoliberale Credo, dem alle – nicht zuletzt die Bundesrepublik – gefolgt waren, als sie deregulierten und der Spekulation grünes Licht gaben. Die Bankenrettungen deutscher Bundesregierungen trieben auch die hiesige Staatsschuld nach oben. Der wesentliche Unterschied zu den Peripherieländern besteht eben „nur" in der höheren deutschen Wirtschaftskraft. Doch verschafft das ausgerechnet der Regierung jenes Landes, das zwei Weltkriege und einen Genozid auf seinem historischen Schuldkonto aufweist, die Legitimation eines Anklägers?

Selbst im „Sonderfall" Griechenland, dessen Sünden besonders schwerwiegend erscheinen, wäre deutsche Zurückhaltung geboten. Das Land hat sich zwar durch manipulierte, richtiger: gefälschte, Statistiken die Aufnahme in die EWU erschlichen. Aber: Das war seit 2003 bekannt (geworden), und nichts wurde dagegen unternommen. Im Gegenteil durfte sich die konservative Vorgängerregierung des 2011 zurückgetretenen griechischen Ministerpräsidenten Papandreou kräftig verschulden. Ein Schelm, wer sich dabei erinnert, dass Griechenland einige hundert Mio. Euro für den Kauf von Erzeugnissen einer deutschen U-Boot-Werft benötigte. Es wurde nicht bekannt, dass bzw. ob die Brüsseler Kommission oder das Europäische Parlament die griechische Justiz aufgefordert hätte, gegen die Verantwortlichen jener Statistikfälschung ein

---

12 So beispielsweise auf dem SPD-Parteitag im Dezember 2011.

Ermittlungsverfahren einzuleiten. Hätten die Griechen selbst dafür sorgen sollen, dass jene Politiker dafür zur Rechenschaft gezogen werden? Dass das nicht geschah, scheint aber eben auch die europäischen Institutionen nicht zu stören.

Das Kind ist heute in den sprichwörtlichen Brunnen gefallen. Ehe es da wieder raus kann, vergeht eine Weile. Es muss inzwischen weiterleben können, und das geht nicht ohne Hilfe von außen. Reine Selbsthilfe ist in dieser Lage ausgeschlossen. Also bedarf es des Mitleids, der mitmenschlichen Hilfe oder, im Politjargon gesprochen, der „Solidarität" – für die breite Bevölkerung. Wer anders als der Stärkste oder die Stärksten sind da gefragt?

Deutschland ist nun mal die stärkste Volkswirtschaft Europas, was leider nicht automatisch auch heißt, die politisch klügste und solidarischste Regierung zu haben. Wenn der frühere Bundeskanzler Helmut Schmidt vom „langfristig-strategischen deutschen Interesse" spricht,[13] so ist damit die schlichte Tatsache gemeint, dass Deutschland nur in einem geeinten Europa auf Dauer sein wiedergewonnenes Ansehen – und auch seine ökonomische Stellung – behaupten kann. Ihre Philosophen und christlichen Theologen mögen den Deutschen zu einer klugen Bescheidung raten, um sie vor dem Fall zu bewahren, der auf den Hochmut folgt. Ist es denn völlig unangebracht, an den Krieg, den Massenmord, die Demütigung zu erinnern, die Deutsche anderen Bevölkerungen und den eigenen Mitbürgerinnen und -bürgern antaten? Daran zu erinnern, um dagegen die läppischen, vermeintlichen finanziellen „Opfer" zu stellen, die eine Sanierung der Schuldenkrise Südeuropas erfordern wird.

Ob dies über eine Inflation verläuft oder andere Wege gegangen werden, ist hier nicht zu erörtern. Doch in jedem Fall sind die europäische Integration, der europäische Friede und die grenzüberschreitende Sympathie zwischen den Menschen viel zu wertvoll, um sie irgendwelchen kleinkrämerhaften Finanzrechnungen unterzuordnen.

Wie politische Dummheit demokratischer Regierungen ganz undemokratische Verhältnisse herbeiführen kann, wurde am Beispiel des Untergangs der ersten deutschen Demokratie deutlich. Doch auch die jüngere Geschichte bietet vielerlei Anschauungsmaterial für diese Spielart „negativer Dialektik" – so etwa die Invasion der Chicago-Ökonomen ins nachsowjetische Russland, die den Oligarchen in den Sattel und das russische Volk enteignen halfen, oder die trotz verheerender Kollateralschäden versagten Erfolge der Demokratie-Missionen im Irak und in Afghanistan. Manches, was noch herauskommen wird, und anderes, was wir noch erleben werden, begründen massive Zweifel, ob die Regierungen der besten aller Staatsformen, der Demokratie, auch bestens regieren. Der zunehmende „postdemokratische" Filz von Politik und Lobbyismus wie auch die herrschenden Rekrutierungsmechanismen für politisches Führungspersonal durch die Parteien machen für die Zukunft jedenfalls nicht die allergrößten Hoffnungen.

---

13 Vgl. „Handelsblatt", 5.12.2011.

Austerität: Der Einsturz eines Glaubensgebäudes

Von **Paul Krugman**

Ein Rechenfehler in einer wirtschaftswissenschaftlichen Studie – in gewöhnlichen Zeiten würde so etwas außerhalb der Zunft keinerlei Aufsehen erregen. Doch im April 2013 beschäftigte die Aufdeckung eines solchen Fehlers – es ging um eine falsche Kodierung in einem Arbeitsblatt, verbunden mit diversen analytischen Mängeln – nicht allein die Berufsgruppe der Wirtschaftswissenschaftler, sie sorgte vielmehr weltweit für Schlagzeilen. Im Rückblick wird man vielleicht sogar zu dem Schluss kommen, diese Enthüllung habe zu einem wirtschaftspolitischen Kurswechsel geführt.

Und warum? Weil die betreffende Studie – „Growth in a Time of Debt", Wachstum in Zeiten der Verschuldung – der Harvard-Ökonomen Carmen Reinhart und Kenneth Rogoff in der wirtschaftspolitischen Debatte rasch zu einer Art Stein der Weisen avancierte. Seit sie in Umlauf ist, haben sich *Austerians* – die Verfechter unverzüglicher und drastischer Kürzungen der Staatsausgaben – immer wieder auf die angeblichen Erkenntnisse der Studie berufen, um ihre eigene Haltung zu verteidigen und ihre Kritiker anzugreifen. Während John Maynard Keynes einst ausgeführt hatte, „der Auf- und nicht der Abschwung ist der richtige Zeitpunkt zu sparen" – dass Ausgabenkürzungen also zu warten hätten, bis die Wirtschaft wieder erstarkt –, beriefen sich jetzt viele auf Reinhart und Rogoff: Diese hätten nämlich nachgewiesen, dass ein Abwarten katastrophale Folgen zeitigen würde, weil Volkswirtschaften – so die These – abstürzen, sobald die Staatsverschuldung eines Landes die Marke von 90 Prozent des Bruttoinlandsprodukts (BIP) übersteigt.

Tatsächlich könnten Reinhart/Rogoff die öffentliche Debatte unmittelbarer beeinflusst haben als irgendeine andere Studie in der Geschichte der Wirtschaftswissenschaften. Die Namensliste derer, die sich auf die 90-Prozent-These als das ausschlaggebende Argument zugunsten der Austeritätspolitik berufen haben, reicht von Paul Ryan, dem früheren Vizepräsidentschaftskandidaten und jetzigen Vorsitzenden des Haushaltsausschusses, über Olli Rehn, dem obersten Wirtschaftsverantwortlichen der Europäischen Kommission, bis zur Redaktion der „Washington Post". Die Enthüllung, dass es sich bei der angenommenen 90-Prozent-Schwelle um ein bloßes Konstrukt handele, das auf Programmierfehlern, Nichtberücksichtigung wichtiger Daten und abson-

---

* Dieser Text erschien zuerst unter dem Titel „How the case for austerity has crumbled!" in: „The New York Review of Books", 10/2013; die Übersetzung stammt von Karl D. Bredthauer.

derlichen Statistikpraktiken basiert, ließ deshalb eine beträchtliche Anzahl prominenter Persönlichkeiten ziemlich dumm dastehen.

Das eigentliche Rätsel steckt allerdings in der Frage, wie es überhaupt dazu kommen konnte, dass das Reinhart/Rogoff-Papier ernst genommen, ja sogar kanonisiert wurde. Denn die darin angewandten Methoden und Schlussfolgerungen waren von Anfang an auf starke Kritik gestoßen, auf Bedenken, die erst einmal große Zurückhaltung nahegelegt hätten. Zudem handelte es sich bei Reinhart/Rogoff schon um das zweite Papier, auf das sich die Befürworter einer Austeritätspolitik zunächst als angeblichen Beweis für die Richtigkeit ihres Ansatzes gestürzt hatten, dessen Beweisführung dann aber bei sorgfältiger Überprüfung in sich zusammenfiel. Mit einer Studie von Alberto Alesina und Silvia Ardagna hatten die Austeritätsverfechter schon einmal ähnliche Erfahrungen machen können wie jetzt mit Reinhart/Rogoff, wenngleich weniger spektakulär.

Alesina/Ardagna hatten behauptet, nachweisen zu können, dass radikale Kürzungen der Staatsausgaben das Wirtschaftswachstum kaum beeinträchtigen, ja womöglich sogar beflügeln könnten. Nach aller wirtschaftsgeschichtlichen Erfahrung hätte diese These mit Vorsicht aufgenommen werden müssen. Weshalb also geschah eher das Gegenteil?

Wie einige unlängst erschienene Bücher belegen können – und andere eher unfreiwillig veranschaulichen –, gibt es sowohl politische als auch psychologische Gründe hierfür: Eine Menge mächtiger Leute möchte ganz einfach an die Richtigkeit der Austeritätsdoktrin glauben. Deshalb greifen sie nur zu bereitwillig nach allem, was selbige zu rechtfertigen scheint. Auf diese Glaubensbereitschaft werde ich noch zurückkommen. Zunächst jedoch erscheint es angebracht, die jüngste Geschichte der Austerität nachzuzeichnen, und zwar sowohl als Doktrin wie als politisches Experiment.

Der Boom und die Blase

Am Anfang war – die Blase. Über die Exzesse der Boomjahre sind inzwischen viele, viele Bücher geschrieben worden – zu viele, wie ich meine. Der herrschende Drang, sich in abstoßenden Details des Booms zu verlieren, statt sich um ein besseres Verständnis der Abschwungdynamik zu bemühen, erweist sich nicht zum ersten Mal als problematisch – und zwar gleichermaßen wirtschaftswissenschaftlich wie wirtschaftspolitisch. Für den Anfang möge hier die Feststellung genügen, dass sich zu Beginn des Jahres 2008 sowohl Amerika als auch Europa einem Absturz entgegenbewegten. Beide hatten sich allzu stark von einem überhitzten Immobilienmarkt abhängig gemacht; ihre Haushalte waren zu hoch verschuldet und der Finanzsektor war auf beiden Seiten des Atlantiks sowohl unterkapitalisiert als auch überdehnt.

Um diese Kartenhäuser einstürzen zu lassen, bedurfte es nur noch irgendeines akuten Schocks. Für den sorgte dann die Implosion der „Subprime"-Verbriefungen in den Vereinigten Staaten. Im Herbst 2008 platzten die Immobilienblasen beiderseits des Atlantiks, und die ganze nordatlantische

Ökonomie verfing sich im „deleveraging", einem forcierten Schuldenabbau, der Kreditnehmer verleitet – oder zwingt –, ihre Schulden ausgerechnet dann abzutragen, wenn viele andere es gleichfalls tun.

Weshalb ist das problematisch? Der Interdependenz wegen: Deine Ausgaben sind mein Einkommen und umgekehrt. Wenn wir beide gleichzeitig versuchen, unsere Schulden durch drastische Ausgabenkürzungen abzutragen, werden wir beide weniger Einkommen haben – und stark sinkende Einkommen können die Verschuldung sogar noch weiter steigern, während sie gleichzeitig Massenarbeitslosigkeit bewirken.

Kennern der Wirtschaftsgeschichte musste es kalt überlaufen, wenn sie den Gang der Dinge in den Jahren 2008 und 2009 verfolgten, denn da vollzog sich – schreckliches *Déjà-vu!* – ganz offensichtlich eine ähnliche Entwicklung wie nach 1929, als es zur *Great Depression*, zur Weltwirtschaftskrise kam. Tatsächlich legten die Wirtschaftshistoriker Barry Eichengreen und Kevin O'Rourke schon Anfang 2009 schockierende Tabellen vor. Aus ihnen ging hervor, dass die ersten zwölf Monate des Abschwungs 2008-2009 hinsichtlich des Rückgangs von Handel und gewerblicher Produktion durchaus vergleichbar waren mit dem ersten Jahr der weltweiten Wirtschaftskrise 1929-1933.

Stand also eine zweite Große Depression bevor? Dagegen sprach immerhin, dass wir bei der Schadensbegrenzung heute, verglichen mit unseren Großvätern, über eine Reihe großer Vorteile verfügten – oder zu verfügen glaubten. Einige dieser Vorteile waren, wie man sagen könnte, struktureller Art. Als integraler Bestandteil der Funktionsweise einer modernen Volkswirtschaft bedurften sie gar keiner besonderen Eingriffe seitens der Politik. Andere waren intellektueller Natur: Schließlich hatten wir seit den 1930er Jahren doch wohl dazugelernt, würden also die politischen Fehler unserer Großväter gewiss nicht wiederholen. In struktureller Hinsicht bestand der größte Vorteil gegenüber den 1930er Jahren in der Art und Weise, wie die Steuer- und Sozialversicherungssysteme – beide von ganz anderem Volumen als 1929 – als „automatische Stabilisatoren" wirkten. Mochten die Löhne auch sinken, so würde sich doch das Gesamteinkommen nicht im gleichen Ausmaß vermindern, da die Steuerbelastung zurückgehen würde, während der Staat weiterhin Sozialleistungen erbrachte – für *Social Security*, *Medicare*, Arbeitslosengeld und dergleichen mehr. Dass es jetzt den modernen Wohlfahrtsstaat gab, lief somit auf das Einziehen einer Untergrenze für das Gesamtausgabenvolumen hinaus, was verhinderte, dass die Abwärtsspirale der wirtschaftlichen Entwicklung zu weit ging.

Die Lehren der Großen Depression

Was die intellektuelle Seite der Sache betrifft, so waren die heutigen Politiker gewarnt, denn sie kannten die Geschichte der Weltwirtschaftskrise. Einige, unter ihnen Ben Bernanke, hatten in einem früheren Leben sogar wissenschaftlich über die Große Depression gearbeitet. Milton Friedman hatte sie belehrt über die Torheit, zuzulassen, dass ein Bankensturm zum Zusammenbruch des gesamten Finanzsystems führt, und auch darüber, dass man die Wirtschaft in Zeiten der Panik mit Geld regelrecht fluten sollte. Von John Maynard Keynes hatten sie gelernt, dass Staatsausgaben unter den Bedingungen einer Depression als wirksames Mittel zur Schaffung von Arbeitsplätzen dienen können. Und die verheerenden Folgen des Schwenks, den Franklin Roosevelt 1937 in Richtung Austeritätspolitik vollzog, hatten sie gelehrt, welch ein Riesenfehler es sein kann, vorzeitig auf monetäre und fiskalische Anreize zu verzichten.

Diese Lehren zeigten zunächst Wirkung. Anders als zu Beginn der Weltwirtschaftskrise, als die Politik den Absturz sogar noch beschleunigte – indem sie Zinssatzerhöhungen tätigte als Versuch, sich weiterhin auf Goldreserven stützen zu können, und Ausgabenkürzungen veranlasste in der Hoffnung auf ausgeglichene Staatshaushalte –, griff man 2008 und 2009 zu expansiven geld- und haushaltspolitischen Maßnahmen. Das gilt insbesondere für die Vereinigten Staaten, wo die Notenbank nicht nur die Zinssätze drastisch herabsetzte, sondern auf die Märkte ging und buchstäblich alles aufkaufte, von handelsüblichen Wertpapieren bis hin zu Staatsanleihen mit langer Laufzeit. Gleichzeitig setzte dort die Obama-Administration ein 800 Mrd. Dollar schweres Steuersenkungs- und Ausgabensteigerungsprogramm durch. Was man in Europa unternahm, war weniger dramatisch – doch andererseits lässt sich sagen, dass der dort stärker ausgebaute Sozialstaat weniger zusätzliche Anreize erforderlich machte.

Nun haben einige Wirtschaftswissenschaftler (auch ich selbst) von Anfang an kritisiert, dass diese geld- und haushaltspolitischen Schritte zwar nützlich seien, aber angesichts der Schwere des ökonomischen Schocks nicht weit genug gingen. Und wirklich hatte sich dann Ende 2009 die Lage zwar stabilisiert, aber die Wirtschaftskrise als solche ging erkennbar tiefer, als die Politiker hatten zugeben mögen. Auch zeichnete sich ab, dass sie länger anhalten würde, als man sich anfangs vorstellen konnte. Es wäre also eigentlich eine zweite Runde von Anreizen zur Überwindung der Krise zu erwarten gewesen. Stattdessen aber kam es zu einer plötzlichen Kurswende.

Februar 2010: Die Wende in Iqaluit

In Neil Irwins Buch „The Alchemists" finden wir präzise Angaben über Ort und Zeit der Wende, als die wichtigsten der fortgeschrittenen Länder abrupt von wirtschaftsbelebenden Maßnahmen abrückten und auf Sparkurs gingen. Als Zeitpunkt nennt Irwin den Februar 2010 und zur Ortsbestimmung einen recht ungewöhnlichen Schauplatz: Iqaluit, eine abgelegene Siedlung in der kanadischen Arktis, wo damals die G 7-Finanzminister zu einem ihrer regelmäßigen Gipfeltreffen zusammenkamen. Häufig haben derartige Gipfeltreffen vor allem zeremonielle Züge, und auch diesmal gab es mehr als genug davon, bis hin zu dem rohen Seehundfleisch, das beim Abschlussdinner serviert wurde (und auf das alle ausländischen Teilnehmer dankend verzichteten). Doch diesmal gab es auch substanzielle Ergebnisse. „In der Einsamkeit der kanadischen Wildnis", schreibt Irwin, „kamen die Führer der Weltwirtschaft kollektiv zu dem Schluss, die große Herausforderung habe ihren Schwerpunkt verlagert. Die Ökonomie scheine zu gesunden; jetzt sei es an der Zeit, von der Wachstumsförderung Abstand zu nehmen. Also: Schluss mit den Belebungsmaßnahmen."

Wie eindeutig war dieser Kurswechsel? Der im April 2013 erschienene Weltwirtschaftsbericht des IWF („World Economic Outlook") zeigt die reale Entwicklung der Staatsausgaben im Verlauf dieser Krise und vergleicht diese mit früheren Krisen. Als „Jahr Null" fungiert das Jahr vor Ausbruch der weltweiten Rezession (in der gegenwärtigen Krise also 2007), und die Ausgabenentwicklung wird mit dem Stand in diesem Basisjahr verglichen. Dabei zeigt sich, dass die verbreitete Annahme, wir hätten es mit aus dem Ruder laufenden Staatsausgaben zu tun, falsch ist. Ganz im Gegenteil begannen die Staatsausgaben nach einem kurzen Anstieg im Jahr 2009 sowohl in Europa als auch in den Vereinigten Staaten zu sinken. Mittlerweile liegen sie deutlich unter dem Normaltrend. Der Kurswechsel in Richtung Austeritätspolitik erweist sich also als durchaus real und überaus weitreichend.

Dass es zu diesem Kurswechsel kam, ist auf den ersten Blick erstaunlich. Den ökonomischen Lehrbüchern zufolge drücken drastische Kürzungen der Staatsausgaben die Gesamtnachfrage, was wiederum zur Verringerung von Produktion und Beschäftigung führt. Das mag bei überhitzter Wirtschaft und steigender Inflation erstrebenswert sein. Als Alternative könnte man die schädlichen Auswirkungen verminderter Staatsausgaben auszugleichen versuchen. Die Zentralbanken (wie die amerikanische Fed, die EZB oder die entsprechenden Einrichtungen anderswo) können die Zinssätze senken und so Privatkonsum und Investitionen anregen. Doch keine dieser Bedingungen existierte Anfang 2010 – und heute übrigens auch nicht: Die fortgeschrittenen Volkswirtschaften steckten und stecken immer noch sämtlich tief in der Depression, ohne dass es bisher Anzeichen einer Inflationsgefahr gäbe. Derweil liegen die Zinssätze für kurzfristige Anleihen, die die Zentralbanken mehr oder weniger unter Kontrolle haben, nahe null, was der Geldpolitik kaum mehr Spielraum dafür lässt, die Wirkungen staatlicher Ausgabenkürzungen auszugleichen. Ökonomischer Schulweisheit zufolge kämen also all die Sparmaßnahmen, die wir erleben, stark verfrüht und hätten warten sollen, bis die Wirtschaft sich erholt.

Es fragt sich daher, weshalb die führenden Wirtschaftsverantwortlichen sich so bereitwillig über das Lehrbuchwissen hinweggesetzt haben.

Die Hegemonie der Anti-Keynesianer und der Einbruch der Staatenkrise

Ein Teil der Antwort besteht darin, dass viele dieser Leute den Lehrbuchstoff nie geglaubt haben. Das politische und intellektuelle Establishment Deutschlands wusste mit keynesianistischer Ökonomie noch nie viel anzufangen, und das Gleiche gilt für große Teile der Republikanischen Partei in den Vereinigten Staaten. In der Hitze einer akuten Wirtschaftskrise – wie im Herbst 2008 und im Winter 2009 – konnten diese Stimmen zwar ein Stück weit übertönt werden, aber sobald die Dinge sich etwas beruhigt hatten, wuchs ihr Widerstand.

Auf eine grundsätzlichere Antwort komme ich später zu sprechen: auf die politischen und psychologischen Gründe dafür, warum viele einflussreiche Personen Konzepte wie *Deficit Spending* und Billiggeld regelrecht hassen. Auch in dieser Hinsicht gilt, dass das Nachlassen des akuten Krisendrucks wieder mehr Raum dafür ließ, sich von derartigen Hassvorstellungen treiben zu lassen. Außer den genannten Faktoren zeigten Anfang 2010 zwei andere, eher zufällige Aspekte der Situation Wirkung: die neue Krise in Griechenland und das Auftauchen scheinbar gründlich erarbeiteter, hochwertiger Forschungsergebnisse von Wirtschaftswissenschaftlern, welche die Position der Austeritätsverfechter stützten.

Die griechische Krise traf so ziemlich alle Welt wie ein Schock, und nicht zuletzt die frisch gewählte Regierung unter Giorgos Andrea Papandreou von der PASOK, die im Oktober 2009 antrat. Die neue Regierung wusste, dass sie vor einer Haushaltskrise stand – doch erst nach Amtsantritt erfuhr sie, dass ihre Vorgänger die Bilanzen frisiert hatten und dass sowohl das aktuelle Haushaltsdefizit als auch der Schuldenberg insgesamt alle Vorstellungen übertrafen. Als die Nachricht die Investoren erreichte, fanden sich zunächst Griechenland und dann große Teile des restlichen Europa in einer ganz neuartigen Krise wieder: Diesmal ging es nicht um Banken, sondern um Staaten, die zu scheitern drohten, weil sie auf den Weltfinanzmärkten kein Geld mehr leihen konnten.

„Wat den Eenen sin Uhl, is den Annern sin Nachtigall": Für Anti-Keynesianer kam die Griechenlandkrise wie ein Geschenk des Himmels. Sie hatten stets vor den Gefahren des *Deficit Spending* gewarnt. Nun schien das griechische Debakel zu demonstrieren, wie gefährlich staatliche Ausgabenfreudigkeit tatsächlich sein kann. Bis zum heutigen Tage muss jeder, der die Austeritätspolitik kritisiert oder gar für eine neue Runde wirtschaftlicher Belebungsmaßnahmen plädiert, auf den Vorwurf gefasst sein, er wolle Amerika (oder, je nachdem, Großbritannien) zu einem weiteren Griechenland machen. Wo Griechenland das abschreckende Exempel aus der wirklichen Welt lieferte, schienen Reinhart und Rogoff die mathematische Fundierung beizusteuern. Ihr Papier bewies, so schien es, nicht allein, dass Staatsverschuldung dem Wachstum schadet, sondern darüber hinaus die Existenz einer „Schwelle", einer Art Umschlagspunkt ins Negative. Ihre Zahlen schienen es zu beweisen: Sobald die Staatsverschuldung die Schwelle von 90 Prozent des Bruttoinlandsprodukts überschreitet, kann die Wirtschaft nicht mehr wachsen.

Griechenlands Staatsverschuldung lag längst jenseits der magischen Marke. Noch stärker ins Gewicht fiel aber die Tatsache, dass auch fortgeschrittenere Länder, einschließlich der Vereinigten Staaten, mit großen Haushaltsdefiziten wirtschafteten und sich der vermeintlichen Schwelle näherten. Verknüpfte man also den Fall Griechenland und die Reinhart/

Rogoff-These, so schien es zwingend geboten, unverzüglich umzusteuern und auf Austeritätskurs zu gehen.

Wachstumsfördernde Sparpolitik – die Quadratur des Kreises

Doch würde eine solche Wende zur Austeritätspolitik sich in einer immer noch durch den forcierten Privatschuldenabbau beeinträchtigten Wirtschaftslage nicht sofort negativ auswirken? Nein, keine Sorge, sagte da eine andere bemerkenswert einflussreiche Studie, die ihre Autoren, die Wirtschaftswissenschaftler Alberto Alesina und Silvia Ardagna, mit „Large Changes in Fiscal Policy: Taxes Versus Spending" überschrieben hatten.

Mark Blyth zeichnet in seinem Buch „Austerity: The History of a Dangerous Idea" den Aufstieg und den Fall der Idee einer „expansionary austerity" akribisch nach. Die Vorstellung einer wachstumsfördernden Sparpolitik geht laut Blyth vor allem auf eine Gruppe italienischer Ökonomen zurück, die er „Bocconi-Boys" nennt. Diese Gruppe vertrat ihre These in einer Reihe von Studien, die im Laufe der Zeit an Lautstärke gewannen, was sie an wissenschaftlichem Wert einbüßten. Mit der Untersuchung von Alesina/Ardagna im Jahre 2009 erreichte die These ihren Höhepunkt.

Der Kern der Studie besteht in einem Frontalangriff auf die keynesianische Annahme, eine schwächelnde Wirtschaft werde durch staatliche Ausgabenkürzungen weiter entkräftet. Wie Reinhart und Rogoff führen sie historische Beispiele an, die ihre Position stützen sollen. Alesina und Ardagna zufolge hatten massive Haushaltskürzungen in fortgeschrittenen Ländern im Schnitt eher Wirtschaftswachstum als -schrumpfung zur Folge. Der Grund dafür lag angeblich darin, dass entschlossene haushaltspolitische Austerität im Privatsektor vertrauensbildend wirkt und dass dieser Vertrauenszuwachs jede Wachstumsverzögerung mehr als wettmacht, welche die Verringerung der Staatsausgaben zunächst bewirken könnte.

Diese Vorstellung griff bald einem Lauffeuer gleich um sich. Im April 2010 gaben Alesina und Ardagna eine Sondervorstellung ihrer Thesen vor dem Wirtschafts- und Finanzrat (EcoFin) des EU-Ministerrats. Von dort aus fanden diese rasch Eingang in amtliche Verlautbarungen der Europäischen Kommission und der Europäischen Zentralbank. Jean-Claude Trichet, der seinerzeitige EZB-Präsident, tat die Sorge, die Austeritätspolitik könne wachstumsschädigend wirken, im Juni 2010 folgendermaßen ab: „In ökonomischer Hinsicht ist die Vorstellung, Sparmaßnahmen könnten zu wirtschaftlicher Stagnation führen, nicht richtig [...]. In Wirklichkeit tut unter den gegebenen Umständen alles, was das Vertrauen der Haushalte, Unternehmen und Investoren in die Nachhaltigkeit der öffentlichen Ausgabenpolitik zu kräftigen hilft, der Wachstumskonsolidierung und der Schaffung von Arbeitsplätzen gut. Ich glaube fest daran, dass unter den gegenwärtigen Umständen vertrauensbildende Maßnahmen der Politik die wirtschaftliche Erholung fördern und nicht etwa hemmen werden, weil Vertrauen heute der Schlüsselfaktor ist."

Das war Alesina/Ardagna pur. Im Sommer 2010 hatte also, wie sich zeigt, eine ausgewachsene Austeritäts-Orthodoxie Gestalt angenommen, die in den politischen Kreisen Europas dominierte und auch auf der westlichen Seite des Atlantiks Einfluss gewann. Doch wie ist es in den über drei Jahren, die seither verstrichen sind, weitergegangen? Was waren die Folgen der Austeritätspolitik?

Der Absturz: Austerität und die Folgen

Die Auswirkungen wirtschaftspolitischer Entscheidungen lassen sich in der Regel kaum eindeutig nachweisen. Regierungen ändern ihre Politik im Allgemeinen nur halbherzig, und es fällt schwer, die tatsächlichen Wirkungen der ähnlich halbherzigen Maßnahmen, welche daraus erwachsen, von all dem klar zu unterscheiden, was sonst noch in der Welt vor sich geht.

Obamas ökonomische Belebungsmaßnahmen beispielsweise waren sowohl zeitlich begrenzt als auch von recht geringem Umfang, wenn man sie an den Dimensionen der US-Ökonomie misst. Es handelte sich zu keinem Zeitpunkt um mehr als zwei Prozent des amerikanischen Bruttoinlandsprodukts (BIP), und das unter den Bedingungen der seit drei Generationen größten Finanzkrise, welche diese Volkswirtschaft erschütterte. Wie viel von dem, was von 2009 bis 2011 geschah, ob im Guten oder im Bösen, mag sich Obamas Belebungsmaßnahmen zuschreiben lassen? In Wirklichkeit weiß das keiner. Der Umschwung in Richtung Austeritätspolitik nach 2010 fiel allerdings, besonders in den europäischen Schuldnerstaaten, so drastisch aus, dass der normalerweise wirksame Hang, eher zögerlich vorzugehen, kaum noch durchschlug. Griechenland verfügte Ausgabenkürzungen und Steuererhöhungen, deren Umfang 15 Prozent des BIP erreichte. Bei Irland und Portugal waren es jeweils etwa 6 Prozent. Und anders als die halbherzigen Anstrengungen zur Wirtschaftsbelebung davor, wurden diese Einschnitte jetzt Jahr für Jahr fortgesetzt und sogar noch verschärft.

Welche Auswirkungen zeitigt die Austeritätspolitik nun also tatsächlich?

Die Antwort lautet: Ihre Ergebnisse sind desaströs – und genau so katastrophal, wie man es, gestützt auf die Lehrbuch-Makroökonomie, bereits vorher hätte wissen können. Die zu einer strikten Austeritätspolitik genötigten europäischen Länder haben sehr harte Abschwünge erlitten, wobei deren Wucht mehr oder weniger proportional zum Härtegrad der Austeritätsmaßnahmen ausfiel.

Es gab Versuche, diese Resultate hinwegzuinterpretieren, besonders seitens der Europäischen Kommission. Doch der Internationale Währungsfonds kam mittlerweile nach gründlicher Analyse der Datenlage nicht nur zu dem Schluss, dass die Austeritätspolitik große wirtschaftliche Schäden verursacht hat. Er legte auch eine Art Schuldbekenntnis ab, diese negativen Auswirkungen unterschätzt zu haben.[1]

---

1 Vgl. Olivier Blanchard und Daniel Leigh, Growth Forecast Errors and Fiscal Multipliers, IMP Working paper, Januar 2013, www.imf.org.

Doch gibt es überhaupt noch eine Alternative zum Sparen? Und wie steht es um die Gefahren ausufernder Staatsverschuldung?

Anfang 2010, als alle unmittelbar unter dem Eindruck der griechischen Katastrophe standen, schienen die Gefahren einer exzessiven Verschuldung auf der Hand zu liegen. Das galt erst recht, als 2011 Irland, Spanien, Portugal und Italien sich ebenfalls in der Gruppe von Ländern mit hohen Zinssätzen bei der Kreditaufnahme wiederfanden. Komischerweise erging es jedoch anderen hochverschuldeten Ländern anders, wie etwa Japan, den Vereinigten Staaten und Großbritannien: Trotz hoher Haushaltsdefizite und rasch ansteigenden Staatsschulden blieben für sie die Kosten der Kreditaufnahme äußerst gering. Der ausschlaggebende Unterschied liegt darin, wie der belgische Ökonom Paul DeGrauwe darlegte, ob ein Land über seine eigene Währung verfügt und sich in dieser Währung verschuldet. Solchen Ländern kann das Geld gar nicht ausgehen, weil sie es gegebenenfalls selbst drucken können. Fortgeschrittene Länder, die keinen Liquiditätsmangel zu fürchten haben, können sich also offenkundig ziemlich hoch verschulden, ohne dadurch eine Krise heraufzubeschwören.

Über drei Jahre nach der Wende zur Austeritätspolitik sieht es so aus, als seien sowohl die Hoffnungen wie die Ängste ihrer Verfechter verfehlt gewesen. Der Austeritätskurs hat keinen positiven Vertrauensschub bewirkt, und Haushaltsdefizite führten nicht automatisch in die Krise. Aber lagen dem Drang zur austeritätspolitischen Wende nicht seriöse wirtschaftswissenschaftliche Erkenntnisse zugrunde? Wie sich herausgestellt hat, stimmt das nicht – denn beide Forschungsergebnisse, auf welche die Austeritätsverfechter sich berufen, weisen schwere Mängel auf.

Als Erste ging die Vorstellung von der Wachstumsförderlichkeit des Austeritätskurses baden. Noch bevor die realen Ergebnisse des europäischen Austeritätsexperiments zu Tage traten, zeigte sich, dass die Alesina/Ardagna-Studie einer genaueren wissenschaftlichen Überprüfung nicht standhielt. Wissenschaftler vom *Roosevelt Institute* wiesen nach, dass nicht einer der Fälle, in denen Austeritätspolitik angeblich das Wirtschaftswachstum förderte, sich mitten im ökonomischen Abschwung ereignet hatte. IWF-Experten fanden heraus, dass die Maßstäbe, mit denen die Studie Fiskalpolitik misst, mit der Wirklichkeit des derzeitigen Politikwandels wenig zu tun haben. „Mitte 2011", schreibt Blyth, „war der These von der wachstumsförderlichen Austeritätspolitik sowohl der empirische als auch der theoretische Rückhalt entglitten." Langsam und unauffällig verschwand die Vorstellung, Austeritätspolitik könne Volkswirtschaften wieder auf Touren bringen, von der Bühne der Öffentlichkeit.

Der Schock: Die Enthüllungen vom April 2013

Reinhart/Rogoff hielten sich länger, obwohl ihre Studie schon früh auf schwerwiegende Einwände gestoßen war. Schon im Juli 2010 hatten Josh Bivens und John Irons vom Economic Policy Institute einen eindeutigen Irrtum aufgedeckt, nämlich eine Fehlinterpretation amerikanischer Daten aus der Zeit unmittelbar nach 1945. Hinzu kam ein ernstes Problem konzeptioneller Art: Reinhart und Rogoff, erklärten die beiden Kritiker, könnten nicht belegen, dass es die hohe Verschuldung sei, die zu schwachem Wachstum führe, und nicht womöglich gerade umgekehrt Wachstumsschwäche zu höheren Staatsschulden. Es gebe Belege für die Annahme, dass Letzteres wahrscheinlicher sei. Doch derartige Einwände zeigten kaum Wirkung. Austeritätsverfechtern kam die Reinhart/Rogoff-Story schlicht zu gelegen, um hinterfragt zu werden.

Die Enthüllungen vom April 2013 über die Fehler der Studie wirkten deshalb wie ein Schock. Trotz des enormen Einflusses, den ihre Studie rasch gewann, hatten Reinhart und Rogoff ihre Daten nicht allgemein verfügbar gemacht. Und Wissenschaftlern, die scheinbar vergleichbare Daten heranzogen, war es nicht gelungen, die Ergebnisse zu reproduzieren. Als Reinhart und Rogoff ihr Arbeitsblatt schließlich Thomas Herndon, einem Doktoranden der University of Massachusetts in Amherst, zugänglich machten, staunte dieser sehr. Es gab da einen echten Kodierungsfehler, der allerdings wenig Anteil an den Schlussfolgerungen der Autoren hatte. Schwerer wog, dass sie es versäumt hatten, mehrere Alliierte des Zweiten Weltkriegs in ihre Datenbasis einzubeziehen, nämlich Kanada, Neuseeland und Australien – alles Länder, die bei Kriegsende hoch verschuldet waren, aber nichtsdestotrotz robuste Wachstumsraten verzeichnen konnten. Zudem hatten Reinhart und Rogoff ein seltsames Bewertungsschema verwendet, das einer jeden „Episode" hoher Staatsverschuldung stets das gleiche Gewicht beimaß, unabhängig davon, ob sie in einem Jahr der Wachstumsschwäche oder im Verlauf von 17 Jahren ordentlichen Wirtschaftswachstums stattfand.

Zwar bestand, wie Herndon feststellte, auch ohne diese Fehler und Merkwürdigkeiten immer noch eine negative Korrelation zwischen Staatsverschuldung und Wirtschaftswachstum – dabei handele es sich aber überwiegend darum, dass schwaches Wachstum zu hoher Verschuldung führt und nicht umgekehrt. Natürlich untergrub das Verschwinden der imaginären 90-Prozent-„Schwelle" die Wirkung der Schauergeschichten, mit denen die Austeritätspolitik bis dahin verkauft worden war.

Es überrascht nicht, dass Reinhart und Rogoff versuchten, ihre Arbeit zu verteidigen, allerdings mit eher schwachen Argumenten oder sogar Ausflüchten. Was sie seither schreiben, erweckt, auch wenn sie es nicht mehr ausdrücklich so formulieren, weiterhin den Eindruck, bei einer Höhe von 90 Prozent des BIP erreiche die Staatsverschuldung eine Art Schwelle, hinter der schlimme Dinge lauern. In Wirklichkeit aber sind die sichtbaren Auswirkungen einer Schuldensteigerung von – sagen wir – 85 auf 95 Prozent des BIP ziemlich gering, selbst wenn man die Kausalitätsfrage – kommt hohe Verschuldung durch schwaches Wachstum oder umgekehrt – außer Acht lässt. Keinesfalls rechtfertigen die Auswirkungen die Schuldenpanik, die so starken Einfluss auf die Politik gewinnen konnte.

Alles in allem ist es um die Austeritätsökonomie also gar nicht gut bestellt. Ihre Vorhersagen haben sich als grundfalsch erwiesen. Ihre Gründungsurkunden – die Studien, die ihre wissenschaftliche Fundierung zu liefern schienen – haben nicht nur ihren kanonischen Status verloren, man macht sich über sie lustig. Dabei hätte nichts von alledem (mit Ausnahme des Excel-Fehlers) wirklich überraschen sollen: Schon die Makroökonomie für Anfänger hätte jedermann lehren können, mit dem zu rechnen, was dann tatsächlich geschah. Und die erst spät, ja viel zu spät in Verruf geratenen Studien waren offenkundig von vornherein fehlerhaft.

Damit drängt sich die Frage geradezu auf, warum die Austeritätsökonomie überhaupt je einen so übermächtigen Einfluss auf die Meinungsbildung der Eliten gewinnen konnte.

Die fatale Moralisierung der Ökonomie

Moralische Rührstücke erfreuen sich allgemeiner Beliebtheit. Eine Botschaft wie „Der Sünde Lohn ist der Tod" (Römer 6, 23) ist weitaus befriedigender als „Shit happens". Wir alle möchten, dass Ereignisse ihren Sinn haben.

Auf die Makroökonomie übertragen bedeutet dies, dass der Drang, nach moralischer Sinnhaftigkeit zu suchen, uns alle anfällig dafür macht, Geschichten zu glauben, welche die Schmerzen des Abschwungs den Exzessen des vorausgegangenen Booms anlasten. Vielleicht ist es bei dieser Art Sinnsuche sogar nur natürlich, die Schmerzen als notwendig anzusehen, als Bestandteil eines unvermeidlichen Reinigungsprozesses. Als Andrew Mellon Präsident Herbert Hoover anriet, der Depression ihren Lauf zu lassen, um das System von seiner Verderbnis zu reinigen („purge the rottenness"), war diese Empfehlung zwar schlechte Ökonomie. Sie fand aber – und findet immer noch – bei vielen Menschen psychologische Resonanz.

Im Gegensatz dazu beruht die Keynessche Ökonomie grundsätzlich auf der Annahme, dass Makroökonomie eben *keine* „Moralität", kein *Morality Play* ist, sondern dass Depressionen vielmehr im Wesentlichen technische Funktionsstörungen sind. Als die Große Depression sich verschärfte, tat Keynes den berühmten Ausspruch: „Wir haben ein Problem mit der Zündung" – will sagen: Die Schwierigkeiten der Wirtschaft ähnelten denen eines Autos mit einem kleinen, aber entscheidenden Elektrikproblem. Und die Aufgabe des Ökonomen besteht darin herauszufinden, wie man diese technische Störung behebt.

Keynes' Meisterwerk, die „Allgemeine Theorie der Beschäftigung, der Zinsen und des Geldes", sagt bemerkenswerterweise – und revolutionärerweise – so gut wie nichts darüber aus, was in Zeiten des ökonomischen Booms vor sich geht. Die wirtschaftswissenschaftlichen Kreislauftheoretiker vor Keynes ließen sich dagegen gern und gründlich über die finsteren Exzesse aus, zu denen es in wirtschaftlich guten Zeiten kommt. Nicht allzu viel hatten sie demgegenüber zu der Frage zu sagen, aus genau welchen Gründen diese Exzesse schlechte Zeiten heraufbeschwören oder was denn zu tun sei, wenn es so weit ist. Keynes kehrte die Prioritätssetzung um. Seine Aufmerksamkeit konzentrierte sich fast ausschließlich auf die Frage, warum eine Volkswirtschaft in der Depression verharrt und was getan werden kann, diese zu vermindern.

Meiner Auffassung nach hatte Keynes mit seinem Ansatz mehr als recht, doch steht außer Frage, dass viele Menschen ebendiesen Ansatz emotional zutiefst unbefriedigend finden. Es sollte uns daher nicht überraschen, dass viele volkstümliche Deutungen unserer gegenwärtigen Schwierigkeiten – ob es den Verfassern bewusst ist oder nicht – in den gefühlsbestimmten vorkeynesianischen Stil zurückfallen und sich lieber über die Exzesse der Boomzeiten Gedanken machen als über die Schäden, die der Abschwung anrichtet.

Große Deformation: Die Ideologie der Erbsünde

In diesem Lichte sollte man David Stockmans „The Great Deformation" lesen. Stockman liefert eine endlos lange Tirade gegen unterschiedlichste Exzesse, die seiner Vorstellung nach allesamt in der gegenwärtigen Krise ihren Kulminationspunkt finden. Die Geschichte ist in Stockmans Augen eine Abfolge von „Ausschweifungen": Neben einer „Orgie ungedeckter Schuldenmacherei" gibt es da eine „Orgie repressiver Zinspolitik", eine „Orgie destruktiven Finanzmanagements" und immer wieder „eine Orgie des Gelddruckens". In Stockmans Welt entspringen nämlich alle wirtschaftlichen Übel der Erbsünde, die er in der Abkehr vom Goldstandard sieht. Alle Wohlstandszuwächse, die wir seit 1971, als Nixon die letzte Bindung ans Gold aufgab – oder vielleicht sogar seit 1933, als Franklin Roosevelt uns erstmals vom Gold abkoppelte –, errungen zu haben glaubten, beruhen auf einer Illusion, die zwangsläufig ein Ende mit Tränen nimmt. Und natürlich wird jegliche Politik, die auf eine Abmilderung der gegenwärtigen Krise abzielt, alles nur noch schlimmer machen.

Für sich genommen ist Stockmans Buch unwichtig. Abgesehen von einigen Seitenhieben auf die Republikaner besteht es im Wesentlichen aus den üblichen Tiraden gegen die vermeintlich unverzeihliche Abkehr vom Goldstandard. Aber die große Aufmerksamkeit, die dieses Buch gefunden hat, und die Art und Weise, wie es ihm gelang, vielen Menschen – sogar manchen Linken – aus der Seele zu sprechen, demonstriert vor allem eines: nämlich wie stark der Drang, die Ökonomie als „Moralität" anzusehen, auch heute noch ist – drei Generationen nach dem Keynesschen Versuch, uns vom Gegenteil zu überzeugen.

Auch mächtige Amtsträger sind gegen diesen Drang durchaus nicht immun. In seinem Buch „The Alchemists" analysiert Neil Irwin, welche Motive Jean-Claude Trichet als EZB-Präsident veranlassten, für eine strenge Austeritätspolitik einzutreten: „Trichet machte sich eine besonders in Deutschland verbreitete Sichtweise zu eigen, die in einer Art Moralismus wurzelt. Griechenland habe zu viel Geld ausgegeben und sich zu stark verschuldet. Es müsse die Ausgaben kürzen und die Defizite vermindern. Wenn es nur genug Mut und politische Entschlusskraft zeige, würden die Märkte es mit niedrigeren Kreditkosten belohnen. Er setzte sehr stark auf die Macht des Vertrauens." Kann es bei einer solchen Voreinstellung verwundern, dass man Keynes' Wirtschaftstheorie allzu gerne aus dem Fenster warf, während Alesina/Ardagna und Reinhart/Rogoff unverzüglich kanonische Weihen erhielten?

Austeritätspolitik zugunsten der Reichen

Ist der Austeritätsimpuls also ein rein psychologisches Phänomen? Nein, bei alledem ist auch eine ordentliche Portion Eigeninteresse im Spiel. Wie viele Beobachter feststellen, wird durch die Abkehr von haushalts- und geldpolitischen Anreizen den Kreditgebern die Priorität gegenüber Arbeitnehmern eingeräumt. Auch wenn sie die Schaffung von Arbeitsplätzen fördern, sind Inflation und niedrige Zinssätze für Kreditgeber unvorteilhaft. Und wenn trotz massenhafter Arbeitslosigkeit die staatlichen Haushaltsdefizite zusammengestrichen werden, mag das zwar die Depression verschärfen. Es verschafft aber Anleihebesitzern mehr Sicherheit, dass ihr Geld vollständig zurückgezahlt werden wird. Ich glaube nicht, dass jemand wie Trichet ganz bewusst und zynisch auf Kosten der allgemeinen Wohlfahrt Klasseninteressen bedient hat. Er hat aber ganz sicher nicht darunter gelitten, dass seine Auffassung von ökonomischer Moral wie maßgeschneidert mit den Gläubigerinteressen zusammenpasste.

Es lohnt sich auch festzuhalten, dass die Wirtschaftspolitik seit der Finanzkrise zwar in fast jeder Hinsicht furchtbar zu scheitern scheint, es den Reichen dabei aber gar nicht so schlecht ergeht. Obwohl die Langzeitarbeitslosigkeit auf beispiellosem Niveau verharrt, haben die Gewinne sich kräftig erholt. Und während das Median-Einkommen stagniert, steigen die Aktienkurse auf beiden Seiten des Atlantiks wieder in Vorkrisenhöhen. Es ginge vielleicht zu weit, wenn man sagte, dass das oberste eine Prozent der Bevölkerung von anhaltender Depression regelrecht profitiert, aber ganz gewiss geht es diesen Leute nicht besonders schlecht. Das allerdings hat wahrscheinlich durchaus etwas mit der Bereitschaft der politisch Verantwortlichen zu tun, auf Austeritätskurs zu bleiben.

Wie konnte so etwas passieren? Diese Frage stellen sich viele seit Jahren, und viele tun es auch heute. Geändert hat sich allerdings das „etwas", nach dem gefragt wird.

Zu Beginn der Krise bestand das Rätsel darin, wie es so überraschend zu einer so schrecklichen Finanzkrise hatte kommen können. Zu den bittern Lehren, die es zu ziehen galt, gehören die Einsicht in die Fragilität des modernen Finanzwesens, in die Narrheit des Vertrauens auf die Selbstregulierung der Banken und in die Gefährlichkeit der Annahme, finanzielle Phantasiearrangements hätten die uralten Probleme des Investorenrisikos eliminiert.

Ich denke allerdings, dass es sich bei der Unfähigkeit, diese Krise vorherzusagen, um eine eher lässliche Sünde handelt. (Auch wenn das als ein wenig *pro domo* gesagt erscheinen mag, denn ich selbst hatte seinerzeit zwar vor der Immobilienblase gewarnt, aber nicht im Mindesten geahnt, welches

Ausmaß der Kollaps nach dem Platzen der Blase annehmen würde.) Volkswirtschaften sind komplizierte Gebilde und sie befinden sich in ständigem Wandel. Man kann verstehen, dass nur wenigen Ökonomen aufging, in welchem Maße die Vergabe kurzfristiger Kredite und die Verbriefung von „Sicherheiten", wie etwa zweitklassigen Hypotheken, jene eigentlich überwunden geglaubten Risiken zurückgebracht hatten, zu deren Beherrschung doch Einlagensicherungen und Bankenaufsicht geschaffen worden waren.

Die weitaus schlimmere Sünde war meiner Ansicht nach jedoch das, was danach geschah – als die Verantwortlichen so gut wie alles in den Wind schlugen, was die Wirtschaftswissenschaft je über den Umgang mit Depressionen herausgefunden hatte, und als Eliten und veröffentlichte Meinung sich bedenkenlos auf buchstäblich alles stürzten, womit sich ein Austeritätskurs rechtfertigen ließ.

Die Finanzkrise des Jahres 2008 kam überraschend und entwickelte sich sehr schnell. Mittlerweile jedoch stecken wir seit Jahren in einem Regime fest, das niedriges Wachstum mit entsetzlich hoher Arbeitslosigkeit verbindet. Und all die Jahre hindurch haben die Verantwortlichen missachtet, was Theorie und Geschichte lehren.

Es ist eine schreckliche Geschichte, vor allem wegen des ungeheuren Leides, das diese politischen Irrtümer verursacht haben. Und sie muss alle zutiefst beunruhigen, die glauben möchten, das Wissen die Welt zum Guten verändern kann. Soweit Politiker und herrschende Meinung überhaupt auf wirtschaftswissenschaftliche Erkenntnisse zurückgegriffen haben, taten sie es wie der sprichwörtliche Trunkenbold am Laternenpfahl: Sie suchten krampfhaft nach irgendeinem Halt, nicht aber nach Erleuchtung. Wirtschaftswissenschaftliche Studien und Stimmen, die der Elite nach dem Munde redeten, wurden gefeiert, obwohl es reichlich Belegmaterial für ihre Haltlosigkeit gab. Kritiker ignorierte man, ganz gleichgültig, wie oft deren Aussagen sich bestätigten.

Das Reinhart/Rogoff-Debakel hat unter den Kritikern vorsichtige Hoffnungen geweckt, Logik und schlüssige Beweise könnten endlich doch noch anfangen, eine Rolle zu spielen. Tatsächlich ist es jedoch noch zu früh, um sicher beurteilen zu können, ob die Politik sich angesichts dieser Enthüllungen aus dem Würgegriff der Austeritätsökonomie wenigstens ansatzweise befreien kann oder will. Die eigentliche Botschaft der letzten Jahre handelt einstweilen leider weiter davon, wie wenig Erkenntnis und Einsicht bewirken können.

III. DIE NEUE DEUTSCHE FRAGE

Welches Deutschland braucht Europa?

Von **Ulrike Guérot**

Deutschland ist ins Gerede gekommen – zumindest die deutsche Außen- und Europapolitik. Das Land in der Mitte des Kontinents, das jahrzehntelang der Stützpfeiler der europäischen Integration gewesen ist, scheint sich dieser zunehmend zu entziehen, Alleingänge zu wagen und aus Europa gleichsam herauszuwachsen. Deutschland ist isoliert und zugleich scheinbar strategielos.[1] Auch in der deutschen Bevölkerung – und vor allem bei den Eliten – ist ein eigentümlicher Stimmungswandel mit Blick auf die europäische Integration spürbar. Dies alles wird im europäischen Ausland mit Sorge verfolgt, in Berlin indes weitgehend ignoriert. Sollte Margaret Thatcher Recht behalten, die 1989 anlässlich der deutschen Vereinigung gesagt hat, Deutschland werde sich jetzt von Europa abwenden? Die neue Berliner Republik schuldet Europa eine Antwort auf diese Frage. Welches Europa will Deutschland noch? Deutschland, nicht nur das Land der europäischen Mitte, sondern auch das Land, das seinen politischen Frieden im letzten Jahrhundert letztlich durch Europa gefunden hat, braucht dringend eine neue Europastrategie.

Seit Beginn der Eurokrise gibt es eine Art „unipolares Moment" in der Eurozone: Eine Bewältigung der Krise ist weder ohne noch gegen Deutschland möglich. Stattdessen aber wird Deutschlands Politik, von Libyen bis Griechenland, zunehmend als ausweichend und unvorhersehbar eingestuft. Obwohl Berlin signalisiert hat, es werde alles tun, um den Euro zu retten, sind viele in Europa besorgt über die deutsche Gangart und tief im Zweifel, wohin Deutschland eigentlich steuert.[2] Die Deutschen wiederum fühlen sich um das europäische Projekt betrogen, mit dem sie sich einst viel stärker identifizierten als jedes andere Mitgliedsland. Tatsächlich projizierten sie einst deutsche Nachkriegs-Tugenden wie finanzpolitische Korrektheit, Stabilität und Wettbewerbspolitik auf die EU, die überhaupt als *raison d'état* und als Ersatz für deutschen Nationalismus diente. Jetzt nehmen sie die EU eher als Bedrohung genau der Werte wahr, die die alte Bundesrepublik geprägt hatten.

---

* Dieser Beitrag basiert auf dem gemeinsam mit Mark Leonard verfassten englischsprachigen Policy Brief „The New German Question: How Europe can get the Germany it needs", www.ecfr.eu.
1 Michael Stürmer, Wir sind isoliert, „Die Welt", 26.4.2011.
2 Vgl. z.B. Anton Costas, Quo vadis Alemania, in: „El País", 12.12.2010; Miquel Noguer, Rajoy recurre al orgullo nacional ante los „deberes' de Merkel", in: „El País", 6.2.2010; François-Xavier Petit, Pour une Europe de l'anti-modèle allemand, in: „Sauvons l'Europe", 11.2.2011; Jan Krzysztof Bielecki, „Wychodzenie z kryzysu krótko nie trwa", in „Obserwator Finansowy", 14.2.2011.

Requiem auf die alte Bundesrepublik

Die alte Bundesrepublik gründete auf rheinischem Kapitalismus und sozialer Marktwirtschaft. Sie war ein konsensbasiertes politisches System mit starken Gewerkschaften, relativ gleichmäßig verteiltem nationalen Wohlstand, der Möglichkeit sozialen Aufstiegs, guten öffentlichen Schulen und einem öffentlichen Gesundheitssystems, das allen offenstand. Das heutige Deutschland ist zugleich älter und ärmer und mit mehr sozialen Problemen konfrontiert als zuvor. Es hat Angst vor Immigration, liegt in Fragen der Gleichstellung und der Kinderbetreuung hinter vielen OECD-Ländern zurück, und sein Bildungssystem ist in hohem Maße defizitär. In Ostdeutschland haben sich die vom damaligen Bundeskanzler Helmut Kohl versprochenen „blühenden Landschaften" nur teilweise verwirklicht, und selbst in den alten Bundesländern sind viele Regionen und Städte nahe der Insolvenz.

Das politische System ist ebenfalls fragmentiert: Keine der beiden sogenannten Volksparteien, die in der Vergangenheit die europäische Integration unterstützt haben, kann heute noch auf 40 Prozent Wählerzustimmung hoffen. Während sich die deutschen Bundeskanzler in der Vergangenheit in kritischen Fragen der Außenpolitik über die öffentliche Meinung hinwegsetzen konnten – man denke an Konrad Adenauer und die Wiederbewaffnung 1955, Willy Brandts Ostpolitik 1971 oder Helmut Kohls Entscheidung für den Euro 1992 –, sind die heutigen Führungspersonen mit einer immer komplexeren politischen Landschaft konfrontiert. Gerade dieses Jahr, in dem sieben Landtagswahlen stattfinden, lässt erkennen, wie komplex die Anforderungen an die deutschen Politiker sind. Anders formuliert: Große außenpolitische und strategische Entscheidungen werden zunehmend deutschem Provinzialismus unterworfen.

Auch der Generationenwandel hat erheblichen Einfluss auf die deutsche Haltung zu Europa. Die Einstellungen früherer Generationen sind zu einem großen Teil durch 1945 oder 1968 geprägt. Doch die deutsche „Generation 1989" – jene, deren politische Sozialisierung nach dem Fall der Berliner Mauer stattfand – hat vollkommen andere Einstellungen gegenüber Europa.[3] Deutsche Außenpolitik funktioniert nicht mehr auf den machtvollen Paradigmen der Nachkriegszeit, auf europäischer Integration und transatlantischen Beziehungen als zwei Seiten derselben Medaille. Von den 662 Mitgliedern des Bundestages waren lediglich 38 bereits vor 1989 im Parlament. Allein 192 Neulinge kamen durch die letzte Wahl 2009 hinzu. Junge Parlamentarier im Bundestag geben unumwunden zu, dass sie nicht wissen „wohin es mit Europa gehen soll".[4]

Deutschlands ökonomische Dynamik hat sich auch von Europa weg und hin zu den sogenannten BRIC-Staaten (Brasilien, Russland, Indien, China) verlagert. So wuchsen die deutschen Exporte nach China binnen eines Jahres, von 2009 bis 2010, um über 70 Prozent. Sie stellen auch die Exporte anderer europäischer Staaten in den Schatten: Im selben Zeitraum konnte Deutschland

3 Vgl. Claus Leggewie, Die 89er. Portrait einer Generation, Hamburg 1995.
4 Interviews der Autorin mit einer Reihe von Bundestagsabgeordneten, 26.1.2011.

47 Prozent der EU-Exporte nach China für sich verbuchen.[5] Als Konsequenz dieser langfristigen Veränderungen seit der deutschen Vereinigung ist Europaskepsis in der Bundesrepublik politisch hoffähig geworden, wenn nicht sogar schick.[6] Die Krise in Griechenland scheint daher nur der berühmte Tropfen gewesen zu sein, der das Fass zum Überlaufen gebracht hat.[7] Aktuelle Umfragen zeigen, dass eine Mehrheit der Deutschen wenig oder kein Vertrauen mehr in die EU hat.

Ein wichtiger Ausdruck dieses neuen deutschen EU-Skeptizismus ist das Urteil des Bundesverfassungsgerichts von 2009 zum Lissabon-Vertrag, das mehr noch als in seiner Rechtswirkung bereits rein sprachlich eine Abwehrhaltung gegen Europa zum Ausdruck bringt.[8] Die neue europaskeptische Stimmung kann auch in den Medien aufgespürt werden. Auch deutsche Ökonomen, die seit 1992 gegen den Euro argumentierten, fühlen sich durch die aktuelle Eurokrise im Aufwind. Personen des öffentlichen Lebens, beispielsweise der frühere Präsident des Bundesverbandes der Deutschen Industrie, attackieren offen den Euro.[9] Kurzum: Der pro-europäische Diskurs deutscher Eliten ist verschwunden, und deutsche Autoritätsinstitutionen – etwa Bundesbank und Verfassungsgericht – üben sich in generalisierter Europaskepsis.

Auch jenseits der Euro-Diskussion im engeren Sinne wird das Bild nicht besser: Tatsächlich fehlt es Deutschland insgesamt an einer strategischen Vision für Europa. Deutschland scheint zu denken, es könne gleichsam eine größere Version der Schweiz werden und aus Handel ohne Politik eine außenpolitische Maxime machen. Konsequenterweise wird die deutsche Europapolitik von außen als provinziell, selbstbezogen und getrieben von populistischen Ängsten wahrgenommen. Zunehmend erscheint Europa in Deutschland als Problem und nicht etwa als Lösung für zukünftige Herausforderungen. Eine neue Generation deutscher Politiker und Beamter berechnet nur noch die Kosten Europas „mit der Mentalität eines Buchhalters".[10] Die jedoch ignoriert die Geschichte Europas und den Primat der Politik: Die europäische Integration war immer zuvorderst ein *politisches* Projekt!

Aufgrund der Größe und der besonderen Rolle Deutschlands für die Integration Europas hat der deutsche Stimmungswandel große Auswirkungen auf die anderen Länder. Seit 1949 hatte die Bundesrepublik eine quasi-symbiotische Beziehung zu Europa. Diese Symbiose beruhte auf der deutschen Nachkriegsgeschichte und dem Kalten Krieg. Deutschlands Sonderrolle war zugleich Bedingung für die „Normalität" der europäische Integration. Kein anderer der großen EU-Staaten war so pro-europäisch wie Deutschland. Seit 1989, als das vereinigte Deutschland als Nationalstaat zu einem „europäischen

---

5 „Eurostat 2011", S. 97-98.
6 Isabell Hoffmann und Franziska Brantner, Europakritik wird chic, Bertelsmann-Stiftung, Spotlight Europe, Mai 2009.
7 Laut einer Allensbach-Studie sank das Vertrauen in Europa zwischen April 2010 und Januar 2011 um zehn Prozent; vgl. Thomas Petersen, Gemeinsames Interesse für Europa in Gefahr, in: „Frankfurter Allgemeine Zeitung" (FAZ), 25.1.2011.
8 Vgl. zum Lissabon-Urteil Christian Callies, Unter Karlsruher Totalaufsicht, in: FAZ, 25.3.2011.
9 Hans-Olaf Henkel, Rettet unser Geld! Deutschland wird ausverkauft – Wie der Euro-Betrug unseren Wohlstand gefährdet, München 2010.
10 So die frühere spanischen Außenministerin Ana Palacio im Februar 2011 im Gespräch.

Normalzustand" überging, unterminierte es mithin die europäische Normalität. Das vereinigte Deutschland stellt derzeit insbesondere jene Paradigmen in Frage, die für das europäische Projekt konstitutiv waren: die Philosophie einer „ever closer union", wie in Maastricht gegründet, sowie die transatlantische Westbindung oder „Jalta-Ordnung", die den Kalten Krieg bestimmte.

Ein deutscher Alleingang?

Früher kooperierte Deutschland eng mit Frankreich, unterstützte die kleineren EU-Mitgliedstaaten, stärkte die Europäische Kommission und das Europäische Parlament und zahlte für europäische Kompromisse, ohne darauf zu bestehen, dass die institutionelle Repräsentanz Deutschlands in der EU dies widerspiegelte. Im Grunde hat Deutschland in Europa Macht gekauft. Heute aber, bald 25 Jahre nach der Vereinigung, verhandelt das Land jeden dieser vier Pfeiler seiner Beziehungen zur EU neu: Deutschland hat mit der Gemeinschaftsmethode gebrochen.

Erstens sind die deutsch-französischen Beziehungen massiv gestört – die Machtbalance des einstigen Tandems hat sich zugunsten Deutschlands verschoben. Der ursprüngliche Deal bestand zwischen einem ökonomisch starken (aber politisch wie militärisch schwachen) Deutschland und einem politisch starken (jedoch wirtschaftlich schwachen) Frankreich, einer „Symmetrie der Asymmetrie", wie Stanley Hofmann es nannte.[11]

Zweitens unterstützt Deutschland nicht mehr das Europäische Parlament und nur noch bedingt die Europäische Kommission. In einer bedeutenden Rede in Brügge kündigte Angela Merkel am 2. November 2010 den Wechsel von der „Gemeinschaftsmethode" hin zu einer neuen „Unionsmethode" an – damit zählt dann vor allem der Europäische Rat, in dem Deutschland das größte Gewicht hat.

Drittens kümmert sich Deutschland immer weniger um die kleinen Länder – auch eine Folge der Geringschätzung der Kommission, die immer die Interessen der kleineren Länder vertreten hat.[12] Dies ist aber wahrscheinlich auch auf den relativen Machtzuwachs des Kanzleramts gegenüber dem Auswärtigen Amt in der Europapolitik zurückzuführen. Europa ist Kanzlersache geworden.

Viertens ist Deutschland immer weniger gewillt, mehr für Europa zu zahlen als andere Mitgliedsländer. Seit der Amtszeit Gerhard Schröders ist Deutschland dazu übergegangen, offen seine nationalen Interessen zu vertreten. Spätestens seit den Verhandlungen über den europäischen Rettungsschirm ist klargeworden, dass Berlin für die Übernahme eines überproportional großen Anteils bei der Eurorettung – wie im Falle Griechenlands und Irlands geschehen – auch ein größeres formales Mitspracherecht verlangt. Ökonomisch gesprochen „regiert" Deutschland in Europa.

Der zunehmende Unwille Deutschlands, angeblicher Zahlmeister für Europa zu sein, fällt mit der Tatsache zusammen, dass das Land mehr und

---

11 Stanley Hofmann, The European Sisyphus: Essays on Europe, 1964-1994, Boulder/Colorado 1995.
12 Vgl. Jean Pisani-Ferry, The Eurozone According to Merkel, Project Syndicate, 15.2.2011.

mehr aus dem Binnenmarkt hinauswächst. Die deutsche Wachstumsdynamik liegt zunehmend beim Handel mit aufstrebenden Staaten und Märkten, weswegen die Maxime „Deutschland braucht die BRICS mehr als die PIIGS" seit 2010 in ökonomischen Kreisen und deutschen Gazetten kursiert. Dies basiert jedoch nicht auf ökonomischen Fakten. Noch immer gehen mehr als die Hälfte aller deutschen Exporte und Produkte in den europäischen Binnenmarkt, in Länder wie die Niederlande oder Österreich exportiert Deutschland mehr als nach China. Auch tendieren deutschen Zeitungen dazu, die Euro- und Schuldenkrise primär als Folge haushaltspolitischer Laxheit in anderen Staaten unter Verkennung oder Nicht-Nennung anderer Ursachen zu präsentieren.[13]

Tatsächlich wird in den deutschen Medien erst jetzt konsequent darüber diskutiert, dass die Währungsunion von Anfang an institutionell fehlerhaft war. Ferner wird das Argument lauter, dass die Finanzspritzen für stark verschuldete Staaten nicht zuletzt dazu dienen, Deutschlands eigene Banken zu retten, ganz abgesehen von der Tatsache, dass die wechselseitige Abhängigkeit der europäischen Volkswirtschaften so groß ist, dass es im fundamentalen deutschen Interesse ist, nicht nur den Euro zu retten, sondern auch auf eine bessere wirtschaftspolitische Integration hinzuwirken.

Die Revision der Nachkriegsordnung

Die deutsche Enthaltung bei der Libyen-Resolution 1973 des UN-Sicherheitsrates ist der letzte Beweis dafür, dass die Bundesrepublik ihre bisher durch die Jalta-Ordnung definierte außenpolitische Rolle in regionalen und globalen Fragen derzeit neu verhandelt. Seit 1992 fordert Deutschland einen permanenten Sitz im UN-Sicherheitsrat. Kaum jemand hätte vor einem Jahrzehnt vorhergesagt, dass Deutschland seine Stimme einmal nutzen würde, um gemeinsam mit Russland und China gegen Frankreich, die USA und das Vereinigte Königreich zu stimmen. Auch wenn Merkels Verhalten nach der Abstimmung insinuierte, dass sie die Enthaltung im Nachhinein bedauerte, scheint die Entwicklung eines außenpolitischen Standpunktes, der nicht automatisch mit der EU und den USA übereinstimmt, für einen Trend in Berlin zu stehen, hinter dem vor allem eine außenpolitische Strategielosigkeit zu vermuten ist. Deutschland befindet sich in einem kompletten strategischen Vakuum, und dies schadet nicht nur Europa. Man darf zu Recht fragen, ob die Bundesrepublik überhaupt noch eine kohärente Außenpolitik oder nur noch Handel betreibt.

Deutschlands neue, unabhängige, „neo-merkantilistische" Außenpolitik spiegelt Veränderungen in der Definition seiner nationalen Interessen, hervorgerufen durch die wirtschaftlichen Veränderungen der letzten Dekade. Für Deutschland ist Europa noch immer sehr wichtig, aber die EU wird zunehmend als langsam, kompliziert und kostspielig angesehen; die „europäische Rendite" ist für viele deutsche Eliten nicht mehr sicher; Europa ist – zumal nach der Erweiterung auf inzwischen 28 Staaten – als Transmissionsriemen

---

[13] Vgl. dagegen die Ausführungen von Henrik Enderlein in der Diskussion mit Jürgen Habermas und Joschka Fischer in diesem Band (S. 193-211).

deutscher Interessen zu langsam und schwerfällig geworden. Während Deutschland sich also weiterhin einer europäischen Außenpolitik – zumindest als Lippendienst – verpflichtet fühlt, ist es nicht gewillt, seine wirtschaftliche Entwicklung durch den Rest Europas bremsen zu lassen.

Der Deutschen Zähmung?

Die deutsche Infragestellung der Maastricht- und Jalta-Ordnung hat in der EU ein strategisches Vakuum hinterlassen, das bis jetzt weder Deutschland noch die anderen Mitgliedstaaten erfolgreich füllen konnten. Es ist, als ob den Deutschen seit der Finanzkrise die Macht in der EU wie eine heiße Kartoffel in den Schoß gefallen wäre, sie diese aber nicht behalten wollen. Was auch kein Wunder ist, braucht man doch nicht lange in der deutschen Geschichte ausholen, um zu konstatieren, dass Deutschland immer ein ambivalentes Verhältnis zur Macht hatte.[14] Ein deutscher Karrierediplomat beschrieb dies Anfang 2010 so: „Wir wollen die EU nicht führen. Wir wollen nur, dass sich die anderen an die Regeln halten."

Doch diese Haltung lässt sich nicht durchhalten, wenn man einen zentralen Platz in der Mitte Europas einnimmt. Deutschland steht vor der Wahl: Es kann sich entweder auf eine Partnerschaft mit dem Rest der EU zurückbesinnen – und wieder wie früher „wohlwollende (ökonomische) Hegemonie" in Europa ausüben, so wie es das früher (zu seinem eigenen Vorteil) getan hat –, oder es kann versuchen, ein „normaler" EU-Mitgliedstaat zu sein, der seine nationalen Interessen in einem eng umrissenen (egoistischen) Rahmen verfolgt. Sollte es die letzte Option wählen, dürfte Deutschland zunehmend mit den anderen Mitgliedstaaten in Konflikt geraten.[15]

Ein paar Beispiele dafür seien hier aufgeführt: Im Jahr 2010, in dem die Merkel-Regierung in der EU de facto „das Sagen" hatte, formten sich „minilaterale" Koalitionen um Deutschland herum. Die anderen Staaten waren entschlossen, den deutschen Machtzuwachs zu ihren Gunsten einzusetzen. So änderte etwa Frankreichs damaliger Präsident Nicolas Sarkozy in der Eurokrise seine Rolle als Fürsprecher der „Schuldner-Gruppe"und schwenkte auf deutsche Positionen um, um den Triple-AAA-Status Frankreichs beim Rating der Finanzagenturen sicherzustellen; ein Schwenk von Konfrontation zu „Umarmung", da gegen Deutschland keine Politik zu machen war.

Doch während es derzeit den Anschein hat, als wollten die anderen Mitgliedstaaten Deutschland regelrecht umarmen, ist es erheblich wahrscheinlicher, dass einige Länder zukünftig deutsche Initiativen blockieren werden. Im europäischen Ausland baut sich derzeit hinter vorgehaltener Hand eine Stimmungslage auf, die da lautet, dass man mit den Deutschen nicht mehr diskutiert. Besser man setzt um, was Berlin will: „Dieses Europa wird nur noch

---

14 Vgl. bereits die Diskussion in den 1980er und 90er Jahren, etwa Hans-Peter Schwarz, Die gezähmten Deutschen, München 1985; Christian Hacke, Weltmacht wider Willen, Berlin 1993.
15 Die hier erwähnten Strategien stellen eine Adaption der Analyse Stephen Walts dar, der den Umgang mit dem US-Hegemon analysierte; vgl. Stephen M. Walt, Taming American Power, New York 2005.

von einem gelenkt. Berlin zieht es vor, mit Frankreich zu agieren, weil dies angenehmer ist, aber alle großen Impulse kommen aus Berlin. Aber Entscheidungsfindung ist etwas anderes als die Implementierung von Politik: Es gilt, die Zustimmung der anderen 18 Länder der Eurozone zu gewinnen" – so der Tenor der Kritik. Mit europäischem Gemeinschaftsgeist hat eine solche Haltung wenig zu tun.

Tatsächlich bilden sich bereits Koalitionen gegen und um Deutschland herum. Erpressung ist dabei eine mögliche Strategie. Die latente Feindseligkeit der deutschen öffentlichen Meinung gegenüber den Schuldnerstaaten beruht im Grunde darauf, dass die Deutschen sich durch die Euro-„Sünder" in die Enge gedrängt fühlen: Wenn Deutschland ihnen nicht finanziell hilft, drohen sie den gesamten Euro zu destabilisieren. Darin liegt ein Körnchen Wahrheit. Tatsächlich belegt die Theorie der internationalen Beziehungen, dass multilaterale Allianzen, in denen ein Staat einen überproportionalen Anteil von Ressourcen kontrolliert, Trittbrettfahrer hervorrufen.[16] Dies geschieht, weil die Partner des mächtigen Staates wissen, dass dieser das kollektive Gut allein schon aus Eigeninteresse bereitstellen wird. Daher kann der schwächere Staat es sich leisten, nur einen erheblich kleineren Anteil des eigenen Kapitals einzubringen.

Sieben Strategien zur Bändigung deutscher Macht

Von den Theorien der internationalen Beziehungen widmen sich einige dem Umgang kleinerer Staaten mit mächtigeren Staaten, um die Machtdifferenzen auszubalancieren. Einige davon treffen ansatzweise bereits auf Deutschland zu, etwa „Das Reiten des Tigers": der deutschen Macht nachgeben, aber sicherstellen, dass diese zum eigenen Nutzen eingesetzt wird (Frankreich mit Blick auf die Wirtschaftsregierung); „Antideutsche Koalitionen": das Ausbalancieren der deutschen Macht durch Zusammenschlüsse gegen Deutschland oder durch Entwickeln alternativer Koalitionen (etwa Frankreich/Großbritannien in der Nuklearpolitik); „Hände binden": der Versuch, die deutsche Macht durch die Auflagen internationaler Institutionen und Normen einzubinden (durch die EU); „Erpressung": der Versuch, Berlin Zugeständnisse abzuringen durch Androhung unerwünschter Folgen (Irland, Griechenland); „Zermürbung": die deutschen Forderungen schlicht verneinen oder im Sande verlaufen zu lassen; „Anschwärzen": Attackieren der deutschen Legitimität und dadurch Schwächung der deutschen Macht; „Nachahmung": die Fokussierung auf „nationale" oder „Kerninteressen" kopieren (wie die Weigerung des slowakischen Parlamentes, sich am *Bail out* Griechenlands zu beteiligen). Hier zeigt sich: Für Deutschland in seiner Mittellage gilt, dass es größer und mächtiger ist als seine Nachbarn, aber nicht größer und mächtiger als seine Nachbarn zusammen. Die Gestaltung des politischen Zusammenspiels mit seinen Nachbarn ist daher für Deutschland immens wichtig und jeder euro-

---

16 Vgl. Mancur Olson und Richard Zeckhauser, An Economic Theory of Alliances, in: „The Review of Economics and Statistics", 3/1966, S. 266-279.

papolitische Autismus letztlich schädlich. Es liegt in Deutschlands Interesse, viel stärker auf die „europäische Karte" und weniger auf einen bloßen Sparkurs zu setzen. Von zentraler Bedeutung sind dabei drei Bereichen: erstens ein neues Abkommen für die Ausgestaltung der Wirtschaftspolitik innerhalb der EU; zweitens ein neuer Ansatz für regionale Sicherheit; und drittens eine Vision für ein globales Europa, das die Interessen aller Mitgliedstaaten gleichermaßen vertritt, etwa im Umgang mit aufstrebenden Mächten wie China.

Um ein Europa der zwei Geschwindigkeiten zu verhindern, ist ein neues Abkommen zwischen Geber- und Schuldnerländern in der EU notwendig, das verhindert, dass immer mehr gutes Geld schlechtem Geld hinterhergeworfen wird. Schuldnerländer wie Griechenland müssen dafür die rigorosen Vorschriften des Stabilitätspakts akzeptieren. Doch Geberländer wie Deutschland müssen zugleich größere Flexibilität zeigen, wenn es um das Verständnis der Wurzeln der Krise geht.

Es bedarf daher endlich einer wirksamen europäischen Bankenaufsicht, um Stresstests in einer genaueren und unabhängigeren Weise durchzuführen. Dies wäre auch ein wichtiger Schritt zurück in Richtung der Gemeinschaftsmethode. Ferner sollten die Mitgliedstaaten die Bedingungen des Euro-Rettungsfonds EFSF ändern, um eine Rekapitalisierung der Banken und Mitgliedstaaten zu ermöglichen. Dadurch könnten die nationalen Schulden umstrukturiert werden, ohne die nächste Bankenkrise herbeizuführen. Schließlich sollte die EU erwägen, Eurobonds einzuführen, um sicherzustellen, dass Länder, die bereits umstrukturiert haben, nicht durch hohe Zinsen auf ihre noch bestehenden Schulden belastet werden.[17] Das will indes bis heute kaum jemand in Deutschland hören. Es dürfte daher derzeit unmöglich sein, einen solchen „Deal" zu erzielen. Man müsste zunächst ein politisches Ohr dafür finden, dass Deutschland und seine Politik eben auch Teil des Problems sind – und nicht nur die Lösung. Daher müssten die anderen Mitgliedstaaten beginnen, direkt mit dem deutschen Publikum zu kommunizieren. Sie sollten sowohl die enormen ökonomischen Gewinne hervorheben, die Deutschland durch die Eurozone und den Binnenmarkt erzielt, als auch auf die labile Position der deutschen (Landes-)Banken verweisen – und damit auf die Tatsache, dass es bei den immensen Rettungspaketen nicht nur um „die Griechen" geht, sondern auch (oder vor allem) um die Rettung der eigenen Geldinstitute.

Auf dem Weg zur gemeinsamen EU-Außenpolitik

Die größte Herausforderung wird jedoch auf mittlere Sicht in einer gemeinsamen europäischen Außenpolitik liegen – und in der Überbrückung der Differenzen der großen Staaten, was die Frage der Anwendung von Gewalt betrifft. Berlins Entscheidung, sich bei der Abstimmung über die Libyen-Resolution 1973 im UN-Sicherheitsrat auf die Seite Brasiliens, Russlands, Indiens und Chinas zu schlagen, wirft die Frage auf, ob Deutschland sich, wie die BRICS,

---

17 Frank-Walter Steinmeier und Peer Steinbrück, Germany must lead fightback, in: „Financial Times", 14.12.2010.

eher auf eine „blockfreie Außenpolitik" zubewegt oder mit ganzem Herzen und ganzer Kraft in die Entwicklung einer Gemeinsamen Europäischen Außen- und Sicherheitspolitik (GASP) zu investieren bereit ist. Deutschland hat sicherlich gemeinsame Interessen mit den aufstrebenden Mächten. Das betrifft vor allem seine starke Exportwirtschaft und den Unwillen, in Konflikte am anderen Ende der Welt verstrickt zu werden. Dazu passt, dass Berlin über viele Jahre nur sehr zögerlich in die gemeinsam europäische Verteidigung investiert hat.

Der Impuls für die GASP wird jedoch von den gemeinsamem Ansätzen der drei Großen – Frankreich, Großbritannien und Deutschland – abhängen. Wenn die Nachkriegsordnung nun tatsächlich zu Ende geht – wofür auch die US-amerikanische Orientierung in Richtung Pazifik spricht –, dann ist es umso wichtiger, dass die großen europäischen Staaten sich jetzt einer gemeinsamen europäischen Sicherheitsordnung zuwenden. Dafür müssen sie vor allem Wege finden, Deutschland neu in ein europäische Projekt einzubinden. Dieses europäische Projekt muss zudem die Neugestaltung der Beziehungen zu Russland und der Türkei zum Ziel haben – und zu den Ländern im geographischen Raum zwischen der EU und Russland.

Und natürlich das Verhältnis zu China: Wenn Berlin heute für über die Hälfte des EU-Handels mit China verantwortlich ist, warum sollte es dann Ratschläge der 27 anderen EU-Mitglieder annehmen? Die entscheidende Frage lautet daher, ob und wie Deutschland von einer gemeinsamen europäischen Haltung gegenüber China profitieren würde. Obwohl einige deutsche Unternehmen und Diplomaten augenblicklich vermuten, sie könnten mit einer unilateralen Chinapolitik mehr Fortschritt erzielen, verstehen viele Bundesbürger intuitiv, dass Deutschland sich auf lange Sicht in einer Welt von Großmächten nicht alleine wird behaupten können.

Als die EU 2010 begann, eine Strategie für ihre Beziehungen zu China zu entwickeln, die auf „reziprokem Engagement" beruhen soll, wurde die EU leider auseinanderdividiert. Dies aber lässt letztlich alle europäischen Staaten, also auch Deutschland, in einer schwächeren Position zurück. Um dies zu vermeiden, sollte das Land seine derzeitige wirtschaftliche Stärke nutzen, um die europäische Strategie voranzubringen.

Das Deutschland, das Europa braucht

Der wichtigste Punkt, den es für die europäischen Nachbarn in Bezug auf das neue Deutschland zu verstehen gilt, ist, dass dieses Land sich noch immer in einem Findungsprozess befindet – sowohl intern als auch extern. Ein Vierteljahrhundert nach dem Fall der Mauer fühlt es den gewaltigen Einfluss der deutschen Vereinigung auf sein politisches System, seine Wirtschaft und seine Gesellschaft: Es gilt zu verstehen, dass die Muster der „Bonner Republik" nicht länger funktionieren. Jedoch gibt es bis jetzt kein neues nationales Narrativ, das beschreiben würde, was Deutschland sein sollte oder sein will – und welchen Platz es in Europa einnehmen kann und will.

Deutschland braucht daher Hilfe, um wieder europäisch zu werden – aber seine neue Rolle in Europa wird eine andere sein als in der Vergangenheit. Indem die europäischen Nachbarn ihre eigenen Haushalte in Ordnung bringen, können sie Deutschland bei seiner schwierigen Debatte über Europa unterstützen. Der beste Weg, Deutschland davon zu überzeugen, sein Streben nach einer globalen Rolle mit und durch die Europäische Union zu verfolgen, wäre, wenn andere große EU-Staaten selbst etwas mehr Bemühen zeigten, ihre Entscheidungen *europäisch* zu fällen und Deutschland nicht das Gefühl gäben, es würde ausgenutzt.

Deutschland ist zu groß, um in Europa zu scheitern – es ist das größte Land der EU –, aber nicht groß genug, um Europas Hegemon zu sein. Das ist das alte deutsch-europäische Dilemma, die deutsche Frage in und für Europa. Dies bedeutet aber auch, dass die 27 anderen EU-Mitgliedstaaten durch denselben Prozess der europäischen Neuerfindung gehen müssen, den die deutschen Eliten losgetreten haben, um einen Entwurf für Europa zu konzipieren, der ihre eigenen nationalen Interessen sichert. Genau dies zu verstehen, könnte dem Rest Europas helfen, ein neues, wieder europäisches Deutschland zu bekommen.

Europa und die neue Deutsche Frage

Ein Gespräch mit Jürgen Habermas, Joschka Fischer, Henrik Enderlein und Christian Calliess

Spätestens seit der Schuldenkrise Griechenlands und der anschließenden Eurokrise steht das Projekt der Europäischen Union am Scheideweg. Gleichzeitig scheinen der Bundesregierung und speziell der Bundeskanzlerin sowohl der politische Mut als auch die politische Überzeugung zu fehlen, die einstige Rolle der Bundesrepublik als Lokomotive der Europäischen Einigung wieder aufzunehmen. Vor diesem Hintergrund veranstalteten der European Council on Foreign Relations (ECFR) und die Stiftung Mercator am 6. April 2011 in Berlin eine Podiumsdiskussion zum Thema „Europa und die Wiederentdeckung des deutschen Nationalstaats". In seinem einleitenden Vortrag legt „Blätter"-Mitherausgeber Jürgen Habermas seine Kritik an der vorgesehenen intergouvernementalen Regelung des jüngsten „Pakts für Europa" und an der Renationalisierung der deutschen EU-Politik dar (vgl. die Kernpunkte seiner Kritik am „Pakt für Europa" im Anschluss an das Gespräch; der gesamte Vortrag, der am 7. April 2011 in der „Süddeutschen Zeitung" veröffentlicht wurde, kann unter www.blaetter.de nachgelesen werden). Anschließend beleuchten und diskutieren mit Jürgen Habermas Ex-Außenminister Joschka Fischer, der Ökomom Henrik Enderlein von der Hertie School of Governance und der Europarechtler Christian Callies von der Freien Universität Berlin die politischen, wirtschaftlichen und juristischen Kernprobleme der gegenwärtigen Krise. Die Moderation der Debatte hatte Ulrike Guérot, zum damaligen Zeitpunkt Leiterin des Berliner Büros des ECFR. – D. Red.

Ulrike Guérot: Herr Fischer, um direkt mit dem Kerngedanken von Herrn Habermas zu beginnen: Ist es wahr, dass Deutschland wieder einen unverhohleneren Führungsanspruch in einem immer deutscher geprägten Europa verfolgt? Ist das der Trend der Zeit, erleben wir also gegenwärtig eine Renationalisierung Deutschlands zu Lasten Europas?

Was not tut: Die Vereinigten Staaten von Europa

Joschka Fischer: Dem Befund von Jürgen Habermas kann man schon deshalb nicht widersprechen, weil schlicht und einfach die Fakten diesen Befund bestätigen. Aber diese Renationalisierung ist nicht Ausdruck einer bewussten Entscheidung im Sinne einer strategischen Kehrtwende – also in dem Sinne, dass Deutschland am 9. November 1989 die große Kehrtwende zurück zum Nationalstaat vollzogen hätte –, sondern mein Eindruck ist, übrigens schon seit einigen Jahren, dass diese Entwicklung sich einfach ereignet, dass sie schlicht geschieht. Das macht die Sache allerdings keineswegs besser.

Gewiss spielt das Scheitern des europäischen Verfassungsvertrages dabei eine wichtige Rolle. Denn der Optimismus, der damit verbunden war, ist verflogen. Den Vorwurf, der Verfassungsanspruch wäre zu ambitioniert gewesen, sehe ich daher, schon angesichts dessen, was danach kam, als falsifiziert an. Es war ja gerade nicht das immer wieder kritisierte Ambitionierte und auch Emotionale der Europa- und speziell der Verfassungsdebatte, was zum Scheitern geführt hat; sondern genau diese Emotionalität, dieses Engagement hätte die grenzüberschreitende Demokratie im europäischen Rahmen gebraucht. Das ist die Quintessenz der verlorenen letzten Jahre. Der Lissabon-Vertrag kann diese emotionale Lücke in seiner ganzen juristischen und administrativen Komplexität jedenfalls offensichtlich nicht ausfüllen.

Was wir erleben, wenn wir heute außerhalb Europas unterwegs sind, ist eine sich fundamental verändernde Weltrealität. Dazu steht die Realität Europas im eklatanten Widerspruch. Wenn wir uns China anschauen oder die anderen neuen großen Akteure der BRICS-Staaten, oder auch die Neuorientierung der USA, dann ist es nachgerade lachhaft zu meinen, dass selbst die „Großen Drei" Europas, nämlich die beiden mächtigsten Staaten, Großbritannien und Frankreich als Nuklearmächte und ständige Sicherheitsratsmitglieder, wie das wirtschaftlich stärkste und bevölkerungsreichste Land Deutschland, dass diese drei für sich genommen global noch eine nennenswerte Rolle spielen könnten.

Wenn man sich die wirtschaftlichen Fakten anschaut und unsere gegenseitige Abhängigkeit, also die Bedeutung des gemeinsamen Marktes, dann ist es angesichts der Größe der deutschen Volkswirtschaft für unseren Sozialstaat wie für die Stabilität der Demokratie und den Wohlstand der Deutschen geradezu lächerlich, noch von einem heimischen Markt Deutschland zu sprechen. Dafür sind die Verflechtungen im gemeinsamen europäischen Markt viel zu eng.

Gewiss, der Euro steht gegenwärtig schwer unter Beschuss, aber keiner jener Professoren, die derzeit lautstark für ein Ende des Euro plädieren, hat je gesagt, was die Kosten der Rückabwicklung in Richtung D-Mark wären. Aus gutem Grund, denn die Kosten wären gewaltig, und erstaunlicherweise würde das Land, das Gewinner Nummer eins des Euros ist, zum Verlierer Nummer Eins. Und raten Sie mal, um welches Land es sich hier handelt? Es handelt sich um unser Land.

Für die Vollendung des europäischen Integrationsprozesses

Die Fakten sprechen also – gerade aus deutscher Sicht – alle dafür, den europäischen Integrationsprozess nicht nur voranzubringen, sondern zu vollenden. Schauen wir uns die Wirkung der strategischen Schwäche der EU auf die Nachbarschaft an, etwa auf dem Balkan, wie die Dinge dort stagnieren, wie die Dinge sich sogar rückwärts zu entwickeln drohen, etwa in Bosnien und in anderen, zweifelsfrei zu Europa gehörenden Ländern – und niemand bestreitet, dass der Balkan eine europäische Region ist –, und wenn wir zudem sehen, wie die Türkei sich zunehmend von Europa weg entwickelt und eine eigenständige Rolle spielt, dann würde es mich nicht wundern, wenn die Türkei in unserer unmittelbaren Nachbarschaft im Mittelmeerraum und im Nahen und Mittleren Osten mehr und mehr Europas Rolle übernehmen würde – nicht wirtschaftlich, aber politisch. Und wenn wir uns die aktuellen Sicherheitsprobleme im Falle Libyen anschauen, also die Unfähigkeit der Europäer zu einer gemeinsamen Sicherheits- und Außenpolitik zu kommen, dann zeigt sich, dass es in diesem Land – und sogar an der Regierungsspitze – offensichtlich noch immer nicht begriffen wird, dass es ohne die Einheit der drei Großen keine europäische Sicherheits- und Außenpolitik gibt. Naiv wie ich bin, dachte ich, es wäre schier in die Gene übergegangen, dass es in Europa niemals wieder eine Zwei-zu-Eins-Konstellation geben darf, sondern dass wir zusammen handeln müssen. Doch dieser Tage erlebten wir genau das Gegenteil.

Und dann verzichtet Deutschland auch noch auf seine Führungsrolle in der Wirtschafts- und vor allem in der Währungskrise. Dabei hatte die Bundeskanzlerin bei alledem nur eine Entscheidung zu treffen: Sagt sie Ja zur Verteidigung des Euro oder Nein. Und als deutsche Bundeskanzlerin konnte sie nur Ja sagen. Dann aber war jedes weitere Zögern völlig kontraproduktiv.

Das Comeback der Großen Krise

Das ist der gegenwärtig traurige Zustand Europas, und dabei spielt Deutschland eine große Rolle. Es erinnert mich etwas an die Zeit der 1880er/90er Jahre oder, um auf den 18. Brumaire von Karl Marx Bezug zu nehmen: Heute ereignet sich als Farce, was im späten 19. und im 20. Jahrhundert eine Tragödie war. Damals hat selbst ein kluger Kopf wie Max Weber die These vertreten, sinngemäß, und mit ihm viele andere seiner Generation, dass man aus Bismarcks Gleichgewichtssystem endlich raus müsste, denn ohne Deutschlands Schritt in die Weltpolitik wäre das ganze Einigungsprojekt eigentlich für die Katz gewesen, um es mal auf den Punkt zu bringen. Wie das endete, wissen wir.

Heute droht zwar zum Glück nichts dergleichen, aber dennoch ist die Mentalität wieder da. Dabei hat sich an der deutschen Position, an den Fundamentaldaten, an der Grundfigur, nichts geändert. Wir sind zu groß, um die Rolle der Schweiz zu übernehmen – was viele gerne hätten, aber es funktioniert nicht –, und wir sind zu klein, um eigenständige Außenpolitik im Weltmaßstab betreiben zu können. Daran hat sich nichts geändert, außer dass wir uns jetzt wieder stärker fühlen. Das ist der Bezug zu den späten 1880er und frühen 1890er Jahren: Dieses Gefühl der Stärke ist eine gefährliche Tendenz, die nicht in eine neue Tragödie führt, damit sie mich nicht missverstehen. Aber wenn der Motor der europäischen Integration, der Deutschland aufgrund seiner historischen Voraussetzung war und ist, wenn dieses Deutschland die Fortsetzung der europäischen Integration nicht mehr als sein oberstes Interesse begreift, dann wird diese Integration nicht nur stagnieren, sondern rückläufig sein.

Hinzu kommen noch soziologische, gesellschaftliche Faktoren: Die Europäer werden immer älter, sie fühlen sich schwach und haben zu Recht das Gefühl, sie könnten etwas verlieren. Diese diffuse Bedrohung wird in Richtung der Zuwanderer weitergegeben; zugleich aber sind wir in einem hohen Maße von Zuwanderung abhängig. Das ist ein weiterer Widerspruch, der den europäischen Integrationsprozess von unten massiv bremst; denn Euroskepsis und Ausländerfeindlichkeit gehören in den meisten europäischen Mitgliedstaaten auf das Engste zusammen.

Das heißt, die Bedingungen sind nicht gut, im Gegenteil: Wenn sich die de facto stattfindende Renationalisierung weiter verschärft, dann wird das europäische Projekt massiv gefährdet.

Ökonomisches Führungsversagen

Was speziell die Wirtschafts- und Finanzfragen anbelangt, die bei alledem von zentraler Bedeutung sind, sehe ich ein ganz schweres Führungsversagen Deutschlands, das uns auch massiv selbst schädigt. Herr Enderlein wird darauf ja noch genauer eingehen, ich will Ihnen daher nur ein Beispiel geben.

Die deutsche Rentnerin, die bisher durchaus mit einigen Argumenten glaubte, den Großbanken misstrauen zu müssen, trug ihr Erspartes brav in die vermeintlich sichere Sparkasse. Doch bevor diese Großmutter zu Hause angekommen war, war dieses Geld vermutlich bereits in der südlichen Peripherie angekommen und wurde dort zu phantastisch niedrigen Zinsen angeboten, so dass die griechischen Bürgerinnen und Bürger dachten, es sei Weihnachten, Ostern, Himmelfahrt, ja alles in einem. Also begannen sie ordentlich zu konsumieren. Es war schließlich ja auch so billig, sich zu verschulden.

Und jetzt raten Sie mal, was die Griechen damit alles konsumiert haben? Die wunderschönen Premiumautos und andere Autos von Massenherstellern hierzulande, also viele wunderschöne Produkte, die vor allem in unserem Lande hergestellt werden. Auf diese Weise kehrte das Ersparte der Großmutter über den Wirtschaftskreislauf wieder zurück und begann hier als Wachstumsturbine zu wirken. Die Angst vor dem sogenannten Haarschnitt der griechischen Schulden ist daher im Kern eine Angst davor, dass es deutsche Banken und Versicherungen treffen könnte, die griechische Schuldtitel halten.

Nun gut, im Falle Griechenlands könnte man ja noch sagen, die Griechen haben inakzeptable Dinge gemacht, die sich nicht wiederholen dürfen. Im Falle Irlands kann man das dagegen nicht sagen, denn die Verschuldung war dort niedriger als bei uns. In Hinterzimmern in Dublin wurde das Geld verdient, über das sich die Landesbanken, ob sozialdemokratisch oder christdemokratisch beherrscht, gefreut haben. Doch niemand erzählt unseren Bürgerinnen und Bürgern diesen entscheidenden Punkt.

Und damit komme ich zum Führungsversagen: Warum wird hier nicht klar Position bezogen, warum wird hier nicht eine Auseinandersetzung eröffnet? Gewiss, diese Auseinandersetzung wird hart, aber sie ist notwendig in einer Demokratie. Denn hier geht es um einen Akt materieller Solidarität und darum, dass Verantwortung übernommen und geteilt werden muss. Ich sehe hier ein ganz schweres Versäumnis der Bundeskanzlerin, denn das muss von oben gemacht werden.

Auch wenn Jürgen Habermas zu Recht auf die Notwendigkeit eines gesamteuropäischen Willensbildungsprozesses verweist: Im Moment sehe ich keine Alternative zur intergouvernementalen Methode, weil nämlich keine Änderung des Vertrags von Lissabon, die einigermaßen ambitioniert ist, überhaupt eine Chance hat durchzukommen. Sie wird schlicht und einfach am Einspruch einiger Mitgliedstaaten scheitern. Es bedarf aber, zumindest in der Eurogruppe, gerade jetzt der Entscheidungen, die sehr weit gehen müssen, etwa um die erforderliche Wirtschafts- und Fiskalunion wirklich herzustellen.

Vom legitimatorischen Defizit zum demokratieschaffenden Druck der Ereignisse

Das Europäische Parlament (EP) bleibt als Legitimationsgrundlage in einem formalen Sinne unabdingbar. Dennoch war das eine der großen Enttäuschungen, die ich mit dem Verfassungsvertrag erlebt habe. Es war ein Irrtum zu glauben, dass mit einer neuen Konventstruktur, unter Einbeziehung der Repräsentanten der nationalen Parlamente und des EP, das Legitimationsdefizit der bisherigen europäischen Struktur überwunden werden könnte. Die Legitimationskraft des EP gegenüber den nationalen Souveränen ist, lassen Sie es mich milde formulieren, sehr gering. Das EP gilt ebenfalls als Teil der Brüsseler Distanz und gerade nicht als Vertretung der jeweiligen nationalen Souveräne, eben auf der europäischen Ebene. Das mag man beklagen, aber so ist es.

Deswegen bedarf es meines Erachtens eines zusätzlichen, nicht nur formalen, sondern substanziell legitimatorischen Elements: nämlich der Verpflichtung der nationalen Regierungen, für Mehrheiten in diesen europäischen Fragen tatsächlich zu werben – und zwar nicht nur für formale Mehrheiten im Parlament, in dem Regierungen ihren Fraktionen klarmachen, dass da jetzt zugestimmt werden muss, sondern für echte Mehrheiten im Volk. Das würde bedeuten, eine echte Debatte in der Gesellschaft zu führen. Und das heißt, ein Risiko einzugehen.

Und damit ich hier nicht nur die Bundeskanzlerin kritisiere, was sie allerdings verdient in dieser Frage: Ehrlicherweise muss man die Opposition mit einbeziehen. Wenn ich mir den Bundestag und die dort vertretenen Parteien anschaue, sehe ich in der jüngeren Generation, die heute das Sagen hat, allen Ernstes niemanden, der bereit wäre, eine Vision Europas zu entwickeln, in diese intellektuell zu investieren und dafür einen Teil oder sogar das ganze politische Schicksal zu riskieren. Ich sehe das schlicht und einfach nicht.

Doch solange dies der Fall ist, wird der von mir beschriebene objektive Prozess der Renationalisierung unter dem Druck der genannten Faktoren weitergehen. Selbstverständlich liegt die oberste Führungsverantwortung dafür bei der Bundeskanzlerin als der Regierungschefin. Aber sie liegt auch bei den Fraktionen: Ohne eine harte Auseinandersetzung in der jeweiligen nationalen Öffentlichkeit darüber, wie diese Krise bewältigt werden kann und ob wir wirklich weitergehen wollen – zu einer realisierten Wirtschafts- und Fiskalunion, das heißt aber auch Solidaritätsunion, sprich: Transfer- und Stabilitätsunion –, ohne diese grundsätzliche Auseinandersetzung sehe ich nicht, dass die Europäische Union dauerhaft wird funktionieren können. Das gilt für die Gemeinsame Außen- und Sicherheitspolitik ganz genauso.

Deswegen bin ich der Meinung: Demokratie entwickelt sich vor allem unter Krisendruck. Im Moment sieht es allerdings noch nicht so aus, als ob die Krise stark genug wäre, dass dieser demokratische Prozess tatsächlich angeschoben würde. Im Moment habe ich eher den Eindruck, Europa droht die Luft auszugehen. Dennoch hoffe ich, dass durch den Gang der Ereignisse ein Druck aufgebaut wird, der dieses demokratische Mobilisierungspotential wirklich auslöst. Das bedeutet aber auch, dass die Europaskeptiker noch viel stärker werden. Deswegen sollten diejenigen, die Europa wollen, endlich sagen, wo sie hin wollen. Für mich aber ist dieses Ziel nicht mehr irgendetwas Diffuses, Abstraktes, irgendein neues Rechtsgebilde *sui generis*. Gewiss, das wird es letztlich sein, aber das Kind braucht einen Namen, und ich meine, worüber wir reden, ist die Realisierung der Vereinigten Staaten von Europa.

EU-Währungspolitik: Die richtige Politik für ein Land, das nicht existiert

Ulrike Guérot: Wenn ich die Diagnose von Joschka Fischer aufnehme, dann ist das eigentliche Risiko nicht der große Knall, sondern der bröselnde Zerfall mangels tauglicher Vision. In der „Newsweek" vom 3. April 2011 steht ein hübscher kleiner Artikel mit dem Titel „Murder on the EU Express". Dort beschreibt der britische Historiker Niall Ferguson diesen Vorgang als „incremental disintegration", als die langsame Implosion Europas. Vielleicht können Sie, Herr Enderlein, uns ein bisschen genauer darlegen, wie diese Implosion in der Eurokrise vor sich geht und worin die Chancen und Mängel im aktuellen Europakt bestehen?

Henrik Enderlein: Um die Frage nach der Krise des Euro zu beantworten, muss ich etwas ausholen: Womit haben wir es eigentlich bei der Währungsunion zu tun? Die Währungsunion, das stand für Ökonomen immer fest, ist ein politisches und kein ökonomisches Projekt. Denn jedem Ökonomen war klar, wenn sie in einem Währungsraum, der nicht optimal, weil nicht homogen ist, für alle Mitgliedstaaten eine einzige Geldpolitik betreiben, dann werden sie zwangsläufig Ungleichgewichte in diesem gemeinschaftlichen Währungsraum produzieren. Weil diese Thematik so wichtig ist, war die Debatte zum Maastricht-Vertrag so interessant – und es lohnt sich deshalb, auf diese Debatte noch einmal einzugehen: Hier lag der eigentliche Sündenfall der Währungsunion. In dieser Debatte gab es zwei in sich stimmige Ansätze: Der französische Ansatz sagte, wir bauen die gemeinsame Währung und schaffen eine Wirtschaftsregierung, die uns den gemeinsamen homogenen und optimalen Währungsraum aufbaut. Das war stimmig. Dem gegenüber stand eine deutsche Position, die genauso stimmig war. Sie sagte, wir bauen zuerst den gemeinsamen integrierten Währungsraum, und zum Abschluss setzen wir als Sahnehäubchen die gemeinsame Währung oben drauf.

Was aber tut Europa? Man findet einen Kompromiss. Und der Kompromiss sah so aus: Die gemeinsame Währung wird eingeführt, es wird aber kein Institutionenrahmen geschaffen, der den homogenen Wirtschaftsraum aufbaut. Das ist der Sündenfall, denn was entsteht daraus zwangsläufig? Ungleichgewichte in Europa; und genau die haben wir in den vergangenen zehn Jahren gesehen.

Warum aber entstehen diese Ungleichgewichte? Die Rentnerin, die Herr Fischer angesprochen hat, illustriert das wunderbar. Die Europäische Zentralbank (EZB) bestimmt einen einheitlichen Zinssatz für alle Länder, so unterschiedlich sie auch sein mögen. Wenn auf der einen Seite die Hälfte der Länder null Prozent Inflation haben und auf der anderen Seite die andere Hälfte der Länder vier Prozent, dann orientiert sich die EZB an dem Mittel von zwei Prozent Inflation. Der Zinssatz, der daher von ihr gesetzt wird, ist falsch für beide Seiten: zu hoch für die eine, zu niedrig für die andere. Die EZB macht eine *„One-Size-Fits-None*-Politik", sprich: die richtige Politik für ein Land das nicht existiert.

Die große Kapitalverlagerung

Und was entsteht daraus? Es entstehen daraus natürlich Umlagerungseffekte, die zu Ungleichgewichten führen. Denn wenn sie in einem Null-Inflationsland leben, das kein Wachstum hat – das war die Bundesrepublik in der ersten Hälfte des vergangenen Jahrzehnts –, dann sparen sie ihre Gelder an und investieren sie auf der anderen Seite, in den Regionen, die hohe Inflation haben, schnell wachsen, in denen die Immobilienmärkte boomen: Irland, Portugal, Spanien, Griechenland... Diesen Ländern geht es auf den ersten Blick sehr gut, die Problemländer liegen auf der anderen Seite.

Solche Ungleichgewichte, die wir durch diese gemeinsame Währung geschaffen haben, sind aber in der Vertragsgrundlage des Maastricht-Vertrags nicht vorgesehen. Der Maastricht-Vertrag suggeriert, mit der gemeinsamen Währung würde es allen besser gehen. Deshalb hat er eine Legitimationsverankerung für den Euro geschaffen, die ungeeignet ist. Die Logik ist wie folgt: Wenn es keine Umverteilung gibt, dann können wir uns auf die bloße Output-Legitimation stützen, also auf die Legitimation durch politisch unabhängige Instanzen, wie etwa eine Zentralbank oder ein Regelsystem wie den Stabilitäts- und Wachstumspakt, die beide ihre Legitimation aus den erreichten Ergebnissen ableiten.

Tritt aber Umverteilung auf, dann ist prozedurale Legitimation notwendig, also Input-Legitimation, die Parlamente mit einbezieht, eine politische Diskussion zulässt und letztlich nur im Kontext einer Wirtschaftsregierung umgesetzt werden kann. Diese haben wir aber nicht aufgebaut, und es war vor allem die deutsche Bundesregierung, die diese Wirtschaftsintegration immer abgelehnt hat.

Und jetzt stehen wir also vor der Frage, wie gehen wir mit der Krise um? Ich sehe vier mögliche Antworten.

Die erste mögliche Antwort lautet, wir negieren weiter, dass es diese Umverteilungseffekte gibt. Das genau tat die Bundesregierung bis zum März 2010, indem sie sagte, wir brauchen eigentlich gar keine gemeinsame Wirtschaftsregierung.

Die zweite Möglichkeit ist, wir bauen eine Regelunion. Diese Regelunion, das ordnungspolitische Ziehkind der deutschen Volkswirtschaftslehre, will den Ländern nicht positiv vorschreiben, was sie machen sollen, sondern nur, was sie nicht machen dürfen. Doch auch dieser Ansatz ist gescheitert: Denn Irland und Spanien haben den Stabilitätspakt nicht gebrochen, dafür aber Deutschland und Frankreich. Heute aber sind es gerade die beiden Länder, die die Regeln gebrochen haben, die dem Rest des Euroraumes helfen und sich als Anker der Stabilität verstehen.

Es gibt einen dritten Ansatz. Der bedeutet, salopp gesagt, wir treten das ganze Ding in die Tonne. Das ist durchaus ein legitimer Ansatz, und ich bin ganz Ihrer Meinung, Herr Fischer, wir müssen diese Diskussion auch mit Euroskeptikern viel offensiver führen. Aber wir müssen auch die Kosten benennen, Sie haben es bereits angesprochen: Es wäre ökonomisch fatal, juristisch unmöglich, politisch ein Desaster und gesellschaftlich töricht, das Europrojekt zu beenden. Auf uns alle würden viel größere Kosten zukommen, wenn wir diesen Euro verlassen, anstatt um ihn zu kämpfen und in ihn zu investieren.

Ein Beispiel: Der ganze europäische Finanzmarkt ist heute darauf ausgelegt, dass wir gar nicht mehr unterscheiden können, was in einer Bankbilanz ein ehemaliger D-Mark-Aktiv- oder Passiv-Posten ist und was ein ehemaliger Drachmen-Aktiv- oder Passivposten. Wie kann man also eine nationale Währung wieder einführen, ohne das ganze System zum Einsturz zu bringen? Wir bekämen Millionen von Prozessen, wenn wir die nationalen Währungen wieder einführen würden. Kurzum: Es geht nicht. Aber wenn es nicht geht, dann bleibt nur noch die vierte Lösung.

Die Flucht nach vorn als einzige Lösung

Und die vierte Lösung ist die Flucht nach vorn. Damit wir uns nicht missverstehen: Das ist kein emotionales Plädoyer für Europa als eine idealistische Träumerei, sondern das ist schlicht eine funktionale Logik. Wenn wir den Währungsraum behalten wollen, dann bleibt uns nur der Schritt zu mehr Europa. Doch genau das kann die europäische Wirtschaftspolitik, zumindest die deutsche, im Moment nicht anerkennen. Sie spricht mit sibyllinischer Doppelzüngigkeit immer von „Europa ist toll", will aber gleichzeitig nicht ausreichend dafür bezahlen. Aus diesem Problem müssen wir uns lösen, indem wir endlich europäische politische Institutionen bauen, die die Umverteilung einer Transferunion, die wir bereits haben, legitimieren.

Damit sind wir bei der Input-Legitimation, die auf europäischer Ebene fehlt. Das Europäische Parlament muss in der Tat wie von Herrn Habermas vorgeschlagen beteiligt werden – und andere auch. Aber diese Diskussion führen wir in Deutschland nicht, sondern wir führen stattdessen Schattengefechte auf Nebenschauplätzen.

Der besagte Pakt für Europa, Ulrike Guérot hat ihn angesprochen, war nichts anderes als ein Geschenk an Frau Merkel, damit sie am 25. März 2011 einen Gipfel verlassen konnte, über den die Journalisten am 26. März schreiben sollten, damit die baden-württembergischen Wähler am 27. März, dem Tag der Wahl, morgens etwas Positives in der „Bild am Sonntag" lesen konnten. Der Pakt für Europa ist bei all seinen Vereinheitlichungsankündigungen inhaltsleer, denn er hat zwei entscheidende Aspekte: Erstens: Alles wird einstimmig entschieden, und zweitens: Die Nationalstaaten können selbst darüber befinden, was sie umsetzen und was nicht. Wenn ein europäisches Dokument diese beiden Aspekte enthält, dann ist es wertlos.

Hinzu kommt: Der Europäische Stabilitätsmechanismus (ESM), den wir jetzt aufgebaut haben, geht das falsche Problem an. Wir werden ihn nie anwenden, denn wir lösen die eigentliche Kernfrage nicht: Wie gehen wir mit den überschuldeten Ländern in der sogenannten Peripherie um? Der ESM führt neue Anleiheverträge ein, die aber bis 2020 oder sogar 2030 parallel zu den aktuellen Anleiheverträgen gelten. Können wir bis 2020 warten, ehe wir die Krise lösen? Das ist absurd. Und gleichzeitig gibt es einen recht einfachen Grund dafür, dass wir die Krise verschleppen: die immer noch desolate Lage unseres Bankensystems in Deutschland. Wir werden keine Lösung finden, solange wir das bestgehütete Geheimnis, das Herr Fischer leider gerade ausgeplaudert hat, nicht endlich in die Öffentlichkeit bringen – dass die Problematik der Schuldenkrise in der Peripherie eigentlich ein deutsches Bankenproblem ist.

Die Gestalt der Europäischen Union

Guérot: Vielleicht ist das ja tatsächlich die Kernfrage der Eurodiskussion: Was würde passieren, wenn alles zusammenkracht, eben auch die deutschen Banken? Aber zuvor die Frage an Sie, Herr Calliess: Offenbar fehlt Europa immer noch irgendwo die richtige Legitimation, ist eine ganze Reihe von Entscheidungsprozessen und Kompetenzen, wie von Jürgen Habermas und Joschka Fischer angesprochen, noch nicht klar legitimiert. Das war ja auch das Ergebnis des Urteils des Bundesverfassungsgerichts von 2009 zum Lissabon-Vertrag. Wo sehen sie bei diesem Urteil das Kernproblem?

Christian Calliess: Mit der Gestalt und Legitimation der EU haben Sie zwei sehr komplexe Fragestellungen angesprochen, für die es keine einfache Antwort gibt. Meine Antwort, als eine Stimme unter den Verfassungs- und Europarechtlern, ist, dass die Europäische Union nur als föderaler Verbund zu begreifen ist. Sie ist eine Art von Föderation, aber sie ist als solche etwas wirklich Neues. Wir können sie nicht mit den Begrifflichkeiten der Staatlichkeit oder des Völkerrechts erfassen. Wenn Sie sich einen Fluss vorstellen, bewegt sich die EU bildlich gesprochen irgendwo zwischen dem Ufer der internationalen

Organisation, das sie längst verlassen hat, und dem Ufer der Staatlichkeit, das sie weder erreicht hat noch – jedenfalls nach klassischem Verständnis von Staatlichkeit – jemals erreichen wird. Abgelegt hat sie bei ihrer Gründung durch einen völkerrechtlichen Vertrag am Ufer der internationalen Organisation, obwohl durch die im Vertrag angelegten supranationalen Elemente von Anfang an einige Besonderheiten bestanden. Hierzu zählen insbesondere ihr vorrangiges und unmittelbar anwendbares Recht, das eine Durchgriffswirkung auf den Bürger entfaltet. Herausgearbeitet und entfaltet wurde dies durch die Rechtsprechung des Europäischen Gerichtshofes. Im Laufe der Zeit hat sich die Europäische Union dann immer weiter von diesem völkerrechtlichen Ufer entfernt und ist jetzt irgendwo in der Mitte des Flusses. Wir haben aber keine Kategorie für dieses Neue, und genau diese Kategorienlosigkeit, dieser Prozess des Suchens, bereitet uns in der gegenwärtigen Situation manche Probleme.

Für diese Probleme hat auch das Bundesverfassungsgericht in seinem Lissabon-Urteil keine Antwort gefunden. Man könnte es auch anders formulieren: Es hat sich die Antwort zu leicht gemacht, indem es sich einfach den völkerrechtlichen und staatsrechtlichen Kategorien zugewandt und die Europäische Union mehr oder weniger völkerrechtlich behandelt hat; das ist meine Hauptkritik an dem Urteil.

Der Vorteil des Ansatzes des Bundesverfassungsgerichtes ist, dass er verstanden wird, da uns das Denken in den Kategorien von Völkerrecht und souveräner Staatlichkeit vertraut ist. Das Problem, das wir haben, ist aber gerade, diese neue Kategorie, den föderalen Verbund, zu definieren und zu bestimmen. Was ist er genau? Darüber muss man diskutieren, darüber gibt es auch einen Diskurs, den das Gericht in seinem Urteil allerdings nicht aufgegriffen und dadurch ein etwas unterkomplexes Urteil gefällt hat – insbesondere in seiner Antwort auf die Demokratiefrage.

Demokratiemodell der dualen Legitimation

Das ist aber genau der Aspekt des Urteils, der in den Medien besonders gespiegelt wurde: Soll die europäische Demokratiefrage wie im Völkerrecht gelöst werden, in dem demokratische Legitimation letztlich nur über die nationalen Parlamente vermittelt werden kann? Das ist der klassische Weg. Und die Herausforderungen der Globalisierung auf der internationalen Ebene – also etwa die Frage nach der demokratischen Legitimation, wenn Regierungen in der G20 verhandeln – sind in der Tat nur über die nationalen Parlamente zu bewältigen, die sich in diesem Sinne internationalisieren müssen. Aber das gilt nicht für die Europäische Union, jenen föderalen Verbund.

Denn auf der europäischen Ebene erfährt das Demokratieprinzip eine spezifische Ausprägung durch ein Modell der dualen Legitimation, das mit dem Vertrag von Lissabon auch explizit in Art. 10 Abs. 2 EUV verankert worden ist, vom Bundesverfassungsgericht aber nicht weiter aufgenommen wird. In diesem Modell vermitteln einerseits die Vertreter der nationalen Regierungen im Rat demokratische Legitimation, die durch ihre jeweiligen nationalen Parlamente kontrolliert werden. Dieser staatlich vermittelte Legitimationsstrang wird aber zunehmend durch einen europäischen ergänzt, durch das Europäische Parlament, das direkt von uns Unionsbürgern gewählt wird und gleichberechtigt mitentscheidet. Die starke Rolle des Europäischen Parlaments wird vom Bundesverfassungsgericht nicht hinreichend gewürdigt. Zwar besteht im Rahmen der Wahlen zum EP unbestritten ein Problem mit der Gleichheit der Wahl, das das Bundesverfassungsgericht aufgreift: Die Stimme eines Luxemburgers hat bei der Europawahl einen zehnmal größeren Erfolgswert als die Stimme eines deutschen Bürgers. Das ist jedoch dem Prinzip der Staatengleichheit geschuldet: Die kleinen Mitgliedstaaten wären sonst nur mit einem halben oder viertel Abgeordneten vertreten, sie müssen aber auch angemessen Gehör im EP finden. Dieses Problem, die sogenannte degressive Proportionalität, nimmt das Bundesverfassungsgericht auf – und spricht dem EP deshalb die Fähigkeit ab, das europäische Volk zu repräsentieren.

Diese Bewertung entspricht aber einem Denken in den Kategorien von Staats- und Völkerrecht. Wenn wir die EU als föderalen Verbund verstehen, müssen wir schauen, wie dieses aus der fehlenden Gleichheit der Wahl resultierende Defizit kompensiert werden kann. Und an diesem Punkt kommt der andere Legitimationsstrang ins Spiel: der Ministerrat, der von den nationalen Parlamenten kontrolliert wird. Diesem will auch das Bundesverfassungsgericht – insoweit zu Recht – unter dem Stichwort der Integrationsverantwortung eine aktivere Rolle zuweisen.

Das Europäische Parlament fällt dabei aber unter den Tisch. Anstatt beide Legitimationsstränge in ein angemessenes Verhältnis zueinander zu setzen, bleibt das Bundesverfassungsgericht dabei, dass ein echter demokratischer Prozess weiterhin nur über die nationalen Parlamente stattfinden kann. Insoweit ist es schon fast als tragisch zu bezeichnen, wenn das Gericht damit nun gerade an jener Organisation ein demokratisches Exempel statuiert, die im Unterschied zu den klassischen Internationalen Organisationen wie UNO und WTO überhaupt über ein Parlament verfügt, das zudem noch von den Bürgern direkt gewählt wird und mit weitreichenden Mitentscheidungs- und Kontrollbefugnissen ausgestattet ist. Hier liegt ein ganz großes Problem des Urteils, zumal das Bundesverfassungsgericht am Ende auch keine Antwort auf die Frage anbietet, was aus dem EP noch werden kann. Kann es zu einem echten Parlament werden, das eine europäische Regierung, also die Kommission, wirklich vollumfänglich wählt? Können wir also eine voll ausgebildete repräsentative Demokratie auf europäischer Ebene haben? Die Einfluss- und Mitentscheidungsmöglichkeiten des Parlaments, die es bereits heute hat, werden insoweit nicht hinreichend gewürdigt. Am Ende sagt das Bundesverfassungsgericht nur, dass das Europäische Parlament bei einer Beseitigung der heute noch bestehenden demokratischen Defizite dann eben ein Parlament wäre, wie wir dies nur in einem vollendeten Staat, also in einem Bundesstaat finden können. Der weitere Ausbau der demokratischen Legitimation des Parlaments wird damit zwingend mit der Gründung eines europäischen Bundesstaats verbunden. Da die Europäische Union dies aber nun einmal nicht ist und auch nicht werden will, wird die Integration damit eingefroren.

Damit bin ich an einem weiteren ganz wichtigen Punkt nicht nur dieses Urteils, sondern der ganzen Debatte. Wir stecken, wenn man dem Urteil des Bundesverfassungsgerichtes folgt und den Integrationszustand einfriert, in einer Falle: Wir können aus demokratischen Gründen nicht nach vorne und mehr Kompetenzen übertragen. Wir brauchen dann nämlich eine volle Legitimation im Europäischen Parlament, aber das würde den Schritt in den Bundesstaat bedeuten, den, ich vereinfache das jetzt etwas, das Bundesverfassungsgericht jedenfalls auf der Grundlage unseres Grundgesetzes mit dem Urteil eben versperrt. Der Bundesstaat ist aber ja gar nicht gewollt, auch nicht im Vertrag von Lissabon. Auch Herr Fischer hat es eben gesagt: Wir suchen etwas Eigenes, Neues, diesen föderalen Verbund, wie ich es einmal nennen möchte; wir suchen ja nicht den Europäischen Bundesstaat im klassischen Sinne. Vor diesem Hintergrund hätte das Bundesverfassungsgericht sich perspektivisch, gerade auch mit Blick auf die Frage der demokratischen Legitimation, öffnen müssen. Das wäre jedenfalls das Anliegen der Europawissenschaft, die insoweit mit den Verbundstheorien Ansatzpunkte entwickelt hat. Dementsprechend ist gerade dieser Aspekt des Urteils von den überwiegenden Stimmen ja auch sehr kritisiert worden: dass das Bundesverfassungsgericht hier ein Modell wählt, das zu staatszentriert ist und deswegen in eine Sackgasse führt.

Es steht aber auch etwas Zweites hinter dem Urteil, das mich sehr beschäftigt: Warum friert das Bundesverfassungsgericht den Prozess der Europäischen Integration ein? Ist das wirklich eine Renationalisierung? Ich glaube nicht. Ich glaube nicht, dass Deutschland sich in dem Sinne renationalisiert – nicht bewusst jedenfalls, sondern eher unbewusst. Und das hat ein bisschen mit dem Begriff der Europamüdigkeit zu tun, die zum Ausdruck kommt in einer Überforderung aller, der Bürger wie auch der Politiker. Selbst in der Europawissenschaft spürt man diese Erschöpfung.

Die neue Europamüdigkeit und das demokratische Dilemma

Die Europäische Union ist tatsächlich so komplex, dass auch manche Richter vielleicht das Bedürfnis nach einer Atempause verspüren und den Prozess der europäischen Integration deshalb einfrieren wollen. Und sie tun dies ganz bewusst nicht etwa, indem sie eine Rückkehr zum Nationalstaat oder eine Renationalisierung propagieren, sondern indem sie den tradierten Begriff der staatlichen Souveränität mit der Demokratiefrage koppeln. Damit gibt es einen Ansatz, den auch viele Linksliberale teilen können, da die Argumentation nicht vom Nationalstaat, sondern von der demokratischen Legitimation ausgeht. Die Defizite in diesem Bereich sollen dazu zwingen, den europäischen Integrationsprozess einzufrieren – so die Begründung. Auf diese Weise besteht allerdings Gefahr, dass europäische Integration und Demokratie gegeneinander ausgespielt werden. Das ist aber nicht konstruktiv.

Und damit sind wir wieder bei dem demokratischen Dilemma der EU. Ich frage mich, woher kommt das? Ich glaube, es liegt auch daran, dass wir in Deutschland versäumt haben, die Finalität der Europäischen Union stärker zu diskutieren. Herr Fischer, Sie haben 2000 in ihrer Humboldt-Rede ja einen Schritt in diese Richtung gemacht, aber diesen Weg dann leider nicht weiterverfolgt, wenn ich das einmal so sagen darf. Gewiss, durch den Verfassungsvertrag schon, doch der scheiterte dann eben aufgrund der Referenden in Frankreich und in den Niederlanden. Und nach diesem Scheitern des Verfassungsvertrages haben Sie vermehrt über ein Thema gesprochen, das eigentlich zu Ihrem Entwurf der Vereinigten Staaten von Europa nicht so ganz passt, nämlich über eine weitere Erweiterung der EU. Sie haben als Außenpolitiker also Europa einerseits als geostrategisches Erweiterungsprojekt im Blick gehabt – die Notwendigkeit der Einbeziehung instabiler Staaten, auf dem Balkan etwa, aber auch der Türkei –, und andererseits haben Sie mit dem Ziel der Vereinigten Staaten von Europa zugleich den Anspruch einer weiteren Vertiefung der Integration verfolgt. Aber passt beides tatsächlich zusammen? Ich glaube, im Empfinden der Bürger ist dies nicht so. Die Bürger haben das Gefühl, dass Vertiefung und Erweiterung in einem ungelösten Konflikt zueinander stehen. Die Frage ist ja auch auf europäischer Ebene völlig ungelöst. Kann man bei über 20 verschiedenen Kulturen und Rechtsordnungen und ganz unterschiedlichen Bedingungen in den Mitgliedstaaten zum Beispiel eine europäische Innenpolitik etablieren, in der etwa ein gemeinsamer europäischer Haftbefehl gilt?

Ich meine daher, dass das Lissabon-Urteil des Bundesverfassungsgerichtes sich bereits im Urteil zum europäischen Haftbefehl andeutete. Die Richter konnten sich nicht vorstellen, dass ein Deutscher nach Rumänien ausgeliefert wird – und das nicht zu Unrecht. Hier birgt die europäische Heterogenität eine Herausforderung, die die Politik bislang nicht bewältigt hat. Es existiert eine Ungleichzeitigkeit zwischen Erweiterung und Vertiefung. Und genau daraus resultiert aktuell dieses Unbehagen mit Blick auf die Frage, wie wir mit dem Thema Wirtschaftsregierung und europäische Solidarität umgehen sollen. Der Schriftsteller Léon de Winter fordert, wir sollten einfach zur EWG zurückkehren. Das ist in meinen Augen eine ganz gefährliche Forderung und absolut der falsche Weg, da eine solche Perspektive im Widerspruch zu unseren Vorstellungen von einer sozial- und umweltstaatlich flankierten Marktwirtschaft stehen würde. Gleichwohl muss sie aber diskutiert werden, denn so empfinden leider viele Bürger.

Die wechselseitige Öffnung der nationalen Öffentlichkeiten

Guérot: Ist die von allen drei Vorrednern angesprochene Integrationsfalle, lieber Herr Habermas, nicht auch eine diskursive Falle, die da lautet: Eigentlich müssen wir mehr wollen, ob in der Vertiefung oder in der Erweiterung, wir benennen es aber nicht. Liegt es vielleicht an der unterschätzten Komplexität, die wir jetzt auch in der Eurokrise im ökonomischen Raum erleben, also an der ganzen Heterogenität der Wirtschaftsmodelle und -konzepte, die eben für Frankreich oder für Griechenland so nicht applikabel sind?

Jürgen Habermas: Man überlastet ja ungern eine Diskussion, die ohnehin schon überschwappt von Themen, aber es stimmt schon: Die Eurokrise macht uns noch eine weitere List der ökonomischen Vernunft bewusst. Die besteht darin, dass zunächst einmal in unserem gemeinsamen Währungsgebiet Probleme auftauchen, die hier gemeinsam gelöst werden müssen. Das könnte eine Weichenstellung zugunsten eines Europas der zwei Geschwindigkeiten bedeuten. Politisch, meine ich, stehen wir unter systemischen Zwängen, die uns nötigen, zunächst einmal im eigenen Haus den nächsten Schritt zur politischen Integration zu tun.

Die Statements der drei Kollegen konvergieren in einem Punkt, nämlich dass wir nolens volens vor der Alternative stehen, den in der Währungsunion erreichten Grad der Einigung aufs Spiel zu setzen oder wenigstens für deren Mitgliedsländer die institutionellen Voraussetzungen für eine engere Zusammenarbeit zu schaffen.

Der erste Schritt auf diesem steinigen Weg muss darin bestehen, diese Alternative in der Öffentlichkeit klar zu machen, ja zu dramatisieren, damit eine breite Diskussion überhaupt in Gang kommt. Wenn uns, wie Sie sagen, nichts anderes bleibt als die Flucht nach vorn, dann sollten wir wenigstens wissen, was wir tun, und uns nicht in den Sog eines schleichenden Zerfalls hineinziehen lassen.

Diese Diskussion könnte auch ein Schritt zur Verstetigung einer europäischen Öffentlichkeit werden. Eine solche stellt sich ja punktuell immer dann her, wenn es wie beim Rettungsschirm für den Euro um Themen geht, die die Bevölkerungen in allen beteiligten Mitgliedsländern so oder so betreffen – und die auch über nationale Grenzen hinweg als relevant empfunden werden. Mein Gedankenexperiment ist ganz einfach: An der Infrastruktur der nationalen Öffentlichkeiten braucht sich überhaupt nichts zu ändern. Von der Qualitätspresse über die Television bis zum Boulevard reicht diese völlig aus für die Erzeugung einer europäischen Öffentlichkeit.

Das eigentliche Problem ist die wechselseitige Öffnung dieser nationalen Öffentlichkeiten füreinander, damit man in Deutschland beispielsweise über die wichtigsten Diskussionen etwa in Spanien, in Griechenland, in Italien, Frankreich oder Polen überhaupt informiert wird – und umgekehrt. Die nationalen Medien sind, übrigens in allen Ländern, nicht daran gewöhnt, zentrale europäische Entscheidungen – und wären es nur die, die das Europaparlament heute schon mitentscheidet – zum Thema zu machen, und zwar rechtzeitig, das heißt bevor sie in den nationalen Parlamenten abgenickt werden. Die nationalen Öffentlichkeiten sind trotz des Massentourismus noch soweit gegeneinander abgekapselt, dass wir auch über die divergierenden Stimmungslagen und Meinungen in den jeweils anderen Ländern nicht ausreichend informiert sind. So habe ich heute das Gefühl, dass wir in Deutschland in Anbetracht der Ressentiments, die sich andernorts inzwischen gegen „deutsche Diktate" in der Wirtschaftspolitik schon angesammelt haben, wie in einem Tal der Ahnungslosen leben.

Nur wenn in den einzelnen nationalen Öffentlichkeiten über die wesentlichen Stellungnahmen zu gemeinsamen Themen in den jeweils anderen nationalen Öffentlichkeiten berichtet wird, kann es eine europaweite politische Meinungs- und Willenbildung geben. Es ist ohnehin ein trauriges Zeichen, dass wir es trotz der Einrichtung von Europawahlen noch nicht einmal zu einem gemeinsamen europäischen Wahlrecht gebracht haben.

Lassen Sie mich noch auf einen Punkt eingehen: Die Europaskeptiker wenden ein, dass das Narrativ, das die Gründungsväter motiviert hat, verbraucht ist. Es ist ja wahr, dass wir keine Vertiefung der Europäischen Union brauchen, um innerhalb Europas keine Kriege mehr zu führen. Aber inzwischen ist die Globalisierung der Märkte und der elektronisch beschleunigten Kommunikation so weit fortgeschritten, dass eine systemisch zusammengewachsene, hochinterdependente Weltgesellschaft entstanden ist, in der sich nicht nur die politischen Gewichte verschieben, sondern auch andere politische Größenordnungen herstellen. Diese Globalisierungtrends drängen Europa ganz andere Imperative auf. Für die europäische Einigung braucht ein neues Narrativ deshalb nicht an den Haaren herbeigezogen zu werden. Drei Stichworte drängen sich auf: Selbstbehauptung, konstruktive Mitwirkung an der Ermöglichung einer Weltinnenpolitik und die Bewahrung der Vielfalt unseres kulturellen Biotops.

Europa – Kontinent der Pluralität

Über die politische Selbstbehauptung Europas in der veränderten Welt will ich nicht viel sagen. Unsere Nationalstaaten sind im Vergleich zu den USA und den BRICS-Staaten zu Duodezfürstentümern geschrumpft. Auch Deutschlands ökonomisches Gewicht wird sich immer weiter relativieren. Wie sich an jedem internationalen Konflikt der letzten 20 Jahre zeigen lässt, ist es einfach albern anzunehmen, dass Europas Stimme noch zählen wird, wenn es nicht lernt, mit einer Stimme zu sprechen. Aus dieser Perspektive der weltpolitischen Selbstbehauptung liefert Joschka Fischer immer wieder kluge Kommentare. Ich kann verstehen, dass diese Perspektive nicht jedem am Herzen liegt. Aber selbst machtabgewandte Typen wie ich dürfen sie nicht vernachlässigen.

Denn es geht zweitens auch um normative Vorstellungen dazu, wie die Probleme gelöst werden sollen, denen sich die internationale Gemeinschaft gar nicht entziehen kann: Wie soll denn der Regelungsbedarf des finanzmarktgetriebenen Kapitalismus, der Klimawandel und die weltweiten Risiken der Kerntechnik, eine nichtselektive Menschenrechtspolitik usw. bewältigt werden? Sollte Europa keinen Einfluss darauf nehmen wollen, dass die Institutionen einer künftigen Weltordnung demokratisch legitimiert sind und Maßstäben sozialer Gerechtigkeit genügen?

Und das Dritte, verzeihen Sie mir diese Sentimentalität, ist schließlich auch ein historischer Blick – der gehört zu einer Selbstbehauptung ganz anderer Art. Dieses Europa ist ein Ensemble von ehemaligen Imperien und schließlich von Nationalstaaten, die nicht nur für die dunkle, die kriminelle Rückseite der gesellschaftlichen Modernisierung Verantwortung tragen, sondern auch ihren politischen Abstieg erfahren haben und den Verlust imperialer Herrschaft verarbeiten mussten. Dieses heute glücklicherweise domestizierte und etwas ziviler gewordene Europa verfügt aufgrund seiner spannungsreichen

Geschichte über das Erbe eines unvergleichlichen kulturellen Pluralismus – das klingt eurozentrisch und ist es auch. Aber wenn man weiß, dass man im Konzert vieler Stimmen nur eine hat, darf man aus der Perspektive der ersten Person sprechen. Was Brecht auf das eigene Land gemünzt hat – „und das liebste mag's uns scheinen, so wie anderen Völkern ihrs" – dürfen wir auf „unsere" Länder insgesamt anwenden.

Jede Reise durch die europäischen Länder – jede geographische und jede historische Reise – wird nicht nur bei uns Eingeborenen den Eindruck hinterlassen, dass es hier eine unwahrscheinliche Diversität gibt, die aus den historischen Ursprüngen dieses einen Kontinents herrührt. Und diese erscheint mir immens bewahrenswert zu sein. Doch werden wir – und das ist die Ironie der Geschichte – diese historisch gewachsene Diversität nicht bewahren, wenn Europa nicht zusammenhält und sich stattdessen wieder in seine kleinen, sich selbst bespiegelnden Nationen zerlegt.

Guérot: Herzlichen Dank, Herr Habermas, für diese starken, auch emotionalen Worte. Momentan gibt es offenbar einen zunehmenden deutschen Autismus und eine nationale Selbstgefälligkeit hinsichtlich der Frage, was und wie im Ausland über uns gedacht wird. Ich frage mich aber, wo liegt eigentlich der Bruch des Narrativs? Vielleicht bei einer Post-89er-Generation, der der Bezug zu Europa verloren gegangen zu sein scheint?

Es gibt keine Auszeit von der Geschichte

Fischer: Ich stimme dem, was Jürgen Habermas gesagt hat, völlig zu: Das Wissen um einander – und das Interesse daran – nimmt rapide ab. Aber es ist sogar noch schlimmer: Wenn Sie heute genau hinhören, wie hier über den französischen Präsidenten [damals Nicolas Sarkozy] geredet wird – nämlich in so liebenswert pazifistisch-nationaler Unschuld, wie ich es das letzte Mal beim Großvater eines Freundes gehört habe, wo alles Böse vom französischen Erbfeind kam –, und wenn man umgekehrt anschaut, wie über Deutschland in Pariser Intellektuellen- und Journalistenkreisen, also in der Politik gesprochen wird, dann sind wir in Sachen Renationalisierung mittlerweile einen erheblichen Tick weiter. Was sich gegenwärtig zwischen Deutschland und Frankreich abspielt, halte ich für sehr zerstörerisch. Denn nach wie vor gilt, wenn Deutschland und Frankreich gegeneinanderstehen, geht nichts in der Europäischen Union, ganz im Gegenteil, es geht dann nur rückwärts.

Was die Frage der Überforderung anbelangt, muss ich Ihnen widersprechen: Man kann sich in der Politik schlicht keine Auszeit von der Geschichte nehmen. Außerdem: Wer sind wir, dass wir uns überfordert fühlen im Verhältnis zur Generation unserer Eltern? Wenn uns das überfordert, was mussten die erst aushalten: mit Nationalsozialismus, Zweitem Weltkrieg, Vertreibung, Kriegsgefangenschaft, mit der moralischen Zerstörung fertig zu werden, mit individueller Schuld an Verbrechen, an denen man beteiligt war, dann die deutsche Teilung, die Drohung der nuklearen Vernichtungsspirale, etc. Gerade dieser Tage wurde wieder über die Hungerwinter 1946/47 geschrieben und über die Aufnahme von 12 bis 14 Millionen Flüchtlingen. Und wir fühlen uns überfordert? Nein.

Der erste Schritt zur Erweiterung geschah am 3. Oktober 1990, als 17 Millionen Ostdeutsche im Zuge der Vereinigung Bürger der EU wurden. Es wäre ein Unding gewesen, den Polen und den Anderen zu sagen, die Ostdeutschen dürfen das, aber ihr bleibt mal schön außen vor. Und es wäre auch historisch eine Dummheit ohne Ende gewesen. Dasselbe gilt für Jugoslawien. Erinnern Sie sich doch an die furchtbaren Konsequenzen der jugoslawischen Erbfolgekriege: 250 000 Flüchtlinge allein aus Bosnien, die dieses Land hier aufgenommen hat. Aber ohne die europäische Perspektive wären wir auf dem Balkan immer noch dort, wo wir damals waren. Das heißt, es gibt keine Auszeit von den strategischen Interessen, die ein Land oder ein föderaler Verbund wie die EU hat.

Wo wären wir denn heute ohne die EU-Erweiterung – mit einem wieder erstarkten Russland und einem Zwischeneuropa, das nach wie vor der Logik nationaler Souveränität gehorchen würde, getrieben von den Nachtmahren des Nationalismus. Deswegen führte kein Weg an der Erweiterung vorbei. Ja, wir werden vertiefen müssen, und das wird nicht auf dem Reißbrett geschehen. Und wir werden zugleich unsere strategischen Interessen wahrnehmen müssen, da führt auch kein Weg dran vorbei. So kompliziert ist nun mal die Realität.

Letzter Punkt: Ich meine, der große Fehler, den die Bundeskanzlerin gemacht hat, war, dass sie die beiden euroskeptischsten Institutionen im deutschen Bundesstaat die Europapolitik hat machen lassen, nämlich die Bundesbank und das Bundesverfassungsgericht. In der Vergangenheit sind beide nicht gerade Integrationsmotoren gewesen. Von daher sehe ich den jüngsten Schritt, der mit dem „Pakt für den Euro" in Brüssel gemacht wurde – bei aller Kritik, die ich teile –, als einen richtigen Schritt an, um endlich voranzukommen, sprich: um Vorschläge auf den Tisch zu packen, mit all den Unzulänglichkeiten, die Sie benannt haben.

Ich meine, wir müssen heute endlich eine kontroverse europapolitische Diskussion führen, mit offenem Visier und mit aller Härte und ohne Angst vor der Emotionalisierung der anderen Seite. Der europäische Integrationsgedanke lebte auch immer von der Emotionalisierung, das darf man nicht vergessen. Vernunft ist wichtig, aber sie muss auch emotionsgestützt agieren können. Mit bloßem Pragmatismus allein wird Europa nicht weiterkommen, sondern rückwärts fahren.

Europa – im Kleinen zu groß und im Großen zu klein?

Erste Publikumsfrage: Ist Europa nicht im Kleinen viel zu groß und im Großen viel zu klein? Im Kleinen überzieht es uns mit einer Unsumme von Regelungen, die viel Reibungsfläche schaffen, und im Großen löst es die Probleme nicht.

Andre Wilkens, Stiftung Mercator: Wenn Deutschland stärker wird und seine Stärke nutzt, geht es im Prinzip um eine Neuauflage der Deutschen Frage. Dabei war die Deutsche Frage ja eigentlich eine Triebkraft für die

Gründung der Europäischen Union. Diese wurde ja nicht unwesentlich damit begründet, dass man Deutschland einbinden musste. Bekommen wir jetzt also die Neuauflage der Deutschen Frage und vielleicht auch eine neue Triebkraft für Europa?

Derek Scally, „Irish Times": Herr Fischer, Sie haben am Anfang gesagt, dass in „the backrooms of Dublin" sehr viel Geld für deutsche Landesbanken verdient worden ist. Sind Sie der Meinung, dass diese Wahrheit mit Absicht oder ohne Absicht aus der deutschen Debatte herausgehalten wird, wenn es um das Thema Unterstützung für Irland geht?

Enderlein: Zu klein und zu groß: Der Ökonom würde immer sagen „Follow the money!" Das ist auch die Antwort, die man denjenigen entgegenhalten muss, die immer sagen „Ach, ob das jetzt ein Bundesstaat oder eine Konföderation oder so ist – ganz egal". Nein, faktisch geht es immer darum, wer die Haushaltshoheit hat. Europa hat einen ökonomisch inexistenten Haushalt und ist an dieser Stelle tatsächlich zu klein, um die Probleme zu lösen. Aber das Bundesverfassungsgericht sagt ja tatsächlich: Die Haushaltshoheit ist die Quelle der nationalen Demokratie oder die Legitimationsquelle schlechthin. Was bedeutet das für die EU? Ich glaube, dass ist die ganz entscheidende Frage, die alle von uns beantworten müssen.

Ein Satz vielleicht noch zu den Landesbanken: Natürlich verschweigt die Bundesregierung das mit Absicht, dabei waren die Landesbanken von Anfang an in dieser Krise das Schlüsselproblem. Aber man wusste genau, wenn man ein Problem mit den Landesbanken aufmacht, dann hat man ein Problem mit mindestens fünf Ministerpräsidenten in Deutschland, und wenn Sie den deutschen Föderalismus zur Lösung europäischer Probleme heranziehen müssen, dann haben Sie ein echtes Problem.

Calliess: Zu der Frage, ob Europa einerseits zu klein und andererseits zu groß ist: Diese Frage ist für mich eng mit der Verwirklichung des Binnenmarkts verbunden. Dieser wurde, als ökonomisches Projekt der europäischen Integration, Anfang der 90er Jahre aufgrund seiner Deregulierungseffekte sehr kritisch gesehen – zu Recht. Wir haben deshalb eine sozial- und umweltverträgliche Ausgestaltung des Binnenmarktes gefordert. Und dazu gehört eben auch, dass die Europäische Union Regelungen im Bereich des Verbraucherschutzes, des Umweltschutzes – ja, bis hin zur Glühbirne – trifft. Ob man das nun für politisch richtig oder falsch hält, sei hier dahingestellt: Das sind europäisierte Entscheidungen in einem gemeinsamen Markt. Ich will aber keinen Markt ohne Staat, und deswegen stehe ich zu diesen Entscheidungen, die den europäischen Markt ordnungsrechtlich flankieren.

Fischer: Also ich kann bestimmte Dinge nicht mehr hören! Gerade dieses zu klein und zu groß. Liebe Leute, überlegt doch mal, was an Regelungen im Binnenmarkt ihr täglich beim Einkaufen oder sonst wo selbstverständlich konsumiert und gar nicht drüber nachdenkt, weil das alles funktioniert. Allein der Gesundheitsstandard im gesamten EU-Bereich, das war früher alles nicht selbstverständlich, ob bei Lebensmitteln oder im Veterinärbereich. Deshalb kann ich diesen Enzensberger nicht mehr lesen; der treibt mich mit seiner Philippika gegen die Brüsseler Bürokratie wirklich zur Weißglut. Nicht zu sehen, welchen unglaublichen Fortschritt gerade die europäischen Detailregelungen im Alltag der Bürgerinnen und Bürger gebracht haben, das ist schon mutwillig. Und die Bürokratie von Brüssel ist im Übrigen kleiner als die Bürokratie der Stadt München. Dabei weiß kaum jemand, wie vieles davon gleichzeitig Ausfluss von Kompromissen im Europäischen Rat ist, in dem die Staats- und Regierungschefs sitzen. Die berühmte bayerische Traktoreninitiative etwa, die zur Vereinheitlichung der Traktorensitze führt, das ist Edmund Stoibers liebstes, also ein urbayerisches Kind.

Zu dem Vorurteil, die europäische Bürokratie greife überall in unseren Alltag ein, kann ich daher nur sagen: Da sind die Bundesregierung und der Bundestag und der Bundesrat überall beteiligt. Die Frage, ist Europa zu groß oder zu klein, ist daher meines Erachtens längst entschieden: Der größte Teil von Regelungen findet aufgrund des Binnenmarktes und anderer Regelungen auf europäischer Ebene statt. Und das ist auch gut so. Denn wir Deutschen wären wiederum die größten Verlierer, wenn das alles in individuellen Regelungen stattfinden würde. Da dürfen wir uns keine Illusionen machen.

Zum Schluss die Frage, inwieweit die Bundesregierung die Rolle der Landesbanken in der Irlandkrise absichtlich verschwiegen hat. Wir dürfen dahinter, wie so oft im Leben, keinen Masterplan vermuten. Also, es ist nicht so, dass die Bundesregierung Irland bewusst schädigen wollte, das glaube ich nicht. Aber man blendet ein Stück weit einfach die Realität aus. Irland hätte es sich einfach machen können, wenn nämlich Ministerpräsident Brian Cowen und sein Kabinett gesagt hätten: Wir übernehmen die Schulden der irischen Banken, aber die britischen, französischen und deutschen sind nicht unser Problem, da stünde der irische Staatshaushalt heute wesentlich besser da. Und die Wahrheit über die Landesbanken wäre dann hier ziemlich klar ans Licht gekommen.

Habermas: Bekommen wir eine Wiederauflage jener „Deutschen Frage", die überhaupt erst zur Gründung der Europäischen Union geführt hat? Ich glaube nicht. Seinerzeit hatten die Politiker den Zweiten Weltkrieg und die Massenverbrechen im Rücken und Kategorien des 19. Jahrhunderts im Kopf. Damals war die Absicht, eine erneute Machtpolitik eines Kolosses in der Mitte Europas durch Einbindung zu verhindern, ein wichtiges Motiv. Eine ähnliche Situation sehe ich heute nicht. Mir scheint die Bundesrepublik, die wir seit einigen Jahren in zunehmender Konturlosigkeit vor Augen haben, eher dadurch charakterisiert zu sein, dass sie keine im klassischen Sinne machtpolitischen Interessen verfolgt. Die Regierungen dieser wirtschaftlich erfolgreichen Republik machen sich abhängig von den beiden Imperativen, denen heute jeder Staat mehr oder weniger folgen muss, nämlich die Ökonomie innerhalb der Grenzen gewisser sozialer Rücksichtnahmen so auf Wettbewerbsfähigkeit zu trimmen, dass die Output-Legitimation Schwierigkeiten verhindert, die man innenpolitisch bei der Wiederwahl fürchtet. Insofern handelt es sich, was den politischen Gestaltungswillen angeht, eher um eine schwache Bundesrepublik. Aber mit dieser Schwäche geht eine wachsende nationale Selbstzentrierung einher; und damit entsteht heute in der Mitte Europas ein Störpotential, das unter der jetzigen Bundesregierung die Einigung Europas zum ersten Mal ernstlich blockiert.

Der Konstruktionsfehler der Währungsunion

Von **Jürgen Habermas**

Die finanztechnische Frage, ob der in Brüssel vereinbarte Stabilitätsmechanismus, der den im Mai 2010 vereinbarten Rettungsfonds im Jahre 2013 ablöst, die Spekulation gegen den Euro tatsächlich beenden wird, lasse ich dahingestellt. Wichtiger ist die politische Frage des Konstruktionsfehlers der Währungsunion, über den die Finanzmarktspekulation nun *allen* die Augen geöffnet hat.

Bei der Einführung des Euro im Jahre 1999 hatten einige noch auf die Fortsetzung des *politischen* Einigungsprozesses gehofft. Andere Befürworter glaubten an das ordoliberale Lehrbuch, das der Wirtschaftsverfassung mehr zutraut als der Demokratie. Sie meinten, dass die Einhaltung simpler Regeln für eine Konsolidierung der Staatshaushalte genügen müsste, um (gemessen an den Lohnstückkosten) eine Angleichung der nationalen Wirtschaftsentwicklungen herbeizuführen.

Beide Erwartungen sind dramatisch enttäuscht worden. Die schnelle Aufeinanderfolge von Finanz-, Schulden- und Eurokrise hat die falsche Konstruktion eines riesigen Wirtschafts- und Währungsraums, dem aber die Instrumente für eine gemeinsame Wirtschaftspolitik fehlen, sichtbar gemacht. Europaskeptiker wie Angela Merkel sind unter diesen systemischen Zwängen widerstrebend zu einem Schritt in Richtung Integration gedrängt worden. Mit dem Beschluss des Europäischen Rates vom 25. März 2011 sollte der Fehler auf dem informellen Wege der „offenen Koordinierung" beseitigt werden. Diese Notlösung hat aus Sicht der Akteure den Vorzug, keine schlafenden Hunde zu wecken. Andererseits ist sie, sofern sie überhaupt funktioniert, in der Auswirkung undemokratisch und dazu angetan, in den Bevölkerungen der verschiedenen Mitgliedstaaten gegenseitig Ressentiments zu schüren.

Die Regierungschefs haben sich darauf festgelegt, jeweils im eigenen Land einen Katalog von Maßnahmen zur Finanz-, Wirtschafts-, Sozial- und Lohnpolitik umzusetzen, die eigentlich Sache der nationalen Parlamente (bzw. der Tarifparteien) wären. In den Empfehlungen spiegelt sich ein Politikmuster, das die deutsche Handschrift trägt. Von der wirtschaftspolitischen Weisheit der verordneten Austerität, die auf eine kontraproduktive Dauerdeflation in der Peripherie hinauszulaufen droht, will ich gar nicht reden. Ich konzentriere mich auf das Verfahren: Die Regierungschefs wollen sich jedes Jahr gegenseitig über die Schulter sehen, um festzustellen, ob denn die Kollegen den Schuldenstand, das Renteneintrittsalter und die Deregulierung des Arbeitsmarktes, das Sozialleistungs- und das Gesundheitssystem, die Löhne im öffentlichen Sektor, die Lohnquote, die Körperschaftsteuer und vieles mehr an die „Vorgaben" des Europäischen Rates angepasst haben.

Die rechtliche Unverbindlichkeit der intergouvernementalen Vorverständigung über Politiken, die in Kernkompetenzen der Mitgliedstaaten und ihrer Parlamente eingreifen, führt in ein Dilemma. Wenn die Empfehlungen zur wirtschaftspolitischen Steuerung wirkungslos bleiben, verstetigen sich die Probleme, die damit gelöst werden sollen. Wenn jedoch die Regierungen ihre Maßnahmen tatsächlich in der beabsichtigten Weise koordinieren, müssen sie sich dafür zu Hause die nötige Legitimation „beschaffen". Das muss aber ein *claire-obscure* der sanften Pression von oben und der unfreiwillig-freiwilligen Akkomodation von unten erzeugen. Was bedeutet denn das Recht der Kommission, die Haushalte der Mitgliedstaaten „rechtzeitig", also vor der Entscheidung der Parlamente, zu prüfen, anderes als die Anmaßung, ein wirksames Präjudiz zu schaffen?

Unter diesem Grauschleier können sich die nationalen Parlamente (und gegebenenfalls die Gewerkschaften) dem Verdacht nicht entziehen, andernorts gefasste Vorentscheidungen nur noch abzunicken, das heißt konkretisierend nachzuvollziehen. Dieser Verdacht muss jede demokratische Glaubwürdigkeit zerfressen. Das Wischiwaschi einer Koordinierung, deren rechtlicher Status absichtsvoll im Ungefähren bleibt, genügt nicht für Regelungen, die ein gemeinsames Handeln der Union erfordern. Solche Beschlüsse müssen *auf beiden* für Unionsentscheidungen vorgesehenen Wegen legitimiert werden – nicht nur auf dem indirekten Wege über die im Rat vertretenen Regierungen, sondern auch über das Europäische Parlament unmittelbar. Andernfalls wird die bekannte zentrifugale Dynamik des Fingerzeigens auf „Brüssel" nur noch beschleunigt – die falsche Methode wirkt als Spaltpilz.

Solange die europäischen Bürger allein ihre nationalen Regierungen als Handelnde auf der europäischen Bühne im Blick haben, nehmen sie die Entscheidungsprozesse als Nullsummenspiele wahr, in denen sich die eigenen Akteure gegen die anderen durchsetzen müssen.

Die nationalen Helden treten gegen „die anderen" an, die an allem schuld sind, was „uns" das Monster Brüssel auferlegt und abverlangt. Nur im Blick auf das von ihnen gewählte, nach Parteien und nicht nach Nationen zusammengesetzte Parlament in Straßburg könnten die europäischen Bürger Aufgaben der wirtschaftspolitischen Steuerung als gemeinsam zu bewältigende Aufgaben wahrnehmen.

Und die Alternative?

Eine anspruchsvollere Alternative bestünde darin, dass die Kommission diese Aufgaben auf dem demokratischen Wege des „ordentlichen Gesetzgebungsverfahrens", also mit Zustimmung von Rat *und* Parlament, ausübt. Das würde allerdings eine Kompetenzverlagerung von den Mitgliedstaaten auf die Union verlangen, und eine derart einschneidende Vertragsänderung erscheint einstweilen als unrealistisch.

Wahrscheinlich stimmt die Erwartung, dass die europamüden Bevölkerungen unter gegebenen Umständen eine weitere Übertragung von Souveränitätsrechten selbst im Kernbereich der Union ablehnen würden. Aber diese Voraussage ist zu bequem, wenn sich die politischen Eliten damit von ihrer Verantwortung für den erbärmlichen Zustand der Union entlasten. Dass die jahrzehntelange breite Zustimmung zur europäischen Einigung sogar in der Bundesrepublik stark abgenommen hat, ist nicht selbstverständlich. Der europäische Einigungsprozess, der immer schon über die Köpfe der Bevölkerung hinweg betrieben worden ist, steckt heute in der Sackgasse, weil er nicht weitergehen kann, ohne vom bisher üblichen administrativen Modus auf eine stärkere Beteiligung der Bevölkerung umgestellt zu werden. Stattdessen stecken die politischen Eliten den Kopf in den Sand. Sie setzen ungerührt ihr Eliteprojekt und die Entmündigung der europäischen Bürger fort. Es gab bisher in keinem der Mitgliedstaaten eine einzige Europawahl und kaum ein Referendum, in denen über etwas anderes als über nationale Themen und Tickets entschieden worden ist. Politische Parteien vermeiden natürlich die Thematisierung unpopulärer Fragen. Das ist einerseits trivial, weil es das Ziel von Parteien sein muss, Wahlen zu gewinnen. Andererseits ist es keineswegs trivial, warum seit Jahrzehnten Europawahlen von Themen und Personen beherrscht werden, die gar nicht zur Entscheidung anstehen. Der Umstand, dass sich die Bürger über die Relevanz des Geschehens im subjektiv entfernten Straßburg und Brüssel täuschen, begründet sehr wohl eine Bringschuld, der sich jedoch die politischen Parteien hartnäckig entziehen.

Kooperieren oder scheitern

Die Existenzkrise der Europäischen Union

Von **Ulrich Beck**

Wenn eine Weltordnung zusammenbricht, beginnt das Nachdenken darüber. Doch offenbar gilt das nicht für den heute vorherrschenden Typus der Gesellschaftstheorie, der in universalistischer Erhabenheit und schlafwandlerischer Sicherheit über den Niederungen des epochalen Wandels – Klimawandel, Finanzkrise, Krise der Demokratie und der nationalstaatlichen Institutionen – hinwegschwebt. Diese Art universalistischer Gesellschaftstheorie, sei es nun eine strukturalistische, interaktionistische, marxistische, Kritische oder Systemtheorie, ist heute antiquiert und provinziell. Antiquiert ist sie, weil sie ausschließt, was zu beobachten ist: ein Paradigmenwechsel von Gesellschaft und Politik in der Moderne. Provinziell ist sie, weil sie den pfadabhängigen Erfahrungs- und Erwartungsraum der westeuropäischen oder auch der US-amerikanischen Modernisierung fälschlich verabsolutiert und damit gerade den soziologischen Blick auf deren Besonderheit verstellt.

Man würde zu kurz greifen, wenn man meinte, dass wir, die europäische Soziologie, die Modernisierungspfade der Anderen nur ergänzend verstehen müssen, weil sonst unser Weltbild unvollständig ist. Vielmehr gilt: Wir Europäer können uns nur dann selbst verstehen, wenn wir uns „deprovinzialisieren", das heißt, soziologisch-methodologisch mit den Augen der Anderen sehen lernen. Das nenne ich die kosmopolitische Wende in der soziologischen und politischen Theorie und Forschung.

Der paradigmatische Fall, an dem ich diese kosmopolitische Wende erläutern möchte, ist die Existenzkrise der Europäischen Union im Zeitalter der Kosmopolitisierung.

Ich möchte das Argument in vier Schritten vorstellen. Erstens: Was meint „Kosmopolitisierung" – im Gegensatz zu „Kosmopolitismus"? Und warum ist es so essenziell für die Sozialwissenschaften, „Kosmopolitisierung" (und nicht „Globalisierung") zum Thema zu machen? Zweitens: Inwieweit öffnen die kosmopolitische Wende und die Tatsachen der Kosmopolitisierung einen neuen Blick auf die aktuelle Krise Europas? Drittens: Welche methodologischen Konsequenzen lassen sich daraus ziehen? Was heißt Kosmopolitisierung als sozialwissenschaftliches Forschungsprogramm? Wie lässt sich der vorherrschende „methodologische Nationalismus" durch einen „methodologischen Kosmopolitismus" ersetzen? Und viertens: Welche politischen Konsequenzen lassen sich daraus ableiten? Abschießend werde ich sehr kurz auf fünf Lebenslügen nationaler Politik hinweisen und daraus die notwendigen Konsequenzen für eine Lösung der Krise der Europäischen Union zu ziehen versuchen.

Erstens: Was meint „Kosmopolitisierung"?

Wir leben nicht in einer Ära des Kosmopolitismus, aber im Zeitalter der Kosmopolitisierung: Der „globale Andere" ist in unserer Mitte. Dieses Konzept der Kosmopolitisierung ist von Missverständnissen und Fehldeutungen umzingelt. Daher ist nichts so hilfreich wie ein paradigmatisches Fallbeispiel, um in das Verständnis dieses Konzepts einzuführen. Dies soll im Folgenden am Beispiel der globalen Transplantationsmedizin geschehen. Deren Sieg (und nicht ihre Krise!) hat ihre eigenen ethischen Grundlagen hinweggefegt und einer Schattenwirtschaft den Weg bereitet, welche den Weltmarkt mit „frischen" Organen versorgt. In der radikal ungleichen Welt gibt es ganz offensichtlich keinen Mangel an verzweifelten Individuen, die bereit sind, eine Niere, einen Teil ihrer Leber, eine Lunge, ein Auge oder auch einen Hoden für ein Almosen zu verkaufen. Die Schicksale auf Organe wartender Patienten im Zentrum sind auf obskure Weise mit den Schicksalen verzweifelter Armer in der Peripherie verknotet, denn beide Gruppen ringen mit Problemen des unmittelbaren Überlebens. So entsteht das, was ich eine real existierende Kosmopolitisierung der Not nenne.

In einer faszinierenden Fallstudie hat die Anthropologin Nancy Scheper-Hughes gezeigt, wie die Ausgeschlossenen der Welt, die wirtschaftlich und politisch Enteigneten – Flüchtlinge, Obdachlose, Straßenkinder, Migranten ohne Papiere, Häftlinge, alternde Prostituierte, Zigarettenschmuggler und Diebe – sich dazu gezwungen sehen, ihre Organe zu verkaufen.[1] Sie werden auf diese Weise physisch, moralisch und wirtschaftlich sterbenskranken Körpern von Personen „einverleibt", Personen, die reich genug sind, sich die Organe der globalen Armen zu kaufen und in ihre Körper „chirurgisch einflicken" zu lassen.

In den kosmopolitisierten Körperlandschaften der Individuen verschmelzen Kontinente, „Rassen", Klassen, Nationen und Religionen. Muslimische Nieren reinigen christliches Blut. Weiße Rassisten atmen mit der Hilfe schwarzer Lungen. Der blonde Manager blickt mit dem Auge eines afrikanischen Straßenkindes auf die Welt. Ein säkularer Millionär überlebt dank der Leber, die aus einer protestantischen Prostituierten in einer brasilianischen Favela geschnitten wurde. Die Körper der Reichen werden zu Flickenteppichen. Die Armen sind im Gegenteil zu tatsächlich oder potentiell einäugigen bzw. einnierigen Ersatzteillagern verstümmelt worden, und dies geschah – wie die wohlhabenden Kranken sich selbst gebetsmühlenartig versichern – „durch ihren freien Willen" und „in ihrem eigenen Interesse". Der stückweise Ver-

---

[1] Nancy Scheper-Hughes, The Last Commodity: Post-Human Ethics and the Global Traffic in ‚Fresh' Organs, in: Aihwa Ong und Stephen J. Collier (Hg.), Global Assemblages: Technology, Politics and Ethics as Anthropological Problems, Malden/MA u.a. 2005, S. 145-167.

kauf ihrer Organe ist ihre Lebensversicherung. Am anderen Ende des Prozesses entsteht auf diese Weise der biopolitische „Weltbürger" – ein weißer, männlicher Körper, fit oder fett, mit dem Zusatz einer indischen Niere oder einem muslimischen Auge usw.

Im Allgemeinen folgt der Verkehr lebender Nieren den bestehenden Routen der Kapitalflüsse vom Süden in den Norden, von armen zu wohlhabenden Körpern, von schwarzen und braunen Körpern zu weißen und von Frauen zu Männern oder von armen Männern zu wohlhabenderen. Frauen werden selten zu Nutznießerinnen gekaufter Organe. So ist das Zeitalter der Kosmopolitisierung geteilt in Organe verkaufende versus kaufende Länder. Der globale Arme ist in unserer körperlichen Mitte – und nicht zuletzt deswegen kein „globaler Anderer" mehr.

WikiLeaks als kosmopolitische Subpolitik

Was sich in diesem Fallbeispiel exemplarisch zeigt, ist dieses: Kosmopolitisierung meint Grundtatsachen der *conditio humana* zu Beginn des 21. Jahrhunderts. Die Dualismen, in denen in der Ersten, nationalstaatlich organisierten Moderne die Welt begriffen und geordnet wurde, sind im Zuge der Siege universalisierter Modernisierungsprozesse (hier: Organchirurgie) aufgelöst und neu verschmolzen worden. Dies gilt für National/International, Wir und die Anderen, Innen und Außen ebenso wie für die Duale Natur und Gesellschaft, Zentrum und Peripherie.

WikiLeaks hat beispielsweise neuerdings in einem Akt kosmopolitischer Subpolitik die Basisunterscheidung „geheim" und „nicht geheim" völlig untergraben und damit die Nationalstaaten in ihrer Gesamtheit und quer zu ihrer Hierarchie sowie der geographischen, historischen oder ökonomischen Lage einzelner Staaten in enorme Turbulenzen gestürzt.

Diese Tatsachen der Kosmopolitisierung sind zweifellos eine Sache der Sozialwissenschaften, und insofern ist es wichtig, klar zwischen philosophischem Kosmopolitismus und sozialwissenschaftlicher Kosmopolitisierung zu unterscheiden.

Kosmopolitismus bedeutet im philosophischen Sinn Immanuel Kants und Jürgen Habermas' etwas Aktives, eine Aufgabe, eine bewusste Willensentscheidung, die nicht zuletzt von einer aufgeklärten Elite getragen wird. Heute hingegen entfaltet sich eine banale, erzwungene und „unreine" Kosmopolitisierung, ungewollt, unbemerkt, mit Macht und konfrontativ unter der Oberfläche, hinter der Fassade fortbestehender nationaler Räume, Hoheitsgebiete und Etiketten; von den Spitzen der Gesellschaft und Politik hinab bis ins Alltagsleben von Familien, in Arbeitszusammenhänge, individuelle Lebensläufe und Körper hinein – auch wenn weiterhin Nationalflaggen geschwenkt werden und nationale Einstellungen, Identitäten und Bewusstseinsformen sogar eine Stärkung erfahren.

Greifen wir noch ein weiteres, nur scheinbar extremes Fallbeispiel heraus: die Kosmopolitisierung des Dorfes. In praktisch allen ostasiatischen Ländern (aber auch in Europa) erweisen sich die Bauern als größte Verlierer der *compressed modernisation*. Bei einem flüchtigen Blick mögen die meisten ostasiatischen Dörfer relativ stabil und wohlhabend erscheinen, doch sie haben einen beispiellosen Exodus von Einwohnern hinter sich, insbesondere junger Frauen. Paradoxerweise hat diese Landflucht die fundamentalen neuen Tatsachen und Kategorien der „kosmopolitischen Ehe und Familie" und damit des „kosmopolitischen Dorfs" hervorgebracht.[2] Wie die plötzliche Ankunft der amerikanischen und japanischen Kolonialherren in den koreanischen Dörfern des frühen 20. Jahrhunderts hat das unverhoffte Erscheinen „fremder Bräute" die heutigen Dorfbewohner dazu gezwungen, sich den Erfahrungen fremder Welten auszusetzen: Der globale Andere lebt und liebt in unserer Mitte – und zwar keineswegs nur in den urbanen Zentren.

Zweitens: Was heißt Kosmopolitisierung Europas?

Die Tatsachen der Kosmopolitisierung betreffen sicherlich zunächst das, was die Soziologie „intermediäre Institutionen" nennt: also die Familie; den Haushalt *(global care chains)*; die Erwerbsarbeit (immerhin relativieren sich oder entfallen sogar durch die neuen transnationalen Produktionsverfahren die nationalen Organisationsgrenzen der Produktion und stellen damit unfreiwillig eine Kosmopolitisierung der territorial gebundenen, westlichen Zentrums-Arbeitsplätze her); das Dorf; die banale, alltägliche Kosmopolitisierung der Nahrungsmittel; schließlich auch die Kosmopolitisierung der Kunst, der Wissenschaft, der Religion usw.

In der Summe wird somit deutlich, dass sich die historischen Tatsachen der Kosmopolitisierung nicht nur auf der Mesoebene intermediärer Institutionen studieren lassen, sondern ebenso auf der Mikroebene wie auf der Makroebene, sich also durch die Hauptfelder der Kommunikation, Interaktion und sozialen und politischen Praxisformen hindurchziehen. Und damit komme ich zu meinem Schlüsselthema: der reflexiven Europäisierung.

Doch zuvor ist zu klären: Was meint überhaupt Europa?

Will man sich Europa nähern, politisch oder sozialwissenschaftlich, dann scheint es, als befinde man sich in einem Spiegelkabinett. Je nach Standort des Beobachters wird es größer oder kleiner, bei der kleinsten Bewegung verzerren sich seine Proportionen. Wo es anfängt und wo es aufhört, was es ist und was es sein soll – all das lässt sich nicht einfach und eindeutig beantworten. Ob man Europa mit der Europäischen Union und ihren Mitgliedstaaten gleichsetzt oder ob damit ein größerer geographischer und politischer Raum gemeint ist, etwa unter Einbeziehung Russlands oder Weißrusslands: Europa per se gibt es nicht, es gibt nur Europäisierung, verstanden als ein institutionalisierter Prozess der dauernden Veränderung. Was „Europa" ein- und ausschließt, wo und wie seine territorialen Grenzen verlaufen, welche institu-

---

2 Young-Hee Shim und Sang-Jin Han, ‚Family-Oriented Individualization' and Second Modernity: An Analysis of Transnational Marriages in Korea, in: „Soziale Welt", 3-4/2010, S. 237-255; Chang Kyung-Sup, East Asia's Condensed Transition to Second Modernity, in: ebd., S. 319-328.

tionelle Form dieses Europa besitzt und welche institutionelle Architektur es künftig besitzen soll – keiner dieser Punkte ist geklärt. Europa ist kein fixierter Zustand. Europa ist ein anderes Wort für variable Geometrie, variable nationale Interessen, variable Betroffenheit, variable Innen- und Außenverhältnisse, variable Staatlichkeit, variable Identität. Das gilt auch für den institutionalisierten Kern der Europäisierung, die Europäische Union.

Die EU als Gegenbild der nationalstaatlichen Ordnung

In einer ersten Annäherung lässt sich die EU nur als Gegenbild zur nationalstaatlichen Ordnung begreifen: Die EU ist keine Großnation, kein Superstaat, der alle anderen Nationalstaaten in sich aufhebt. Die ganz eigenartige und noch weitgehend unverstandene, historisch sehr spezifische „Macht" der EU liegt beispielsweise darin, dass sie selbst Nicht-Mitgliedsländer, die Mitglieder der EU werden wollen (wie beispielsweise die Türkei), in einen inneren Reformprozess der Selbsteuropäisierung verwickelt. Kurz gesagt: Europa ist keine vorgegebene räumliche Hülle, in der sich „Europäisierung" entfalten kann, und für das Ziel dieses Prozesses gibt es bislang weder eine konzeptionelle Vorgabe noch ein historisches Vorbild.

Dies zeigt sich aktuell an der Eurokrise. Bei der Einführung des Euro warnten viele Ökonomen besserwisserisch: Die Währungsunion zu starten, ohne eine politische Union etabliert zu haben, bedeutet, den Karren vor den Esel zu spannen. Sie wollten oder konnten nicht verstehen: Genau das war die Absicht! Der Euro und seine absehbaren politischen Folgeprobleme sollten die in nationalen Egoismen gefangenen Regierungen und Länder mit der Macht der materiellen Eigeninteressen zum Ausbau der politischen Union zwingen – gemäß dem kosmopolitischen Imperativ: Kooperieren oder Scheitern!

Tatsächlich hat das Markt-Europa die Finanz- und Staatsschuldenkrise ja selbst mit geschaffen (siehe Irland), werden durch Klimawandel und Finanzrisiken die institutionellen Instrumente der EU gegenwärtig sukzessive entwertet. Für die Bewältigung dieser Krisen hat die EU allerdings bisher keine institutionalisierte Antwort. Mit anderen Worten: Die EU ist handlungsunfähig – während die politische Initiative der Krisenbewältigung nun ganz bei den nationalen Regierungen liegt. Dieser Sachverhalt bedarf allerdings der Spezifikation.

In der gegenwärtigen Risikokrise des Euro haben sich neue Machtverhältnisse herauskristallisiert. Im Entscheidungsfall handelt nicht die Europäische Kommission, nicht der EU-Präsident, nicht der Ratspräsident, im Ernstfall handelt die deutsche Bundeskanzlerin im Schulterschluss mit Frankreichs Präsidenten. Doch Angela Merkel ist nicht Angela Kohl oder Angela Brandt. Hatte doch Bundeskanzler Helmut Kohl in seinem Regierungsprogramm für die Jahre 1991 bis 1994 gesagt: „Deutschland ist unser Vaterland, Europa unsere Zukunft." Und Willy Brandt sagte während der ersten Sitzung des gesamtdeutschen Bundestages: „Deutsch und europäisch gehören jetzt und hoffentlich für alle Zukunft zusammen." Die national-ökonomistische Wende, die

Merkel diesem Bekenntnis gegeben hat, rührt an einen empfindlichen Nerv nicht nur der europäischen Nachbarn. Angela Merkel agierte, was Europa betrifft, wie Angela Bush. Wie der ehemalige US-Präsident das Terrorrisiko nutzte, um der Restwelt seinen Unilateralismus des „Krieges gegen den Terror" aufzuzwingen, so nutzt Angela Bush das europäische Finanzrisiko, um Resteuropa unilateral die deutsche Stabilitätspolitik aufzuzwingen.

Die D-Mark war die Währung deutscher Macht, das soll nun auch für den Euro gelten. Dem von Zerfall bedrohten Euro wird der D-Mark-Nationalismus nachträglich und nachhaltig eingeprägt. Wir haben es also gegenwärtig mit einem deutschen Euro-Nationalismus zu tun, der mit der bislang in der deutschen Nachkriegspolitik so erfolgreichen Prämisse des Multilateralismus bricht. Offenbar herrscht die Verblendung des Nationalstaatsglaubens gegenüber seiner eigenen Geschichtlichkeit. Das deutsche Nachkriegsmodell war das einer hochmodernen Außenpolitik: postnational, multilateral, höchst friedlich in allen Aspekten, Interdependenz in alle Richtungen predigend, überall Freunde suchend, nirgendwo Feinde wähnend; „Macht" war geradezu ein schmutziges Wort, das durch „Verantwortung" ersetzt wurde; und nationale Interessen blieben, aus gutem Grund, wie biedermeierliche Konsolen immer diskret unter schwerem Tuch verborgen, in das die Namen „Europa", „Frieden", „Zusammenarbeit", „Stabilität", „Normalität" und sogar „Humanität" eingewebt waren.

Scheint es nur so oder ist es tatsächlich so, dass das vereinte Europa in der Präambel des Grundgesetzes nicht mehr Leitstern der deutschen Politik und des Selbstverständnisses der Deutschen ist? Noch ist diese Frage offen, klar ist nur: Europa ist gegenwärtig mit der Unzulänglichkeit seiner Institutionen konfrontiert. Deutlich geworden ist in den letzten Monaten aber auch: Ein Euro ohne europäische Finanz- und Wirtschaftspolitik führt ins Desaster.

Europa im fremden Blick

In der bisherigen Perspektive der Kosmopolitisierung Europas bleibt zumeist (und das meine ich durchaus selbstkritisch) die Frage ausgeklammert: Welchen Einfluss haben und hatten Prozesse der Entkolonialisierung auf die Herausbildung der Europäischen Union und ihre Entwicklung? Denn auch hier sind es die Siege des modernen, industriellen Kapitalismus und deren Nebenfolgen – globale Risiken, Krisen und geopolitische Verschiebungen speziell seit 1989 –, welche die Grundlagen der nationalstaatlichen Ordnungen innerhalb und außerhalb Europas in Frage stellen.

Aus der Perspektive der sich entwickelnden Länder betrachtet, zeigt sich gegenwärtig allerdings ein etwas anderes Bild Europas. Es ist gekennzeichnet durch eine Machtverschiebung zugunsten der postkolonialen, sich entwickelnden Länder (die sich beispielsweise auch in ihrer Teilnahme an den neuen G 20-Zusammenkünften niederschlägt); eine Verschiebung des Schwerpunkts der weltökonomischen Machtgeographie vom Atlantik zum Pazifik und die schleichende Entmonopolisierung des US-Dollars als globale

Leitwährung zugunsten einer Bündelung verschiedener Währungen und bilateraler Währungsabkommen. Hinzu kommt die wachsende Bedeutung der Süd-Süd- und Ost-Süd-Kooperation zur Lösung wirtschaftlicher Probleme und nicht zuletzt der Verlust an moralischer Autorität und Vorbildlichkeit des ehemaligen euro-amerikanischen Zentrums.

Die Konsequenz daraus ist: Das alte, westlich dominierte Zentrum-Peripherie-Modell droht zu kippen. In Zukunft dreht es sich nicht mehr primär um das Verhältnis von Postkolonialismus und Europa. Vielmehr stellt sich die Frage: Inwieweit beginnt eine Art „Prä-Kolonialisierung" Europas als des Ex-Zentrums durch seine Ex-Kolonien, insbesondere China und Indien?

China jedenfalls mischt sich gegenwärtig immer stärker in Belange Europas ein – ironischerweise jedoch keineswegs nur zu dessen Nachteil, sondern im Gegenteil auch zur Stützung des Euro und damit der Europäischen Union – und zwar aus durchaus eigenem Interesse. China, selbst im Besitz immenser Euroreserven, hat zunächst Griechenland mit einem Kredit über 3,6 Mrd. Euro und dem Kauf von Staatsanleihen geholfen und inzwischen auch Spanien ähnliche Hilfe zugesagt. All das verschiebt natürlich das globale Machtgefüge enorm.

Drittens: Von der Kritik des methodologischen Nationalismus zur Alternative des methodologischen Kosmopolitismus

Diese neuen Tatsachen der postkolonialen Kosmopolitisierung Europas können überhaupt nur dann in den Fokus geraten, wenn die Borniertheit des weiterhin herrschenden methodologischen Nationalismus durchbrochen wird.

Methodologischer Nationalismus geht davon aus, dass Nation, Staat und Gesellschaft „natürliche" soziale und politische Formen der modernen Welt seien. Er nimmt eine „natürliche" Aufteilung der Menschheit in eine begrenzte Zahl von Nationen an, die sich im Innern als Nationalstaaten organisieren und nach außen hin von anderen Nationalstaaten abgrenzen. Er geht sogar noch weiter und stellt diese äußere Begrenzung im Zusammenhang mit der Konkurrenz zwischen Nationalstaaten als Zentralkategorie politischer Organisation dar. Tatsächlich ist das ganze bisherige soziologische Denken, ja sogar die soziologische Imagination, Gefangener des Nationalstaats. Und ebendieser methodologische Nationalismus hindert die Sozialwissenschaften daran, den Prozess der Kosmopolitisierung im Allgemeinen und der Europäisierung im Besonderen überhaupt ins Blickfeld der Analyse zu rücken.

Wo soziale Akteure diesem Glauben anhängen, spreche ich von einer „nationalen Perspektive"; wo er die Sicht sozialwissenschaftlicher Beobachter bestimmt, von „methodologischem Nationalismus". Und methodologischer Nationalismus ist kein Oberflächenproblem oder Schönheitsfehler. Er betrifft sowohl die Verfahren der Datenerhebung und -produktion als auch Grundbegriffe der modernen Soziologie und politischen Wissenschaft wie „Gesellschaft", „soziale Ungleichheit", „Klassen", „Familien", „Erwerbsarbeit", „Religion", „Staat", „Demokratie" und *imagined communities*.

Eine Schlüsselfrage, die demgegenüber der methodologische Kosmopolitismus aufwirft, lautet: Wie können Untersuchungseinheiten jenseits des methodologischen Nationalismus gefunden und festgelegt werden, die es erlauben, die komplexen Prozesse und (Inter-)Dependenzen der Kosmopolitisierung zu erfassen und vergleichend zu analysieren? Worauf kann man die sozialwissenschaftliche Analyse beziehen, wenn man sie einerseits aus dem „Container" des Nationalstaats befreien, andererseits aber nicht zu abstrakten Konzepten der „Weltgesellschaft" Zuflucht nehmen will?

Die empirische Forschung in so unterschiedlichen Fächern wie der Soziologie, Ethnologie, Anthropologie, Geographie oder Politikwissenschaft hat in den vergangenen Jahren eine große Zahl von Konzepten entwickelt, die alle das Ziel haben, die vermeintlich „natürliche" Gleichsetzung von „Gesellschaft/Nation/Staat" aufzubrechen. Paul Gilroys Konzept des *Black Atlantic*, Saskia Sassens Identifizierung der *global city*, Arjun Appadurais Auffassung von *scapes*, Martin Albrows Konzept des *global age* und meine eigene Analyse des „kosmopolitischen Europas" sind nur einige Beispiele für diese Forschungsrichtung.[3]

Für den methodologischen Kosmopolitismus von besonderer Bedeutung ist die Frage nach dem Stellenwert des Nationalen und des Nationalstaats bei der Bestimmung von Untersuchungseinheiten. Die methodologisch radikalste Möglichkeit besteht darin, die nationale Rahmung der Untersuchungseinheit durch andere Foki zu ersetzen *(replacing the national)*. Wenn man den methodologischen Kosmopolitismus jedoch darauf beschränkte, würde man seine Reichweite und seine Anwendungsmöglichkeiten unzulässig einschränken. Denn die empirische Globalisierungsforschung hat längst gezeigt, dass der Nationalstaat auch im Zeitalter der Globalisierung nicht gänzlich verschwindet oder im Gegenteil aufgewertet wird.

Die EU als „lahme Ente"

Das zeigen exemplarisch die globalen Finanzrisiken, die das institutionelle Instrumentarium der EU entwertet haben. Die EU ist zur „lahmen Ente" geworden, der nur im Zuge neuer europäischer Initiativen der nationalen Regierungen, insbesondere Deutschlands und Frankreichs, neue Flügel wachsen könnten. Insofern ist es sinnvoll, auch die Möglichkeit in Betracht zu ziehen, dass der Nationalstaat machtvoll weiter besteht, aber seine epistemologische Monopolstellung verliert. Die methodologische Konsequenz bestünde dann darin, neue Untersuchungseinheiten zu finden, in denen das Nationale zwar enthalten ist, die aber nicht mehr deckungsgleich sind mit dem Nationalen.

---

3 Paul Gilroy, Black Atlantic: Modernity and Double Consciousness, London und New York 1993; Saskia Sassen, The Global City: New York, London, Tokyo, New York 1991; Arjun Appadurai, Modernity at Large: Cultural Dimensions of Globalization, Minneapolis 1996; Martin Albrow, Das globale Zeitalter, Frankfurt a. M. 2007; Ulrich Beck und Edgar Grande, Europas letzte Chance: Kosmopolitismus von unten, in: „Blätter", 9/2005, S. 1083-1097; dies., Das kosmopolitische Europa. Gesellschaft und Politik in der Zweiten Moderne, Frankfurt a. M. 2007.

Diese Einbettung des Nationalen in Prozesse der Kosmopolitisierung kann auf sehr unterschiedliche Weise geschehen. Entsprechend vielfältig sind die neuen Untersuchungseinheiten, die in dieser Variante des methodologischen Kosmopolitismus entwickelt wurden. Ein Beispiel dafür ist das Konzept der „transnationalen Politikregime".[4] Es bezieht sich auf neue Formen der transnationalen Institutionenbildung, die sich im Zusammenhang mit einer Reihe globaler Regelungsprobleme wie dem Klimawandel, dem Internet oder der Besteuerung transnationaler Unternehmen herausgebildet haben. Diese Institutionen organisieren transnationale Interaktionen, deren Grenzen nicht durch nationale Hoheitsrechte definiert werden, sondern durch ein spezifisches Regulationsproblem. Sie integrieren auf diese Weise sehr verschiedene und extrem variable Gruppen von Akteuren (öffentliche und private) und sie erstrecken sich über verschiedene territoriale Ebenen. Für eine empirische Analyse transnationaler Politik sind diese Politikregime vielfach die angemessenste Untersuchungseinheit.

Entscheidend ist hier, dass diese neuen Institutionen den Nationalstaat nicht ersetzen, sondern ihn vielmehr integrieren. Die Nationalstaaten sind in neue transnationale Regulationssysteme eingebettet, und eine der wichtigsten Aufgaben empirischer Forschung ist die Untersuchung der spezifischen Bedeutung, die sie im Rahmen dieser Institutionen annehmen. Wo der Nationalstaat nämlich seine Dominanz fortsetzt, wie wir es in der internationalen Klimapolitik, ob in Kopenhagen oder Cancún, regelmäßig beobachten können, droht die transnationale Ebene zu einem bloßen „Schauplatz" des Nationalen zu verkümmern.

Viertens: Politische Konsequenzen – die fünf Lebenslügen nationaler Politik im globalen Zeitalter

Diese quasi subkutan fortgesetzte Dominanz nationaler Politik steht in eklatantem Widerspruch zu den fünf Lebenslügen nationaler Politik im globalen Zeitalter.

Eine erste Lebenslüge – man könnte sie die Lebenslüge der „globalisierten Welt" nennen – kommt in dem bekannten Satz zum Ausdruck: „Niemand kann gegen die Märkte Politik machen." Dieses Diktum Joschka Fischers war exemplarisch für das Selbstverständnis der politischen Klasse in den vergangenen beiden Jahrzehnten. Die Politiker betrachteten sich als Getriebene in einem vom global agierenden Kapital dominierten Machtspiel. Es handelt sich hierbei in einem doppelten Sinne um eine Lebenslüge der unpolitischen Unschuld.

Zum einen wird dabei unterschlagen, dass die politische Klasse durch ihr Agieren die angebliche Handlungsohnmacht selbst herbeigeführt hat: Sie hat nämlich die Regeln der globalisierten Märkte auf nationaler Ebene als

---

4 Edgar Grande, Vom Nationalstaat zum transnationalen Politikregime – Staatliche Steuerungsfähigkeit im Zeitalter der Globalisierung, in: Ulrich Beck und Christoph Lau (Hg.), Entgrenzung und Entscheidung. Was ist neu an der Theorie reflexiver Modernisierung? Frankfurt a. M. 2004, S. 384-401.

„Reformpolitik" überhaupt erst durchgesetzt. Auf diesem Weg erzeugte sie selbst das angeblich nicht länger zu beeinflussende „Schicksal der Globalisierung". Merke: Das globale Kapital erlangt nur dann seine „unantastbare" Macht, wenn die Politik aktiv ihre Selbstabschaffung betreibt.

Zum anderen dient die selbst verschuldete Ohnmacht der Politik als Ausrede, um den mit den globalen Risiken wachsenden Handlungsdruck abzuwehren und die sich gleichzeitig eröffnenden weltinnenpolitischen Handlungsmöglichkeiten nicht zu nutzen. Das Argument ist so gestrickt: Da es keine globalen politischen Antworten auf Globalisierungsfolgen gibt, ja nicht einmal geben kann, geht gar nichts!

Allerdings existiert auch die strategische Option, das skizzierte Argument genau andersherum zu wenden: Politiker wecken dann Erwartungen, deren Unerfüllbarkeit eigentlich allen bekannt ist. Vor einem G20- oder Klima-Gipfel fordert man etwa (auf die Innenpolitik schielend) lautstark eine irgendwie geartete globale Finanzmarkt- oder Tobin-Steuer, wohl wissend, dass diese keine Durchsetzungschance hat. Die Devise „Es geht alles nur global – und deshalb geht gar nichts" erlaubt so die gezielte Entkoppelung von Reden und Handeln. Je unerreichbarer das verkündete Ziel, desto unbedenklicher kann man drauflos fordern, sich als Vorkämpfer des globalen Guten, Schönen und Notwendigen profilieren – ohne Furcht, sich am Ende tatsächlich die Finger schmutzig machen zu müssen. Die Rhetorik des Aufbruchs geht hier eine (un-)heimliche Ehe mit der Verteidigung des Status quo ein.

Die nationale Lebenslüge

Die nationale Lebenslüge propagiert, quasi spiegelbildlich, das genaue Gegenteil der globalen: Sie basiert auf der Annahme, es könne in der real existierenden Kosmopolitisierung eine Rückkehr zur nationalstaatlichen Idylle geben. So erklingt derzeit wieder überall das Klagelied: Europa ist eine gesichtslose Bürokratie, Europa zersetzt die Demokratie, Europa untergräbt die Vielfalt der Nationen. An dieser Kritik mag vieles richtig sein, falsch wird sie, wenn sie vom Grundsatz ausgeht: ohne Nation keine Demokratie. Nach dieser nationalstaatlichen Logik gilt: Ein postnationales Europa muss ein postdemokratisches Europa sein. Das wiederum heißt: Je mehr EU, desto weniger Demokratie.

Diese Argumentation ist aus zwei zentralen Gründen falsch – und man kann an ihr zugleich recht anschaulich die Borniertheit des nationalen Blicks freilegen. Erstens verkennen ihre Verfechter, dass der Weg zu einem demokratischen Europa nicht identisch sein kann mit dem der nationalen Demokratien. Selbst der Begriff der Demokratie muss, als Maßstab für die EU, ein anderer sein. Die EU besteht aus demokratischen Staaten, ist aber kein Staat im herkömmlichen Sinne. Damit wird zweitens fraglich, ob sich die für den modernen Staat entwickelten Demokratiemodelle auf die EU übertragen lassen oder ob zur demokratischen Legitimation europäischer Politik nicht andere, postnationale Ansätze erdacht werden müssen.

Beides – die Verabsolutierung des nationalstaatlichen Demokratiebegriffs und die Tatsache, dass der erforderliche historische Sonderweg zur Demokratisierung Europas verkannt wird – hat seinen Grund in dieser nostalgischen, das Nationale verabsolutierenden Lebenslüge.

Die neoliberale Lebenslüge

Eng mit der nationalen ist die dritte Lebenslüge verbunden, die neoliberale. In der Ära nach dem Kalten Krieg ist die neoliberale Globalisierung zur entscheidenden normativen und politischen Kraft geworden. An den Altären des allmächtigen Marktgottes wird immer wieder das Versprechen erneuert, dass alle, die sich den Geboten des Weltmarktes unterwerfen, mit irdischen Reichtümern gesegnet werden. Letztlich beansprucht der Neoliberalismus, der bessere Sozialismus zu sein, weil es mit Hilfe des Weltmarktregimes (und nur mit dessen Hilfe) gelingen soll, nicht nur national, sondern global die Armut abzubauen und eine gerechtere Welt zu schaffen.

Allerdings wird jene vermeintliche Ordnung, die die neoliberale Koalition von Kapital und Staat hervorgebracht hat, gegenwärtig regelmäßig über den Haufen geworfen: Globale Risiken ermächtigen Staaten und zivilgesellschaftliche Bewegungen, da sie neue Legitimationsquellen und Handlungsoptionen zum Vorschein bringen; sie entmächtigen andererseits das globalisierte Kapital, da die Konsequenzen von Investitionsentscheidungen nun unübersehbare und existenzbedrohende globale Risiken schaffen.

Wie und wie sehr die neoliberale Weltveränderungsutopie sich als Lebenslüge entpuppt hat, wird nicht zuletzt am „Konverteneffekt" deutlich: Selbst diejenigen politischen Parteien und Regierungschefs, die vor der Finanzkrise die Normen der „guten Haushaltsführung" (niedrige Inflation, ausgeglichener Haushalt, Abbau von Handelshemmnissen und Devisenkontrollen, maximale Freiheit für das Kapital, minimale Regulierung des Arbeitsmarktes und ein schlanker anpassungsfähiger Staat, der seine Bürger zur Arbeit drängt) als unabdingbare „Reformziele" propagierten, verkündeten anschließend exakt jenes, wofür Oskar Lafontaine, der ehemalige SPD-Bundesfinanzminister in der Regierung Schröder, gegeißelt worden war, nämlich für die Notwendigkeit, dem global agierenden Finanzkapital ein Regulierungskorsett aufzuzwingen.

Die neomarxistische Lebenslüge

Paradoxerweise ist die neomarxistische Lebenslüge die pechrabenschwarze Zwillingsschwester der neoliberalen. Ausgerechnet die schärfsten Kritiker des globalen Kapitalismus werden zu Apologeten des neoliberalen Weltmarkt-Staates. Auch sie sehen eine Selbsttransformation des (Wohlfahrts-)Staates, aber eben ausschließlich im Sinne der Selbstanpassung staatlicher Politik an die Dominanz des Weltmarktes, was letztlich auf die Selbstabwicklung der Politik hinausläuft. Allerdings bewerten Neomarxisten und Neoliberale die so entstandene Weltlage genau entgegengesetzt: Die Weltwirtschaft sprengt den nationalökonomischen Machtbehälter, erzwingt die Öffnung der Grenzen und erobert so den sich öffnenden, weltinnenpolitischen Machtraum. Dass aber dieser Schock für alle Akteure diesseits und jenseits des Nationalen auch neue Handlungsfelder, -ressourcen und -möglichkeiten eröffnet – diese Option kommt im neomarxistischen Blickfeld, jedenfalls jenseits der marginalen akademischen „Internationalen Politischen Ökonomie", nicht vor. Im Spektrum der Linken sehe ich daher leider auch keinen Ansatz zur transnationalen Re-Definition des Politischen.

Die technokratische Lebenslüge

Gehen die bisher thematisierten Positionen von einer Minimalisierung der politischen Optionen aus, sucht die technokratische Position unter dem Eindruck der Menschheitsgefahren, speziell der zunehmenden Erderwärmung, die Maximalisierung des politischen Handlungsraumes. Kein Zweifel, Klimaforscher sind großartige Realisten, aber gesellschaftlich und politisch oft Idealisten, weil sie alle Menschen für kleine Klimaforscher halten und infolgedessen nicht verstehen können, warum ihre apokalyptischen Modellrechnungen nicht sofort das dringend gebotene Gegenhandeln auslösen.

So kommt es zur technokratischen Lebenslüge. Denn in der Welt des *homo oecologicus* wird Demokratie zweitrangig, und die durch Klimawandel und Klimapolitik erzeugten Ungleichheiten geraten zur Nebensache. Hier droht der Kurzschluss von den schaurig-schönen Bildern schmelzender Eiskappen zur Notwendigkeit einer Art Notstandsexpertokratie, die das Weltgemeinwohl gegen die nationalen Egoismen und Demokratievorbehalte im Überlebensinteresse aller durchsetzt.

Die drei Komponenten – Antizipation der Menschheitskatastrophe, das immer enger werdende Zeitkorsett und die sichtbare Unfähigkeit der Demokratien zu entschiedenem Handeln – führen dazu, dass halb unausgesprochen Wolfgang Harichs Vision vom „starken, hart durchgreifenden Zuteilungs-" sowie „asketischen Verteilungsstaat" durch die Köpfe gerade der Engagiertesten geistert.[5] Konsequent zu Ende gedacht, landet man auf diese Weise bei ökodiktatorischen Modellen.

Politische Konsequenzen mit Blick auf Europa

Was folgt aus diesen fünf Lebenslügen der Politik – gerade mit Blick auf die drängende Krise der Europäischen Union?

Es führt kein Weg an zwei Einsichten vorbei: Erstens kann die nationale Politik im globalen Zeitalter nur in Form transnationaler Kooperation – wie

---

5 Wolfgang Harich, Kommunismus ohne Wachstum? Sechs Interviews mit Freimut Duve, Reinbek 1975.

sie exemplarisch die EU darstellt – nationale Souveränität, Gestaltungsfähigkeit und Glaubwürdigkeit zurückgewinnen. Nationale Souveränität ist nicht national, sondern nur weltinnenpolitisch zurückzugewinnen.

Zweitens: Wenn die EU zerfällt, geraten auch die EU-Staaten in Gefahr. Ohne die EU kein politisch starkes Deutschland und schon gar kein Export- und Wirtschaftswunder. Die europäischen Nationalstaaten brauchen also – aus nationalem wie europäischem Interesse – nicht weniger, sondern mehr reflexive Europäisierung. Nur dann können sie ihren eigenen Zusammenbruch abwenden, den sie mit dem Zerfall des Euro für sich selbst heraufbeschworen haben.

Früher haben große Gestaltungsfragen in Deutschland durchaus Wahlen entschieden – Westbindung (Adenauer), Wirtschaftswunder (Erhardt), Ostpolitik (Brandt) und Einheit (Kohl). Fest steht: Die Rettung der Europäischen Union und ihres ökonomischen Leitmediums, des Euro, ist die große Gestaltungsaufgabe der Gegenwart, an der sich in nationalen Räumen polarisierende Mobilisierungen entzünden könnten. Denn nationalstaatliche Gestaltungspolitik kann nur neu belebt werden, wenn sie europäisch wird. Oder allgemein gesagt: Gestaltende Politik in Europa gibt es grenzübergreifend-kooperativ – oder gar nicht!

Die Ironie der Geschichte: In der Krise ist es der Euro, der uns beschützt, indem er uns zu gesteigerter Kooperation zwingt und damit weiter voranbringt. Das scheint inzwischen selbst die Bundeskanzlerin („Scheitert der Euro, dann scheitert Europa") zu erkennen. Und nach der Krise werden wir wieder mehr Europa brauchen, um die nächste und übernächste Krise zu bestehen – immer gemäß dem kosmopolitischen Imperativ: Kooperieren oder scheitern!

Demokratie oder Kapitalismus? – Europa in der Krise

IV. MEHR DEMOKRATIE WAGEN

Wie demokratisch ist die EU?

Die Krise der Europäischen Union im Licht einer Konstitutionalisierung des Völkerrechts

Von **Jürgen Habermas**

In der Debatte über Auswege aus der aktuellen Banken-, Schulden- und Währungskrise geraten jene Argumente aus dem Blick, die daran erinnern, dass Europa ein politisches Projekt ist. Die ökonomistische Blickverengung ist umso unverständlicher, als sich alle Seiten in der Diagnose der tieferen Ursache einig zu sein scheinen: In der Eurozone fehlen die politischen Kompetenzen für eine notwendige Harmonisierung der auseinanderdriftenden nationalen Ökonomien. Dieser Fehler wird sich, wie immer auch die aktuelle Krise bewältigt wird, nur längerfristig beheben lassen – aber nicht mit einem sogenannten „Pakt für Europa", also auf dem Wege einer rechtlich unverbindlichen Verabredung der betroffenen Regierungschefs. Hätte nämlich dieser tief in nationale Kompetenzen eingreifende Beschluss wider Erwarten doch Erfolg, wäre der Preis eine weitere Aushöhlung der nationalstaatlichen Demokratien.

Die Finanzmärkte treiben die Bundesregierung, die doch mit einer deutsch-französischen Kooperation die Schlüssel zur europäischen Zukunft in der Hand hält und für das Schicksal Europas die Verantwortung trägt, von einer atemlosen Reaktion zur nächsten. Unsere mutlose Regierung zappelt hilflos in der Zwickmühle zwischen den Imperativen der Großbanken und der Ratingagenturen einerseits und ihrer Furcht vor dem drohenden Legitimationsverlust von Seiten der eigenen frustrierten Bevölkerung andererseits. Sie ist zum destruktiven Handlanger einer europaweiten Entsolidarisierung geworden, weil sie in der Stunde der höchsten Not aus kleinmütigem Opportunismus vor dem einzigen konstruktiven Ausweg die Augen verschließt. Sie müsste endlich, ohne Wenn und Aber, die europäischen Karten auf den Tisch legen und die Bevölkerung offensiv über das Verhältnis von kurzfristigen Kosten und wahrem Nutzen, also über die historische Bedeutung des europäischen Projektes aufklären – sie müsste die Angst vor demoskopischen Stimmungslagen überwinden und auf die Überzeugungskraft guter Argumente vertrauen. Alle Parteien müssten in dieser Lage bereit sein, Risiken einzugehen.

Eines Tages wird man im Rückblick erkennen, dass die Politik in dem Augenblick, als die List der ökonomischen Vernunft das Thema ans Tageslicht brachte, an der Schwelle von der ökonomischen zur politischen Einigung Europas unschlüssig den Atem angehalten hat. Gewiss, angesichts der gegenwärtigen Krise wird oft gefragt, warum wir überhaupt an der EU, gar an dem Ziel einer engeren politischen Union festhalten sollen, wo sich doch das ursprüngliche Motiv, Kriege in Europa unmöglich zu machen, erschöpft habe. Darauf gibt es nicht nur eine gute Antwort. Ich möchte den Versuch machen, ein neues, überzeugendes Narrativ aus der Sicht eines inspirierten Völkerrechts zu entwickeln und die Europäische Union als einen Schritt auf dem Wege zu einer politisch verfassten Weltgesellschaft zu begreifen. Nach meiner Einschätzung kann das bisher von den politischen Eliten hinter verschlossenen Türen betriebene Projekt nicht mehr ohne eine normativ ansteckende Perspektive auf den hemdsärmeligen Modus eines lärmend-argumentierenden Meinungskampfes in der breiten Öffentlichkeit umgepolt werden. Vor diesem Schritt zucken die beteiligten Regierungen, zucken alle politischen Parteien zurück. Im Meer der Finanzmarktströme klammern sich die Potentaten fest an ihre eigene kleine, von Überschwemmung bedrohte Insel nationaler Macht. Und die politischen Parteien biedern sich an einen Populismus an, den sie mit der Vernebelung eines komplexen und ungeliebten Themas selbst herangezüchtet haben.

Von der Pazifizierung Europas zur gemeinsamen Regierung

Woher kommt also die gegenwärtige Schreckstarre? Soweit Gründe überhaupt zum herrschenden Defätismus beitragen, drängt sich aus einer dem 19. Jahrhundert verhafteten Perspektive die bekannte Antwort auf: Es gibt kein „europäisches Volk", also wäre eine politische Union auf Sand gebaut. Ich schlage eine andere Interpretation vor: Die anhaltende politische Fragmentierung steht im Widerspruch zum systemischen Zusammenwachsen der Weltgesellschaft und blockiert Fortschritte in der rechtlichen „Zivilisierung" der zwischenstaatlichen Gewalt.

Zwar hatte sich politische Herrschaft immer schon, seit ihren Anfängen in den frühen Hochkulturen, in Formen des Rechts konstituiert. Aber die demokratische Verrechtlichung *der Ausübung* politischer Herrschaft, die den Aggregatzustand des Politischen selbst verändert, ist eine moderne Errungenschaft. Carl Schmitt hat diese Tendenz argwöhnisch belauert; man kann von seiner Analyse der „Auflösung staatlicher Substanz" durchaus lernen, ohne sich die pejorative Bewertung zu eigen zu machen. Nach Schmitts Lesart hatte sich die Substanz des Politischen zunächst im Kampf der souveränen Staaten gegen äußere und innere Feinde manifestiert. Seit den Verfassungsrevolutionen des 18. Jahrhunderts zersetzt sich diese Substanz zunächst im Inneren des Staates auf dem Wege demokratischer Verrechtlichung. Der Verfassungsstaat macht die Gesellschaftsbürger zu demokratischen Staatsbürgern und kennt keine „inneren Feinde" mehr, sondern – selbst bei der Bekämpfung von Terroristen – nur noch Straftäter.

Das Verhältnis zu äußeren Feinden blieb davon unberührt. Erst mit den völkerrechtlichen Innovationen seit dem Ende des Zweiten Weltkrieges und mit den institutionellen Neuerungen in Europa hat auch in den internationalen Beziehungen eine Verrechtlichung eingesetzt, die über zwiespältige Versuche einer bloßen Einhegung der staatlichen Souveränität hinausging. Der Zivilisierungsprozess, der sich darin fortsetzt, muss freilich unter zwei komplementären Gesichtspunkten beschrieben werden: Unmittelbar richtet sich die Domestikation zwischenstaatlicher Gewalt auf eine Pazifizierung; aber mittelbar, nämlich über die Zügelung der anarchischen Machtkonkurrenz und über die Förderung der Kooperation zwischen den Staaten, ermöglicht sie auch den Aufbau neuer supranationaler Handlungsfähigkeiten. Denn nur mit neuen transnationalen Steuerungskapazitäten können sich die gesellschaftlichen Naturgewalten der systemischen Zwänge – beispielsweise die des globalen Bankensektors – zähmen lassen.

Konflikt und Fortschritt

Natürlich hat sich die Evolution des Rechts weder friedlich noch linear vollzogen. Soweit wir in dieser einen Dimension – wie seinerzeit Kant im Anblick der Folgen der Französischen Revolution – überhaupt von Errungenschaften sprechen wollen, waren „Fortschritte in der Legalität" stets Nebenfolgen von Klassenkämpfen, imperialistischen Eroberungen und kolonialen Gräueln, von Weltkriegen und Menschheitsverbrechen, postkolonialen Zerstörungen und kulturellen Entwurzelungen. Immerhin haben sich in dieser Dimension des Verfassungswandels unter unseren Augen zwei Innovationen angebahnt: die Unterordnung der staatlichen Gewaltmonopolisten unter den Vorrang von supranationalem Recht und die Ergänzung des klassischen verfassungsgebenden Subjekts einer Gesamtheit von Bürgern um „verfassungsgebende Staaten", die von ihren Völkern ein Mandat zur Mitwirkung an der Gründung eines supranationalen Gemeinwesens erhalten. Diese beiden Innovationen möchte ich im Folgenden am Beispiel der Europäischen Union erklären.

Dafür muss ich zunächst eine Denkblockade beseiteräumen, die mit einem kollektivistisch missverstandenen Demokratiebegriff den Blick nach vorn versperrt (1). Die Transnationalisierung der Volkssouveränität möchte ich sodann mit Hilfe von drei variablen Bestandteilen begreifen, die nur auf der nationalen Ebene ganz zur Deckung kommen – zum einen die horizontale Vergemeinschaftung von freien und gleichen Rechtspersonen, zum anderen die staatliche Organisation und schließlich das Integrationsmedium staatsbürgerlicher Solidarität (2). Auf der europäischen Ebene treten diese Bestandteile in eine neue Konstellation. Die Gesamtheit der Unionsbürger teilt sich die Souveränität mit den Völkern der Mitgliedstaaten, die ihr Gewaltmonopol behalten, sich aber dem supranational gesetzten Recht unterordnen (3). Diese Rekonfiguration der Bestandteile eines demokratischen Gemeinwesens müsste keine Legitimationseinbuße bedeuten, weil die Bürger Europas gute Gründe dafür haben, dass der jeweils eigene Nationalstaat in der Rolle eines Mitgliedstaates weiterhin die bewährte Rolle eines Garanten von Recht und Freiheit spielt. Allerdings müsste die Teilung der Souveränität zwischen den Bürgern der Europäischen Union und den Völkern der Mitgliedstaaten dann auch in den Formen der Mitgesetzgebung konsequent umgesetzt werden (4).

Am Schluss komme ich auf das Thema jener Grenzen staatsbürgerlicher Solidarität zurück, die in der aktuellen Krise so erschreckend hervortreten (5).

1. Die Angst vor dem Demokratieverlust als Denkblockade

Das dichte Netz supranationaler Organisationen weckt seit langem die Befürchtung, dass der im Nationalstaat gesicherte Zusammenhang von Menschenrechten und Demokratie zerstört und die demokratischen Souveräne durch weltweit verselbstständigte Exekutivgewalten enteignet werden. In dieser Beunruhigung vermischen sich zwei verschiedene Fragen. Zu der berechtigten empirischen Frage, ob die ökonomische und gesellschaftliche Dynamik der Weltgesellschaft ein längst bestehendes Demokratiedefizit immer weiter verstärken wird, kann ich nicht in Kürze Stellung nehmen. Am Beispiel der EU möchte ich mich aber mit der anderen Aussage auseinandersetzen, die den politischen Defätismus vor allem nährt: mit der Behauptung nämlich, eine Transnationalisierung der Volkssouveränität sei ohne Ermäßigung der demokratischen Legitimation nicht möglich. Demokratische Selbstbestimmung heißt, dass die Adressaten zwingender Gesetze zugleich deren Autoren sind. In einer Demokratie sind Bürger einzig den Gesetzen unterworfen, die sie sich nach einem demokratischen Verfahren gegeben haben. Dieses Verfahren verdankt seine legitimierende Kraft einerseits der (wie auch immer vermittelten) Inklusion aller Bürger in die politischen Entscheidungsprozesse und andererseits der Verkoppelung von (erforderlichenfalls qualifizierten) Mehrheitsentscheidungen mit einer deliberativen Meinungsbildung. Eine solche Demokratie verwandelt den staatsbürgerlichen Gebrauch kommunikativer Freiheiten in ebenso viele Produktivkräfte für die legitime, das heißt zugleich Interessen verallgemeinernde und effektive Selbsteinwirkung einer aktiven Bürgergesellschaft. Dieses Bild der kooperativen Einwirkung der Bürger auf ihre eigenen gesellschaftlichen Existenzbedingungen setzt einen entsprechenden Handlungsspielraum des Staates für die politische Gestaltung der Lebensverhältnisse voraus. Insofern besteht zwischen der Volkssouveränität und der Staatensouveränität ein begrifflicher Zusammenhang. Wenn nun das politisch ungesteuerte Komplexitätswachstum der Weltgesellschaft den Handlungsspielraum der Nationalstaaten systemisch immer weiter einschränkt, ergibt sich die Forderung, die politischen Handlungsfähigkeiten über nationale Grenzen hinaus zu erweitern, aus dem normativen Sinn der Demokratie selber. Zum Teil kompensieren die Staaten den inzwischen eingetretenen Verlust an Problemlösungsfähigkeiten bereits mit Hilfe einer wuchernden Vielzahl internationaler Organisationen. Aber diese neuen Problemlösungskapazitäten sind tatsächlich mit sinkenden Legitimationsniveaus bezahlt worden. Weil sich die internationalen Vertragsregime von der Kette demokratischer Legitimation losgerissen und gleichzeitig die nationalstaatlich etablierten Verfahren ausgetrocknet haben, verstärkt sich beides: sowohl die politische Notwendigkeit, demokratische Verfahren über die Grenzen des Nationalstaates hinaus zu erweitern, wie auch der Zweifel, ob das überhaupt geht.

Die hartnäckigste Skepsis gegenüber einer weiter reichenden *demokratischen* Verrechtlichung politischer Herrschaft zehrt von einem kollektivistischen Missverständnis von Demokratie. Dieses Missverständnis, das in kommunitaristischer und liberaler, in konservativer und nationalistischer Lesart auftritt, verkennt den künstlichen und daher fließenden Charakter eines im Europa des 19. Jahrhunderts konstruierten Bewusstseins nationaler Identität. Bürger, die sich an einer demokratischen Wahl beteiligen und einige dazu autorisieren, für alle zu handeln, nehmen gewiss an einer gemeinsamen Praxis teil. Aber das macht demokratisch herbeigeführte Entscheidungen nur in einem distributiv allgemeinen Sinne zu Entscheidungen eines Kollektivs. Diese gehen nämlich aus einer Vielfalt individueller Stellungnahmen hervor, die nach demokratischen Regeln erzeugt und verarbeitet werden. Erst eine kollektivistische Deutung macht aus Ergebnissen pluralistischer Meinungs- und Willensbildungsprozesse Äußerungen eines souveränen, sich selbst zum Handeln autorisierenden Volkswillens im Singular.

Nach republikanischer Lesart findet dann eine derart verdinglichte Volkssouveränität ihre Kehrseite in der äußeren Souveränität des Staates. Dieser mit dem *ius ad bellum* ausgerüstete Staat genießt eine Handlungsfreiheit, die nur durch die gleiche Handlungsfreiheit konkurrierender Völkerrechtssubjekte eingeschränkt ist. Nach dieser Vorstellung *erfüllt* sich die Volkssouveränität erst in der äußeren Souveränität eines Staates, in dessen Aktionen sich die Bürger als Mitglieder des politischen Kollektivs selber anschauen können.

Zwar haben republikanische Freiheit, allgemeine Wehrpflicht und Nationalismus den gleichen historischen Ursprung in der Französischen Revolution. Aber die Suggestionskraft der Denkfigur, die einen solchen starken Zusammenhang zwischen demokratischer Selbstbestimmung im Inneren und staatlicher Souveränität nach außen stiftet, darf nicht über diesen historischen Kontext hinaus verallgemeinert werden. Die im klassischen Völkerrecht garantierte Handlungsfreiheit *des* souveränen Staates ist nämlich ganz anderer Art als jene Autonomie unter „Gesetzen der Freiheit" (Kant), von der die Bürger *im* Verfassungsstaat Gebrauch machen können. Die Einschränkung der nationalen Souveränität zugunsten einer Übertragung von Hoheitsrechten auf supranationale Instanzen muss keineswegs, auch wenn es oft der Fall ist, um den Preis einer Entmündigung demokratischer Bürger erkauft werden. Dieser Transfer setzt, richtig verstanden, genau jene Art von Konstitutionalisierung der Staatsgewalt nur fort, der die Bürger innerhalb des Nationalstaates ihre grundrechtlichen Freiheiten verdanken.

Allerdings sollen die vom Nationalstaat an supranationale Instanzen abgegebenen oder mit ihnen geteilten Kompetenzen nicht nur überhaupt verrechtlicht, sondern *demokratisch* verrechtlicht werden. Der Spielraum der staatsbürgerlichen Autonomie schrumpft nur dann nicht, wenn die Bürger eines betroffenen Staates in Kooperation mit den Bürgern der übrigen beteiligten Staaten an der supranationalen Rechtsetzung *nach einem demokratischen Verfahren* beteiligt sind. Mit einem territorialen Größenwachstum und einer numerischen Erweiterung der Grundgesamtheit der Beteiligten ändert sich allein die Komplexität des Meinungs- und Willensbildungsprozesses. Deshalb kann von einer Einschränkung der Volkssouveränität keine Rede sein, solange quantitative Veränderungen in der sozialen und der räumlichen Dimension das Verfahren selbst intakt lassen, also Deliberation und Inklusion nicht beeinträchtigen.

Andererseits wird sich das inzwischen entstandene internationale Netzwerk nur dann demokratisieren lassen, wenn sich die aus nationalstaatlichen Demokratien bekannten Bestandteile ohne Legitimationseinbuße auf andere Weise als im Nationalstaat zusammensetzen lassen. In dieser Hinsicht ist der Test lehrreich, dem sich die Europäische Union heute unterziehen muss. Getestet werden nämlich der Wille und die Fähigkeit der Bürger, der politischen Eliten und der Massenmedien, wenigstens in der Eurozone den nächsten Integrationsschritt zu vollziehen – und damit die Zivilisierung der Ausübung politischer Herrschaft einen Schritt voranzubringen.

2. Die drei Komponenten jeder demokratischen Verfassung

Um den in der Europäischen Union verkörperten Verfassungswandel zu begreifen, möchte ich die Komponenten unterscheiden, die in jeder demokratischen Verfassung ihre Verkörperung finden müssen: erstens die Vergemeinschaftung von Rechtspersonen, die sich zu einer territorial begrenzten Assoziation freier und gleicher Bürger zusammenschließen, wobei diese sich gegenseitig Rechte einräumen, die jedem die gleiche private und staatsbürgerliche Autonomie gewährleisten; zweitens die staatliche Organisation, die mit administrativen Mitteln legitimer Macht die kollektive Handlungsfähigkeit der assoziierten Bürger sichert; und drittens das Integrationsmedium einer staatsbürgerlichen Solidarität, die für eine gemeinsame politische Willensbildung und damit für die kommunikative Erzeugung demokratischer Macht und die Legitimation der Herrschaftsausübung notwendig ist.

Rechtssystematisch betrachtet, werden die ersten beiden Komponenten im Grundrechts- und im Organisationsteil der Verfassung behandelt, während sich die dritte Komponente auf das „Staatsvolk" als ein Funktionserfordernis für demokratische Wahlen bezieht, das heißt in erster Linie auf die politisch-kulturellen Bedingungen für den Kommunikationszusammenhang einer politischen Öffentlichkeit. Nur die Vergemeinschaftungskomponente hat *unmittelbar* einen rechtlichen Charakter, weil sich die Bürgergesellschaft im Medium des Rechts erst konstituiert; die zweite, die Organisationskomponente, regelt die Erzeugung und Verfügung über politische Macht; hier werden die Flüsse administrativer Macht (wobei das administrative System mit anderen gesellschaftlichen Funktionssystemen im Austausch steht) rechtlich kanalisiert; die dritte Komponente, die sich auf einen funktional notwendigen Grad der politisch-kulturellen Integration bezieht, kann vom Recht nur vorausgesetzt und durch politische Maßnahmen bestenfalls gefördert werden.

Diese drei Komponenten fügen sich auf nationaler Ebene in Gestalt eines Einheits- oder eines Bundesstaates *kongruent* zusammen. Hier wird die staatliche Gewalt, in der Grammatik allgemeiner Gesetze, über das demokratische

Verfahren so kanalisiert, dass die Bürger gemeinsam ihre Herrschaft über Organe der Gesetzgebung, Exekutive und Rechtsprechung ausüben können. Die Bürger sind dem staatlich sanktionierten Recht nicht nur unterworfen; sie können das Recht vielmehr aus gutem Grund akzeptieren, weil es demokratisch gesetzt worden ist. Diese Weise der demokratischen Verrechtlichung von politischer Herrschaft bedeutet eine Zivilisierung der Gewalt insofern, als sich die vom Volk gewählte Exekutive, obwohl sie über die Mittel legitimer Gewaltanwendung verfügt, an das Gesetz halten muss. Dieses „muss" drückt keinen faktisch auferlegten Verhaltenszwang, sondern ein politisch-kulturell eingewöhntes Sollen aus. Jeder aus Fassadendemokratien bekannte Militärputsch, jeder auf ökonomisch mächtige oder sozial einflussreiche Eliten gestützte Coup zeigt, dass das nicht selbstverständlich ist.

3. Unterordnung der Gewaltmonopolisten unter supranationales Recht

Schon auf nationaler Ebene besteht also das zivilisierende Moment in der Unterordnung arbiträrer Gewalt unter legitim gesetztes Recht. Natürlich gehört es zum Geltungssinn des positiven Rechts, dass abweichendes Verhalten staatlich sanktioniert wird. Aber wer sanktioniert den Gewaltmonopolisten, wenn er anders will? Schon im Nationalstaat sind also die Gewaltmonopolisten, die den Gesetzen Nachachtung verschaffen, dem demokratisch gesetzten Recht untergeordnet. Aber während hier die Institutionen, die Recht setzen und durchsetzen, Organe desselben Staates sind, vollziehen sich in der Europäischen Union Rechtsetzung und Rechtsdurchsetzung auf verschiedenen Ebenen. Im europäischen Mehrebenensystem hat sich ein Vorrang des Unionsrechts vor dem Recht der gewaltmonopolisierenden Mitgliedstaaten eingespielt. Das bedeutet einen *weiteren* Schritt zur Zivilisierung des staatliche Gewaltkerns.

Damit verschieben sich im Verhältnis zwischen staatlicher Sanktionsgewalt und Recht die Gewichte. Die Europäische Union bindet in Ausübung ihrer Gesetzgebungs- und Rechtsprechungskompetenzen die Mitgliedstaaten als ausführende Organe, ohne über deren Sanktionspotentiale zu verfügen. Die staatlichen Gewaltmonopolisten lassen sich also für den Vollzug von europäischem Recht, das national „umgesetzt" werden muss, in Dienst nehmen.

Mit der Europäischen Union hat sich somit ein politisch verfasstes Gemeinwesen herauskristallisiert, das ohne Deckung durch eine kongruente Staatsgewalt gegenüber den Mitgliedstaaten Autorität genießt. Während sich das zivilisierende Moment zu Beginn der europäischen Einigung vor allem in der Pazifizierung eines bluttriefenden Kontinents ausdrückte, manifestiert es sich inzwischen im Ringen um die Konstruktion von Handlungsfähigkeiten. Auf diese Weise versuchen die Völker eines Kontinents von schrumpfendem politischem und wirtschaftlichem Gewicht, sich gegenüber den politischen Mächten und systemischen Zwängen einer globalisierten Gesellschaft einen gewissen politischen Handlungsspielraum zu erhalten. Leider hat sich die Selbstwahrnehmung der Bundesrepublik spätestens seit der Regierungsübernahme durch Angela Merkel im Jahre 2005 derart in Richtung einer vermeintlichen nationalstaatlichen Normalität verschoben, dass sich in der Mitte Europas wieder ein Koloss herausbildet, der sich selbst genug zu sein scheint. Der direkte Draht nach Washington, Moskau oder Peking hat in Berlin ein selbstzentriertes Bewusstsein entstehen lassen, das ein Gespür für die wahren Proportionen der Weltgesellschaft – und des kleineren Europa in ihr – erstickt. Die Tugenden der „alten" Bundesrepublik sind verblasst.

Umso wichtiger ist es, an die Sache zu erinnern, die auf dem Spiel steht. Indem sich die Verfassungsgemeinschaft der europäischen Bürger von den Organisationskernen der Mitgliedstaaten löst, ergibt sich auf Unionsebene eine neue Konstellation der drei erwähnten Komponenten: Während sich die Verfassungskomponente vom Staat ablöst, schrumpft einerseits die Organisationskomponente, die im Wesentlichen auf der nationalstaatlichen Ebene verbleibt; gleichzeitig entsteht das Desiderat, dass sich die Komponente der staatsbürgerlichen Solidarität in abgeschwächter Form transnational ausdehnt.

4. Warum die Souveränitätsteilung legitim ist

Die prominente Stellung der Regierungen der Mitgliedstaaten erklärt sich schon aus der Geschichte der Unionsverfassung. Anders als die nationalen Verfassungen ist die europäische das Werk von politischen Eliten. Während sich seinerzeit revolutionäre Bürger vereinigten, um alte Regime zu stürzen und sich selbst eine Verfassung zu geben, waren es dieses Mal Staaten, also kollektive Akteure, die sich mit dem völkerrechtlichen Instrument des Vertrages zunächst auf einigen Politikfeldern zusammengeschlossen haben. Inzwischen ist die Vertragsgemeinschaft in eine politische Union von unbestimmter Dauer umgewandelt worden. Damit und mit der Anerkennung der Union als eigener Rechtspersönlichkeit ist die Grundlage für eine politische Verfassung geschaffen worden, die freilich diesen Namen (noch) verleugnet. Damit kommen wir auf die Frage nach dem demokratischen Charakter des neuen Gemeinwesens zurück.

Ich möchte die Einführung der Unionsbürgerschaft, auch wenn dem einstweilen Art. 48 des Lissabonvertrages noch entgegenstehen mag, so verstehen, dass die Gesamtheit der europäischen Bürger als verfassungsgebendes Subjekt *neben* die Völker der Mitgliedstaaten treten. Während Art. 1, Abs. 2 des Maastrichtsvertrages von 1991 den Startschuss für eine „immer engere Union *der Völker* Europas" gegeben hatte, nahm Art. 1, Abs. 1 des Vertrages für eine Verfassung Europas bereits Bezug auf beide Subjekte, sowohl auf „die Bürgerinnen und Bürger" wie auf „die Staaten" Europas. Auch wenn die Konventsverfassung aus dem Jahre 2004 gescheitert ist, prägt sich im geltenden Lissabonvertrag eine zwischen Bürgern und Staaten *geteilte Souveränität* schon darin ab, dass das Parlament bei Änderungen des Verfassungsvertrages in das Verfahren einbezogen ist und dass es im „ordentlichen Gesetzgebungsverfahren" dem Rat als ein ebenbürtiges Organ gegenübersteht.

Aus demokratietheoretischer Sicht verlangt dieses neue Element der Aufspaltung des verfassungsgebenden Subjekts in Bürger und Staaten noch eine wichtige Qualifizierung: Die Bürger sind auf beiden Seiten an der Konstituierung des höherstufigen politischen Gemeinwesens beteiligt, in ihrer Rolle als Unionsbürger auf direkte, in ihrer Rolle als Staatsbürger auf indirekte Weise. Deshalb behält auch diese supranationale Ordnung – trotz des Umstandes, dass eine der beiden tragenden Säulen *unmittelbar* aus Kollektiven besteht – wie alle modernen Rechtsordnungen einen streng individualistischen Charakter: Sie basiert *letztlich* auf subjektiven Rechten. Neu ist aber, dass sich für *dieselben* Bürger mit jedem der beiden, sei es über das Parlament oder über den Rat laufenden Legitimationszüge eine andere Gerechtigkeitsperspektive verbindet – die der Bürger als *Individuen* und die der Angehörigen von Staatsvölkern. Was innerhalb eines Nationalstaates als eine Gemeinwohlorientierung zählt, verwandelt sich auf der europäischen Ebene in eine partikulare, auf das eigene Volk beschränkte Interessenverallgemeinerung, die mit jener europaweiten, *von denselben Personen* in ihrer Rolle als Unionsbürger erwarteten Interessenverallgemeinerung in Konflikt geraten kann.

Daher wäre es konsequenter, nicht die Mitgliedstaaten selbst, sondern deren Völker als das *andere* Subjekt der Verfassungsgebung anzuerkennen. Gemäß der Logik des verfassungsgebenden Prozesses treten auf europäischer Ebene zwei verschiedene (auf nationaler Ebene noch deckungsgleiche) Aspekte der Staatsbürgerrolle auseinander. Hier nimmt nämlich jede Bürgerin an den europäischen Meinungs- und Willensbildungsprozessen sowohl als die *einzelne* autonom „Ja" und „Nein" sagende Europäerin als auch als die *Angehörige* eines national geprägten Staatsvolkes teil. Diese beiden Rollenaspekte gewinnen erst institutionelle Bedeutung auf der europäischen Ebene, wo das nationalstaatlich konstituierte Gemeinwesen seinerseits zur konstituierenden Gewalt wird und wo der europäische Bürger gleichzeitig und gleichgewichtig als Unionsbürger und als Angehöriger einer Staatsnation sein Urteil bilden soll und entscheiden muss.

Die konsequente „Teilung" der verfassungsgebenden Gewalt in einer weiter entwickelten Union würde erst erklären, warum ein solches supranationales Gemeinwesen, obwohl es mit Bundesstaaten den Charakter eines Mehrebenensystems teilt, nicht als eine Art *unvollständige* Bundesrepublik begriffen werden darf. Ein Nationalstaat wird, auch wenn er im Inneren föderal aufgebaut ist, von der Gesamtheit der nationalen Bürger *allein* konstituiert, während eine solche Union von ihren Bürgern *nur in Verbindung mit* den von ihnen jeweils schon konstituierten Staatsvölkern begründet würde. In Bundesstaaten behalten die Organe des Bundes die Kompetenz-Kompetenz, während sich die europäischen Institutionen nur im Rahmen von einzelnen, explizit zugewiesenen Zuständigkeiten bewegen. Weil die Mitgliedstaaten das Gewaltmonopol behalten und die Union selbst keinen vollen staatlichen Charakter ausbildet, sind die Unionsbürger auch keine *Staats*bürger im vollen Sinne des Wortes. Das hat schließlich Folgen für die schwach ausgeprägte Organisationskomponente: Die Europäische Kommission bildet einen (entgegen der Volksmeinung vom „Monstrum Brüssel" vergleichsweise begrenzten) Regierungsapparat, der die „Umsetzung" der Unionsbeschlüsse den Parlamenten und Verwaltungen der Mitgliedstaaten überlässt.

Die Europäische Union ist nicht etwa ein Gebilde, das in der Mitte des Weges vom National- zum Bundesstaat stehen geblieben wäre. Sie bildet vielmehr eine eigene Formation, die sich durch zwei spezifische Neuerungen auszeichnet. Die Unionsbürger teilen sich die Souveränität mit Mitgliedstaaten, die ihr Gewaltmonopol behalten, sich aber gewissermaßen im Gegenzug supranational gesetztem Recht unterordnen. Es bleibt die Frage, ob nicht diese Abweichung vom bekannten Legitimationsmuster unter dem Gesichtspunkt einer demokratischen Verrechtlichung des Regierens jenseits des Nationalstaates doch ein Defizit bedeutet. Nach meiner Auffassung bedeutet sie dann keine Legitimationseinbuße mehr, wenn die beiden verfassungsgebenden Subjekte, also die Unionsbürger und die europäischen Völker, auch in allen Funktionen der Gesetzgebung konsequent als gleichberechtigte Partner anerkannt sein werden. Diese Teilung der Souveränität lässt sich damit rechtfertigen, dass die Unionsbürger selbst gute Gründe haben, auf europäischer Ebene an einer gleichberechtigten Rolle ihrer Staaten festzuhalten. Die Nationalstaaten sind als demokratische Rechtsstaaten nicht nur historische Akteure auf dem Weg zur Zivilisierung des Gewaltkerns politischer Herrschaft, sondern *bleibende* Errungenschaften und lebendige Gestalten einer „existierenden Gerechtigkeit" (Hegel). Die Unionsbürger haben ein begründetes Interesse daran, dass der jeweils eigene Nationalstaat auch in der Rolle eines Mitgliedsstaates *weiterhin* die bewährte Rolle eines *Garanten von Recht und Freiheit* spielt. Denn die Nationalstaaten sind mehr als nur die Verkörperung von bewahrenswerten nationalen Kulturen; sie *bürgen* für ein Niveau von Gerechtigkeit und Freiheit, das die Bürger zurecht erhalten sehen wollen.

Damit der Gedanke an dieser Stelle nicht kommunitaristisch entgleist, sollten wir uns an den Unterschied zwischen europäischer und bundesstaatlicher Verfassung erinnern. Das Interesse an der Erhaltung kulturell prägender Lebensformen, in denen die Bürger einen Teil ihrer eigenen kollektive Identität wiedererkennen, ist gewiss ein verfassungsrechtlich relevanter Grund. Wäre dies das ausschlaggebende Interesse der Unionsbürger an der Erhaltung ihres jeweiligen Nationalstaates, ließe es sich mit Hilfe des Subsidiaritätsprinzips auch im Rahmen einer bundesstaatlich verfassten Union befriedigen. Denn innerhalb eines Bundesstaates wird die Autonomie der Länder um des Schutzes ihrer historisch ausgeprägten soziokulturellen und landsmannschaftlich-regionalen Eigenart willen anerkannt – und nicht, weil diese autonomen Einheiten als Garanten der gleichen Freiheit der Staatsbürger noch gebraucht würden. Genau in dieser Rolle aber, als Garanten staatsbürgerlicher Freiheiten, und nur in dieser Rolle, bleibt den Völkern der gewaltmonopolisierenden Mitgliedstaaten auf europäischer Ebene die Kompetenz von Mitgesetzgebern erhalten.

5. Staatsbürgerliche Solidarität jenseits der nationalen Ebene

Schließlich unterliegt auch die Komponente der staatsbürgerlichen Solidarität einem Formwandel. In unserem Szenario müsste auch diese sich von der nationalen Ebene lösen. Denn in ihrer Rolle als Unionsbürger, die das Straßburger Parlament wählen und kontrollieren sollen, müssen die Bürger in die Lage versetzt werden, an einer gemeinsamen, über nationale Grenzen hinausreichenden politischen Willensbildung teilzunehmen. Diese supranationale Ausdehnung der staatsbürgerlichen Solidarität ist ein Lernprozess, der sich nur in einem entsprechend erweiterten zivilgesellschaftlichen Kommunikationszusammenhang vollziehen könnte. Dieser Raum kann nur im Zuge einer gegenseitigen *Öffnung* der nationalen Öffentlichkeiten *füreinander* entstehen. Für eine solche *Transnationalisierung der bestehenden nationalen Öffentlichkeiten* brauchen wir keine anderen Medien, sondern eine andere Praxis der bestehenden Medien. Sie müssten die europäischen Themen nicht nur als solche präsent machen und behandeln, sondern gleichzeitig über die politischen Stellungnahmen und Kontroversen berichten, die dieselben Themen in den anderen Mitgliedstaaten auslösen. Da die Europäische Union bisher von den politischen Eliten getragen worden ist, besteht aber bis heute eine gefährliche Asymmetrie zwischen der demokratischen Teilnahme der Staats*völker* an dem, was ihre Regierungen auf der subjektiv entfernten Brüsseler Szene für sie selbst „herausholen", und der Indifferenz, ja Teilnahmslosigkeit der *Unionsbürger* im Hinblick auf die Entscheidungen ihres Parlaments in Straßburg.

Diese Beobachtung berechtigt jedoch nicht zu einer Substanzialisierung des Volkswillens. Nur noch der Rechtspopulismus entwirft die Karikatur von nationalen Großsubjekten, die sich gegeneinander abkapseln und eine grenzüberschreitende demokratische Willensbildung blockieren. Nach einem halben Jahrhundert Immigration sind auch die europäischen Staatsvölker angesichts ihres wachsenden ethnischen, sprachlichen und religiösen Pluralismus alles andere als kulturell homogene Einheiten. Auch das Internet und der Massentourismus machen die nationalen Grenzen porös. Der fließende Horizont einer über große Räume und komplexe Verhältnisse hinweg geteilten Lebenswelt musste immer schon durch Massenmedien *erst hergestellt* und durch einen zivilgesellschaftlichen Kommunikationszusammenhang ausgefüllt werden. Das kann sich gewiss nur im Rahmen einer gemeinsamen politischen Kultur einspielen, und das Hintergrundbewusstein politisch-kultureller Gemeinsamkeiten lässt sich mit rechtlich-administrativen Mitteln nur schwer beeinflussen. Aber je mehr den nationalen Bevölkerungen zu Bewusstsein kommt *und von den Medien zu Bewusstsein gebracht wird*, wie tief die Entscheidungen der Europäischen Union in ihren Alltag eingreifen, umso eher wird ihr Interesse wachsen, auch als Unionsbürger von ihren demokratischen Rechten Gebrauch zu machen.

Dieser *impact-factor* ist in der Eurokrise spürbar geworden. Seit dem 8. Mai 2009 hat der Europäische Rat mit Beschlüssen zu Rettungspaketen und möglichen Umschuldungen sowie mit Absichtserklärungen zu einer Harmonisierung der wettbewerbsrelevanten Wirtschafts-, Fiskal-, Arbeitsmarkt- und Sozialpolitiken eine Schwelle überschritten, an der Probleme der Verteilungsgerechtigkeit aufkommen. Politologen verbinden diese Schwelle zwischen „negativer" und „positiver" Integration mit einer Verschiebung von der *Output-* zur *Input*-Legitimation. Die Krise nötigt den Europäischen Rat widerstrebend zu Entscheidungen, die die nationalen Haushalte auf erkennbar ungleiche Weise belasten können. Es läge also in der Logik der Verfassung, dass Staatsbürger, die eine Umverteilung der Lasten über nationale Grenzen hinweg hinnehmen müssen, *auch* in ihrer Rolle als Unionsbürger auf das, was ihre Regierungschefs aushandeln oder in einer rechtlichen Grauzone verabreden, demokratisch Einfluss nehmen möchten. Das würde eine Vertiefung der politischen Union, jedenfalls eine „verstärkte Zusammenarbeit" zwischen den Mitgliedern der Währungsunion erfordern. Stattdessen beobachten wir auf Seiten der Regierungen – dafür ist die deutsche Kanzlerin zur Symbolfigur geworden – ein hinhaltendes Taktieren und auf Seiten der Bevölkerungen eine populistisch geschürte Ablehnung des europäischen Projekts im ganzen.

Dieses selbstdestruktive Verhalten erklärt sich aus der Tatsache, dass die Eliten und die Medien zögern, aus dem Verfassungsprojekt die heute naheliegenden Konsequenzen zu ziehen. Eine europaweite staatsbürgerliche Solidarität kann sich nicht herausbilden, wenn sich zwischen den Mitgliedstaaten, also an den nationalen Sollbruchstellen, soziale Ungleichheiten strukturell verfestigen. Heute ist es ironischerweise der Druck der Finanzmärkte, unter dem sich – sogar in der „FAZ" – die Erkenntnis durchsetzt, dass eine wesentliche ökonomische Voraussetzung des Verfassungsprojektes vernachlässigt worden ist. Die Europäische Union kann sich erst zu einem demokratisch verrechtlichten supranationalen Gemeinwesens entwickeln, wenn sie die politischen Steuerungskompetenzen erhält, die nötig sind, um wenigstens innerhalb des Euroraums für eine Konvergenz der wirtschaftlichen und sozialen Entwicklungen der Mitgliedsländer zu sorgen. Die Union muss gewährleisten, was das Grundgesetz der Bundesrepublik (in Art. 106, Abs. 2) „die Einheitlichkeit der Lebensverhältnisse" nennt. Diese „Einheitlichkeit" bezieht sich allerdings nur auf die zulässige Variationsbreite sozialer Lebenslagen, die unter Gesichtspunkten der Verteilungsgerechtigkeit akzeptabel ist, nicht auf kulturelle Unterschiede. Vielmehr ist der sozial unterfütterte politische Zusammenhalt nötig, damit die nationale Vielfalt und der unvergleichliche kulturelle Reichtum des Biotops „Alteuropa" inmitten einer rasant fortschreitenden Globalisierung überhaupt vor einer entwurzelnden Einebnung geschützt werden kann.

Kollektiver Bonapartismus?

Demokratie in der europäischen Krise

Von **Hauke Brunkhorst**

Wer angesichts der gegenwärtigen Krise Europas und der deutschen Dominanz von einem Wiedererstarken der Nationalstaaten redet oder gar den Mythos des Nationalcharakters wieder aufleben lässt, weiß nicht, wovon er spricht. Die europäische Realität sieht anders aus, in rechtlicher wie in politischer Hinsicht. Das nationale bildet heute mit dem europäischen Verfassungsrecht ein dichtes Kontinuum, das viele Unterschiede, aber keinen Dualismus von nationalem und internationalem Recht mehr kennt (wie ihn das Bundesverfassungsgericht (BVerfG) in seinen Europa-Urteilen regelmäßig unterstellt).[1] Unspektakuläre Alltagsroutinen, juristischer und politischer Inkrementalismus haben schließlich ein komplexes System gesamteuropäischer Gewaltenteilung geschaffen, in das die nationalen Staatsgewalten mittlerweile fast lückenlos zu einem einzigen, großen Organismus integriert sind.

Dieser Organismus ist heute schon ein einheitliches System demokratischer Legitimation, wie das tschechische Verfassungsgericht in einem bahnbrechenden Urteil zum Lissabonner Vertrag festgestellt hat.[2] Insofern ist der Argumentation von Habermas zuzustimmen, wonach in den Verträgen an sich schon alles enthalten ist, um eine poststaatliche, demokratische Regierung in Europa zu begründen. Man muss das demokratische Europa nur durch immanente Kritik aus der bestehenden Rechtsordnung herausholen, explizit machen und dann auch noch zum Sprechen bringen. Aber das genau ist das Problem: Europa ist als Union zwar bereits demokratisch verfasst, nur weiß das keiner.

Das Problem ist nicht die inkrementalistische Berufspolitik als solche, der Lobbyist im Hinterzimmer, die (vorgeblich) riesige Bürokratie, die technische Apparatur, der öffentlich zugängliche, aber unlesbare Gesetzestext – 500seitige Verfassungsverträge voller juristischer Fallstricke, die nur noch Spezialisten mit Sonderausbildung erkennen können. Das Problem ist die Reduktion von Politik auf Technik unter Umgehung, Ausschaltung und Manipulation des

---

1 Zum Europa-Syndrom des Verfassungsgerichts vgl. Robert van Ooyen, Die Staatstheorie des Bundesverfassungsgerichts und Europa. Von Solange über Maastricht zu Lissabon, Baden-Baden 2010. Die Dualismuskritik geht im Staatsrecht auf Kelsen zurück, auch wenn das meist nicht gesehen wurde, weil Kelsen als Neukantianer abgehackt und ad acta gelegt wurde. Vgl. Hauke Brunkhorst, Critique of Dualism: Hans Kelsen and the Twentieth Century Revolution of International Law, in: „Constellations", 4/2011, S. 496-512.
2 Isabelle Ley, Brünn betreibt die Parlamentarisierung des Primärrechts. Anmerkungen zum zweiten Urteil des tschechischen Verfassungsgerichtshofs zum Vertrag von Lissabon vom 3.11.2009, in: „Juristen-Zeitung", 4/2010, S. 170.

öffentlichen Meinungskampfes und der öffentlichen Willensbildung. Christoph Möllers hat diese Form entpolitisierter Politik treffend als *bypassing* der öffentlichen Macht des Volkes und seiner Organe durch Netzwerke informeller Herrschaft charakterisiert. Durch die Reduktion von Politik auf Techniken des Machterhalts wird die demokratische Form der europäischen Integration von vornherein von ihrem demokratischen Inhalt abgetrennt. Kein Wunder, dass dieser sich in sein Gegenteil verkehrt, auf Immigranten eindrischt, die dumpfesten Vorurteile gegen Griechen und Türken, Sinti und Roma mobilisiert und unter Leitung populistischer Führer gegen Europa und die Demokratie zu Felde zieht. Das Parlament kann gehen, Adel und Banken sollen es richten.

Als noch alle Welt vom deutschen Verteidigungsminister zu Guttenberg schwärmte, motivierte dessen Adelstitel sogleich die deutschen Talkshows zur Frage „Brauchen wir wieder einen König?". Und als Lehman Brothers zusammenbrach und auch Herr Ackermann von der Deutschen Bank weder ein noch aus wusste, fragten sich die Talkshow-Moderatorinnen und -moderatoren, nachdem sie zuvor die Politiker demontiert und durch braungebrannte Strahlemänner aus der mittelständischen Exportbranche ersetzt hatten, irritiert: „Auf wen sollen wir denn jetzt noch hören?" Nur die allerdümmsten Kälber wählen ihre Metzger selber.

Kurz und schlecht: Inkrementalistische Politik hat den paradoxen Effekt, dass die Anti-Europa-Parteien zur öffentlich sichtbarsten und stärksten Kraft der Europäischen Union werden und schon geworden sind. Sie repräsentieren Europas Einheit unter der Parole: „Schluss mit Europa!"

Technische Politik – unvermeidlich, aber undemokratisch

Technische Politik sollte man indes nicht verachten. Sie hat einen großen Vorteil. Ihre Ergebnisse sind erwartbar. Sie schafft Sicherheit, sie reduziert Komplexität – und zwar im legitimen Interesse aller Bürger. Technische Politik ist darauf programmiert, dass Überraschungen ebenso ausbleiben wie in der Flugzeug- oder Agrartechnik, die das Fliegen oder die Schweinezucht zuverlässig und erwartbar machen. Deshalb ist das *bypassing* der flatterhaften öffentlichen Meinung, der spontanen öffentlichen Selbstbestimmung und der verfassungstreuen öffentlichen Kontrolle das A und O technokratischer Exekutivpolitik. Und wenn es hart auf hart kommt, sagt sie, Not kennt kein Gebot.

Technische Politik ist unvermeidlich, aber undemokratisch. Der Bologna-Prozess ist dafür exemplarisch. Die größte und tiefgreifendste Hochschulreform, die Europa je erlebt hat und die jene des 19. Jahrhunderts weit in ihren Schatten stellt, hat sich in den Massendemokratien des 21. Jahrhunderts, in dem sie nicht mehr 1 Prozent, sondern 30 bis 40 Prozent der Bevölkerung betrifft, fast geräuschlos vollzogen – auf der Basis eines rechtlich gänzlich unverbindlichen Protokolls, auf das sich in trauter *Public Private Partnership* die nationalen Exekutivspitzen der Wissenschaftsverwaltung zusammen mit einem Vertreter der Zivilgesellschaft, dem Abgesandten des Bertelsmann-

Konzerns, eines schönen Tages in Bologna geeinigt hatten. Und in der Parlamentsvorlage zu Schleswig-Holsteins Hochschulgesetz liest man dann, der Bolognaprozess müsse umgesetzt werden. Parlamentarismus als selbst verschuldete Unmündigkeit.

Irgendwann jedoch stößt der durchaus effektive Mix aus technischer Politik und juridifizierter Konstitutionalisierung an die Schranken seines eigenen, verfassungsrechtlichen Bauplans. Dann passiert, was der Technik in aller Regel nicht passiert, dass sie nicht funktioniert und die Kontrolle über das Kaiserreich, die arabischen Massen, das Flugzeug oder die Schweinegrippe verliert – dann freilich „mit Kaskaden von Nebenfolgen" (Niklas Luhmann).

Mit fortschreitender Komplettierung des Konstitutionalisierungsprozesses tritt der inkrementalistische Funktionalismus, dessen Hauptakteure politische Eliten und juristische Experten sind, in einen immer schärferen Gegensatz zum – und das ist hier meine These – gleichzeitig wachsenden emanzipatorischen Gehalt der Europäischen Rechts.

Technokratische Herrschaft, da sie sich als Herrschaft des Rechts und durch Recht vollziehen muss, kann das nur, wenn gleichzeitig der emanzipatorische Gehalt der von ihr beherrschten Rechtsordnung steigt. Deshalb kann technokratisch neutralisierte Politik über Nacht in eine ernsthafte Legitimationskrise Europas umschlagen. Es könnte mit der Union dann so schnell zu Ende gehen wie mit dem Herrn Mubarak, wurde doch auch der mächtige Belsazar noch „in selbiger Nacht / Von seinen Knechten umgebracht" (Heinrich Heine).

Wie aber konnte es zu diesem Triumph technischer Politik und zur Verdrängung des Politischen in Europa überhaupt kommen?

Sündenfall Wirtschaftsverfassung

Am Anfang ist der Sündenfall, und der bestand in Europa in der Wirtschaftsverfassung. Er pflanzt sich, wie im Dogma der Erbsünde, im Prozess der „immer engeren Union" von Entwicklungsstufe zu Entwicklungsstufe fort. Die Wirtschaftsverfassung Europas war von Anfang an hegemonial strukturiert und ist heute, das wird in der gegenwärtigen Weltwirtschafts- und Eurokrise auch öffentlich sichtbar, mehr denn je deutscher Großraum, der im Zentrum einen Aktiensturm entfacht, die Inflationsrate neurotisch flach hält und die Peripherie, in der die Banken des deutschen Hegemons gewaltige Gewinne einfahren (oder jedenfalls bis vor kurzem eingefahren haben), in eine Flaute unabsehbarer Deflation treibt.[3]

Die Entwicklung des europäischen Verfassungsrechts lässt sich in vier Stufen rekonstruieren.

Gegen den Widerstand Frankreichs wurde 1957 die freie Marktwirtschaft im Artikel 2 des Vertrags zur Etablierung einer Europäischen Wirtschaftsge-

---

[3] Zu den ordoliberalen Wurzeln der neuen Großraumpolitik des kreditfähigsten Landes: Christian Joerges, Europe a Großraum? Shifting Legal Conceptualisations of the Integration Project, in: Christian Joerges und Navraj S. Ghaleigh, Darker Legacies of Law in Europe: The Shadow of National Socialism and Fascism over Europe and its Legal Traditions, Oxford 2010, S. 167-191.

meinschaft (EEC-Treaty) zur „Grundentscheidung" (Carl Schmitt) der europäischen Verfassungsgeschichte. Damit hatte sich die von der US-Regierung massiv unterstützte und von Alfred Müller-Armack (NSDAP-Mitglied von 1933–1945) maßgeblich formulierte deutsche Position in den Vertragsverhandlungen gegen die stärker keynesianische Ausrichtung Frankreichs und der anderen Gemeinschaftsstaaten durchgesetzt.[4]

Der Ordoliberalismus war seit den späten 1920er Jahren ein politisch rechtes, ebenso gegen den Marxismus und die Sozialdemokratie wie gegen den Keynesianismus gerichtetes Projekt. Allerdings waren die deutsch-österreichischen Ordoliberalen fast durchgängig entschiedene Gegner der Nazis (mit Ausnahme von Müller-Armack). Sie entstammen durchweg der oft weit rechts stehenden, zumeist jungkonservativen Opposition gegen die Nazis.

Franz Böhm entstammt dem jungkonservativen Milieu der 1920er Jahre. Er war der entschiedenste Nazi-Gegner des Kreises, Mitglied der konservativen Widerstandsbewegung mit engen Kontakten zu Dietrich Bonhoefer sowie Carl Friedrich Gördeler und verteidigte die Juden schon vor 1933 aktiv gegen die Nazis. Walter Eucken war ein konservativer Gegner der Nazis, der scharf gegen das erste Nazi-Rektorat in Freiburg unter Martin Heidegger opponierte. Alexander Rüstow musste als Mitglied im rechtsradikalen Schattenkabinett des Generals Kurt von Schleicher 1933 emigrieren, nachdem der tölpelhafte Putsch Schleichers gegen Hitler gescheitert war. Wilhelm Röpke gehörte als Mitglied des Tat-Kreises schon vor 1933 zur „konservativen Revolution", die sich (zumindest teilweise) als Opposition gegen Hitler verstand; er emigrierte später in die Türkei. Friedrich A. Hayek war seit 1931 Professor an der London School of Economics und erbitterter Gegner seines dortigen Kollegen John Maynard Keynes. Als Rechtstheoretiker stand Hayek ganz auf dem Boden von Carl Schmitts Verfassungslehre.[5]

Das Programm einer Wirtschaftsverfassung hat der Ordoliberalismus indes von der Linken übernommen, oder, wie Kaarlo Tuori schreibt, „es vielmehr gekapert".[6] Die Wirtschaftsverfassung besteht in der strukturellen Kopplung von Recht und Wirtschaft durch Recht. Am Ende des Ersten Weltkriegs war die Idee einer umfassenden Wirtschafts- und Sozialverfassung von Hugo Sinzheimer und seinen Schülern in Umlauf gebracht und zumindest teilweise (durch Mitwirkung Sinzheimers) der Weimarer Verfassung implementiert worden. Die ordoliberale Wirtschaftsverfassung war eine stark verwässerte Version der sozialistischen Ideen der Frankfurter Sinzheimer-Schule, deren ‚konterrevolutionäre' Absicht darin bestand, den Sozialismus durch eine poli-

---

4 Milène Wegmann, European Competition Law: Catalyst of Integration and Convergence, in: Kaarlo Tuori und Suvi Sankari (Hg.), The Many Constitutions of Europe, Oxon 2010, S. 91-107, hier: 94, 99f., 102f.; zur Durchsetzung des Ordo-/Neoliberalismus der Deutschen Bundesbank im Verfassungsstreit um Stabilitäts- und Geldpolitik der Zentralbank vgl. auch Charlotte Gaitanides, Die Verfassung für Europa und das Europäische System der Zentralbanken", in: Dies.u.a. (Hg.), Europa und seine Verfassung, Baden-Baden 2005, S. 550-558, hier: 553f.

5 Die beste und schärfste Kritik an Hayeks autoritärem Liberalismus stammt immer noch von Hans Kelsen, vgl. ders., Demokratie und Sozialismus. Ausgewählte Aufsätze, Wien 1954, S. 170-210; eine glänzende Kritik an der Rechtstheorie Hayeks formulierte auch William E. Scheuerman, The Unholy Alliance of Carl Schmitt and Friedrich A. Hayek, in: „Constellations", 4/ 2004, S. 172-188.

6 Vgl. Kaarlo Tuori, „The Many Constitutions of Europe", in: Dies. und Suvi Sankari (Hg.), a.a.O., S. 3-30, hier: S. 16.

tisch geordnete liberale Marktwirtschaft zurückzudrängen, die dann unter dem ideologischen Label der „sozialen Marktwirtschaft" von Ludwig Erhard als Wunderwaffe des Nachkriegsbooms in Umlauf gebracht wurde: den Rheinischen Kapitalismus.

Neoliberalismus als notwendig falsches Bewusstsein

Legte der Ordoliberalismus noch auf einen breiten Wettbewerb Wert, der eine nivellierte Mittelstandsgesellschaft durch eine sozial zumindest minimal abgefederte Marktwirtschaft gewährleisten sollte, so setzt der global denkende Chicagoer Neoliberalismus (Milton Friedman) bereits ganz auf die marktbeherrschende Organisationsmacht weniger großer, weltweit operierender Konzerne, die weitgehend an die Stelle der Staatsmacht und ihrer Sozial- und Wohlfahrtspolitik treten sollen. Die allgemeine Wohlfahrt wird in Konsumentenwohlfahrt umdefiniert und – in einem kühnen Schluss von Konsument auf Aktionär – in steigenden oder sinkenden Aktienkursen direkt gemessen. Die Aktionärsgewinne wurden zum Maß aller Dinge. Das neoliberale Programm war der Globalisierung der Märkte, Wertsphären und Funktionssysteme, die seit den 1960er Jahren rasch an Fahrt gewann, weit besser angepasst als ihre keynesianischen, sozialdemokratischen oder gar sozialistischen Konkurrenten, die noch auf den Verfassungsrahmen des nationalen Staats angewiesen blieben oder sich durch die letzte Form der Imperiumsbildung der Weltgesellschaft zu verweigern suchten. Keynesianismus und die mit ihm fast ubiquitär gewordene Sozialdemokratie (Dahrendorfs „sozialdemokratisches Zeitalter"; Nixon sagte 1970: „We are all Keynesians now.") haben den sozialstaatlich eingebetteten Kapitalismus geschaffen, aber sie hatten – anders als die Neoliberalen – kein Programm für die Globalisierung, noch nicht mal eines für Europa, sieht man einmal von Jaques Delors ab. Das ist das historische Wahrheitsmoment des Neoliberalismus, das ihn zur ubiquitären Episteme gemacht hat – eine Ideologie im klassischen Sinn notwendig falschen Bewusstseins.

Das fehlende Bindeglied zwischen Ordo- und Neoliberalismus ist die vom Staat abgelöste, im Sinne Ipsens technisch neutralisierte Wirtschaftsverfassung. Sie schließt eine politische Verfassung jenseits des Nationalstaats kategorial aus. Die politische Verfassung muss staatlich bleiben! Das ist der kategorische Imperativ, der Ordo- und Neoliberale eint – so verschieden sie sonst sein mögen.

Ökonomische Weltmacht, staatliche Ohnmacht

Mit der politischen Verfassung bleibt die politische Interventions- und Regulierungsmacht weitgehend auf den Nationalstaat beschränkt, während die vom Staat entkoppelte Wirtschaftsverfassung die Globalisierung der Konzern- und Bankenmacht stabilisiert. Die Macht der verstaatlichten politischen Verfassung über die Märkte verwandelte sich unter der Obhut der in Europa und darüber hinaus global entstaatlichten Wirtschaftsverfassung (GATT, WTO, IWF, Weltbank) erneut in Ohnmacht und die *state embedded markets* des keynesianischen Zeitalters in *market embedded states*.

In der Europäischen Rechtsprechung markieren die Dassonville-Entscheidung von 1974 und die Cassis-de-Dijon-Entscheidung des Europäischen Gerichtshofs von 1979 die Wende zur einseitigen Dominanz der vier ökonomischen Freiheiten.[7] Menéndez und Fossum sprechen treffend von einer Emanzipation der ökonomischen Freiheiten vom nationalen Verfassungsrecht.[8]

Aber schon mit der Grundentscheidung der Wirtschaftsverfassung war der Weg in einen europäischen Sozialstaat, ohne den das demokratische Projekt einer politischen Verfassung unvollendet bleiben muss, wirksam blockiert.[9] Wie Ipsen richtig gesehen hat – und Majone und Moravzik sind ihm darin gefolgt –, braucht es für eine Wirtschaftsverfassung nur einer technokratischen Funktionselite, die sie verwaltet, aber keiner demokratischen Bürgerschaft. Die soziale Evolution ging dann aber Zug um Zug darüber hinaus, indem sie den emanzipatorischen Gehalt europäischen Rechts mit jedem Integrationsschritt stärkte. Dabei wurde jedoch die Hegemonie der technokratisch-expertokratischen Regimeform zu keinem Zeitpunkt ernsthaft in Frage gestellt. Auf allen Entwicklungsstufen wurde das Politische, wurde die Politik der Demokratie erfolgreich in den Nationalstaat, der allein immer weniger zu entscheiden hatte, zurückgedrängt.

Erst in Stufe II erfolgte seit den frühen 1960er Jahren – lange vor den Pässen – die rechtsstaatliche, privatautonome Konstitution einer europäischen Bürgergesellschaft. Technisch gesprochen handelt es sich um die strukturelle Kopplung von Recht und Rechten durch gerichtlich erzeugtes und fortgebildetes Recht. Die Evolution der Rechtsstaatsverfassung Europas reagiert auf die beginnende Europäisierung des Rechtssystems. Mit rasant wachsendem Normbedarf wuchs die Zahl der Konflikte, und die Gerichte haben daraus die Rechtsstaatsverfassung Europas gemacht, das europäische, das die Weichen gestellt hat und den vielen nationalen, die tausende von Fällen des Typs ‚Hauptzollamt Bielefeld vs. Molkereibetrieb Sennestadt' zu entscheiden hatten. Dadurch wurde der emanzipatorische Gehalt des Europarechts (Privatautonomie) zwar gesteigert, aber nur um den Preis der zurückbleibenden politischen Autonomie, die durch die wachsende Macht technokratischer Exekutivpolitik kompensiert wurde.[10]

---

7 Vgl. Andreas Fisahn, Europa braucht einen neuen Gesellschaftsvertrag, in: „Vorgänge", 4/2011, S. 48-60, hier: 50f. Kritisch zum possessiv individualistischen Paradigma der Integrationspolitik und seinem latenten Autoritarismus: Alexander Somek, Individualism: An Essay on the Authority of the European Union, Oxford 2008; die aufschlussreiche Fallstudie zur Emergenz des neoliberalen Paradigmas: Sonja Buckel und Lukas Oberndorfer, Die lange Inkubationszeit des Wettbewerbs der Rechtsordnungen – Eine Genealogie der Rechtsfälle Viking/Laval/Rüffert/Luxemburg aus der Perspektive einer materialistischen Europarechtstheorie, in: Andreas Fischer-Lescano, Florian Rödl und Christoph Schmid (Hg.), Europäische Gesellschaftsverfassung. Zur Konstitutionalisierung sozialer Demokratie in Europa, Baden-Baden 2009, S. 277-296.
8 John Erik Fossum und Augustín José Menéndez, The Constitution's Gift. A Constitutional Theory for a Democratic European Union, Plymouth 2011, S. 115f.
9 Zur sozialstaatlichen Bedeutung der politischen Verfassung: Pablo Holmes, Verfassungsevolution in der Weltgesellschaft. Differenzierungsprobleme des Rechts und der Politik, Baden-Baden 2012
10 Vgl. Karen J. Alter, The European Court's Political Power, in: „West European Politics", 3/1996, S. 458-487; dies., Who are the ‚Masters of the Treaty'? In: „International Organization", 1/1998, S. 121-147;

Das dadurch immer offensichtlicher werdende Demokratieproblem der Union wurde dann durch die Evolution der politischen Verfassung Europas seit Einführung des allgemeinen und direkten Wahlrechts zum Europäischen Parlament 1979 gelöst. Das ist dann Stufe III, die durch strukturelle Kopplung von Recht und Politik erklommen wird und auf die rasante Ausdifferenzierung des europäischen politischen Systems in den 1970er und 80er Jahren reagiert. Das formelle Demokratiedefizit ist durch die stetig wachsende informelle Macht eines *working-* und *law-shaping-parliaments* nach dem Modell des US-Kongresses und durch die Einführung des parlamentarischen Gesetzgebungsverfahrens im Lissabon-Vertrag weitgehend behoben.[11] Europa hat heute eine politische Verfassung. Die Verfassung ist demokratisch. Aber keiner geht hin, und jeder schreibt das Gegenteil. Auch das BVerfG verweigert dem EU-Parlament trotzig und wider besseres Wissen seinen Segen.[12]

Postdemokratischer Exekutivföderalismus

Der emanzipatorische Anspruch der politischen Verfassung, die demokratische Selbstbestimmung der europäischen Bürgerschaft zu gewährleisten, wird nämlich vom techno- und expertokratischem Inkrementalismus noch in der Stunde seiner Geburt, wenn nicht vernichtet, so doch zur Latenz verurteilt. Die strukturelle Kopplung von Politik und Recht stabilisiert nicht nur die demokratischen Institutionen, sondern auch den außerparlamentarischen Machtzuwachs der europäisch vereinigten Exekutiven. Gestaltungsmacht zu erhalten und zu akkumulieren ist die Funktion der Exekutiven, aber nicht ihre normative Bestimmung. Schon seit geraumer Zeit lässt sich die Entstehung eines kollektiven Bonapartismus – Habermas spricht heute mit Colin Crouch, Stefan Oeter und Phillip Dann von „postdemokratischem Exekutivföderalismus" – in der rechtlich kaum gebundenen, dafür aber umso mächtigeren Gestalt des Europäischen Rats und einer Vielzahl rein exekutiver Sonderregimes beobachten, die Europa seit EURATOM begleiten.[13]

Das ist beim Parlament selbst nicht anders. Auch die wachsende Parlamentsmacht blüht nur im Verborgenen. Der Preis für seinen Machtzuwachs besteht in seiner öffentlichen Delegitimierung. Der Abgrund zwischen wachsender parlamentarischer Gesetzgebungsmacht und – gemessen an der öffentlichen Erkennbarkeit der Alternativen, die zur Wahl stehen – sinkender demokratischer Legitimation vergrößert sich von Wahl zu Wahl. Da nützt

---

Tanja Hitzel-Cassagnes, Entgrenzung des Verfassungsbegriffs. Eine institutionentheoretische Rekonstruktion, Baden-Baden 2011.

11 Philipp Dann, Looking through the federal lens: the Semi-parliamentary Democracy of the EU, Jean-Monnet working paper, 5/2002; Jürgen Bast, Europäische Gesetzgebung – Fünf Stationen in der Verfassungsentwicklung der EU, in: Claudio Franzius, Franz C. Meyer und Jürgen Neyer (Hg.), Strukturfragen der Europäischen Union, Baden-Baden 2010, S. 173-180.

12 Vgl. Christoph Schönberger, Lisbon in Karlsruhe: Maastricht's Epigones At See, in: „German Law Review", 8/2009; Daniel Halberstam und Christoph Möllers, The German Constitutional Court says Ja zu Deutschland, in: „German Law Review", 8/2009; Armin von Bogdandy, Prinzipien der Rechtsfortbildung im Europäischen Raum, in: Franzius u.a., Strukturfragen der Europäischen Union, a.a.O., S. 340-350.

13 Vgl. Hauke Brunkhorst, Legitimationskrisen. Verfassungsprobleme der Weltgesellschaft, Baden-Baden 2012, Teil D: Europa – Vom kollektiven Bonapartismus zur demokratischen Neugründung?

auch die Erfindung schöner neuer Namen nichts, deren Liste von der (nicht zufällig auf Lorenzetti gereimten) „guten Regierung" *(good governance)* über „deliberative" und „auditive" Demokratie bis hin zur (rätedemokratischen) „Komitologie" reicht, wenn damit ohnehin nur *good governance without democratic government*, inklusive Deliberation ohne egalitäre Dezision, Anhörung ohne Partizipation – oder, wie einst in der Sowjetunion – Rätedemokratie ohne Volk gemeint ist. Kein Wunder, dass die Bürger, wenn sie in Referenden einmal selbst die Wahl haben, den Verfassungsvertrag ablehnen und den Lissabonner Vertrag erst in einem zweiten, für die Demokratie demütigenden Wahlgang, der den Iren mit Zuckerbrot und Peitsche aufgenötigt wurde, akzeptieren. Europas Demokratie bleibt eine *low intense democracy* (Susan Marks) – ganz nach dem Geschmack der Hauptaktionäre, der großen Banken und ihrer smarten Chefökonomen.

An die Stelle der Antinomie von subjektiven Rechten und Demokratie tritt auf der Stufe der politischen Verfassung eine neue Antinomie: die Antinomie von öffentlichkeitsfernem Parlamentarismus und demokratischer Öffentlichkeit. In diesem und nur in diesem, freilich entscheidenden Punkt können die Parlamente in Paris, Brüssel, Berlin oder Madrid heute noch mehr demokratische Legitimation für sich verbuchen als das Parlament in Straßburg (aber die in Italien und Griechenland schon nicht mehr).

Fragt sich nur, ob die bis heute latent gehaltene Legitimationskrise der Union auch dann noch latent gehalten werden kann, wenn die Finanzwirtschaft zusammenbricht, die politische Krise des Euro manifest wird und die Union auf die technokratisch knapp gehaltene Ressource Solidarität zurückgreifen muss, um fortzubestehen? Alles, was wir derzeit erleben, spricht dagegen. Die Wirtschafts-, Finanz- und Eurokrise machen die „symptomatische Wahrheit" (Slavoj Žižek) Europas jedermann sichtbar. Die auf Integration, Solidarität und Demokratie ausgestellten Schecks der politisch herrschenden Klasse sind nur noch durch technische Output-Legitimation gedeckt. Werden sie in der demokratischen Münze der Input-Legitimation eingefordert, müssen sie mit einem lauten Knall platzen.

Das würde wenigstens dem so lange erfolgreichen *bypassing* und *silencing* der öffentlichen Meinung ein plötzliches, unsanftes, aber auch befreiendes Ende bereiten. Dann könnte Europas Parlament vielleicht doch noch einmal die Funktion erfüllen, die Marx einst den nationalen Parlamenten, die der Vereinigung globaler Konzern- und Exekutivmacht heute hilflos gegenüberstehen, zugedacht hatte, als er das parlamentarische Regime das „Régime der Unruhe" nannte, „das nach dem Ausdrucke eines ihrer Redner im Kampf und durch den Kampf […] lebt, das […] von der Diskussion [lebt, das] jedes Interesse, jede gesellschaftliche Einrichtung […] in allgemeine Gedanken verwandelt, [in dem] der Rednerkampf auf der Tribüne […] den Kampf der Preßbengel hervor[ruft], der debattirende Klub im Parlament […] sich nothwendig durch debattirende Klubs in den Salons und in den Kneipen [ergänzt], die Repräsentanten, die beständig an die Volksmeinung appelliren, […] die Volksmeinung [berechtigen] in Petitionen ihre wirkliche Meinung zu sagen. Das parlamentarische Régime überläßt alles der Entscheidung der Majorität, wie sollen die großen Majoritäten jenseits des Parlaments nicht entscheiden wollen? Wenn ihr auf dem Gipfel des Staates die Geige streicht, was Andres erwarten, als daß die drunten tanzen."[14]

Keine Demokratie ohne Umverteilungsgemeinschaft

Nun aber scheint die Eurokrise Europa bei Strafe des Untergangs zu nötigen, sich zu einer wirklichen Demokratie und das heißt eben auch: Umverteilungsgemeinschaft zu verwandeln. Wir stehen an der Schwelle zu Stufe IV der Konstitutionalisierung Europas, der strukturellen Kopplung des Rechts mit den Sozial-, Wohlfahrts- und Bildungssystemen, die der beginnenden Europäisierung dieser Systeme (Anti-Diskriminierungsnormen, Bologna) allmählich nachwächst und 2008 von der Weltwirtschafts- und Finanzkrise abrupt auf die Tagesordnung gesetzt wurde.

Die Krise hat den Staat noch einmal als starken Retter erscheinen lassen, um ihn schon im nächsten Augenblick im letzten Hemd stehen zu lassen: „Noch so ein Sieg, und wir sind verloren" (Wolfgang Streeck). Um es in der einfachen Sprache der Krise zu sagen: Der mächtige und reiche, nationale Wohlfahrtsstaat der westlichen Hemisphäre hatte grundsätzlich zwei Möglichkeiten, mit der marktwirtschaftlich (und offensichtlich auch planwirtschaftlich) unaufhebbaren Krisentendenz des Kapitals fertig zu werden. Er kann Milliarden in die Wirtschaft pumpen, und davon hatte er bis vor kurzem mehr als jeder andere *global economic player*. Oder er kann, statt dem Kapital mit dem Zuckerbrot seiner fast endlosen Kreditwürdigkeit zu winken, zur Peitsche des Gesetzes greifen und kostenfrei in die Wirtschaft intervenieren. Er kann die Geldströme regulieren, abschöpfen, umlenken. Er kann Banken zerstückeln, verstaatlichen, an eine enge Kette aus Gesetz und Verordnung legen.[15] Er kann das Regime des Kapitals dem Regime der Staatsmacht unterwerfen. Er kann dem systemisch selbstsüchtigen Kapital (das hat nichts mit Gier zu tun) das allgemeine Interesse aufnötigen. Aber nur, wenn der Staat die Wahl hat, zu zahlen oder zu zerstückeln.

Genau diese Wahl hat und hatte er in der gegenwärtig anhaltenden Krise nicht mehr. Regulieren, Zerstückeln, Verstaatlichen, Anreizen, Anketten, Abschöpfen geht in den Größendimensionen einer funktional differenzierten und systemisch geschlossenen Weltwirtschaft nur noch durch kontinental und global koordiniertes, kooperatives Handeln.

Ohne Alternativen aber kann man nicht planmäßig handeln. Die den staatlichen Geldsegen lenkende und begleitende Peitsche des Gesetzes trifft das Kapital nicht mehr, sondern nur noch den Wind, der um die Erde fegt – so wie einst Xerxes, in einer ähnlichen Zwickmühle, das Meer auspeitschen ließ. Es hat ihm so wenig genützt wie dem US-Präsidenten Barack Obama oder der Bundeskanzlerin Angela Merkel das leere Gerede von globaler Regulierung.

---

14 Karl Marx, Der 18. Brumaire des Louis Bonaparte, MEGA I/11, Berlin 1985, S. 135 f.
15 Vgl. Rudolf Hickel, Schöpferische Zerstörung. Warum Deutsche Bank & Co. zerschlagen werden müssen, in: „Blätter", 3/2012, S. 65-76, nachzulesen auf www.blaetter.de.

Warum ist der Neoliberalismus nicht tot? Vielleicht tatsächlich, wie Colin Crouch meint, weil er – und das war das Wahrheitsmoment in den Theorien Friedmans und der Chicago School – die Gunst der Stunde genutzt und eine so gewaltige, globale Konzern- und Bankenmacht aufgebaut hat, wie sie in der Geschichte noch nie gesehen wurde, während der Staat es nach 30 Jahren Neoliberalismus, in denen sich *state embedded markets* zu *market embedded states* wandelten, verlernt hat, ohne die Krücken des *Public Private Partnerships* und des *New Public Managements*, ohne den Rat der Deutschen Bank, der City of London, der Wall-Street-Giganten, ohne die Unsummen an Beratungsgeldern, die aus den Gewinnen der Versicherungsgesellschaften in die Taschen der Abgeordneten fließen, ohne die kleinen, schäbigen Kreditgeschenke und Upgrades, ohne die dauernde Finanzierung der Nachfrage durch die private Überschuldung verarmter Mittelschichten – Colin Crouch spricht treffend von „privatisierten Keynesianismus" –, ohne die Überschwemmung des Landes mit faulen Immobilienkrediten überhaupt noch gehen und handeln zu können.[16]

Was man verlernt hat, ist weg. Und jetzt ist das Geld auch noch abhanden gekommen. Wenn der Staat nicht mehr die Wahl hat zwischen Zuckerbrot und Peitsche, muss er zahlen. Er ist erpressbar geworden. Die Jungs von General Motors wissen das, fliegen in ihren hochgerüsteten Privatjets nach Berlin, nehmen am Abend die Bundesregierung in Geiselhaft, setzen ihr die Pistole auf die Brust und sagen: Wenn Ihr nicht zahlt, seid Ihr morgen tot. Natürlich haben sie gezahlt und immer wieder gezahlt und ihr letztes Geld, unsere schönen Steuergroschen, dahin gegeben, wo es von ihnen verlangt wurde. Die Regierung konnte auch gar nicht anderes mehr tun. Die selbst erfüllende Prophezeiung von Margaret Thatcher ist wahr geworden: *There is no alternative*.

Oder doch? Ernst-Wolfgang Böckenförde ist jedenfalls mit Jürgen Habermas darin einer Meinung, dass „die jetzige Krise auch eine große Chance für Europa" ist: „Die bisherigen Vertragsregelungen, faktisch bereits überrollt, können nicht unverändert bleiben (…). Die verschiedenen Optionen müssen offen diskutiert (…) werden. Will man den Euro stabilisieren und stärken (…), muss man entschiedene Schritte hin zu einer politischen Union gehen. Das schließt Souveränitätsverzichte der Mitgliedstaaten und einen Europäischen Finanzausgleich ein." (Habermas verweist hier auf den Artikel 106 Grundgesetz zum Länderfinanzausgleich.) „Will man die jetzige Krise zum Anlass nehmen, die Europäische Union über die Stabilisierung des Euro hinaus stärker und politisch handlungsfähig zu machen, muss endlich die Diskussion über das Ziel, die Finalité der europäischen Integration geführt und diese Finalité bei den Bürgerinnen und Bürgern Europas verankert werden." Die EU „darf nicht länger als technisch-pragmatisches Konstrukt ökonomischer Rationalität mit sich stets steigender gouvernementaler Dominanz erscheinen, vielmehr muss sie eine politische Ordnungsidee zum Ausdruck bringen, die auf die Völker Europas Bezug nimmt und sie als solche beteiligt."[17]

---

16 Colin Crouch, Über das befremdliche Überleben des Neoliberalismus, Frankfurt a. M. 2011, S. 170.
17 Ernst-Wolfgang Böckenförde, Kennt Europas Not kein Gebot? In: ders., Wissenschaft, Politik, Verfassungsgericht, Frankfurt a.M. 2011, S. 299-303, hier: S. 301 f.

Stabilitätsgewinn durch Demokratieverzicht?

Europas Weg in den Autoritarismus

Von **Hans-Jürgen Urban**

Es steht nicht gut um Europa. Erneut scheint der Prozess der europäischen Einigung den Kontinent in eine veritable Existenzkrise manövriert zu haben.[1] Doch auch wenn die aktuelle Krise Europas außergewöhnlich tief sein mag, bei der grassierenden Krisenrhetorik ist Vorsicht geboten. Denn Krisen, auch existenzielle, waren in der Entwicklung der EU eher die Regel als die Ausnahme. Wiederholt geriet der Integrationsprozess ins Stocken, erschien die Zustimmung der Mitgliedstaaten zum europäischen Projekt gefährdet und wirkten Institutionen wie auch die Verfahren der EU den Herausforderungen nicht gewachsen. Doch bislang konnten existenzbedrohende Gefahren immer wieder gebannt, neue Zustimmung unter den Schlüsselakteuren mobilisiert und institutionelle Arrangements modernisiert werden.

Zumeist waren es politische Projekte, die den Ausweg aus der Krise wiesen, neue Entwicklungsenergien freisetzten und so Blockaden überwinden halfen.[2] Diese integrationspolitischen Kernprojekte blieben nie unberührt von den Machtverhältnissen zwischen den Mitgliedstaaten, wobei gerade die jeweilige deutsche Regierung stets starken Einfluss auf die Kernprojekte nahm. Die Entscheider in Wirtschaft und Politik gelangten immer wieder zu der Auffassung, dass die Vorteile des europäischen Binnenmarktes und der deutschen Führungsrolle in Europa die mitunter ansehnlichen Aufwendungen übertreffen würden. Die wettbewerbspolitische Modernisierung der letzten Jahre und die „neoliberale Deformation Europas" trägt auch die Handschrift der wirtschaftlichen Großmacht Deutschland.[3]

Gleichwohl vermochten es diese Integrationsprojekte nicht, die Strukturdefizite der EU zu überwinden. Im Kern waren alle Vorhaben wirtschaftlicher

---

1 So etwa Ulrich Beck, Kooperieren oder scheitern. Die Existenzkrise der Europäischen Union in diesem Band.
2 Dies galt für das 1979 von Helmut Schmidt und Valerie Giscard d'Estaing initiierte Europäische Währungssystem (EWS), die Binnenmarkt-Initiative der 1980er Jahre, den in den 1990er Jahren folgenden Maastrichtprozess mit dem Projekt einer europäischen Wirtschafts- und Währungsunion sowie die „Lissabonner Strategie", die auf eine umfassende wettbewerbspolitische Restrukturierung der EU zielte. Vgl. dazu Hans-Jürgen Bieling und Frank Deppe, Die neue europäische Ökonomie und die Transformation von Staatlichkeit, in: Markus Jachtenfuchs und Beate Kohler-Koch (Hg.), Europäische Integration, Opladen 2003, S. 513-539.
3 Vgl. Jörg Huffschmid, Die neoliberale Deformation Europas. Zum 50. Jahrestag der Verträge von Rom, in: „Blätter", 3/2007, S. 307-319, nachzulesen unter www.blaetter.de.

Natur, welche die politische und soziale Integration sowie die Herausbildung einer gemeinsamen kulturellen Identität vernachlässigten. Zugleich erfolgte die Ausarbeitung der Projekte meist in den Hinterzimmern nationaler Regierungszentralen und EU-Institutionen, zu denen allein mächtige Lobbyisten aus der Wirtschaft Zugang hatten. Auf die Zustimmung der Bevölkerung verzichtete die Politik in der Regel – aus Furcht vor der öffentlichen Debatte und vor Einwänden der Bürgerinnen und Bürger.

Im Zuge dieser Strategie ist die Europäische Union zu einem abgehobenen „Elitenprozess"[4] mutiert, in dem die Institutionen der Demokratie äußerlich intakt blieben, dem europäischen Demos aber immer offensichtlicher die Beteiligung am „Europäischen Projekt" verweigert wurde. Colin Crouch hat eine solche Konstellation als „Postdemokratie" auf den Begriff gebracht, die sich dadurch auszeichnet, dass demokratische Institutionen durch eine Mixtur aus ausgeklügelten Polittechniken der Eliten, einer ausufernden politischen Lobbymacht transnationaler Konzerne und der Passivität frustrierter Bevölkerungen sukzessive unterspült werden.[5]

Unter diesen postdemokratischen Vorzeichen findet derweil auch die Diskussion um Auswege aus der Schuldenkrise statt. Vieles spricht dafür, dass sich Europa gegenwärtig nicht in einer Existenz-, wohl aber in einer Transformationskrise befindet. Die Maßnahmen gegen die Krise drohen diese jedoch zu verschärfen. Mehr noch: Derzeit scheint die europäische Elite bereit, Finanzstabilität gegen Demokratie zu tauschen. Am Ende der Entwicklung könnte jedoch eine Europäische Union stehen, die an wirtschaftlichen Problemen und sozialen Spannungen reicher, an Demokratie und Legitimation indes ärmer geworden ist – und die dadurch geschwächt gleich in den nächsten Krisenstrudel geraten könnte.

Das neue Europa: Koordinierung, Stabilisierung und Überwachung

Europa befand sich in keiner sonderlich robusten Verfassung, als die globale Finanzmarktkrise die gesamte EU-Finanzarchitektur ins Trudeln brachte. Unter der Wucht der Krise griffen selbst neoliberale Regierungen zu milliardenschweren Subventionen und schmissen reihenweise bisherige wirtschaftspolitische Glaubenssätze über Bord. Vor allem die Stabilitätsvorgaben des Euro-Finanzsystems gerieten völlig aus den Fugen. Ende 2010 verstießen nahezu alle Länder der Eurozone mit ihrer Haushaltspolitik gegen die Stabilitätsvorgaben des europäischen Wirtschafts- und Währungssystems.[6]

Die EU reagierte, nach kurzem Zögern, mit drastischen Mitteln auf die Finanz- und Staatsschuldenkrise. In einem intransparenten und von nationalstaatlichen Interessen geprägten Aushandlungsprozess wurde Schritt für Schritt ein neues wirtschafts- und finanzpolitisches Regelwerk gezimmert. Es

---

4 Max Haller, Die europäische Integration als Elitenprozess. Das Ende eines Traumes? Wiesbaden 2009.
5 Colin Crouch, Postdemokratie, Frankfurt a. M. 2008.
6 Europäische Zentralbank, Sicherung der Tragfähigkeit der öffentlichen Finanzen im Euro-Währungsgebiet, in: „EZB-Monatsbericht" 4/2011, S. 63-81.

setzt an bereits getroffene Vereinbarungen zu einer verstärkten wirtschaftspolitischen Koordinierung an, einer *European Governance*, die im Nachgang zur revidierten Lissabon-Strategie unter dem Begriff „Europa 2020" zusammengefasst wurde.

Die Architektur dieses Regimes ruht auf zwei institutionellen Säulen: Die erste Säule besteht aus einem Regelwerk zur verschärften wirtschaftspolitischen Steuerung und haushaltspolitischen Überwachung innerhalb der Europäischen Währungsunion. Das Regelwerk sieht insbesondere Maßnahmen der Wettbewerbsstärkung wirtschaftlich schwacher Mitgliedstaaten und die Sanktionierung von Haushaltsdefiziten vor.[7] Die zweite Säule bildet ein permanenter Krisenbewältigungsmechanismus, der Europäische Stabilitätsmechanismus (ESM). Er wird aktiviert, sobald die Überschuldung eines Mitgliedstaates die Finanzstabilität des Euroraumes insgesamt gefährdet, und bindet die Gewährung von Finanzhilfen an strikte Auflagen.[8]

Die vier Ziele des Euro-Plus-Paktes

Der Europäische Rat bestätigte auf seiner Tagung Ende März 2011 die Strategie „Europa 2020" und beschloss den Euro-Plus-Pakt. Dessen zentrale Leitidee besteht in der verstärkten Verpflichtung der Mitgliedstaaten, sich den Vorgaben der Wettbewerbs- und Stabilitätspolitik der EU mit neuer, größerer Verbindlichkeit unterzuordnen. Die Mitglieder verpflichten sich, alle notwendigen Maßnahmen zu ergreifen, die für die Verwirklichung von vier Zielen erforderlich sind:

Als erstes Ziel nennt der Euro-Plus-Pakt die Förderung der Wettbewerbsfähigkeit. Im Zentrum stehen dabei die Lohn- und Produktivitätsentwicklung, erfasst im Indikator der gesamtwirtschaftlichen und sektoralen Lohnstückkosten. Der Pakt sieht vor, die Löhne durch die Überprüfung der Lohnbildungsregeln und des Grades der Zentralisierung von Verhandlungen und Indexierungsverfahren zu regulieren. Dabei sollen insbesondere moderate Lohnabschlüsse im öffentlichen Sektor die Wettbewerbsfähigkeit des Privatsektors fördern, und eine weitere Öffnung von geschützten Sektoren, die Verbesserung der Bildungssysteme sowie die Förderung von Forschung, Innovationen und Infrastruktur sollen Produktivitätssteigerungen bewirken.

Als zweites Ziel formuliert der Pakt die Beschäftigungsförderung. Als Maßnahmen werden insbesondere genannt: Arbeitsmarktreformen zur Förderung der *Flexicurity*, lebenslanges Lernen sowie Steuerreformen, die bei gleichzeitiger Wahrung des Gesamtsteueraufkommens den Faktor Arbeit entlasten.

Von besonderer Bedeutung ist das dritte Ziel: die Verbesserung der langfristigen Tragfähigkeit der öffentlichen Finanzen. Hier ruht der Blick in erster Linie auf der langfristigen Finanzierbarkeit von Renten, Gesundheitsfürsorge

---

7 Die folgende Darstellung des Regelwerkes der wirtschaftspolitische Steuerung stütz sich auf die Skizze des Konzeptes durch die EZB: Europäische Zentralbank, Wesentliche Elemente der Reform der wirtschaftspolitischen Steuerung im Euro-Währungsgebiet, in: „EZB-Monatsbericht", 3/2011, S. 109-132.
8 Rat der Europäischen Kommission, Schlussfolgerungen der Tagung vom 24./25.3.2011.

und Sozialleistungen. Für diese wird auch infolge der demografischen Entwicklung eine Tragfähigkeitslücke befürchtet, die der Pakt schließen möchte – u.a. durch eine Angleichung des tatsächlichen Renteneintrittsalters an die Lebenserwartung, die Erhöhung der Erwerbsquote, eine Begrenzung der Vorruhestandsregelungen sowie die Nutzung gezielter Anreize für die Beschäftigung älterer Arbeitnehmer.

Mit Blick auf die öffentlichen Haushalte verpflichten sich die Mitgliedstaaten zu nationalen Vorschriften, die die im Stabilitäts- und Wachstums-Pakt (SWP) enthaltenen Haushaltsvorschriften der Europäischen Union in nationales Recht umsetzen. Die auf nationaler und subnationaler Ebene eingeforderte Haushaltsdisziplin soll eine „Schuldenbremse" oder andere Ausgaberegeln gewährleisten. Der EU-Kommission hat dabei die Möglichkeit, unter eingeschränkter Wahrung der Vorrechte nationaler Parlamente, zu der genauen Haushaltsvorschrift vor deren Erlass gehört zu werden.

Schließlich wird als viertes Ziel die Stabilität des Finanzsektors aufgeführt. Dazu soll eine umfassende Reform der EU-Rahmenbedingungen für die Beaufsichtigung und Regulierung des Finanzsektors eingeleitet werden. Dafür verpflichten sich die Mitgliedstaaten, nationale Rechtsvorschriften für die Sanierung von Banken zu erlassen, regelmäßig koordinierte Belastungstests durchzuführen und wechselseitig die privaten Verschuldungsstände von Banken, Haushalten und Unternehmen zu beobachten. Darüber hinaus sind sie angewiesen, im Rahmen einer „pragmatischen Koordinierung" der Steuerpolitik strukturierte Beratungen über steuerpolitische Fragen aufzunehmen. In diesem Kontext wird unter anderem die Entwicklung einer gemeinsamen Körperschaftsteuer-Bemessungsgrundlage als ein einkommensneutraler Weg zur Erreichung von Konvergenz der nationalen Steuersysteme vorgeschlagen.

Europäischer Stabilitätsmechanismus: Ein autoritäres Regime prekärer Stabilität

Der Europäische Rat beschloss darüber hinaus, den Vertrag über die Arbeitsweise der Europäischen Union zu reformieren, um den Weg für einen Europäischen Stabilitätsmechanismus (ESM) zu ebnen. Der ESM soll in gegenseitigem Einvernehmen aktiviert werden, wenn die Finanzstabilität des Euro-Währungsgebietes gefährdet ist. Mit einer effektiven Darlehenskapazität von 500 Mrd. Euro will der ESM sich – zwecks möglichst niedriger Refinanzierungskosten – beständig um die höchste Bonitätsstufe der wichtigsten Ratingagenturen bemühen, indem er den Mitgliedstaaten Kredite unter Marktbedingungen anbietet. Die Aktivierung der Finanzmittel verläuft dabei nach festgelegten Schritten und wird unter strengen politischen Auflagen gewährt. So wird vorab beispielsweise eine „rigorose Prüfung der Tragbarkeit der Staatsschulden" („Schuldentragfähigkeitsanalyse") durchgeführt, die Kommission und IWF in Absprache mit der EZB durchführen. Der ESM erhält eine eigene institutionelle Struktur, die aus einem Verwaltungsrat – als dem höchsten Beschlussorgan – sowie einem Direktorium besteht und an der die Finanzminister der Mitgliedstaaten, die Kommission sowie die EZB beteiligt sind. Der Beitragsschlüssel der jeweiligen Anteile einzelner Mitgliedstaaten am gezeichneten Gesamtkapital des ESM (700 Mrd. Euro) beruht auf dem Aufteilungsschlüssel für das eingezahlte Kapital der EZB. Insgesamt enthalten die Vereinbarungen zum ESM weitere detaillierte Regeln zur Zinsfestsetzung, zur Beteiligung des Privatsektors, zu möglichen Umschuldungen sowie zum Status eines bevorrechtigten Gläubigers für den ESM.

Die Liste der Vereinbarungen ist nicht vollständig. Vieles bewegt sich im Rahmen der bisherigen Koordinierungs- und Stabilitätspolitik. Der Stabilitätsmechanismus sieht direkte Eingriffe in Politik- und Regelungsfelder vor, die bisher allein den Mitgliedstaaten und den Sozialvertragsparteien vorbehalten waren. So greifen die Vorgaben für die Entwicklung von Löhnen, Produktivität und der Sozialsysteme tief in die Mechanismen der nationalen Kapital-Arbeit-Staat-Beziehungen ein und unterwerfen die gesamte Arbeits- und Sozialverfassung der Mitgliedstaaten einer überbordenden Wettbewerbs- und Stabilitätspolitik. Bei den Gewerkschaften sollten daher die Alarmglocken läuten. Denn das Bekenntnis zur „Wahrung der Autonomie der Sozialpartner bei den Tarifverhandlungen" dürfte sich gegenüber der zu befürchtenden Disziplinierungs- und Downsizing-Logik als sehr niedrige Hürde erweisen.

Doch damit nicht genug: In seiner Gänze kann das neue institutionelle Arrangement als ein Regime autoritärer Stabilität begriffen werden, das sich – so ist zu befürchten – als ökonomisch kontraproduktiv, sozial polarisierend und politisch legitimationsgefährdend erweisen wird. Kurzum: Was als Programm der Stabilisierung der EU intendiert ist, könnte sich am Ende als Programm der Zuspitzung ökonomischer und gesellschaftlicher Probleme herausstellen und in einen Zustand prekärer Stabilität münden.

Die wirtschaftlichen und sozialen Probleme werden sich aus der offensichtlichen wirtschafts- und sozialpolitischen Fehlkonstruktion des ESM ergeben. Dieser befördert weder Wettbewerbsfähigkeit noch Stabilität, sondern wirtschaftliche Wachstumsprobleme und gesellschaftliche Konflikte in den Mitgliedstaaten. Denn die wettbewerbsschwachen und defizitären Staaten erhalten Hilfspakete, die sie nur mit Mühe tragen können. Gerade die strengen Auflagen, die mit den Krediten verbunden sind, treiben sie in zwei Negativspiralen, die mit vehementen wirtschaftlichen und sozialen Problemen einhergehen.

Die Abbau-Schulden-Spirale führt zum einen in das bekannte Debakel einer prozyklischen Finanzpolitik. Indem staatliche Ausgaben massiv zurückgefahren werden, schwächen die damit verbundenen Nachfrageausfälle Konjunktur und Wachstum. Und damit verringert sich gerade jene realwirtschaftliche Wertschöpfung, die als Grundlage für zusätzliche Steuereinnahmen und damit für Haushaltskonsolidierung und Schuldenabbau dienen soll.

Diese Problemkette wird daher zum anderen von einer Zins-Risiko-Spirale begleitet. Denn die Wachstumsverluste erschweren es den Mitgliedsstaaten, die Mittel zur Refinanzierung von Defiziten und Schulden aufzubringen. Damit sinkt die Bonität des Schuldners, was umgehend ein schlechteres

Rating durch die führenden Agenturen zur Folge hat. Diese negative Bewertung treibt wiederum Risikoaufschläge und Zinsen für Kapitalmarktanleihen und damit die Kosten für neue Kredite in die Höhe. Bei alledem wächst nicht zuletzt der Widerstand in der Bevölkerung gegen die drastischen Kürzungen öffentlicher Ausgaben und Sozialleistungen, mit denen die Staaten versuchen, den strikten Auflagen und dem Teufelskreis aus Sparen und Wachstumsverlusten zu entkommen. Dieses Dilemma hat bislang noch kein Land bewältigt, das in den zweifelhaften Genuss der europäischen Solidarität kam. In Griechenland wiederholt sich nun diese Tragödie.

Die EZB als „Stimme der finanzökonomischen Vernunft"

Doch ökonomische und soziale Kollateralschäden sind nicht die einzigen Probleme dieses Regimes. Denn das gesamte Regelwerk folgt einer harten Grammatik des Autoritären. Mit der aggressiven Rhetorik kommt gleichzeitig ein zutiefst undemokratischer Gestus zum Vorschein – dessen Schatten weit über die Felder der Ökonomie hinausreichen. Damit aber steht nicht weniger als die Legitimation des gesamten Projektes und am Ende auch die Demokratiefähigkeit der EU auf dem Spiel.

Bereits die „Schlussfolgerungen des Europäischen Rates" vom März 2011 bedienen sich eines Vokabulars der tadelnden Anweisungen. Vor allem aber die EZB brilliert dort mit einer unnachgiebigen Überwachungs- und Disziplinierungsrhetorik.[9] Sie spricht von „Prozessen der permanenten Steuerung" und „rigorosen, verbindlichen Regeln zur fiskalpolitischen Disziplinierung", von „Glaubwürdigkeit durch Sanktionen" und „verstärkter Haushaltsüberwachung" sowie schließlich von „robusten Korrekturmechanismen", die im Falle erheblicher Wettbewerbseinbußen und übermäßigen gesamtwirtschaftlichen Ungleichgewichten automatisch in Kraft treten müssen.[10]

Die EZB, so der Gestus, fungiert als die Stimme der finanzökonomischen Vernunft und ruft mahnend die unfolgsamen Mitgliedstaaten zur Ordnung. Das neue Regelwerk soll die Mitgliedstaaten in ein Korsett aus automatisch in Gang kommenden Rigiditäten einzwängen, in der Hoffnung, an den Kapitalmärkten mit Zustimmung und Vertrauen belohnt zu werden. Insbesondere der Automatismus, auf den die EZB immer wieder insistierte, sollen die Politik disziplinieren und politische Spielräume einschränken. Denn ihre Abhängigkeit von demografischen Umfragen und Wahlergebnissen, so glaubt man in Finanzkreisen zu wissen, macht sie anfällig für demokratischen Opportunismus gegenüber ihrer Klientel, deren Interessen im Notfall den Vorzug vor den Imperativen der Finanzmärkte erhalten.

Aus dieser Grundhaltung spricht nicht nur eine frappierende Ignoranz, sondern auch eine gehörige Portion an Demokratieverachtung. Schließlich

---

9 Die EZB nimmt seit dem Lissaboner Vertrag als Organ der EU eine besondere Stellung ein; vgl. Ulrich Häde, Die Wirtschafts- und Währungsunion im Vertrag von Lissabon, in: „Europa und Recht", 2/2009, S. 200-218, hier S. 209-216.
10 Alle Zitate aus EZB, Wesentliche Elemente, a.a.O.

waren es die Nationalstaaten, die durch massive Kriseninterventionen das ins Straucheln geratene Finanzsystem stabilisierten – unter Aufbringung enormer Finanzmittel, deren Refinanzierung sie schon heute in erhebliche Konflikte mit dem Wahlvolk treibt. Die Regierenden in Griechenland, Irland und Portugal könnten ein schauriges Lied davon singen.

Die Auswirkungen der demokratiefeindlichen EU-Politik könnte sich als schwere Hypothek für die Union erweisen: Es droht eine weitere, legitimationspolitische Negativspirale, durch die die Reputation der Regierungen gegenüber ihrem Wahlvolk und letztlich die EU selbst schweren Schaden nehmen könnte.

Bemisst man die Legitimation des autoritären Stabilitäts-Regimes mit demokratietheoretischen Maßstäben, so fällt das Ergebnis desaströs aus. Da es nicht über das ordentliche Gemeinschaftsverfahren, sondern über den Weg einer Regierungsvereinbarung zustande kam, fehlte es von Beginn an einer Beteiligung der EU-Kommission, des EU-Parlamentes und insbesondere der europäischen Bürgerinnen und Bürger. Damit sind nicht einmal die Mindestanforderungen an eine hinreichende Input-Legitimation erfüllt.[11] Genauso wenig kann das Verfahren zur Einführung des ESM eine ausreichende Output-Legitimation in Anspruch nehmen. Denn die beschlossenen Maßnahmen des intransparenten und elitären Entscheidungsprozesses werden weder die anstehenden Probleme lösen, noch werden sie als gemeinwohlfördernd aufgefasst werden können. Anstatt sich um Zustimmung bei den Bürgern zu bemühen, urteilt Jürgen Habermas daher zu Recht, „stecken die politischen Eliten den Kopf in den Sand. Sie setzen unberührt ihr Eliteprojekt und die Entmündigung der europäischen Bürger fort."[12]

Nationalstaaten zwischen Verweigerungs- und Entlastungsstrategie

Der erneute Verzicht auf das Werben um Zustimmung mag auch der Wucht der ökonomischen Krise und dem unmittelbaren Handlungsdruck geschuldet sein. Doch er könnte sich als fatal erweisen. Denn hier trifft die fehlende Zustimmung der Bevölkerung zur gegenwärtigen Krisenpolitik auf eine strukturelle Schwäche der EU: Sie verfügt ohnehin über keine direkte Legitimationsbeziehung zu ihren Bürgern – da es ihr an einem gemeinsamen öffentlichen Raum, einem Parteienwettbewerb und vor allen an einer gemeinsamen europäischen Öffentlichkeit fehlt.[13] Somit bleibt es den Mitgliedstaaten überlassen, europarelevante Erwartungen und Forderungen aufzunehmen und unter die notwendige Zustimmung der Bürger für die EU zu organisieren. Dabei kommt den nationalen Regierungen nicht nur die Aufgabe zu, Entscheidungen aus Brüssel gegenüber ihren Bürgern zu verteidigen – ein mitunter riskantes Unterfangen, das schnell in der Abwahl

---

11 Zur Unterscheidung und Begründung von Input- und Output-Legitimation vgl. Fritz W. Scharpf, Legitimität im europäischen Mehrebenensystem, in: „Leviathan", 2/2009, S. 244-280.
12 Jürgen Habermas, Ein Pakt für oder gegen Europa? In: „Süddeutsche Zeitung", 7.4.2011.
13 Vgl. dazu Scharpf, Legitimität im europäischen Mehrebenensystem, a.a.O.

der Regierung enden kann, wie etwa 2011 in Portugal beobachtet werden konnte.

Da die EU also über keine eigene originäre Legitimation verfügt, ist sie auf die demokratische Anerkennung angewiesen, die ihr die Mitgliedstaaten verleihen. Doch dazu müssen die Nationalstaaten willens und in der Lage sein. Und hier liegt mit Blick auf das neue autoritäre Stabilitäts-Regime der Hase im Pfeffer. Denn diese für die EU so wichtige Folgebereitschaft wird den Nationalstaaten verbaut, wenn sie Auflagen zu vertreten haben, die sie in direkte Konfrontation mit ihren Wählern treiben. Die Nationalstaaten sehen sich in dieser Konstellation vor zwei naheliegende Handlungsstrategien gestellt: Sie können zwischen einer Verweigerungs- und einer Entlastungsstrategie wählen.

Entweder die Mitgliedstaaten verweigern sich gegenüber den Auflagen und der abgeforderten Politik und verhindern damit die Realisierung des europäischen Krisenüberwindungsmechanismus. Dann erscheint die EU unfähig, die anstehenden Probleme zu bewältigen und ein weiterer Ansehensverlust wäre die Folge. Oder die Nationalstaaten folgen den Auflagen: Dann müssen sich die Einzelstaaten in die Konfrontation mit der eigenen Wählerschaft begeben. Die nationalen Regierungen werden jedoch versuchen, sich durch die Zuweisung der politischen Verantwortung an die EU vor drohenden Anerkennungsverlusten und Wahlniederlagen zu schützen. Auch diese Strategie – die obendrein unterschlägt, dass die umstrittenen Sachzwänge auf Entscheidungen der Mitgliedstaaten beruhen – geht somit am Ende zu Lasten der EU. Denn sie droht die geliehene Legitimation zu verlieren, wenn die Mitgliedstaaten ihr diese zwecks eigener legitimatorischer Entlastung verweigern.

Am Ende droht der demokratische Prozess ins Leere zu laufen: Wenn Wahlen keine wirklichen Wahlmöglichkeiten mehr bieten, weil die Regierungen, unabhängig von ihren ideologischen Orientierungen, sich den Vorgaben aus Brüssel unterwerfen müssen, verliert das Wechselspiel von Opposition und Regierung seinen Sinn. Und als relativ machtlose Vollzugsorgane externer Vorgaben werden Parteien und Politiker nachhaltig an Ansehen und Legitimation verlieren. Kurzum: Beide Alternativen verheißen für die demokratische Akzeptanz der EU nichts Gutes – und könnten aus der Transformationskrise dann doch schnell eine Existenzkrise werden lassen.

Deutschland: Der getriebene Hegemon

Welche Rolle spielt Deutschland in diesem Geschehen? Die Antwort scheint einfach: Zu offensichtlich prägte die Regierung Merkel auch dieses Mal das neue Projekt autoritärer Stabilität. In einer nicht überall geschätzten Koalition mit Frankreich ließ es dabei an der Wahrung eigener Interessen nicht fehlen. Selbst ansonsten abwägende Stimmen erkennen in der europäischen Krisenpolitik einen neuen „unverhohlenen Führungsanspruch eines ‚europäischen Deutschlands in einem deutsch geprägten Europa'".[14]

---

14 Habermas, Ein Pakt für oder gegen Europa?, a.a.O.

In der Tat: Auch das ESM-Regime folgt in wesentlichen Teilen dem deutschen Wettbewerbsmodell. Eine dogmatisch an Geldwertstabilität ausgerichtete Geld- und Finanzpolitik, eine nachfragedämpfende prozyklische Konsolidierung der öffentlichen Haushalte und eine realwirtschaftliche Wettbewerbsstrategie, die Konkurrenzvorteile vor allem über gesteigerte Produktivitätsraten und gedämpfte Lohnentwicklungen realisiert – all diese Instrumente lassen sich auch in dem deutschen Exportweltmeister-Modell wiederfinden. Dieser Gleichklang zwischen dem europäischen und dem deutschen Entwicklungsmodell verringert den Anpassungsdruck für Deutschland und verstärkt ihn zugleich für die Mitgliedstaaten, die bisher auf andere Entwicklungsmodelle setzten.

Dennoch, trotz augenfälliger Gemeinsamkeiten verengt die schlichte These von der Hegemonialmacht Deutschland den Blick auf das gegenwärtige Europa. Die Etablierung des neuen Wettbewerbs- und Wachstumsmodells folgt zugleich – und das dürfte nicht weniger bedeutsam sein – den Interessen der wichtigsten Akteure auf den transnationalen Finanzmärkten. Insbesondere die Banken haben die Perspektive vor Augen, etwaige Verluste aus der Abwicklung der Milliardenkredite an die Schuldnerstaaten zu minimieren. Sie profitieren erheblich davon, dass die EU auf eine nachhaltige Beteiligung der Finanzmarktakteure an den Krisenkosten und die weitreichende Regulierung der Finanzmärkte verzichtet.[15] So bleiben Renditeinteressen bei den aktuellen Krisengeschäften ebenso gewahrt wie das gesamte Geschäftsmodell hochrisikoreicher Spekulationen, das die Krise mitverursacht hat und die Zahl der Vermögensmilliardäre vervielfachte.

Ob eine Krisenpolitik gegen die Gewinn- und Machtinteressen der Finanzmarktakteure möglich gewesen wäre, darf zudem bezweifelt werden – deutsche Vormachtstellung hin oder her. Vor allem die Banken drohten mit systemischen Schäden für die globale Wirtschaft und wiesen darauf hin, dass höhere Zinsen als Folge umfassender Regulierungen verschlechterte Refinanzierungsbedingungen für die nationalen Staatsschulden zur Folge hätten. Offenbar verfügen die Finanzmarktakteure über hinreichende strukturelle Macht und Lobbymacht gegenüber der Politik, um Handlungswillen wie Handlungsfähigkeit der Regierungen in Schach halten und damit Verletzungen eigener Profit- und Machtinteressen abwehren zu können.[16] Das gilt auch gegenüber dem deutschen Hegemon.

Diese Machtverhältnisse prägen das neue Regime – und verschieben die Verantwortlichkeiten für die Finanz- und Wirtschaftskrise. Zwar mag den in Not geratenen Mitgliedstaaten eine Mitverantwortung für Schulden und Wettbewerbsschwäche zukommen, doch der Krisenbeitrag der deregulierten Finanzmärkte und der Nutzenmaximierungsstrategien ihrer Hauptakteure ist nicht minder evident.[17]

---

15 Was aus der im ESM formulierten Erwartung wird, „je nach Einzelfall eine Beteiligung des Privatsektors in angemessener und verhältnismäßiger Form" zu realisieren, wird der weitere Prozess seiner Durchsetzung zeigen müssen (Europäischer Rat, Schlussfolgerungen, a.a.O., S. 29).
16 Vgl. dazu Renate Mayntz, Die Handlungsfähigkeit des Nationalstaats bei der Regulierung der Finanzmärkte, in: „Leviathan", 2/ 2010, S. 175-187.
17 Stellvertretend für viele vgl. Elmar Altvater, Der große Krach, Münster 2010.

Das Regime autoritärer Stabilität orientiert sich jedoch nicht an dieser Verantwortungsverteilung. Im Gegenteil: Der Europäische Stabilitätsmechanismus unterwirft die notleidenden Mitgliedstaaten eben jener Disziplin, die im Rahmen einer Re-Regulierung gegenüber den Akteuren der Finanzmärkte erforderlich wäre. Doch während sich diese durch Lobby-Macht und Drohung mit systemischen Risiken dieser Disziplinierung entziehen können, vermögen dies die Staaten nicht. Diese Krisenpolitik programmiert nicht nur die nächste Krise. Sie zeigt auch die Grenzen der Macht deutscher Politik im europäischen Finanzmarktkapitalismus. Unter diesen Machtverhältnissen mutiert das unter deutscher Vorherrschaft angekündigte Vorhaben einer regulatorischen Krisenbewältigung zu einer passiven Krisennachsorge ohne grundlegende Veränderungen der finanzkapitalistischen Spielregeln. Diese Entwicklung verhindert jedoch die notwendigen Regulierungsfortschritte wie auch eine sozial akzeptable Verteilung der Krisenkosten. Vor allem aber bleiben die krisenverursachenden Strukturen des Finanzmarkt-Kapitalismus weiterhin unangetastet.

Ein Modell kooperativer Stabilität

Die Politik – auch die deutsche – scheitert somit an der Rückeroberung von Handlungsspielräumen und bleibt somit den Interessen der Finanzmärkte unterworfen. Die Devise der politischen Lösungen lautet stattdessen: Stabilitätsgewinn durch Demokratieverzicht. Die mitschwingende Hoffnung auf ein „Nullsummenspiel", also darauf, dass sich der politisch-demokratische Schaden durch ökonomischen Nutzen kompensieren lässt, dürfte sich als Illusion erweisen. Als Modell eines autoritären Finanzmarktkapitalismus hat ein demokratisches Europa jedoch keine Zukunft. Die Gewinner einer solchen Entwicklung dürften neben den Finanzmärkten die wachsenden Bewegungen anti-europäischer Populisten sein. Wo das endet, ist ungewiss. Offensichtlich ist jedoch die Aufgabe einer europäischen Linken, den fatalen Kurs Europas zu stoppen und für eine Neubestimmung der gegenwärtigen Krisenpolitik zu mobilisieren. Auf die proeuropäische Kritik zur Benennung von Fehlentwicklungen in Europa müsste eine proeuropäische Widerstandspolitik zur Korrektur derselben folgen. Gesucht wird also ein neues Projekt, das auch diesmal die Krise überwindet, den europäischen Integrationsprozess neu ausrichtet und das Gesamtprojekt neu begründet. Kurzum: Ein Projekt, das die ungelösten Probleme der EU – wirtschaftliche Spannung, soziale Spaltungen und demokratische Legitimationsdefizite – nicht verschärft, sondern in Angriff nimmt.

Eine besonders dringliche Herausforderung bestünde darin, das Regime der autoritären Stabilität in ein Modell der kooperativen Stabilität umzuwandeln. Das neue Modell sollte dabei nicht auf die Regulierung der Staatsschulden und die Stabilisierung der gemeinsamen Währung verzichten, wohl aber auf die repressive Disziplinierung der wettbewerbsschwachen und defizitären Mitgliedstaaten. Stattdessen könnte es innergemeinschaftliche Aushandlungsprozesse vorsehen, die möglichst wenig durch die Machtsymmetrie zwischen schwachen und starken Staaten deformiert sind und sich vielmehr auf Interessenausgleiche konzentrieren. In diesen Aushandlungen kämen das Interesse Deutschlands an gemeinschaftsverträglichen Exporten in den Binnenmarkt ebenso zum Tragen wie die Aufhol- und Transferinteressen der Mitgliedstaaten in Finanznot.

Die Überwindung übermäßiger wirtschaftlicher Export- oder Importungleichgewichte müssten als Leitlinien akzeptiert werden und Volkswirtschaften, die aus eigener Kraft vorhandene Wettbewerbsrückstände nicht aufholen können, nachhaltig unterstützt werden. Das bisherige Schreckgespenst einer solidarischen Transferunion avancierte damit zum Leitbild eines Entwicklungspfades, über den die Stabilisierung öffentlicher Finanzen und des Euro nicht durch wirtschaftliche und politische Konkurse einzelner Mitgliedstaaten erkauft werden. Ein solches kooperatives Entwicklungsmodell eröffnet schließlich auch neue Spielräume für unverzichtbare Maßnahmen gegen den beschleunigten Legitimationsverfall der EU. Dem Virus des Legitimationsverfalls dürfte allein durch eine entsprechende Dosis Demokratie beizukommen sein. Sie müsste den – freilich noch zu aktivierenden – Partizipationsinteressen der europäischen Bürger zum Durchbruch verhelfen. In diesem Sinne muss sich Europa vom Elite- zu einem Partizipationsprojekt wandeln, das aktiv um die europäischen Bevölkerungen wirbt. Von besonderer Bedeutung wären dabei institutionelle Reformen zum Ausbau direktdemokratischer Elemente wie nationaler und europaweiter Referenden zu europapolitischen Schlüsselfragen.

Die direkte Beteiligung an wichtigen Sachfragen europäischer Politik käme der fragilen Legitimationsgrundlage der EU zugute und würde zugleich das Ansehen von Europathemen bei der Bevölkerung erhöhen. Zugleich würde die demokratische Einbeziehung unter den politischen Eliten einen heilsamen Zwang zur aktiven Werbung um Zustimmung bei den Bürgerinnen und Bürgern erzeugen. Damit könnte direkte Bürgerbeteiligung als Katalysator des Aufbaus einer europäischen Öffentlichkeit und der Herausbildung einer europäischen Zivilgesellschaft wirken. Auf diese Weise könnte am Ende allmählich jener europäische Demos entstehen, der im heutigen Europa aus Demokratiegründen so schmerzlich vermisst wird.

Wer aber könnte solche Reforminitiativen vorantreiben? Die politischen Eliten verheddern sich derzeit in den Fallstricken ihrer Krisenpolitiken, die sich vorrangig an nationalstaatlichen Interessen orientieren. Die wirtschaftlichen Eliten stützen den Kurs in ein autoritäres Stabilitätsregime, während zivilgesellschaftliche Organisationen wie Gewerkschaften sichtliche Mühe haben, sich einen Europarealismus auf der Höhe der Zeit zu erarbeiten.[18] Mit anderen Worten: Der notwendige Reformakteur existiert gegenwärtig nicht, er müsste erst entstehen. Hierfür ist eine europaweite wie europafreundliche, soziale Widerstandsbewegung gegen das Regime der autoritären Stabilität vonnöten, das sich für ein kooperatives und demokratisches Europa engagiert. Das allerdings wäre ein großes Projekt für eine europäische Mosaiklinke.[19]

18 Vgl. dazu Hans-Jürgen Urban, Zeit für eine politische Neuorientierung. Die Gewerkschaften und die Hoffnung auf ein soziales Europa, in: „Internationale Politik und Gesellschaft", 4/2009, S. 11-25.
19 Vgl. dazu Hans-Jürgen Urban, Die Mosaik-Linke. Vom Aufbruch der Gewerkschaften zur Erneuerung der Bewegung, in: „Blätter", 5/2009, S. 71-78, nachzulesen auf www.blaetter.de.

Demokratie oder Kapitalismus? – Europa in der Krise

Lebendige Demokratie: Die Zukunft der EU

Von **Claudio Franzius** und **Ulrich K. Preuß**

Als das Norwegische Nobelkomitee am 12. Oktober 2012 der Europäischen Union den Friedensnobelpreis zuerkannte, wünschte es den Blick auf das zu lenken, was es als deren wichtigste Errungenschaft ansieht, nämlich „den erfolgreichen Kampf für Frieden und Versöhnung, für Demokratie und Menschenrechte." Gleichzeitig wurde damit deutlich, wie sehr Anspruch und Wirklichkeit der EU derzeit auseinanderklaffen. Längst handelt es sich bei der aktuellen Krise der Europäischen Gemeinschaft auch um eine Demokratiekrise. Die Antwort auf diese Krise kann nach Ansicht der Rechtswissenschaftler Claudio Franzius und Ulrich K. Preuß jedoch nicht in einer Rückkehr zu den alten Nationalstaaten liegen, sondern nur in einer Verbindung der beiden Wurzeln der europäischen Demokratie: der kollektivistisch-substanziellen wie der individualistisch-menschenrechtlichen. Nur ein Modell, das zwischen diesen beiden Polen der europäischen Demokratie angesiedelt ist, wäre seinem Charakter nach die für Europa erforderliche „lebendige Demokratie" – D. Red.

Die Europäische Union ist eine Rechtsgemeinschaft, so hat es der erste Kommissionspräsident Walter Hallstein visionär formuliert. Als die Staats- und Regierungschefs 1957 zur Unterzeichnung der Römischen Verträge zusammenkamen, trafen sie sich in dem europäischen Land, in dem die vielleicht bedeutendste Quelle der europäischen Zivilisation ihren Ursprung hat: das Römische Recht. Damals litt Europa noch an den zerstörerischen Folgen des großen Krieges, doch die Wahl des Ortes, in dem die Kernländer Westeuropas einen politisch-moralischen Neuanfang verabredeten, zeigte an, dass sie sich dieser Wurzeln vergewissern und die revolutionäre Idee eines vereinigten Europas im Geiste dieser Erbschaft verfolgen wollten: Europa als eine Rechtsgemeinschaft.[1]

Dies war eine durch und durch politische Weichenstellung. Es ging darum, die tiefen Abgründe zu überwinden, die Europa in der ersten Hälfte des 20. Jahrhunderts in nationalistische Exzesse geführt hatten. Auch diejenigen, die heute die Europäische Union als Wirtschaftsgemeinschaft deuten, tun gut daran, den Integrationsprozess nicht als unpolitisch zu begreifen, denn bereits der Vision des Binnenmarkts lag die Option für eine politische Union zugrunde. Diese Vision wurde nach dem Ende des Zweiten Weltkrigs immer wieder proklamiert und erprobt, aber eben nur stückweise verwirklicht.

---

1 Walter Hallstein, Die Europäische Gemeinschaft, Düsseldorf 1979, S. 51 ff.

Für die wachsende Ungewissheit, ob die europäischen Herausforderungen durch gemeinsames politisches Handeln bewältigt werden können, gibt es gute Gründe – und es ist nicht allein die Ferne, die Bürgerinnen und Bürger gegenüber den europäischen Institutionen empfinden. Ein Punkt allgemeiner Verunsicherung greift auch jenseits der politischen Eliten um sich: Sind gemeinschaftliche Entscheidungen auf europäischer Ebene demokratisch überhaupt hinreichend legitimiert?

Die EU übt längst eigene Herrschaft aus, die sich nicht mehr allein als eine aus den Mitgliedstaaten abgeleitete Herrschaft beschreiben lässt. Sie muss sich selbst demokratisch rechtfertigen und Abläufe für eine demokratische Absicherung ihrer politischen Herrschaft einrichten. Inwieweit dieser Rechtfertigungsbedarf zu einer politischen Gemeinschaft führen kann, ist dabei ebenso offen wie die Frage, ob ein demokratisches Europa eine tragfähige Vision sein kann.

Möglicherweise ist die Suche nach einer zentralen Vision vergeblich. Das Europa von heute ist jedenfalls nicht mehr das Europa derer, die es aufgebaut haben. Das Europa der Gegenwart muss durch viele kleine und große Projekte als demokratisches Unternehmen neu erfunden, muss als solches neu gelebt werden. Vorschnell wäre es allerdings, die Schwierigkeiten der Europäischen Union darauf zurückzuführen, dass die Bedingungen und historischen Umstände fehlen, die wir aus demokratischen Verfassungsstaaten kennen. Das schon aus zwei Gründen:

Erstens trägt der Demokratiebegriff grundsätzlich einen Zukunftsentwurf, ja vielleicht auch einen utopischen Gehalt in sich.[2] Auch die Tatsache, dass Demokratien jeweils ihre Form in konkreten Staaten gefunden haben, bedeutet umgekehrt nicht, demokratische Prozesse seien auf Staaten beschränkt.

Zweitens lassen sich demokratische Prozesse der Aneignung politischer Herrschaft nicht nur empirisch im jeweiligen Gefüge der Institutionen beschreiben, sondern auch normativ verstehen.[3] Das heißt, wir müssen uns fragen, wie sich ein demokratisches Europa denken lässt.

Wie soll eine europäische Demokratie vor dem Hintergrund der wechselvollen Geschichte des europäischen Kontinents aussehen?[4]

Das Ende der Staatendemokratie?

Die Ursachen des „demokratischen Problems" Europas liegen unserer Auffassung nach allerdings nicht ausschließlich in europäischen Eigenarten. Europa ist lediglich der Vorreiter einer weltweiten Entwicklung, in der Staaten als Folge intensiver grenzüberschreitender Verflechtungen in vielen Lebensbereichen, namentlich der Wirtschaft, der Politik, der Kultur,

---

2 Vgl. statt vieler Claude Lefort, Le temps présent – Écrits 1945-2005, Paris 2007, S. 461 ff.
3 Vgl. Giovanni Sartori, Demokratietheorie, Frankfurt a. M. 1992, S. 17: Demokratie entsteht „aus dem Drang eines Sollens und dem Widerstand eines Seins".
4 Vgl. Jürgen Habermas, Die postnationale Konstellation und die Zukunft der Demokratie, in: ders., Die postnationale Konstellation, Frankfurt a.M. 1998, S. 91-169, hier: S. 155.

der Wissenschaft und des Sports, in Beziehungsgeflechte wechselseitiger Abhängigkeiten eingebettet sind. Immer häufiger sind Staaten Einwirkungen ausgesetzt, deren Ursachen jenseits ihres Einflussbereichs liegen.[5] Die Konsequenz: Das auf dem Prinzip der Souveränität beruhende, über Jahrhunderte geltende Prinzip der freiwilligen Staatenkoordinierung als bestimmendes Ordnungsmuster der internationalen Politik erodiert.

Vor allem aber ist diese Entwicklung eine bis jetzt unbewältigte Herausforderung an die Demokratie *in* den Staaten. Seit dem Ende des 18. Jahrhunderts war das Ringen der Völker um Selbstbestimmung und Demokratie ein Kampf der Rechtlosen gegen die Privilegierten innerhalb des durch die Grenzen des Staates definierten Raumes; es war ein Kampf in der vertikalen Richtung von „unten" gegen „oben". Sei es die Emanzipation des aufstrebenden Bürgertums von der Herrschaft des Feudalabsolutismus in der ersten Hälfte des 19. Jahrhunderts, seien es die Kämpfe der im Zuge von Industrialisierung und Urbanisierung anwachsenden Klasse der Lohnabhängigen für ihre staatsbürgerliche Anerkennung und, vor allem in der zweiten Hälfte des 20. Jahrhunderts, für einen gerechten Anteil am gesellschaftlichen Reichtum – stets waren es Kämpfe im politischen Binnenraum des Staates. Und stets waren es Kämpfe für „mehr Demokratie" und für eine neue Qualität von Demokratie.

In der durch globale Interdependenz gekennzeichneten Welt zu Beginn des 21. Jahrhunderts verändert sich der Charakter der Konflikte um demokratische Selbstbestimmung. Vor allem in der EU, dem politisch-wirtschaftlichen Raum der weltweit intensivsten Staatenverflechtung, erfahren die Völker der Mitgliedstaaten immer häufiger, dass ihre Entscheidungsfreiheit durch Akteure jenseits ihrer Grenzen zum Teil erheblich eingeschränkt wird. Immer stärker beschleicht sie das Gefühl, dass ihr in den demokratischen Institutionen des Staates verkörpertes Selbstbestimmungsrecht immer seltener die zentralen politischen Fragen der Nation ergreift. Ungreifbar bleiben auch diejenigen, denen sie politische Rechenschaft abfordern und die sie gegebenenfalls aus dem Amt wählen können.

Dieser demokratische Konflikt hat nichts mit den klassischen Kämpfen von „wir hier unten" gegen „die da oben" zu tun. Er ist eine Begleiterscheinung der internationalen Verflechtung und erfordert daher andere Antworten als der klassische demokratische Konflikt.

Von klassischen Herrschafts- zu neuen Interdependenz-Konflikten

Zwei Erwägungen sind hierfür von Bedeutung: Die erste ist, dass – jedenfalls im Falle der EU – die internationale Verflechtung selbst gewählt ist; dieser Entscheidung liegt die Erwartung von Vorteilen für die eigene wirtschaft-

---

[5] Hierzu und zum Folgenden Robert A. Dahl, A democratic dilemma: system effectiveness versus citizen participation, in: „Political Science Quarterly", 1/1994, S. 23-34; ders., On Democracy, New Heaven 2000, S. 114 ff.

liche Leistungsfähigkeit, militärische Sicherheit oder politisch-strategische Positionsverbesserung zugrunde.

Dennoch kann man nicht von einem Tausch von demokratischer Selbstbestimmung gegen einen Zuwachs an politisch-ökonomischer Leistungsfähigkeit sprechen. Denn – und das führt zu der zweiten Erwägung – die demokratischen Konflikte innerhalb der EU sind nicht Herrschafts-, sondern Interdependenz-Konflikte. Sie entstehen nicht in der Konfrontation eines „Wir" gegen „Sie"; denn der beklagte Verlust an demokratischer Selbstbestimmung in den Mitgliedstaaten erwächst nicht aus der Unterdrückung freier Selbstbestimmung durch die Herrschaft fremder Akteure, sondern ist das Ergebnis der freiwilligen wechselseitigen Beschränkung gleicher Freiheiten aller Mitgliedstaaten.

Die Beschränkung der Freiheit jedes einzelnen Staates ist die Bedingung dafür, dass sie gemeinsam die Freiheit in der und durch die Union genießen können. Und diese Union beruht nicht auf vorpolitischen Gemeinsamkeiten oder politischen Übereinstimmungen der Mitgliedstaaten, sondern auf Institutionen, durch die ihre jeweiligen Verschiedenheiten miteinander verträglich gemacht werden. Die wichtigste unter ihnen ist das Recht.

Für die EU gilt damit, was Kant am Ende des 18. Jahrhunderts in Bezug auf die in einer freien Republik vereinigten Individuen erkannt hatte, nämlich dass „der Inbegriff der Bedingungen, unter denen die Willkür des einen mit der Willkür des anderen nach einem allgemeinen Gesetze der Freiheit zusammen vereinigt werden kann", das Recht sei.[6] Dies ist auch die Idee, die der Konstruktion der EU als einer Rechtsgemeinschaft unabhängiger, freier und gleicher Staaten zugrunde liegt.

Doch heute reicht es nicht, die EU als eine bloße Rechtsgemeinschaft zu betreiben, ebenso wenig wie die Mitgliedstaaten als Rechtsstaaten ohne Demokratie existieren könnten. Die Verträglichkeit nicht der Willkür, aber der Freiheit und Verschiedenheiten der Völker in der „Staatenrepublik" der Europäischen Union erfordert eine Verknüpfung ihrer jeweiligen demokratischen Ordnungen mit Institutionen einer lebendigen Demokratie auf Unionsebene. Nur so lässt sich vermeiden, dass ganz normale und unvermeidliche demokratische Interdependenz-Konflikte sich in Herrschaftskonflikte zwischen „Uns" und den „Anderen" verwandeln. Hier liegt das, was Solidarität in Europa ausmacht.[7]

Hier und heute zeigt sich allerdings auch: Die Europäische Union „in den Händen" der Staaten und Bürger ist ein Experiment, das bei allen Chancen auch das Risiko des Scheiterns in sich trägt. Diese Erfahrung ist nicht neu, aber die Schuldenkrise hat ihr neue Aktualität gegeben.

Wir sehen, dass die nationalen Regierungen nicht immer für europäische Lösungen eintreten. Weil die EU aber Entscheidungen mit weitreichenden Folgen trifft, ist eine allein innerstaatliche Parlamentarisierung der Europa-

---

[6] Immanuel Kant, Die Metaphysik der Sitten. Metaphysische Anfangsgründe der Rechtslehre, Werkausgabe Bd. VIII, Frankfurt a. M. 1977 (1797), S. 337.
[7] Weitergehend Hauke Brunkhorst, Solidarität. Von der Bürgerfreundschaft zur globalen Rechtsgenossenschaft, Frankfurt a.M. 2002.

politik keine Lösung. Wir müssen den Blick somit auf die Frage lenken, wie die Einigung Europas stärker „von unten" angetrieben und aus dem überparteilichen Desinteresse herausgeholt werden kann. Um die Debatte zu öffnen und zu politisieren, sind hinreichend klare Alternativen zu den bisherigen Strategien aufzuzeigen.

Europa als Projekt (in) der Krise: Entwicklung und Defizite der europäischen Demokratie

Spätestens seit dem Vertrag von Lissabon ist offensichtlich, dass der Demokratiebedarf der EU-Integration nicht allein von den Mitgliedstaaten gedeckt wird. Es herrscht weitgehende Einigkeit darüber, dass eine „supranationale Gemeinschaft, in der eine eigenständige Hoheitsgewalt ausgeübt wird, die die Lebensverhältnisse der Bürger und das Recht, das für sie gilt, nachhaltig bestimmt, [...] im demokratischen Zeitalter ihrerseits einer demokratischen Struktur" bedarf.[8] Ernst-Wolfgang Böckenförde zufolge entlaste die Tatsache, dass die Union „eine Gemeinschaft von Nationen und Nationalstaaten" sei, sie nicht davon, „Formen und Vorkehrungen zu installieren und auszubauen, die den Völkern und Menschen in Europa die Erfahrung vermitteln, dass das Handeln der europäischen Institutionen, ja die europäische Politik, nicht etwas für sie Fernes und Fremdes ist, sondern auch ihre Sache, an der sie beteiligt sind, die sie mitkonstituieren und auch kontrollieren."[9]

So klar das Problem beschrieben ist, so unsicher ist, wie sich eine derartige Demokratie jenseits überkommener Formen von Herrschaft erreichen lässt.[10] Ungeachtet der großen Auseinandersetzungen über ein liberales, kommunitarisches oder republikanisches Demokratiemodell[11] lassen sich zwei Grundkonzepte in der wissenschaftlichen Debatte ausmachen: Auf der einen Seite steht ein kollektivistisch-substanzielles Demokratieverständnis, das vor allem in der bereits angesprochenen These vom „no demos" (kein Staatsvolk) zum Ausdruck kommt. Dem steht ein inzwischen vor allem im Völkerrecht verbreitetes individualistisch-menschenrechtliches Demokratiemodell gegenüber. Beide Vorstellungen prägen die Diskussion, führen aber nur begrenzt weiter: Vorstellungen von Volkssouveränität oder einer „Schicksalsgemeinschaft" lassen sich auf die EU nicht übertragen, da es kein kollektives Makrosubjekt als letzten Bezugspunkt politischer Herrschaft gibt. Aus diesem Mangel kann andererseits nicht gefolgert werden, dass eine Demokratie jenseits des Staates sich nur an Menschenrechten orientieren kann. Diese idealtypische Gegenüberstellung der Modelle soll auf Muster hinweisen, die zwischen den beiden Polen liegen und die wir hier mit dem Begriff „lebendige Demokratie" umschreiben.

8 Ernst-Wolfgang Böckenförde, Welchen Weg geht Europa? In: ders., Staat, Nation, Europa, Frankfurt a. M. 1999, S. 68-102, hier: S. 89.
9 Ebd., S. 91.
10 Rekonstruktion: Claudio Franzius, Gewährleistung im Recht, Tübingen 2009, S. 304 ff.
11 Vgl. Jürgen Habermas, Drei normative Modelle von Demokratie, in: ders., Die Einbeziehung des Anderen, Frankfurt a. M. 1997, S. 277-292.

„No demos": Das kollektivistische Demokratieverständnis

Für den Prozess der europäischen Integration ist, wie der US-amerikanische Europarechtler Eric Stein einst treffend formulierte, die Frage der Demokratie keine der Liebe auf den ersten Blick.[12] Die EU, auf den Trümmern eines Kontinents errichtet, den ein menschenverachtendes Regime in Schutt und Asche gelegt hatte, ist nicht das Produkt eines Volkes, das sich in einem ersten, revolutionären Schritt zur Selbstgesetzgebung ermächtigt hätte, wie es den herrschaftsbegründenden Traditionsschichten der Demokratie- und Verfassungstheorie zugrunde liegt.[13] Diesem „Makel" kann die Union nicht entgehen, auch dadurch nicht, dass sie sich demokratische Strukturen zulegt. Nach dieser Lesart haben allein die Mitgliedstaaten als „Herren der Verträge" das Recht, die demokratische Selbstbestimmung auszuformen, indem sie Normen demokratischer Verantwortlichkeit definieren und einem demokratischen Gemeinwesen seine institutionelle Form geben.

Diese urheberfixierte Betrachtungsweise wird in kollektivistischen Demokratiemodellen, die auf ein Makrosubjekt wie das „Volk" oder die „Nation" als Quelle der Legitimation setzen, durch eine Substantialisierung des Begriffs von Demokratie aufgeladen. Ein lediglich formaler Begriff von Demokratie, der sich auf ein Ensemble von Institutionen und Verfahren beschränkt bzw. auf die bloße Form und Methode der Entscheidungsfindung reduziert, wird als inhaltsarm empfunden. Ein materielles Verständnis von Demokratie zielt demgegenüber nicht allein darauf, Institutionen und Verfahren bereitzustellen, sondern formuliert ungleich höhere Anforderungen an die Qualität des politischen Prozesses.[14] Entsprechend tritt nicht nur die politische Öffentlichkeit in den Vordergrund, es werden auch die sozialen, kulturellen, historischen oder ethnischen – gleichsam vorpolitischen – Voraussetzungen für eine „hinreichende" Demokratiefähigkeit betont. Diese Perspektive geht auf Abstand zur Vorstellung Kants, wonach auch ein Volk von Teufeln einen Staat errichten könnte, hätte es nur Verstand.

Ein solches Verständnis bezieht Demokratie auf den Staat bzw. auf das Staatsvolk, was nicht weiter problematisch wäre, würde diese funktionale Verbindung nicht als prinzipiell unauflösbar gedacht. Demokratie, so der Gedanke, entfalte sich im territorial abgesteckten Raum des Staates, der nach dem berühmten Diktum Böckenfördes von Voraussetzungen lebe, die er selbst nicht garantieren kann. In der etatistischen Tradition verschmilzt die kollektivistische Vorstellung von Volkssouveränität mit der Staatssouve-

---

12 Eric Stein, International Integration and Democracy: No Love at the First Sight, in: „American Journal of International Law", 3/2001, S. 489-534.
13 Ulrich K. Preuß, Der Begriff der Verfassung und ihre Beziehung zur Politik, in: ders. (Hg.), Zum Begriff der Verfassung, Frankfurt a.M. 1994, S. 7-36; Günter Frankenberg, Die Rückkehr des Vertrages, in: Lutz Wingert und Klaus Günther (Hg.), Die Öffentlichkeit der Vernunft und die Vernunft der Öffentlichkeit, Frankfurt a.M. 2001, S. 507-538, hier: S. 509ff.; Christoph Möllers, Verfassunggebende Gewalt – Verfassung – Konstitutionalisierung, in: Armin von Bogdandy und Jürgen Bast (Hg.), Europäisches Verfassungsrecht, Heidelberg 2009, S. 227-276, hier: S. 230ff.
14 Eine gute Gegenüberstellung der beiden Grundpositionen findet sich bei Uwe Volkmann, Die zwei Begriffe der Demokratie – Von der Übertragbarkeit staatsbezogener Demokratievorstellungen in überstaatliche Räume, in: Klaus Hofmann und Kolja Naumann (Hg.), Europäische Demokratie in guter Verfassung? Baden-Baden 2010, S. 14ff.

ränität in einem essenzialistischen Überschuss unterstellter und damit politisch nicht beeinflussbarer Bedingungen demokratischer Herrschaft. Hierher gehört der immer wieder bemühte und in der deutschen Tradition nur selten hinterfragte Grundkonsens, der dem politischen Konflikt vorangehe und diesen in demokratischen Verfahren erst beherrschbar mache.[15]

Wird das Subjekt der Legitimation demokratischer Herrschaft in einem zur politischen Einheit verbundenen Staatsvolk gesehen, kann es eine unabgeleitete, aber demokratisch legitimierte Herrschaftsgewalt „jenseits" des Staates nicht geben. Während es nach der abgeschwächten Variante „noch kein" Volk gebe, Volksbildungsprozesse auf europäischer Ebene aber nicht grundsätzlich ausgeschlossen seien, deutete sich bereits im Lissabon-Urteil des Bundesverfassungsgerichts eine unbeugsamere Position an. Hier wird zwar nicht mehr auf das fehlende Staatsvolk verwiesen, der demokratisch begründeten Verfassungsidentität werden jedoch ähnliche Wirkungen zugestanden, das heißt, bei aller Öffnung nach Europa müsse ein Kern demokratischer Selbstbestimmung im Staat erhalten bleiben. Dies kann als Absage an neuere Vorstellungen verstanden werden, die darauf verweisen, dass sich ein Zentrum demokratischer Prozesse nicht mehr ausmachen lasse – was für die Beschaffenheit des Objekts der Legitimation nicht folgenlos bleiben kann.[16]

Demokratie jenseits des Staates: Individualistisches Demokratieverständnis

Dem kollektivistischen Demokratieverständnis steht das individualistische gegenüber.[17] In der jüngeren Rechtsprechung des Bundesverfassungsgerichts sind Ansätze zu erkennen, die Vorstellung fallen zu lassen, Demokratie setze eine relative Homogenität im Sinne einer vorpolitischen Verbundenheit des Staatsvolkes voraus. Zumindest argumentativ rückt das Gericht im Lissabon-Urteil an die Stelle des Volkes den Menschen. Lebensweltliche Zugehörigkeiten werden so nicht mehr als kollektive Vergemeinschaftungsprozesse, sondern als individuelle Wahrnehmung des Öffentlichen begriffen. Freigelegt werden hier die Bedingungen für das Funktionieren einer „intakten" Demokratie. Demokratie, so das Gericht, bedeute für die Bürger, keiner politischen Gewalt unterworfen zu sein, der sie nicht ausweichen können und die sie nicht prinzipiell personell und sachlich in Freiheit zu bestimmen vermögen:

---

15 Kritisch dazu: Günter Frankenberg, Alexis de Tocquevilles Frage: Zur Rolle der Verfassung im Prozess der Integration, in: Gunnar F. Schuppert und Christian Bumke (Hg.), Bundesverfassungsgericht und gesellschaftlicher Grundkonsens, Baden-Baden 2000, S. 31-58; Horst Dreier, Integration durch Verfassung? Rudolf Smend und die Grundrechtsdemokratie, in: Friedhelm Hufen (Hg.), Verfassungen – Zwischen Recht und Politik. Festschrift zum 70. Geburtstag für Hans-Peter Schneider, Baden-Baden 2008, S. 70-96, hier: S. 93 ff.; Stefan Kadelbach, Grundrechtedemokratie als Vorbild? In: Claudio Franzius, Franz Mayer und Jürgen Neyer (Hg.), Strukturfragen der Europäischen Union, Baden-Baden 2010, S. 259-273, hier: S. 268 f.

16 Teilweise wird das Gericht aber auch anders verstanden. So könnten wir hier auch eine demokratietheoretische Version des Subsidiaritätsprinzips erkennen, wonach Entscheidungen möglichst auf der unteren Ebene getroffen werden sollen.

17 Vgl. BVerfGE 123, 267 Rn. 211.

An die Stelle des verklärten Volksmythos tritt hier die Idee, die einzelne Bürgerin, der einzelne Bürger solle am demokratischen Gemeinwesen selbstbestimmt teilhaben.[18] Dies in den Kulturräumen der Mitgliedstaaten zu verwirklichen, ist vergleichsweise einfach, auch wenn sich eine politische Ordnung möglicherweise nur schlecht von individuellen Freiheiten ableiten lässt. Dennoch ist dieser Ausgangspunkt wichtig, weil hieran anschließende Beobachtungen[19] tatsächliche Funktionsbedingungen zum Thema machen können, die, wie das Erfordernis öffentlicher Diskurse, nicht länger dem politischen Prozess vorgegeben, sondern ihm aufgegeben sind.[20]

Dieses normativ anspruchsvolle, gleichsam hinter das Ensemble von Institutionen blickende Konzept von Demokratie hängt eng zusammen mit der Vorstellung des Staates als der gemeinschaftlichen Lebensform der Bürger. Im Hinblick auf die Frage, welche Möglichkeiten der Demokratisierung es jenseits des Staates gibt, ist dieses Konzept jedoch nicht ohne Kritik geblieben. Schon das US-amerikanische „we the people" ist nicht im Sinne des Hegelschen Volksgeistes angelegt, sondern als eine Vielheit von Individuen, die unterschiedliche, ja gegensätzliche Interessen, Werte, Hoffnungen und Erwartungen haben. Das Subjekt der Legitimation dieses kollektiven „Wir" beruht auf der wechselseitigen Anerkennung freier und gleicher Menschen. Doch selbst von hier aus ist noch ein erheblicher Abstand zu überwinden, bevor man beim erklärten Gegenmodell, einem individualistischen, stärker menschenrechtlichen Demokratieverständnis, angelangt ist.[21] In seinem Lissabon-Urteil hat das Bundesverfassungsgericht gezeigt, dass ein solches Modell auch in einer nach innen schauenden, eher partikularistischen Sicht seinen Platz finden kann. Es hat daher beide Stränge aufgegriffen und nebeneinandergestellt.

Die Entkopplung von Demokratie und Staat

Doch wie auch immer die Zweiteilung gefasst wird – ob es nun schwache oder starke, liberale oder republikanische, emphatische oder skeptische, stärker auf wirksame Kontrollen der Herrschenden setzende Vorstellungen sind –, für die politikwissenschaftliche und verfassungsrechtliche Debatte in Europa ist von Bedeutung, inwieweit das kollektivistische, zumeist etatistisch gefasste Demokratieverständnis, das seinen Ausgangspunkt bei einem

---

18 Vgl. Anne Peters, Elemente einer Theorie der Verfassung Europas, Berlin 2001, S. 657 ff.; Ingolf Pernice, Nationales und europäisches Verfassungsrecht, in: Veröffentlichungen der Vereinigung der deutschen Staatsrechtslehrer, Bd. 60, Berlin u.a. 2001, S. 148-193, hier: S. 160 ff.; Armin von Bogdandy, Grundprinzipien, in: ders./Bast (Hg.), a.a.O., S. 13-71, hier: S. 28, S. 64 f.
19 So etwa die Diagnose, dass „die öffentliche Wahrnehmung von Sachthemen und politischem Führungspersonal in erheblichem Umfang an nationalstaatliche, sprachliche, historische und kulturelle Identifikationsmuster angeschlossen" bleibe, vgl. BVerfGE 123, 267 Rn. 251.
20 Das sagt das Gericht nicht so. Aber indirekte Bezugnahmen auf Habermas (BVerfGE 123, 267 Rn. 249, 251, 272) statt wie in der Maastricht-Entscheidung noch auf Hermann Heller (BVerfGE 89, 155, 186) weisen in diese Richtung.
21 Vgl. Matthias Kottmann und Christian Wohlfahrt, Der gespaltene Wächter? Demokratie, Verfassungsidentität und Integrationsverantwortung im Lissabon-Urteil, in: „Zeitschrift für ausländisches öffentliches Recht und Völkerrecht", Nr. 69 (2009), S. 443-470, hier: S. 444 f.

zur Nation gewordenen Volk nimmt, durch einen individualistischen Begriff von Demokratie ersetzt werden kann, der die betroffene Einzelperson zum Ausgangspunkt des demokratischen Prinzips macht.[22]

Damit erhält die Demokratie eine politische Stoßrichtung, die auf die Entfaltung politischer Selbstbestimmung in anderen Organisationsformen als denen des Nationalstaats gelenkt werden kann. Zumeist wird sie als untauglich für eine politische Ordnung jenseits des Staates verstanden. Schon die Frage, inwieweit ein derartiges, anspruchsvolles Konzept von Selbstbestimmung die komplizierten Verschränkungen zwischen mitgliedstaatlicher und gemeinschaftlicher Ebene zu tragen vermag, ist nicht leicht zu beantworten. Aus der Unmöglichkeit, die europäische Demokratie als Herrschaft des Volkes zu deuten, folgt jedoch nicht die Notwendigkeit, allein auf die individuelle Selbstbestimmung des Einzelnen zu setzen.

Zwar setzt die EU, wiewohl von Staaten geschaffen, auf die Individuen. Aber das allein rechtfertigt keine Zuwendung zum individualistischen Modell. Dieses Modell erklärt zwar die Wahl des Europäischen Parlaments durch die Unionsbürger, liefert aber noch keine überzeugende Antwort für die Gesamtheit in seiner pluralistischen Struktur. Das Problem, das ein individualistisches Demokratieverständnis hat, will es die vielfältigen Verschränkungen und Übertragungen von Hoheitsgewalt auf die Bürger zurückführen, ist, dass diese Vorstellung, so sinnvoll sie zur Beschreibung der europäischen „Ebene" auch sein mag, die Idee kollektiver Selbstbestimmung auf staatlicher „Ebene" untergräbt.

Das entscheidende Problem ist, dass sich die Ebenen nicht nach Individuum hier und Volksherrschaft dort trennen lassen. Genügt für die Demokratie, wie sie die Art. 10 und 11 EUV fordern, eine menschenrechtliche Selbstbestimmung, wird die partikular-nationale Begründung von Demokratie unglaubhaft. Politische Selbstbestimmung geht aber nicht in transnationaler Mitbestimmung auf; sie muss ihr kritisches Potential dadurch entfalten, dass sie die vielschichtige Verwobenheit europäischer Herrschaft als solche für eine Demokratisierung öffnet.[23] Zu erreichen sein dürfte das nur in einem vielfältigen Kontinuum von Legitimation, das von dem Versuch absieht, in der staatlichen und überstaatlichen Welt sauber die Ebenen zu trennen.

Der Staat wäre hiermit nicht länger der ausschließliche Fluchtpunkt für demokratische Selbstbestimmung.[24] Schon die früher verbreitete Annahme, die Volkssouveränität beziehe sich auf die Staatssouveränität, führt nicht weiter, wie die verfassungsrechtliche Konstruktion des deutschen Bundesstaates zeigt. Dessen Teilstaaten sind demokratisch, dem Gesamtstaat gegenüber

---

22 Vgl. Armin von Bogdandy, Demokratie, Globalisierung, Zukunft des Völkerrechts – eine Bestandsaufnahme, in: „Zeitschrift für ausländisches öffentliches Recht und Völkerrecht", Nr. 63 (2003), S. 853-877, hier: S. 858.
23 Ohne in die Falle zu tappen, in die der Zweite Senat des Bundesverfassungsgerichts getreten ist. Hier bleibt die europäische Demokratie staatszentriert und auf die revolutionäre Gründung eines europäischen Bundesstaats gerichtet. Das aber führt nicht weiter.
24 So aber Josef Isensee, Abschied der Demokratie vom Demos, in: Festschrift für Paul Mikat, Berlin 1989, S. 705-739. Dass sich der Nationalstaat auch in der Globalisierung nicht verabschiedet, sondern eine Vervielfältigung der Ordnungen herausbildet, hebt Saskia Sassen, Territory, Authority, Rights. From Medieval to Global Assemblages, Princeton 2006, hervor.

aber nicht souverän.[25] Die deutschen Bundesländer haben vom jeweiligen Landesvolk gewählte Vertretungen, sind aber keine souveränen Staaten. Es erstaunt deshalb, dass auf europäischer Ebene die Erfahrungen der föderal verfassten Mitgliedstaaten nur selten fruchtbar gemacht werden.[26]

Die begriffliche Entkoppelung von Demokratie und Staat kann allerdings die Zusammenhänge kaum verdecken, unter denen sich Demokratien im Staat besonders günstig entfalten konnten. Dem verfassten Nationalstaat werden Leistungen zugeschrieben, die es erlauben, auch umkämpfte Fragen des Zusammenlebens per Mehrheit zu entscheiden, ohne dass sich die jeweils überstimmte Minderheit unterjocht fühlt. Hierzu mag noch kein republikanisches Verständnis von Demokratie notwendig sein, es weist aber auf das Problem der Grenzen hin, das in liberalen Vorstellungen, die sich auf die Form politischer Institutionen konzentrieren, gerne zurückgestellt wird. Die überstaatliche Demokratie einer Welt von Nomaden anzupassen würde entwerten, was Demokratie stets auch bedeutet, nämlich „Halt durch Nähe" zu vermitteln.[27]

Da staatliche Entscheidungen immer häufiger Wirkungen außerhalb der jeweiligen staatlichen Grenzen entfalten, schwindet der demokratische Zusammenhang zwischen Urheberschaft und Betroffenheit. Hier liegt das Problem.[28]

Der dritte Weg

Worum es angesichts der Aporien, in die die polare Gegenüberstellung von kollektivistischem und individualistischem Demokratieverständnis führt, gehen muss, ist, nach Zwischenformen zu suchen, nicht zuletzt, um zwischen dem souveränitätszentrierten und dem kosmopolitischen Lager zu vermitteln. Diese Zwischenformen finden in der EU immerhin eine demokratische Grundstruktur, die mit Leben zu füllen wäre.

Demokratie bedeute nicht nur die Wahrung formaler Organisationsprinzipien und nicht allein eine korporative Einbindung von Interessengruppen, sondern lebe zuallererst von und in einer funktionsfähigen öffentlichen Meinung, so das Bundesverfassungsgericht im Lissabon-Urteil.[29] Das Urteil

---

25 Vgl. Alexander Hanebeck, Der demokratische Bundesstaat des Grundgesetzes, Berlin 2004, S. 271 ff. Zum Verhältnis von Bundesstaat und Demokratie: Stephan Smith, Konfliktlösung im demokratischen Bundesstaat, Berlin 2010, S. 56 ff.
26 Näher dazu: Stefan Oeter, Föderalismus und Demokratie, in: von Bogdandy/Bast (Hg.), a.a.O., S. 73-116, hier: 85 ff.; ders., Die Europäische Union zwischen organisierter Verantwortungslosigkeit und föderaler Konkordanzdemokratie, in: Hauke Brunkhorst (Hg.), Demokratie in der Weltgesellschaft, Baden-Baden 2009, S. 405-436. Vom Bundesverfassungsgericht wird die föderale Erfahrung nahezu vollständig ignoriert, vgl. BVerfGE 123, 267 (404); kritisch dazu: Christoph Schönberger, Bundeslehre und Europäische Union, in: Franzius/Mayer/Neyer (Hg.), a.a.O., S. 87-96, hier: S. 90.
27 Claudio Franzius, Europäisches Verfassungsrechtsdenken, Tübingen 2010, S. 97. Zur Nähe als ein Element „lebendiger" Allgemeinheit: Pierre Rosanvallon, Demokratische Legitimität, Hamburg 2010, S. 228 ff., hier: S. 256.
28 Im Völkerrecht ist der Unilateralismus verpönt. Ob er in der Europäischen Union überwunden ist, erscheint nicht so klar. Jedenfalls wird die Wiederkehr des (deutschen) Nationalstaates befürchtet, vgl. Jürgen Habermas, Ein Pakt für oder gegen Europa? In: „Süddeutsche Zeitung", 7.4.2011.
29 BVerfGE 123, 267 Rn. 250.

greift den Topos lebendiger Demokratie auf, bezieht ihn jedoch auf die Ausübung der Kompetenzen durch die Unionsorgane im Sinne eines Gebots der Rücksichtnahme, wenn es im Urteil heißt:

„Mit dem Vertrag von Lissabon erweitern die Mitgliedstaaten den Kompetenzumfang und die politischen Handlungsmöglichkeiten des europäischen Integrationsverbundes [...]. Namentlich die neu übertragenen Zuständigkeiten in den Bereichen der Justiziellen Zusammenarbeit in Strafsachen und Zivilsachen, der Außenwirtschaftsbeziehungen, der Gemeinsamen Verteidigung sowie in sozialen Belangen können und müssen von den Organen der Europäischen Union in einer Weise ausgeübt werden, dass auf mitgliedstaatlicher Ebene sowohl im Umfang als auch in der Substanz noch Aufgaben von hinreichendem Gewicht bestehen, die rechtlich und praktisch Voraussetzung für eine lebendige Demokratie sind."[30]

Das bedeutet, dass überstaatliche Institutionen demokratiefähig zu machen sind, ohne dabei die innerstaatlichen Prozesse ihrer demokratischen „Substanz" zu berauben. Von der überstaatlichen Ebene kann man jedoch nicht erwarten, dass sie leistet, was in den Staaten verloren zu gehen scheint. Ein dem Nationalstaat des 19. Jahrhunderts vergleichbares Arrangement wird sich kaum wiederholen lassen.[31] Das gilt auch für eine politische Gesamtöffentlichkeit, die sich als Kopie des überkommenen Nationalstaates auf europäischer Ebene nicht finden lässt. Hier zu erwarten, dass ein Einheit stiftender „Resonanzboden" entstünde, ist verfehlt, zumal die zivilgesellschaftliche Öffentlichkeit bereits im Kontext staatlicher Demokratie häufig nur eine fragmentierte Öffentlichkeit ist.[32] Das staatliche, wenn auch in seiner Ausprägung „europäisierte" Demokratieprinzip ist dann nicht als Grenze, sondern als Auftrag zu verstehen, den Prozess staatlicher Willensbildung so zu gestalten, dass diejenigen daran teilhaben können, die von der Herrschaftsausübung staatlicher Organe betroffen sind. Ein menschenrechtliches Verständnis des staatsrechtlichen Demokratieprinzips unter dem Prinzip „offener" Staatlichkeit verlangt nicht bloß die Einbeziehung der Staatsbürger, sondern auch der Unionsbürger.

Ambivalenz der Verschränkungen, Komplexität der Legitimationszusammenhänge

Der Ambivalenz der Verschränkungen müssen wir uns allerdings bewusst bleiben. Die Legitimationszusammenhänge werden in der EU komplexer, und es wird schwieriger, demokratische Prinzipien der Zurechenbarkeit und Verantwortlichkeit umzusetzen. Allein mit einer besseren parlamentarischen Anbindung mitgliedstaatlicher Europapolitik ist es nicht getan.

30 BVerfGE 123, 267 Rn. 351.
31 Kritisch zur „Wiederholungsthese" Rainer Wahl, Der einzelne in der Welt jenseits des Staates, in: „Der Staat", 40 (2001), S. 45-72, hier: S. 51f., S. 70; lesenswert auch ders., Erklären staatstheoretische Leitbegriffe die Europäische Union? In: „Juristen-Zeitung", 19/2005, S. 916-925.
32 Ein Überblick dazu in Claudio Franzius und Ulrich K. Preuß (Hg.), Europäische Öffentlichkeit, Baden-Baden 2004.

Auch über Volksabstimmungen allein wird sich eine lebendige Demokratie im komplexen politischen System der Union kaum erreichen lassen. An die Stelle eines unitarischen Modells der Legitimation, das exklusiv auf die Wahl des politischen Personals durch die Bürgerinnen und Bürger setzt, tritt ein pluralistisches Modell, dass auch Betroffene und sonstige zivilgesellschaftliche Akteure an Verfahren beteiligt. Treffend sprach der Verfassungsvertrag vom „demokratischen Leben in der Europäischen Union", und so erklärt sich auch, wie wichtig Transparenz für die Verfasstheit Europas ist.[33] Erst eine hinreichende Sichtbarkeit öffentlicher Europapolitik erlaubt es der Öffentlichkeit, auf diese auch Einfluss zu nehmen.

Lebendige Demokratie braucht Räume und Foren, in denen über europäische Themen gestritten werden kann. Es geht ihr weniger darum, Politik im Konsens zu formulieren, vielmehr müssen Konflikte institutionalisiert und von den gesellschaftlichen Gruppen ausgetragen und gelebt werden.[34] Nur so ist es möglich, sie zu vergemeinschaften. Eine lebendige Demokratie belebt den Wettstreit zwischen politischen Alternativen und versucht zahlreiche Wege zu finden, wie Bürgerinnen und Bürger an politischen Entscheidungen nicht bloß teilhaben, sondern sich diese auch aneignen können.[35]

Hierin knüpft unsere Vorstellung von lebendiger Demokratie an das Modell der assoziativen Demokratie an, wie es sich in Verhandlungen zwischen Vertretern kollektiver Interessen realisiert.[36] Auch die Debatte um Governance kann hier Beiträge leisten, allerdings wird dabei allzu häufig die Machtfrage ausgeblendet, werden normative Ansprüche zurückgestellt und wird Effizienz mit Legitimität verwechselt.

Bei all dem kommt es nicht allein auf die förmlichen Verfahren, sondern auf die gelebte Praxis an. Dies gilt insbesondere für die real existierende Mehrebenendemokratie der EU. Sie zeichnet sich durch supranational eingehegte Entscheidungen der Mitgliedstaaten aus, die eine Rückkehr zur Methode zwischenstaatlicher Verhandlungen problematisch erscheinen lassen. Relativierungen der europäischen Gemeinschaftsmethode mit einer Schwächung der europäischen Institutionen wie der Kommission und des Europäischen Parlaments sollten nicht vorschnell als transnationales Ringen lebendiger Demokratie gefeiert werden. Staatliche, vor allem von den jeweiligen Regierungen vertretene Interessen werden ebenso eine Tatsache bleiben wie die in der Praxis voranschreitende Aufweichung des Paradigmas der Souveränität.

Um mit Claude Lefort zu sprechen, mag der Ort der Macht in einer Demokratie notwendig leer bleiben. Normative Konzepte von Demokratie müssen

---

33 Art. 11 Abs. 1 und Abs. 2 EUV, Art. 296 Abs. 2 AEUV.
34 In diesem Sinne auch Hauke Brunkhorst, Unbezähmbare Öffentlichkeit: Europa zwischen transnationaler Klassenherrschaft und egalitärer Konstitutionalisierung, in: „Leviathan", 1/2007, 12-29; ders., Europa zwischen Ende und Anfang der Demokratie, in: Franzius/Mayer/Neyer (Hg.), a.a.O., S. 181-203, hier: S. 198 ff.
35 Zur „Demokratie der Aneignung" siehe Pierre Rosanvallon, Demokratische Legitimität, Hamburg 2010, S. 271 ff.
36 Statt vieler Philippe Schmitter, Interest, Association and Intermediation in a Reformed Post-Liberal Democracy, in: Wolfgang Streeck (Hg.), Staat und Verbände, Opladen 1994, S. 161 ff. Unsere Vorstellung von lebendiger Demokratie konzentriert sich jedoch nicht in gleicher Weise auf Gruppen und Verbände.

jedenfalls darauf achten, dass der Bereich, in dem sich demokratische Hoffnungen und Sorgen umsetzen lassen, nicht vorschnell eingeengt wird.[37]

Zwar spricht einiges dafür, dass sich das institutionelle Gleichgewicht weiterentwickeln wird wie bisher – mit Verhandlungen zwischen Regierungen und Elementen des Konsenses.[38] Demokratietheoretisch schließt dies jedoch andere Organisationsformen nicht aus – und damit auch nicht den Versuch, europäische Herrschaftsgewalt stärker zu verschränken, ja sie sogar in der Form eines Bundesstaates zu suchen. Ob das nur mit einer neuen Verfassung und durch die verfassunggebende Gewalt *(pouvoir constituant)* zu machen ist, sei hier ebenso dahingestellt wie die Frage, ob die Vereinigten Staaten von Europa[39] nicht nur als föderales, sondern auch als demokratisches Projekt sinnvoll wären. Von den Eliten jedenfalls wird diese Frage kaum beantwortet werden dürfen.

---

37 Zum Problem, einen Punkt zu bestimmen, von dem aus ein klares Kriterium der Demokratie anwendbar wäre: Brun-Otto Bryde, Das Demokratieprinzip des Grundgesetzes als Optimierungsaufgabe, in: Redaktion Kritische Justiz (Hg.), Demokratie und Grundgesetz, Baden-Baden 2000, S. 59-70, hier: 67 ff. Jede Festschreibung einer bestimmten Konzeption von Demokratie ist deshalb demokratietheoretisch problematisch.
38 Vgl. Philipp Dann, Die politischen Organe, in: Bogdandy/Bast (Hg.), a.a.O., S. 382f.; Stefan Oeter, Föderalismus und Demokratie, in: ebd., S. 73-116, hier: 103 ff. und näher unten, III.1.b.
39 Vgl. etwa Guy Verhofstadt, The United States of Europe, London 2006.

Demokratie oder Kapitalismus? – Europa in der Krise

Das Europa von heute und die Wirklichkeit von morgen

Zur Verteidigung der Utopie

Von **Oskar Negt**

Mit Verblüffung muss man heute feststellen, wie viel intellektuelle Energie auf Europadiskurse gelenkt wird, die selbst in ihrer radikalsten und kritischsten Position vollkommen dem Bannkreis des Geldes und der politischen Institutionen verhaftet bleiben. Manchmal könnte man auf den Gedanken kommen, dass die öffentlich definierte Realitätsmacht der vorherrschenden Wirklichkeit nicht nur die Gedanken erfasst, sondern auch die Denkstrukturen. Das ist umso erstaunlicher, als gerade in den vergangenen Jahren weltweite Protestbewegungen hörbar und sichtbar gemacht haben, dass die auf unterschlagenen Wirklichkeiten und von oben inszenierten demokratischen Legitimationen beruhenden Herrschaftssysteme brüchig sind und zu Fall gebracht werden könnten.

Was in Europa und den USA einen neuen kollektiven Lernprozess einleiten könnte, ist die massenhafte Erfahrung, dass es die Realpolitiker in allen Machtzentren der Gesellschaft, den Banken ebenso wie den Regierungen, gewesen sind, die eine hochentwickelte Gesellschaftsordnung an den Rand der Katastrophe getrieben haben – nicht die Utopisten, nicht die mit dem Vorwurf der Realitätsferne geschlagenen Konstrukteure einer besseren Welt.

Im Verhältnis von Utopie und Wirklichkeit vollzieht sich weltweit eine entscheidende Veränderung: Die Realitätsmacht der Utopien, in der 68er-Bewegung verbal und mit viel Leidenschaft eingeklagt, scheint immer stärker besonders Jugendliche zu motivieren, sich gegen Unterdrückung, Ausbeutung und politische Manipulation zu wehren. Die Erosion der offiziellen politischen Machtinstrumente nimmt den Tatsachen-Menschen, die unentwegt die Alternativlosigkeit ihres Wirklichkeitssinnes behaupten, alle Überzeugungskraft. Das eröffnet dem Möglichkeitssinn neue Perspektiven und ermutigt die Menschen, sich zu empören und Forderungen zu stellen, die noch vor einem Jahrzehnt als verrückt gegolten hätten.

Es ist also davor zu warnen, die gesellschaftliche Situation, in der wir uns befinden, auf die rein ökonomische Dimension zu reduzieren. Gemessen am gewaltigen Ausmaß der Krise und an den Anforderungen, welche die zu spezifischen Handlungsfeldern umgewandelten Krisenherde an uns stellen, sind die begrifflichen und praktischen Hilfsmittel unglaublich mager und phantasielos.

Dass sich mit den immer weiter und aufwendiger gespannten Rettungsschirmen für Banken Nennenswertes in den Arbeits- und Lebensprozessen der Menschen verändern könnte, um ein einigermaßen funktionierendes demokratisches Gemeinwesen zu gewährleisten, ist zumindest höchst zweifelhaft. Das Bedrückende an der gegenwärtigen geistigen Situation der Zeit liegt jedoch darin, dass alle Auswege verbarrikadiert erscheinen. Wer Krisenlösungen außerhalb des Geldsektors ins Auge fasst, kommt leicht in den Verdacht, an den eigentlichen Gesellschaftsproblemen vorbei zu argumentieren. Speziell der Utopie wird nach wie vor schlicht jeder Wirklichkeitsgehalt abgesprochen. Georg Quabbe, ein die deutsche Entwicklung mit wachsendem Misstrauen verfolgender konservativer Intellektueller der Weimarer Zeit, spottete über diese Haltung bereits 1933: „Der Gegenpol der Utopie heißt Realpolitik. Sie, die uns umgibt, hat den beträchtlichen Vorzug vor der Utopie, dass sie in der Tat existiert. Aber es ist auch ihr einziger. Die vielen Utopien [...] haben den ungeheuren Fehler, dass sie nie ins Leben getreten sind. Aber es ist auch ihr einziger Fehler."[1]

Die damals wie heute herrschende Verzagtheit gegenüber dem Utopischen verweist nachdrücklich auf das Problem der Realitätsdefinition. Denn was ist überhaupt Wirklichkeit? Sind etwa Mauern und Stacheldraht, die um ein Volk gezogen sind, härtere Materie als die Utopie der Freizügigkeit und der freien Lebensgestaltung? Wie viele Schutzwälle, wie viele Mauern und betonierte Sicherheitseinrichtungen hat es nicht in der Geschichte gegeben, die am Ende nur noch Schrott hinterließen und nichts von dem bewirkten, wofür sie ursprünglich gedacht waren? In diesem Sinne begreift Jürgen Habermas die Menschenrechte völlig zu Recht als „realistische Utopie".[2]

Kurzum: Nicht die Utopien sind heute unser Problem, sondern die von ihnen gereinigten Wirklichkeitsfragmente, auf die jeder nüchterne Betrachter der Verhältnisse unser Denken eilfertig zu verpflichten geneigt ist.

Die Wirklichkeit, die sein soll – von der Eschatologie zur Utopie

Utopien sind Phantasiebilder, die sich auf die Umgestaltung der diesseitigen Welt beziehen. Sie verweisen darauf, was sein soll. Insofern sind es immer Vorgriffe, Produkte überschreitenden Denkens, aber doch nicht für ein Jenseitiges gedacht. Es sind Gesellschaftsbilder, die von dem besten Staat und der besten Lebensweise der Menschen, ihren verbesserungswürdigen Einrichtungen und Gewohnheiten berichten. In *einem* wesentlichen Punkt unterscheiden sie sich von Mythen, Märchen, Erzählungen: Sie sind mit Willen und Bewusstsein ausgestattet, die Misere des Diesseits zu wenden.

Die in der Aufklärung wirksame Säkularisierung verkürzt die ursprünglich religiösen Entwürfe vom guten Leben, mindert durch deren eher begrifflichen Zuschnitt sogar die Anziehungskraft der Bilder, stattet sie aber gleichzeitig mit

---

1 Zit. nach Arnhelm Neusüss (Hg.), Utopie. Begriff und Phänomen des Utopischen, Frankfurt a.M. und New York 1986, S. 94f.
2 Vgl. Jürgen Habermas, Das utopische Gefälle, in: „Blätter", 8/2010, S. 43-53.

reichhaltigerem Realitätsrohstoff aus. Von der das Gegebene überschreitenden Vorstellungswelt der Menschen geht so im Grunde nichts wirklich verloren. Christliche Eschatologie – als die Lehre von den letzten Dingen: vom Ende der Welt, von der Auferstehung der Toten, dem Jüngsten Gericht, dem Reich Gottes – zielt auf die Vollendung der Schöpfung. Utopie ist dagegen die bewusste Entfaltung der im Zusammenleben der Menschen ruhenden Möglichkeiten einer „rechten" Ordnung. So versteht Martin Buber den Unterschied. Und er fügt hinzu, dass die Vollendung der Dinge und der Zeiten im christlichen Verständnis nur durch Hilfe von oben kommen könne. Utopien dagegen zehren von der innerweltlichen Kraft der Menschen: „Was als Begriff unmöglich erschiene, das erregt als Bild die Macht des Glaubens, bestimmt Vorsatz und Plan. Das tut es, weil es mit Kräften in den Tiefen der Wirklichkeit im Bunde ist. Eschatologie, soweit sie prophetisch ist, Utopie, soweit sie philosophisch ist, haben realistischen Charakter."[3] Die so philosophisch gefassten Utopien leben von den ausgegrenzten und unterdrückten Wirklichkeitsträumen.

Werden Utopien dagegen der Realität lediglich abstrakt gegenübergestellt, als Gedankensysteme mit entschiedenem Sollensanspruch, dann berauben sie sich ihrer Veränderungsmittel, die nur aus der bestehenden Wirklichkeit gewonnen werden können. Speziell der junge Marx hatte noch eine Ahnung von dieser engen Bindung zwischen Utopie und Wirklichkeit. In ihrem Spannungsfeld besteht die produktive Tätigkeit seiner Kritik gerade darin, jenen Prinzipien der Wirklichkeit auf die Spur zu kommen, die mit eigenständiger Kraft auf deren Veränderung hinarbeiten. So sind die bekannten Thesen in der Einleitung zur Kritik der Hegelschen Rechtsphilosophie zu verstehen: „Es genügt nicht, dass der Gedanke zur Verwirklichung drängt, die Wirklichkeit muss sich selbst zum Gedanken drängen."[4]

Was nun immer das Drängende im Gedanken sein mag, ob es das Gefühl zwingender Gedankenschärfe ist oder der Massenwille, der zum Ausdruck drängt – nie wird jedoch die Realitätstüchtigkeit des Gedankens allein darauf gegründet sein, dass die Zeit ein Reifestadium erreicht hat, in dem gleichsam die Gedankenfrüchte problemlos gepflückt werden können. Unter solchen Bedingungen könnte man in der Tat der Auffassung sein, die Victor Hugo so formulierte: Utopie ist die Wahrheit von morgen. Wären Utopien dagegen völlig realitätslose Gebilde, dann würden wir unter keinen Umständen imstande sein, „versteinerte Verhältnisse dadurch zum Tanzen zu zwingen, dass man ihnen ihre eigene Melodie vorsingt!"[5]

Sich der Kräfte bedienen zu können, die in der Wirklichkeit arbeiten, aber mit den bestehenden Verhältnissen in Konflikt und über sie hinaus zu streben bemüht sind, das ist die Aufgabe des kritischen Gesellschaftstheoretikers. Das aber setzt überprüfbares Wissen, jedenfalls eine hohe Reflexionsstufe, voraus. Marx spricht hier unbefangen noch von den Träumen der Menschheit; Aufklärung in diesem Sinne hat Selbstreflexion zur treibenden Kraft, nämlich der

---

3 Martin Buber, Voluntaristische und nezessitaristische Utopie, in: Neusüss (Hg.), a.a.O., S. 390.
4 Karl Marx, Die Frühschriften, hg. von Siegfried Landshut, neu eingerichtet von Oliver Hens und Richard Sperl, Geleitwort von Oskar Negt, Stuttgart 2004, S. 285.
5 Ebd., S. 278.

Analyse von Verhältnissen und Träumen: „Unser Wahlspruch muss also sein: Reform des Bewusstseins nicht durch Dogmen, sondern durch Analysierung des mystischen, sich selbst unklaren Bewusstseins, trete es nun religiös oder politisch auf. Es wird sich dann zeigen, dass die Welt längst den Traum von einer Sache besitzt, von der sie nur das Bewusstsein besitzen muss, um sie wirklich zu besitzen. Es wird sich zeigen, dass es sich nicht um einen großen Gedankenstrich zwischen Vergangenheit und Zukunft handelt, sondern um die Vollziehung der Gedanken der Vergangenheit. Es wird sich endlich zeigen, dass die Menschheit keine neue Arbeit beginnt, sondern mit Bewusstsein ihre alte Arbeit zustande bringt."[6] Fortschritt ist also Bewusstseinsarbeit an Problemen der Vergangenheit, die unbearbeitet liegen geblieben sind oder ausgegrenzt wurden aus dem gängigen Erkenntnisinteresse.

Die Frage nach der wirklichen Wirklichkeit

Die darin enthaltene zentrale Frage nach der *wirklichen* Wirklichkeit zieht sich wie ein roter Faden durch die Geschichte der Philosophie. Schon die Vorsokratiker sind damit beschäftigt, indem sie ihre Reflexionskraft auf die letzten Gründe, den Ursprung alles Seins, richten. Der erste Denker in diesem Zusammenhang ist Platon, der die Ideen in den Stand unveränderlichen Seins hebt, dessen Wahrheitsgehalte nur durch mehr oder minder gelingende Teilhabe (Metexis) dem Einzelnen in der *polis* vermittelbar sind.

Seit Plato die Welt der Ideen zur eigentlichen Wirklichkeit aufgewertet hat, ist philosophisches Denken unbeirrt damit beschäftigt gewesen, das Beziehungsgeflecht zwischen Allgemeinem und Besonderem als die eigentliche Triebkraft der Reflexion kenntlich zu machen. Immer geht es dabei um die Bestimmung dessen, was die eigentliche Wirklichkeit ausmacht. Zeitweilig konnte die Behauptung, den Universalien komme kein Realitätsgehalt zu, für den Autor tödliche Folgen haben. So bekommt das Realismusproblem mit der wachsenden Macht der (aufklärerischen) Städte zu Beginn des 13. Jahrhunderts eine neue politische Brisanz, die erst mit der Renaissance ihre volle Reichweite erkennen lässt. Die über die arabischen Philosophen Avicenna im 10. und Averroes im 12. Jahrhundert geförderte Aristoteles-Rezeption verknüpft sich mit einer radikalen Veränderung des geistigen Klimas Europas (nicht zuletzt durch die Gründung von Universitäten: Oxford um 1200, Paris um 1205, Bologna 1210 usw.). Im Zuge der vom theologischen Zwangszusammenhang gelösten und immer selbstständiger auftretenden Philosophie entwickeln sich erste intellektuelle Diskurse. Wenn jemand nun mit der Formel: „Universalia in rebus" die Allgemeinbegriffe in die Einzeldinge transponierte, dann hatte diese an Aristoteles orientierte Position eine klare politische Dimension gegen die Allgemeinverbindlichkeit kirchlicher Dogmen. Das „Wesen" des Allgemeinen schrumpft schließlich im Zuge der Aufklärung bei deren deutschem Hauptvertreter Kant auf ein notwendiges, aber der Bestimmtheit

---

6 Ebd., S. 236.

der Erkenntnis entzogenes großes X. Alle wesentlichen Bestimmungen des objektiven Wissens versammeln sich bei Kant in der Erscheinungswelt.

Von der Kritik der Wirklichkeit bei Kant zur Affirmation bei Hegel

Den von Kant vertieften Graben zwischen Wesen und Erscheinungen will Hegel zwar überbrücken, indem für ihn das Wesen notwendigerweise erscheinen muss, diese zwei Seiten der Beziehung also auf Gedeih und Verderb miteinander verkoppelt sind. Man könnte davon sprechen, dass Hegel den Versuch macht, das Universalienproblem durch Vermittlung von ontologischen und nominalistischen Positionen zu lösen. Das führt in dieser Form des dialektischen Denkens aber dazu, das Denken mit Utopieverboten zu belasten. Begriff und Sache sind derart fest miteinander verkoppelt, dass der überschreitende Gedanke, der Traum von einer besseren Welt, sofort in den Verdacht realitätsloser Konstruktion gebracht wird.

Das Affirmative der Philosophie Hegels, ja ihr Rechtfertigungscharakter in Beziehung auf das Bestehende, wie es die Vormärz-Intellektuellen interpretierten, entspringt dem Verdacht, dass Hegel mit der bekannten Formel: „Was vernünftig ist, das ist wirklich; und was wirklich ist, das ist vernünftig"[7] Philosophie ganz von der normativen Kraft trennt und auf das bloße Begreifen des Gegebenen verpflichtet. Es klingt hier tatsächlich so, als wären Vernunft und Wirklichkeit in eins zu setzen; dass es also zwar „faule Existenzen" geben kann, Gebilde der Realitätstäuschung, sie jedoch nicht den Gesamtzusammenhang vernünftiger Wirklichkeit berühren. Es ist schon eine merkwürdige Wendung im Hegelschen Denken, wenn der absolute Idealist einer Geistphilosophie, die ja das ganze System, die Methode und den Erkenntniszuschnitt bestimmt, harte Grenzen des Erkennens zieht: „Um noch über das Belehren, wie die Welt sein soll, ein Wort zu sagen, so kommt dazu ohnehin die Philosophie immer zu spät. Als der Gedanke der Welt erscheint sie erst in der Zeit, nachdem die Wirklichkeit ihren Bildungsprozess vollendet und sich fertig gemacht hat. Dies, was der Begriff lehrt, zeigt notwendig ebenso die Geschichte, dass erst in der Reife der Wirklichkeit das Ideale dem Realen gegenüber erscheint und jenes sich dieselbe Welt, in ihrer Substanz erfasst, in Gestalt eines intellektuellen Reichs erbaut. Wenn die Philosophie ihr Grau in Grau malt, dann ist eine Gestalt des Lebens alt geworden, und mit Grau in Grau lässt sie sich nicht verjüngen, sondern nur erkennen; die Eule der Minerva beginnt erst mit der einbrechenden Dämmerung ihren Flug."[8]

Wenn es so sein sollte, dass dieser kluge Ratgebervogel in ständiger Begleitung der Athene ausschließlich Nachtflüge veranstaltet, dann verliert Erkenntnis ihre orientierende Kraft und verkümmert zum methodisch aufgeputzten Ritual der Verdopplung des Gegebenen. Brechen in diesem System der fertigen Welt, wie Hegel sagt, die überschüssigen Energien in Gestalt von

---

7 Friedrich Hegel, Sämtliche Werke, Bd. 7 (Grundlinien der Philosophie des Rechts), Frankfurt a.M. 1986, S. 33.
8 Ebd., S. 36f.

Widerstand oder Revolution hervor, dann können sie ihren Wahrheitsbeweis nur bekunden, wenn sie selbst jetzt gegenständlich geworden sind, den versteinerten Endzustand als Sieger erreichen. Im objektiven Geschichtsprozess mögen sie beteiligt sein, doch dürfen sie, die vereinzelt handelnden Subjekte, sich unter keinen Umständen in ihrem subjektiven Wollen kenntlich machen. Damit ist das Ende des utopischen Denkens besiegelt.

Gegen diesen verschwiegenen Positivismus im Denken hat, als die idealistischen Systeme ebenso zerbrachen wie die Solidargemeinschaften der Linken, Ernst Bloch als Erster entschiedenen Protest angemeldet. Zu begreifen, was ist, sei die Aufgabe der Philosophie. Aber wie setzt sich dieses Sein, dieses Ist, zusammen? „Mit dem ‚Geist der Utopie'", so Ivo Frenzel, „hat Ernst Bloch das utopische Pathos des Sozialismus sicher am eindringlichsten und kräftigsten wiederbelebt. Seine Philosophie glaubt im Gegensatz zu der von Hegel, dass die Eule der Minerva nicht bei einbrechender Dämmerung, sondern in der ersten Morgenröte beginnt, die einen Tag verheißt, der noch weit unter dem Horizont liegt". Denn die Barbarei des Krieges und die Entmenschung der Menschen zu begreifen, ist keinem Menschen möglich, der nicht die Vorstellung von einer besseren Welt und von Aufgaben der Humanisierung der Gesellschaft entwickelt hat. Unter solchen Umständen baut sich jeder Mensch eine Welt, wie sie sein soll, und verzichtet gerne darauf zu wissen, wie sie ist; denn für die erfahrbaren barbarischen Verhältnisse benötigt man keine Wissenschaft, um davon Kenntnis zu bekommen.

Von der Utopie zur Wissenschaft: Der große Irrtum

Einen völlig anderen Weg gingen der späte Marx und vor allem Friedrich Engels: Die Engelssche „Entwicklung des Sozialismus von der Utopie zur Wissenschaft" dokumentiert einen der Grundirrtümer der modernen sozialen Bewegung. Sozialismus ist, wie man es auch drehen und wenden und dem Zeitgeist des verwissenschaftlichten Zeitalters anpassen mag, kein Wissenschaftsprojekt. Wo Menschen in Kampfsituationen ihr Leben riskieren, indem sie sich im Denken und mit ihrer ganzen Existenz den bestehenden Herrschaftsverhältnissen entgegenstellen, beziehen sie ihre Motive und ihre Kräfte nicht primär aus Einsichtsquellen, die darauf verweisen, dass ein Herrschaftssystem ungerecht ist oder dass es aus Widersprüchen besteht. Sie träumen vielmehr von einem besseren Leben, von guter Arbeit und einem Stück Lebensglück. Sie träumen von guten Beziehungen zu anderen Menschen und vielleicht auch von Elementen der Selbstbestimmung und der Partizipation am gesellschaftlichen Leben. Das alles aber sind Inhalte von Utopien, die über den gegenwärtigen Zustand hinausweisen und selbst dann ein Moment des Sinnentwurfs enthalten, wenn sie Reflexionen über das beschädigte Leben sind, wie Adorno seine „Minima Moralia" im Untertitel bezeichnet – traurige Wissenschaft in deutlicher Abgrenzung zur „fröhlichen" Nietzsches.

Auch in den sozialistischen Varianten der sozialen Bewegung, die immer stärker durch Marx und Engels beeinflusst sind, rangiert die Utopie als eine bloß subjektive Meinung Einzelner, die in ihrer Phantasie Projekte planen und diese umsetzen, während der gesamtrevolutionäre Prozess eben nur wissenschaftlich zu begreifen ist. Den politischen Projektkünstlern verweigern sie nicht Achtung und Anerkennung; aber die drei, die sie im Auge haben, Robert Owen, Henri de Saint-Simon und Charles Fourier, beschreiten, nimmt man ihre Unternehmen in strategischer Linie, einen Irrweg. Deshalb kann man, wie Martin Buber das treffsicher einmal bezeichnet, davon sprechen, dass die anarchistischen Utopien, die auf Beseitigung von Herrschaft gehen, vorrevolutionär sind, das heißt: die Veränderung des Menschen ist konstitutives Element der revolutionären Umwälzung; während die sozialistischen Utopien, nicht selten in verschwiegener und wiederum wissenschaftlich verkleideter Form, die Machtumwälzung zur Voraussetzung menschlicher Veränderungen machen; es sind somit wesentlich nachrevolutionäre Lebensentwürfe.

So ist im dialektischen Denken, darin unterscheiden sich Marx und Hegel überhaupt nicht, das revolutionär-sprengende Element ganz in den Widerspruchszusammenhang von Begriff und Sache gesteckt. Doch auf jeder Stufe dieses Widerspruchsverhältnisses bleibt ein Rest des unerfüllten Wahrheitsgehalts, der durch die Arbeit der Zuspitzung über sich hinaus treibt und den „objektiven Geist" mit immer konkreteren, umfassenderen Erfahrungsgehalten füllt. In diesem Prozess macht sich die Subjektivität noch nicht einmal durch Störungen des Ablaufs bemerkbar; sie ist schlicht integriert und an der Wirklichkeitsbildung unauffällig beteiligt – ohne dass dies in einer Wertschätzung des menschlichen Wollens zum Ausdruck käme. Im Gegenteil: Engels betont, dass die revolutionären Potenzen im objektiven Prozess selbst heranreifen: „Wer Augen hat zu sehen, der sieht hier die Forderung einer sozialen Revolution klar genug gestellt." In diesem kollektiven Akt der Umwälzung des ganzen Systems und der Abschaffung des Kapitals sind sämtliche Energiequellen versammelt, denen gegenüber die subjektiven Gesinnungen und Wünsche mehr oder weniger gleichgültig sind. Soziale Revolution ist etwas, was die Menschen zwingt, in eine bestimmte Richtung zu marschieren und den Raum der Veränderung zu besetzen, ob sie wollen oder nicht.

Damit betreibt Engels dezidiert die Ausgrenzung der schrittweisen Veränderung der Verhältnisse. „Arbeiterassoziationen mit Staatskapital wie bei weiland Lassalle" seien im „Kapital" von Marx folglich nicht zu finden: „Marx ist und bleibt derselbe Revolutionär, der er immer gewesen, und in einer wissenschaftlichen Schrift war er wohl der Letzte, der seine Ansichten in dieser Beziehung verhüllt hätte."

Verwaltung über Sachen statt Herrschaft von Menschen über Menschen

Auf diese Weise treibt der wissenschaftliche Sozialismus der Bewegung ihren utopischen Charakter aus. Dagegen spielt bei Engels der Gedanke der Saint-Simonisten-Schrift, die Herrschaft von Menschen über Menschen zu überwinden, indem man zur Verwaltung von Sachen übergeht, eine zentrale Rolle. Mit verheerender Konsequenz: Es gehört zu den wirksamsten Fehlern der Engelsschen Position, dass im gesellschaftlichen Gefüge wechselseitige Machtkontrollen fehlen. Dadurch wird auch der Bildung der zur Herrschaft gelangenden politischen Klasse des Proletariats kein bestimmender Rang zugeordnet. Es entsteht auf diese Weise, auch in wissenschaftstheoretischer Blickrichtung, eine Art sekundärer Positivismus.

Woran die Utopisten jeglicher Prägung, die frühen vom Schlage Campanellas und des Thomas Morus und die späteren sozialistischer Ausrichtung, intensiv gearbeitet haben, ist dagegen stets bezogen auf die Veränderung der Menschen – und das schon unter Verhältnissen, die noch durch alte Herrschaftsbeziehungen bestimmt sind. Die subjektive Befreiung muss bereits wesentliche Schritte vor der Revolutionierung der Verhältnisse machen. Bei Marx und Engels ist das genau umgekehrt: Nichts verändert sich in der Welt, ohne dass die Produktionsverhältnisse unter die Kontrolle der revolutionären Klasse des Proletariats gebracht sind. Die Veränderung der Subjekte ist eine Aufgabe nach der Revolution, nach dem Sprung aus der Notwendigkeit ins Reich der Freiheit.

Wie ich bereits gezeigt habe, ist dagegen für den frühen – im Gegensatz zum alten – Marx der Gedanke eines utopischen Traums innerhalb der Wirklichkeit durchaus realistisch und im Blick auf Bewusstsein und Verwirklichung fassbar. Die Menschen besitzen längst den Traum, dessen sie sich nur bewusst sein müssen, um die in diesem Traum enthaltene Wirklichkeit zu erfahren. Aber: Ohne die Grundlage der materiellen Produktions- und Lebensverhältnisse, die geändert werden müssen, kommt diesen Träumen in der Wirklichkeit nur der Status eines Möglichen zu.

Es ist die berühmte, immer wieder zitierte Stelle aus der „Deutschen Ideologie", die einen zentralen utopischen Gedanken enthält, der für Marx eine wichtige Rolle in der Aufhebung der Entfremdung der Menschen spielt: nämlich die Aufhebung von Arbeitsteilung. Arbeitsteilung, zwischen körperlicher und geistiger Arbeit, aber auch in der beruflichen Vereinseitigung der menschlichen Bedürfnisse und Fähigkeiten, ist das Grundmuster von Herrschaft, bis hin zu jenem Punkt, an dem Arbeitsteilungen sich zu Klassenstrukturen verselbstständigen.

Es ist für Marx illusionär, diese verselbstständigten Arbeitsteilungen unter bestehenden Herrschaftsbedingungen rückgängig zu machen. Zwar betont er ausdrücklich, dass Kommunismus kein Zustand, sondern eine Bewegung ist, welche den jetzigen Zustand aufhebt; aber das wirkliche Reich der Freiheit ist ein Jenseits dieses Reichs der Notwendigkeit, mit der Schwerkraft der Produktions- und Lebensverhältnisse und den entsprechenden Klassengegensätzen: „Sowie nämlich die Arbeit verteilt zu werden anfängt, hat jeder einen bestimmten ausschließlichen Kreis der Tätigkeit, der ihm aufgedrängt wird, aus dem er nicht heraus kann; er ist Jäger, Fischer oder Hirt oder kritischer Kritiker und muss es bleiben, wenn er nicht die Mittel zum Leben verlieren will – während in der kommunistischen Gesellschaft, wo jeder nicht einen ausschließlichen Kreis der Tätigkeit hat, sondern sich in jedem beliebigen Zweige ausbilden kann, die Gesellschaft die allgemeine Produktion regelt und mir eben dadurch möglich macht, heute dies, morgen jenes zu tun, morgens zu jagen, nachmittags zu fischen, abends Viehzucht zu treiben, nach dem Essen zu kritisieren, wie ich gerade Lust habe, ohne je Jäger, Fischer, Hirt oder Kritiker zu werden."[9]

Vom Verlust des Utopischen zu dessen Rückeroberung

Dieser utopische Kern des frühen Marx geht in den späteren Werken zunehmend verloren. In den Randglossen zur Kritik des Gothaer Programms macht sich Marx über allerlei Lassalleanischen Vorrat an utopischen Projekten wie die staatlich geförderten Kooperativgenossenschaften lustig; aber die Leerstelle des Übergangs vom Kapitalismus zum Sozialismus oder gar Kommunismus wird durch ihn kaum konkreter ausgefüllt.

Und dennoch: Geht man von jenen Utopien aus, die in die Wirklichkeit umzusetzen Aufgabe eines zur Herrschaft gekommenen Proletariats ist, dann findet man bei Marx und Engels einen reichhaltigen Vorrat an Ideen und Vorstellungen, die Charaktermerkmale der sozialen und politischen Arbeitsprozesse nach der revolutionären Machtergreifung sein sollen. Es geht dabei insgesamt nicht mehr nur um die Befreiung einer Klasse, sondern um die Befreiung der Menschheit aus den Gefängnismauern der Klassenherrschaft. Dafür ist die Arbeit an den Subjekten, an der Innenausstattung der Menschen, ebenso wichtig wie die Veränderung des institutionellen Systems, in dem die objektiven Bedingungen einer subjektiven Emanzipation angelegt sind.

Gerade heute, angesichts dramatischer Verteilungskämpfe zwischen Arbeitsplatzbesitzern und Arbeitsplatzlosen nicht nur in Europa, gilt es am utopischen Kern der Marxschen Überlegungen festzuhalten: Die Aufhebung von Arbeitsteilung ist ein wesentliches Element der Emanzipation der Menschen, die mit der Selbstzerrissenheit der Gesellschaft gleichzeitig die entfremdende Spaltung in den Subjekten aufhebt. Das Bild vom Jagen und Fischen und Kritisieren, in dem die Vereinseitigung der Tätigkeiten beseitigt sein soll, habe ich bereits genannt. Aber es geht noch weiter: Zwar sind immer noch und für lange Zeit Entfremdungserbschaften aus der Vergangenheit der kapitalistischen Gesellschaftsordnung, die weit in die Gegenwart hineinragt, aufzuarbeiten; aber mit jeder neuen Stufe der kommunistischen Gesellschaft wachsen bei Marx auch die individuellen Freiheitspotentiale, sogar bis zu dem Punkt, an dem die Gesellschaft die bürgerliche Rechtsform, die am Prinzip der Gleichheit orientiert ist, aufgeben und eine die spezifische Individualität des Einzelnen in Betracht ziehende Rechtskultur entwickeln kann.

Es ist freilich bemerkenswert, dass alle diese von Marx und Engels bezeichneten Utopien im Reich der Freiheit nicht als Motivationskräfte der revolutionären Veränderung in die Bildung und Erziehung der Subjekte eingehen, sondern erst mit der Veränderung der objektiven Machtverhältnisse wirksam werden. Erst dann, jenseits des Reichs der Notwendigkeit „beginnt die menschliche Kraftentwicklung, die sich als Selbstzweck gilt, das wahre Reich

---

9 Karl Marx, Die Frühschriften, a.a.O., S. 428f.

der Freiheit, das aber nur auf jenem Reich der Notwendigkeit als seiner Basis aufblühen kann. Die Verkürzung des Arbeitstags ist die Grundbedingung."[10]

Hierin aber steckt bis heute ein enormer Stachel: nämlich der Widerspruch zwischen der in der bürgerlichen Arbeitsgesellschaft mit ihrer verinnerlichten Arbeitsmoral angelegten gewaltigen Reichtumsproduktion auf der einen Seite und den immer verengteren Formen, in denen dieser Reichtum verteilt und dem gesellschaftlichen Ganzen zunutze gemacht werden kann, auf der anderen. Dieser Grundwiderspruch jeder kapitalistischen Gesellschaft wird im „Rohentwurf" zum Kapital in einer äußersten Polarisierung zugespitzt. Marx denkt hier wie in einem geistigen Experiment; die Produktionsstruktur dieser Arbeitsgesellschaft ist es, die ihr Ende einleitet, aber nur die Potentiale einer neuen Gesellschaft zubereitet.[11] Hier zeigt sich der eigentliche utopische Kern der Marxschen Gesellschaftstheorie: „Der Diebstahl an fremder Arbeitszeit, worauf der jetzige Reichtum beruht, erscheint miserable Grundlage gegen diese neu entwickelte, durch die große Industrie selbst geschaffene. Sobald die Arbeit in unmittelbarer Form aufgehört hat, die große Quelle des Reichtums zu sein, hört und muss aufhören die Arbeitszeit sein Maß zu sein und daher der Tauschwert [das Maß] des Gebrauchswerts."[12]

Ich kenne keinen Text, weder von Marx noch den Marxisten verschiedener Richtungen oder den späteren Ökonomen, die sich auf Marx beziehen, der in ähnlich prägnanter Zuspitzung die innere Dynamik dieses kapitalistischen Systems bis zum Punkt des Aufsprengens (was immer das für Folgen haben möchte) formuliert hätte. Hier treffen die Logik der kapitalistischen Produktion und die darin enthaltenen Sprengkräfte, die auch von utopischem Gehalt sind, zentral und in großer Gewalt aufeinander. Marx treibt hier die Entwicklungstendenzen der kapitalistischen Gesellschaftsordnung bis zu dem Punkt hin, wo so etwas wie die Utopie einer von materieller Not befreiten Gesellschaft erkennbar wird.

Auf Europa als „konkrete Utopie" bezogen bedeutet dies: Die Weiterentwicklung des Sozialstaats ist und bleibt ein wesentliches Element im Prozess der europäischen Einigung. Diese wird nur dann erfolgreich sein, wenn sie von unten gestützt wird, wenn sie ein soziales Fundament hat.[13] Was das allerdings für die revolutionäre Funktion des Proletariats – oder für das, was davon als Prekariat oder Unterschicht heute noch geblieben ist – bedeuten könnte, das ja bei Marx als der entscheidende Faktor der Umwälzung in Betracht kommt, ist damit bloß angedeutet, aber nicht in seinen ganzen Folgen bedacht. Auch darüber, über die Rolle des politischen Subjekts, wieder intensiv nachzudenken, ist angesichts der immer größer werdenden sozialen Zerklüftungen der kapitalistischen Gesellschaft in Europa, aber auch darüber hinaus, das Gebot der Stunde für jede Gesellschaftskritik.

---

10 Karl Marx, Das Kapital. Kritik der politischen Ökonomie, Bd. 3, MEW 25, Berlin 1964, S. 828.
11 Allerdings hat Marx diese radikale Position einer Selbstaufhebung der Arbeitsgesellschaft an keiner Stelle des „Kapital" aufgenommen.
12 Karl Marx, Grundrisse der Kritik der politischen Ökonomie (Rohentwurf 1857-1858), Berlin 1953, S. 592 ff.
13 Vgl. dazu weiterführend auch: Oskar Negt, Gesellschaftsentwurf Europa. Plädoyer für ein gerechtes Gemeinwesen, Göttingen 2012.

VERZEICHNIS DER AUTORINNEN UND AUTOREN

Elmar Altvater, geb. 1938 in Kamen, Dr. oec. publ., Prof. em. für Politische Ökonomie an der Freien Universität Berlin (aus: „Blätter" 5/2013).

Ulrich Beck, geb. 1944 in Stolp/Hinterpommern, Dr. phil., Professor für Soziologie an der Universität München (aus: „Blätter" 2/2011).

Peter Bofinger, geb. 1954 in Pforzheim, Dr. rer. pol., Professor für Volkswirtschaftslehre an der Universität Würzburg, seit 2004 Mitglied im Sachverständigenrat zur Begutachtung der gesamtwirtschaftlichen Entwicklung, Mitherausgeber der „Blätter" (aus: „Blätter" 10/2012).

Hauke Brunkhorst, geb. 1945 in Marne/Holstein, Dr. phil., Professor für Soziologie an der Universität Flensburg (aus: „Blätter" 4/2012).

Christian Calliess, geb. 1964 in Düsseldorf, Dr. iur., Professor für öffentliches Recht und Europarecht an der Freien Universität Berlin (aus: „Blätter" 5/2011).

Henrik Enderlein, geb. 1974 in Reutlingen, Dr. rer. pol., Professor für politische Ökonomie an der Hertie School of Governance (aus: „Blätter" 5/2011).

Joschka Fischer, geb. 1948 in Gerabronn, 1998-2005 Bundesaußenminister (Bündnis 90/Die Grünen), seitdem Unternehmensberater und Publizist (aus: „Blätter" 5/2011).

Claudio Franzius, geb. 1963 in Hannover, Dr. jur., Privat-Dozent an der Freien Universität Berlin (aus: „Blätter" 11/2012).

Ulrike Guérot, geb. 1964 in Grevenbroich, Dr. phil., Senior Adviser für Deutschland bei der Open Society Initiative for Europe (OSIFE) (aus: „Blätter" 6/2011).

Jürgen Habermas, geb. 1929 in Düsseldorf, Dr. phil., Philosoph und Sozialwissenschaftler, Professor em. für Philosophie an der Universität Frankfurt a.M., Mitherausgeber der „Blätter" (aus: „Blätter" 5/2011, 8/2011 und 5/2013).

Rudolf Hickel, geb. 1942 in Nürnberg, Dr. rer. pol., Professor em. für Finanzwissenschaft an der Universität Bremen, Mitherausgeber der „Blätter" (aus: „Blätter" 9/2012).

Paul Krugman, geb. 1953 in New York/USA, Professor für Volkswirtschaftslehre an der Princeton University in New Jersey, Wirtschaftsnobelpreisträger des Jahres 2008 (aus: „Blätter" 6/2012 und 7/2013).

Isabell Lorey, Dr. phil., Politikwissenschaftlerin, lehrt gegenwärtig als Gastprofessorin für Politische Theorie am Zentrum für Gender Studies an der Universität Basel (aus: „Blätter" 6/2013).

Oskar Negt, geb. 1934 in Königsberg, Dr. phil., Professor em. für Soziologie an der Universität Hannover (aus: „Blätter" 8/2012).

Claus Offe, geb. 1940 in Berlin, Dr. rer. pol., Professor em. für Politikwissenschaft an der Humboldt-Universität Berlin, lehrt an der Hertie School of Governance in Berlin (aus: „Blätter" 1/2013).

Ulrich K. Preuß, geb. 1939 in Marienburg, Dr. iur., Professor em. für Öffentliches Recht und Politik an der Freien Universität Berlin, lehrt an der Hertie School of Governance (aus: „Blätter" 11/2012).

Stephan Schulmeister, geb. 1947, Dr. jur., Jurist und Ökonom, wissenschaftlicher Mitarbeiter beim österreichischen Wirtschaftsforschungsinstitut (WIFO) (aus: „Blätter" 10/2013).

Wolfgang Streeck, geb. 1946 in Lengerich, Prof. Dr. Dr. h.c., Soziologe und Geschäftsführender Direktor am Max-Planck-Institut für Gesellschaftsforschung in Köln, Inhaber der Theodor-Heuss-Professur von 2013 bis 2014 an der New School for Social Research in New York (aus: „Blätter" 12/2012, 4/2013 und 9/2013).

Hans-Jürgen Urban, geb. 1961 in Neuwied, Dr. phil., Politikwissenschaftler, Geschäftsführendes Vorstandsmitglied der IG Metall, Mitherausgeber der „Blätter" (aus: „Blätter" 7/2011).

Hubert Zimmermann, geb. 1964 in Buchloe, Dr. phil., Professor für internationale Beziehungen an der Universität Marburg (aus: „Blätter" 1/2012).

Karl Georg Zinn, geb. 1939 in Kassel, Wirtschaftswissenschaftler, Prof. em. an der Rheinisch-Westfälischen Technischen Hochschule Aachen (aus: „Blätter" 2/2012).